पाँच दिन

(उपन्यास)

पाँच दिन

सुरेन्द्र मोहन पाठक

हिन्द युग्म

ISBN : 978-93-92820-68-7

प्रकाशकः
हिंद युग्म
सी-31, सेक्टर-20, नोएडा (उ.प्र.)-201301
फ़ोन- +91-120-4374046

मुद्रक : न्यूटेक प्रिंट सर्विसेस इंडिया, फ़रीदाबाद
आवरण-डिज़ाइन : विवेक कुमार
कला-निर्देशन : विजेन्द्र एस विज

पहला संस्करण : 2023
मूल्य : ₹299

Paanch Din
A novel by *Surendra Mohan Pathak*

Published By
Hind Yugm
C-31, Sector-20, Noida (UP)-201301
Phone : +91-120-4374046
Email : sampadak@hindyugm.com
Website : www.hindyugm.com

First Edition: 2023
Price: ₹299

लेखकीय

मेरा नवीनतम उपन्यास 'पाँच दिन' आप के हाथों में है। क्रोनोलॉजिकल रिकॉर्ड के लिए उद्धृत है कि ये सुधीर सीरीज़ का 23वाँ और मेरी कुल प्रकाशित पुस्तकों में 312वाँ है। 'पाँच दिन' मैंने बहुत पहले लिख लिया था, लेकिन किन्हीं व्यावसायिक कारणों से ये अपेक्षित अंतराल से प्रकाशित नहीं हो सका था। बहरहाल सुधीर का नया उपन्यास सीरीज़ के पिछले उपन्यास 'इंसाफ़ दो' के छह साल बाद प्रकाशित हो रहा है। इसमें वो तमाम ख़ूबियाँ/ख़ामियाँ हैं जिनकी वजह से सुधीर सीरीज़ मक़बूल है और सुधीर कोहली 'दि ओनली वन' आप का पसंदीदा सीरियल किरदार है। उपन्यास के प्रति आप की अमूल्य राय का मुझे शिद्दत से इंतज़ार रहेगा, राय बुके जैसी हो या ब्रिकबैट जैसी, मेरे सिर-माथे होगी, निःसंकोच प्रेषित करें। आप ऐसा करेंगे तो ये आपका मेरे पर एहसान होगा।

लेखिका पुस्तिका दारा; परहस्तः गतः गतः।

क़लम, किताब और स्त्री, पराए हाथ में गई तो गई। ये एक पुरानी कहावत है जो मैं अपनी किशोरावस्था से कहता-सुनता आया हूँ। लेखक हूँ, पुस्तकप्रेमी हूँ इसलिए यहाँ मैं सिर्फ़ किताब की–फ़िज़िकल बुक की–बाबत अपने तजुर्बात आपसे शेयर करूँगा।

एक महान लेखक, जिनका नाम मुझे याद नहीं, के घर में आए एक मेहमान ने लेखक की स्टडी में बेतरतीबी से फैली बेशुमार किताबें देखीं। मेहमान ने सादर कहा, "इनके लिए एक अलमारी होनी चाहिए!"

"होनी तो चाहिए," लेखक बोले, "लेकिन अलमारी किसी ने माँगे से

दी नहीं।"

एक फ़ैन-कम-फ्रेंड एक मर्तबा मेरे घर पधारे, हमेशा की तरह मैंने उन्हें अपनी स्टडी में बिठाया, क्योंकि वहाँ प्राइवेसी थी और दीवारों पर छत तक पहुँचे बुकशेल्फ़ थे। थोड़ी देर के वार्तालाप के दौरान वो बोले, "मुझे आपकी लिखी एक किताब चाहिए जो एक अरसे से आउट ऑफ़ प्रिंट है। मार्केट में कहीं उपलब्ध नहीं, लेकिन वो मुझे एक शेल्फ़ में दिखाई दे रही है। मेरे एक दोस्त ने पढ़नी है, मैं ले जा रहा हूँ।"

मैटर ऑफ़ फ़ैक्टली उन्होंने किताब की तरफ़ हाथ बढ़ाया।

उस किताब ने मेरे पास से रुख़सत पाकर दो हाथों से गुज़रना था, जबकि मुझे उसकी रुख़सती ही क़ुबूल नहीं थी, क्योंकि वो एक ही कॉपी थी जो मेरे पास थी। मैंने मज़बूती से किताब उन्हें देने से इनकार किया।

उनके चेहरे पर पहले तो अविश्वास के भाव आए, फिर यूँ उन्होंने मेरी तरफ़ देखा जैसे मैंने उनकी माशूक़ को हामिला कर दिया हो।

किताब मैंने इतने अज़ीज़ दोस्त को क्यों न दी, उसको नीचे दर्ज मिसाल से बेहतर समझा जा सकता है:

चंडीगढ़ का एक फ़ैन-कम-फ्रेंड मेरे घर अक्सर आता था। एक बार आया तो उसने एक शेल्फ़ में अकरम इलाहाबादी का लिखा उपन्यास 'जंक्शन बिलारा' देखा। वो पचपन साल पहले का दो रुपये मूल्य में छपा दुर्लभ उपन्यास था जिसकी दूसरी कॉपी कहीं उपलब्ध नहीं थी। मेरे पास एक अरसे से था, लेकिन इत्तफ़ाक़ था, तब तक भी मैंने उसे पढ़ा नहीं था। दोस्त ने तत्काल वो किताब शेल्फ़ से उठाई और 'पढ़-के-लौटा-दूँगा' कहकर क़ब्ज़ा ली।

हमेशा की तरह मैंने देने से मज़बूत इनकार किया।

"अगले ही फेरे पढ़ के वापस कर दूँगा।" उसने ज़िद की।

दिल्ली में उसका ससुराल था इसलिए वो अक्सर दिल्ली आता था। मैंने बहुत मना किया, लेकिन उसकी ज़िद बरक़रार रही। आख़िर पीछा छुड़ाने के अंदाज़ से मैंने पढ़-के-लौटा-दूँगा को उपन्यास ले जाने दिया।

एक महीने बाद वो फिर मिलने आया।

'जंक्शन बिलारा' के बिना।

"नावल नहीं लाया?" मैं पहले ही नाराज़ होता हुआ बोला।

"वो तो... वो तो... क्या हुआ कि..." उसने सफ़ाई देनी शुरू की, "भोपाल से फलाना सिंह चंडीगढ़ मेरे घर आया। उसने मेरी किताबों में वो नावल देखा तो लेने की ये कहते ज़िद करने लगा, पढ़ के वापस कर दूँगा। पढ़ चुकते ही कूरियर करा दूँगा।"

"सब कहते हैं।" मैं भुनभुनाया, "नहीं देना था।"

"वो नहीं माना।"

"फिर तुम्हारी चीज़ तो नहीं थी! मेरी अमानत थी। बोलना था ऐसा!"

"बोला था। क्या करता, फिर भी न माना।"

"जब पढ़ के फ़ौरन कूरियर से वापस करने वाला था तो अब एक महीने बाद तक भी किया क्यों नहीं?"

"वो तो... भोपाल जाते ही भीषण हार्ट अटैक का शिकार हुआ और... गया!"

जो हुआ, बहुत दुखद हुआ, लेकिन मुझे क्या करना चाहिए था? चंडीगढ़िए से पता हासिल करके भोपाल जाना चाहिए था और दिवंगत, मेरे लिए नितांत अजनबी, प्राणी के घर से नावल बरामद करके लाना चाहिए था?

एक दुर्लभ किताब मुलाहज़े में हाथ से निकल गई।

और ख़ुदा-न-ख़ास्ता कभी आप किताब वापस माँग लें तो लेने वाला ऐसा मिज़ाज दिखाएगा जैसे आपने उसकी इज़्ज़त उतार दी हो।

"भई, ऐसी भी क्या बेऐतबारी! सब्र करो! कहा न, पढ़ के दे देंगे! किताब ही दी है, कोई कोहिनूर तो नहीं दिया जो वापसी की फ़िक्र हो रही है!"

आख़िर जब नहीं लौटाएगा तो भोली, मासूम वजह पेश करेगा, जैसे:

- मुन्नी/मुन्ने/कुत्ते ने फाड़ दी।
- मैट्रो में खो गई। सीट पर रखकर भूल गया।
- नकोदर वाले फूफाजी ले गए।
- पैसे ले लो। कितने की थी?

• फ़िक्र न करो, फ़रवरी में पुस्तक मेला आ रहा है, नई ख़रीद देंगे।

• बेकार किताब थी। सोचा, क्या लौटानी! अब पता नहीं कहाँ गई!

• किताब! कौन-सी किताब! मैंने कब ली!

• दीवाली पर रंग-रोग़न करवाया न, मकान शिफ़्ट किया न! उसमें कहीं इधर-उधर हो गई।

ग़ौरतलब है होली में माँगी किताब दीवाली तक सेफ़ थी, उसके बाद इधर-उधर हुई।

मेरे पास कभी इलाहाबाद से प्रकाशित होती मासिक पत्रिका 'माया' का सन् 1946 का चार आना मूल्य का अंक है जिसमें सारे अंक में सिर्फ़ एक रचना लेखक सदरुद्दीन ऐनी का उपन्यास छपा था जिसके हिंदी अनुवाद का उनवान 'अदीना' था और अनुवादक राहुल सांकृत्यायन थे।

आपकी क्या राय है, कोई मिस्टर पढ़-के-वापस-कर-दूँगा माँगे तो दे दिया करूँ?

एक दोस्त चेज़ का एक उपन्यास पढ़ने को ले गया, दो हफ़्ते बाद मैं उसके घर गया तो उपन्यास मुझे वापस तो मिला, लेकिन उसका हर पन्ना बच्चों के स्कूल में काम आने वाले क्रेयंस के रंगों से रंगा हुआ था।

"मिनी ने छह-सात वरक़ों पर रंग फेरे थे।" दोस्त की बीवी ने चहकते हुए बताया, "मैंने कहा अंकल की किताब है, बेशक सब रंग दे!"

आज्ञाकारी, प्रोत्साहित, बेटी ने रंग दी।

किताब कूड़े में फेंकने लायक़ ही बची थी। फेंकी।

एक मिसाल और मुलाहज़ा फ़रमाइए:

ये तब का वाक़या है जब मैं सरकारी नौकरी करता था। एक बार मेरा चीफ़ मैनेजर मेरे घर आया, क्योंकि उसकी एक ऐसे सहकर्मी की बेटी की शादी में शिरकत थी जो दरिया पार की मेरी कॉलोनी में मेरे घर के क़रीब रहता था। हाज़िरी का निमंत्रण-पत्र में दर्ज वक़्त अभी दूर था इसलिए मैंने उसकी 'वैट' ख़ातिर-तवज्जो का इंतज़ाम किया जो उसे सहर्ष स्वीकार हुआ। किताबों की सोहबत में विराजमान था इसलिए मयख़ोरी के बीच-बीच में वो किताबें टटोलता रहा। आख़िर उसने एक किताब साथ ले जाने के लिए छाँट

ली, जबकि मैं जानता था कि पुस्तक-प्रेम उसके लिए अजनबी शग़ल था। लेकिन मैं इनकार नहीं कर सकता था, क्योंकि मेरा चीफ़ मैनेजर था, सरकारी नौकरी में मेरा टॉप बॉस था।

"पढ़ के लौटा दूँगा।" उसने भी स्टैंडर्ड आश्वासन दोहराया।

कोई डेढ़ महीने बाद किसी वजह से मैं राजौरी गार्डन उसके घर गया तो वो किताब मुझे उन रद्दी अख़बारों में ग़र्क़ मिली जो साहब की बीवी ने इतवार को कबाड़ी को बेचने थे।

मैंने वहाँ से इज़्ज़त लुटवाए पड़ी अपनी किताब का उद्धार किया।

"साहब, पढ़ी ?" और पूछा।

क्या जवाब मिला होगा, ख़ुद कल्पना कीजिए।

सिसरो का कथन है: 'ए रूम विदाउट ए बुक इज़ लाइक ए बॉडी विदाउट ए सोल।'

वहाँ 'सोल' तो थी, लेकिन उसका मुक़ाम डिस्पोज़ेबल, वेस्ट पेपर्स में था।

उस वाक़ये के बाद मैंने अपनी स्टडी में ये नोटिस लगा दिया:

PLEAE DON'T ASK TO BORROW BOOKS

लेकिन कौन सुनता था! कौन समझता था! कौन समझना चाहता था!

कुछ अरसे बाद ही घर के बाक़ी मेम्बरान के इसरार पर मुझे वो नोटिस हटाना पड़ा, क्योंकि उनकी निगाह में वो 'अतिथि देवो भवः' के लिए 'ऑफ़ेंसिव' था।

नौकरी के दौर में मेरे– एक-दूसरे चीफ़ मैनेजर ने एक मर्तबा मेरे से पूछा, "सुना है तू नावल लिखता है ?"

"हाँ, जी।" मैंने संकोचपूर्ण स्वर में स्वीकारा।

"दिखा कभी क्या लिखता है!"

अगले रोज़ मैंने उसे अपना नवप्रकाशित उपन्यास भेंट किया। बाहर निकला तो चपरासी ने भी हाथ बढ़ा दिया।

"तूने कभी कोई नावल पढ़ा है ?" मैंने चपरासी से सवाल किया।

देखिए, क्या जवाब मिला!

"देनी है तो दो, जी, नहीं देनी तो न दो! ज़्यादा सवाल-जवाब करने की ज़रूरत नहीं है!"

साहब का चपरासी था, साहब जैसा मिज़ाज दिखाने का आदी हो गया था।

वो तो चपरासी था, अल्पशिक्षाप्राप्त था, ऐसे पढ़े-लिखे भी अक्सर पाए जाते हैं जिनका किताब से कोई लेना-देना नहीं, जिन्हें पढ़ने का शौक़ नहीं, लेकिन जो ये ज़ाहिर करने के लिए किताब माँग ले जाएँगे कि सुबुद्ध हैं, विद्वान हैं, संजीदामिज़ाज हैं, पढ़ने के शौक़ीन हैं।

ग़ौरतलब है कि कोई मेरे से हालिया किताब माँगे तो मैं देने से इनकार तो करता ही नहीं, उस पर 'उसको सप्रेम भेंट' लिखकर उसकी नज़र करता हूँ और अपने लिए किताब मेल ऑर्डर से फिर मँगा लेता हूँ। कोई उस बात से फ़ख़्र महसूस करता है तो कोई नाराज़ होकर दिखाता है कि 'मैंने वापस तो कर देनी थी, ये लिखने की क्या ज़रूरत थी!'

कर देनी थी?

गारंटी थी?

गुज़ारिश है कि जेनुइन बुक लवर को हालिया किताबों की ख़बर होती है। वो ऐसी किताबें ख़ुद ख़रीदता है, इंतज़ार नहीं करता कि कब किसी के घर वो दिखाई दे और उसे वो उससे उधार माँगे।

आख़िर में यही अर्ज़ है, पुस्तक उधार न दीजिए, गिफ़्ट कीजिए। फिर भी कभी उधार देने की नौबत आए तो यही मान के चलिए कि वापस नहीं आएगी।

आ जाए तो उस दिन को डायरी में नोट कर लीजिए, क्योंकि ऐसा करिश्मा कोई रोज़-रोज़ नहीं होता।

प्रस्तुत उपन्यास के प्रति आप की अमूल्य, निष्पक्ष राय की आतुरता से प्रतीक्षा में...

दिल्ली–110051 विनीत–

06 अप्रैल, 2023 **सुरेन्द्र मोहन पाठक**

प्राक्कथन

रजनी ने मेरे ऑफ़िस में क़दम रखा।

मैंने आँख भरकर उसे देखा।

कितनी ख़ूबसूरत थी कम्बख़्त!

रजनी मेरी सैक्रेट्री थी, मेरी ग़ैरहाज़िरी में पूरी दक्षता से मेरा ऑफ़िस सँभालती थी और हाज़िरी में बाहर रिसेप्शन पर बैठती थी। भलीमानस, नेकनीयत लड़की थी, चेहरे पर हमेशा ताज़ा खिले गुलाब जैसी ताज़गी की और कुलीनता की वो चमक दिखाई देती थी जो आजकल की लड़कियों में देखने को नहीं मिलती थी। और भी बहुत ख़ूबियाँ थीं उसमें, लेकिन ख़ामियाँ भी कम नहीं थीं। मसलन टच सिस्टम से की-बोर्ड हैंडल नहीं कर सकती थी, शॉर्टहैंड जानती ही नहीं थी, अपने एम्प्लॉयर की गोद में नहीं बैठती थी, पप्पी-झप्पी नहीं करती थी, उसे अपने पर आशिक़ करवाने की कोशिश नहीं करती थी, वग़ैरह-वग़ैरह भी नहीं करती थी। कम्बख़्त नहीं समझती थी कि शराफ़त और वर्जिनिटी दोनों ही शहरी लड़कियों में आउट ऑफ़ फ़ैशन हो चुकी थीं।

"ऐसे क्या देखते हो?" वो बोली।

"सोचा, ख़ुद आई है।" मैं बोला, "तो शायद कोई गुड न्यूज़ लाई हो!"

"कैसी गुड न्यूज़?"

"बाहर क्लाइंट मौजूद है।"

"सपने देखना बंद कीजिए।"

"नहीं है?"

"नहीं है। लगता है, क्लाइंट्स इधर का रास्ता भूल गए हैं।"

"ऐसा तो ख़ैर नहीं हो सकता। बरसात के मौसम में भी कई मर्तबा बारिश

नहीं होती।"

"क्या कई मर्तबा? सूखा पड़ रहा है।"

"वो भी सही! पर तू आई कैसे? नहीं, जवाब देने से पहले इधर आ के बैठ।"

"किधर आ के बैठूँ? आपकी गोद में?"

"अरे, मेरे ऐसे भाग कहाँ! इधर कुर्सी पर आ के मर!"

"यस, सर्र!"

वो मेरे सामने एक कुर्सी पर ढेर हुई।

"अब बोल!" मैं बोला।

"प्यासा कुएँ के पास न आए।" इस बार वो संजीदगी से बोली, "तो कभी-कभार कुएँ को भी प्यासे के पास जाने की ज़हमत करनी चाहिए।"

"क्या कह रही है?"

"डेढ़ महीने से ख़ाली बैठे हैं आप..."

"ख़ाली बैठा हूँ क्या मतलब?"

"...किसी पेइंग क्लाइंट के क़दम इस ऑफ़िस में नहीं पड़े।"

"तो क्या करूँ? क्लाइंट की तलाश में निकलूँ?"

"क्या हर्ज है?"

"बस्ती-बस्ती, जंगल-जंगल भटकता फिरूँ?"

"क्या हर्ज है?"

"पागल हुई है! ऐसा कहीं होता है!"

"देखिए, सोचिए, विचारिए, शायद होता हो!"

मैंने अपलक उसकी तरफ़ देखा।

"नौ दिन बाद पहली है..."

"अपनी तनख़्वाह की याद दिला रही है?"

"अब्ब... है तो ऐसा ही!"

"कहती है, है तो ऐसा ही! हमेशा... हमेशा तनख़्वाह का रोना रोती रहती है। एक बार फूटे मुँह से नहीं कह सकती–वीर जी, मेरा आप का सब साँझा है।"

"वीर जी!" वो होंठ दबाकर हँसी।

"सुधीर जी।"

"अभी साफ़ तो कहा वीर जी!"

"तेरे कान बजे। सुधीर जी कहा।"

"नहीं कहा।"

"ठीक है, नहीं कहा, कम्बख़्त! वो तो... ज़ुबान फिसल गई थी मेरी!"

"मंज़ूर! अब बोलिए, क्या कहते हैं मेरे हाई-फ़ाई आइडिया के बारे में?"

"गोली लगे तेरे हाई-फ़ाई आइडिया को! अरे, मैं क्या फेरी वाला हूँ जो मैं घर-घर, गली-गली पुकारता फिरूँगा–मुजरिम छुड़वा लो! केस हल करा लो! रेट सस्ता लगा दिया है। एक बार आज़माएगा, बार-बार फिर आएगा। ठीक?"

वो धूर्त भाव से हँसी।

"नामुराद हैसियत बिगाड़ रही है मेरी! अरे, ख़ूब पहचान ले सुधीर हूँ मैं, जिंस-ए-उल्फ़त का फ़क़ीर हूँ मैं। बस!"

वो फिर हँसी।

"कहती है, फेरी वाला..."

"मैं कहाँ कहती हूँ, आप ख़ुद कहते हैं। फिर कह भी दिया तो क्या बुरा किया! फेरी वाले का दर्जा फ़क़ीर से–जो अभी आपने ख़ुद को कहा–तो बेहतर ही होता है!"

"वो तो मैंने शेर पढ़ा था ख़ुद अपनी शान में! और फ़क़ीर झट पड़ा तेरे कानों में, ये न पड़ा कि किस शय का फ़क़ीर हूँ!"

"फ़क़ीर फ़क़ीर ही होता है और जो फ़क़ीर होता है, उसकी चॉयस नहीं होती। और जिंस-ए-उल्फ़त ख़ैरात में नहीं मिलती। यहाँ तक समझ गए?"

मेरा सिर यूँ ऊपर-नीचे हिला जैसे मुझे ख़बर ही न लगी हो।

"गुड! और ज़िंदगी में अहमियत ज़रूरत को देनी चाहिए, न कि ख़्वाहिश को, क्योंकि ज़रूरत फ़क़ीर की भी पूरी हो जाती है, ख़्वाहिश बादशाह की भी अधूरी रह जाती है।"

मैं भौंचक्का-सा उसका मुँह देखता रहा।

"सो देयर!" वो शान से बोली।

"ये... ये तू बोली?" फिर स्वयमेव मेरे मुँह से निकला।

"यस, सर्र!"

"पहले फेरी वाला! फिर फ़क़ीर!"

"आई रिपीट, सर्र, मैं नहीं कहती, आप ख़ुद कहते हैं।"

"फेरी वाला मैं! सुधीर कोहली दि ओनली वन!"

वो होंठ दबाकर हँसी।

"कम्बख़्त, शक्ल अच्छी नहीं तो बात तो अच्छी किया कर!"

"क्या हुआ है शक्ल को? अभी परसों ही तो हाड़-मांस-मज्जा-सुसज्जा क्लीनिक होकर आई हूँ!"

"कहाँ होकर आई है?"

"ब्यूटी पार्लर! चार हज़ार लगे! शक्ल शीशे की तरह चमक उठी, और आप कहते हैं..."

"नाहक़ ख़र्चा किया! ये काम तो मुफ़्त में भी हो सकता था!"

"अच्छा! कैसे?"

"रात को मलाई लगा के सोती, बिल्ली मुँह चाट जाती। या" मैंने अँगूठे से अपनी छाती को टहोका और अरमानभरे स्वर में बोला, "बिल्ला मुँह चाट जाता!"

"फिर पहुँच गए एक आने वाली जगह पर!"

तभी बाहर आहट हुई।

"हल्लो!" साथ ही एक खनकती मर्दाना आवाज़ आई, "एनीबॉडी होम?"

"लगता है" वो दबे स्वर में बोली, "प्यासा आ गया!"

"आजकल," मैंने नक़ली आह भरी, "मेरे ऐसे भाग कहाँ!"

"भूला-भटका! गुमराह! किसी बड़े पीडी के ऑफ़िस में जाना था, यहाँ आ गया!"

"तेरे मुँह में खाक! जा, दफ़ा हो! देख जा के!"

वो उठ खड़ी हुई।

"और हो सके तो गुड न्यूज़ ले के आ।"

"उसके लिए जा के आने की क्या ज़रूरत है? वो तो अभी हाज़िर है!"

"क्या?"

"मेरी मँगनी हो गई है। लड़का बैंक में..."

मैंने मेज़ पर से पेपर वेट उठाया...

अपनी कुटिल हँसी दबाती वो वहाँ से हवा हुई।

पीछे इंतज़ार को आसान करने के लिए मैंने एक सिग्रेट सुलगा लिया।

हज़रात, अर्ज़ है कि अपने कारोबार की मैं कोई पब्लिसिटी तो करता नहीं, ब्रॉडकास्ट तो करता नहीं कि प्राइवेट डिटेक्टिव सुधीर कोहली अपनाइए, क्योंकि यही सर्फ़ से धुला है और आख़िरी कश तक मज़ा देता है। मेरा कारोबार तो ग्राहक की–क्लाइंट की–संतुष्टि को सर्वोपरि मानने से चलता है और, आप जानते ही हैं कि, एक संतुष्ट ग्राहक दूसरे ग्राहक को भेजता है।

बात का लुब्बोलुआब ये है कि मेरा कारोबार सिर्फ़ और सिर्फ़ माउथ टु माउथ पब्लिसिटी से चलता है।

उम्मीद है ख़ाकसार को आप भूले नहीं होंगे। बंदे को सुधीर कोहली कहते हैं। वही सुधीर कोहली जो 'दि ओनली वन' भी कहलाता है और जो राजधानी में प्राइवेट इन्वेस्टिगेशन के धंधे में–ख़ुदा बुरी नज़र से बचाए–टॉप गन कहलाता है। जहाँ मेरा–यूनीवर्सल इन्वेस्टिगेशंस का–छोटा-सा ऑफ़िस है, वहाँ बंदा बहुत सलेक्ट क्लाइंट्स के लिए काम करता है, क्योंकि एक तो हर कोई मेरी फ़ीस नहीं भर सकता और दूसरे, अमूमन मुझे वही असाइनमेंट क़ुबूल होती है जिसमें कोई चैलेंज हो और जिसकी बाबत क्लाइंट का पुख़्ता विश्वास हो कि उसका काम कोई कर सकता था तो वो सुधीर 'दि ओनली वन' कोहली ही कर सकता था।

इसी वजह से बीच में अक्सर काफ़ी वक़्फ़े आते थे जबकि मुझे मनमाफिक केस की आमद के इंतज़ार में ख़ाली बैठना पड़ता था, क्योंकि मैट्रीमोनियल कन्फ़र्मेशंस, कैरेक्टर वेरीफ़िकेशंस जैसे टुच्चे काम करना मुझे क़ुबूल नहीं होते थे।

क्यों क़ुबूल नहीं होते थे ?

क्योंकि शेर घास नहीं खाता। दूसरे अलफ़ाज़ में, या हँसा मोती चुगे या भूखो रहि जाए।

बजातेख़ुद मैं अपना बयान, बखान करूँ तो झूठ बोलना या अपनी किसी ख़ूबी/ख़ामी को बढ़ा-चढ़ाकर कहना तो ग़ैरमुनासिब होगा इसलिए ग़ैरों की मेरी बाबत पुख़्ता हो चुकी राय दाख़िलदफ़्तर करता हूँ, मुलाहज़ा फ़रमाइए:

- दिल्ली और आस-पास चालीस कोस तक का टॉप का हरामी।
- नीयत बद्, कैरेक्टर ख़राब। पर नाशुक्रा नहीं।
- मिज़ाज लड़कपन से आशिक़ाना। इसलिए ख़ूबसूरती का पुजारी।
- लाइन मारने में पीएचडी।
- वग़ैरह !

फिर भी अपनी ज़ुबानी अपने बारे में कुछ कहूँ तो अर्ज़ है: जो देखता हूँ वही बोलने का आदी हूँ, मैं इस शहर का सबसे बड़ा फ़सादी हूँ।

तभी बीच का दरवाज़ा खुला। रजनी एक सूट-बूटधारी व्यक्ति के साथ चौखट पर प्रकट हुई।

"मिस्टर कपिल अवस्थी!" उसने घोषणा-सी की।

मैंने सिग्रेट को ऐश-ट्रे के हवाले किया और उठकर खड़ा हुआ।

आगंतुक आगे बढ़ा तो रजनी ने उसकी पीठ पीछे दरवाज़ा बंद कर दिया। मैंने मेज़ पर आगे झुककर उससे हाथ मिलाया और कुर्सी पेश की।

हम दोनों आमने-सामने बैठ चुके तो वो बोला, "सो यू आर सुधीर कोहली, दि फ़ेमस पीडी! दि वन ऑफ़ दि काइंड इन दिल्ली..."

"और आस-पास चालीस कोस तक!" मैंने जोड़ा, "बहरहाल कहने वाले कहते हैं ऐसा!"

"ठीक कहते हैं। मैं कन्फ़र्म करके आया। बल्कि आया ही इसलिए, क्योंकि कन्फ़र्मेशन हुई।"

"ज़हेनसीब!"

"मिस्टर कोहली, यू आर वेल रिकमेंडेड।"

"बाई हूम ?"

उसने एक नाम लिया जो मैंने कभी नहीं सुना था।

"ओके!" मैं बोला, "आयम ग्लैड!"

"मेरा नाम कपिल अवस्थी है।"

"जी हाँ, अभी बताया मेरी सैक्रेट्री ने!"

वो उम्र में पैंतीसेक साल का जान पड़ता था, क्लीनशेव्ड था, गोरा-चिट्टा था, नैन-नक़्श तीखे थे और हेयर स्टाइल से, बाक़ी रख-रखाव से लगता था कि देसी फ़िल्मी हीरोज़ से बहुत मुतासिर था। और तारीफ़ करूँ तो फ़िल्म स्टार जान पड़ता था।

"एक केस के सिलसिले में मैं यहाँ आया हूँ।" वो कह रहा था।

"वो तो अब अंडरस्टुड है!" मैं बोला, "बाई द वे, क्या काम करते हैं, कहाँ रहते हैं?"

"सब जान जाओगे। केस क़ुबूल करोगे तो सब जान जाओगे।"

"वो नौबत आने से पहले मैं आपको एक बात से आगाह कर देना चाहता हूँ।"

उसकी भवें उठीं।

"आई कम हाई। आई चार्ज हैवीली।"

"कोई ख़ास वजह?"

"दशहरी आम हूँ। बढ़िया चीज़ महँगी ही आती है।"

"बड़ा बोल है!"

"क्यों, जनाब? जब मेरे को 'वन ऑफ़ दि काइंड' मानते हैं तो क्यों बड़ा बोल है?"

संजीदा सूरत बनाकर उसने उस बात पर विचार किया।

"यू विल बी वैल पेड।" फिर बोला।

"थैंक्यू! आई लव टु बी वैल पेड।"

"यू आर ऑन राइट ट्रैक। रुपया बहुत साथ देता है।"

"जी हाँ, बल्कि अब तो पहले से ज़्यादा साथ देता है।"

उसकी भवें उठीं।

"सारी दिल्ली घूम आइए, रुपये का कुछ मिल जाए तो कहिएगा!"

“हा हा! भई, रुपये से मेरा मतलब रोकड़ा था। मूला था, नकद-नारायण था; सौ पैसे वाला रुपया नहीं था।”

“सौ पैसे वाला रुपया तो भिखारी भी नहीं लेता आजकल!”

“यू सेड इट, सर!” वो एक क्षण ठिठका, जैसे वक़्ती मज़ाहिया माहौल को रुख़सत कर रहा हो, फिर बोला, “मुझे बताया गया है कि तुम्हारा कारोबार वन मैन शो है। बस, तुम ही तुम हो!”

वो बेतकल्लुफ़ हो रहा था, लेकिन क्या हर्ज था! आख़िर क्लाइंट था! पेइंग कस्टमर था!

“जी हाँ!” मैं सहज भाव से बोला, “है तो ऐसा ही!”

“कैसे कर लेते हो?”

“अभी तो कर ही लेता हूँ। आगे की... देखेंगे!”

“सालाना स्कोर क्या है?”

“स्कोर?”

“ऐनुअल अर्निंग! सालाना कमाई! रोकड़ा! पैसा! माशूक़ें नहीं पूछीं मैंने।”

“वो भी पूछ लेते!”

“जवाब दो!”

“कोई ख़ास कमाई नहीं। बस, ज़रूरतें पूरी हो जाती हैं, शौक़ पूरे हो जाते हैं।”

“फिर भी!”

“अब क्या बोलूँ!”

“पाँचेक लाख तो कमा ही लेते होगे!”

“इससे ज़्यादा तो ऑफ़िस मेनटेन करने का ख़र्चा है!”

“ख़र्चे निकालकर पूछा! पाँच लाख सालाना तो...”

“मेरी सैक्रेट्री की तनख़्वाह छः लाख सालाना है!”

“ओह! तो दस?”

मैं ख़ामोश रहा।

“पंद्रह! बीस!”

"क्यों जानना चाहते हैं?"

"आदमज़ाद की औक़ात परखने का ये भी एक तरीक़ा होता है।"

"जनाब, मेरी औक़ात परख चुकने के बाद ही आप यहाँ आए हैं।"

"बतौर पीडी... बतौर पीडी औक़ात परख चुकने के बाद!"

"और औक़ात–माली–क्यों परखना चाहते हैं? कोई बेटी है ब्याहने लायक़?"

"क्या!"

मैंने जवाब न दिया।

"अरे, क्या उम्र समझते हो तुम मेरी?"

"साठ! पैंसठ!"

वो हकबकाया। उसने यूँ हैरान शक्ल बनाकर मुझे देखा जैसे मैंने पूछ लिया हो कि क्या वो किसी औरत को हामिला कर सकता था।

फिर उसके चेहरे के भाव बदले, वो ठठाकर हँसा।

"जोक!" वो बोला, "जोक मारा!"

मैं जबरन मुस्कुराया।

"पसंद आए तुम मुझे, मिस्टर कोहली! मैं छत्तीस का हूँ।"

"बादशाह सोलोमन हज़ार का था। आप छत्तीस के हैं। मैं तो, जनाब, फ़िलहाल बस एक-दो का ही हूँ।"

वो फिर हँसा।

मेरा स्वर शुष्क हुआ।

"एनफ़ ऑफ़ पिंग-पोंग, सर," मैं बोला, "शैल वी कम टु दि प्वायंट नाउ?"

"प्वायंट!" वो भी तत्काल संजीदा हुआ, "फ़ीस! उसकी तुम फ़िक्र न करो। मैं तुम्हारी सैक्रेट्री से सैटल करके जाऊँगा... ऐज़ पर योर सैटिस्फ़ैक्शन।"

"बिना फ़ीस की बाबत जाने?"

"भई, कुछ हिंट मुझे पहले से था, कुछ तुम्हारी सैक्रेट्री ने मेरे आते ही सरकाया!"

"फिर भी सालाना स्कोर की बाबत सवाल कर रहे थे!"

"अब छोड़ो वो सब। और वो वजह सुनो जो मुझे यहाँ लाई है।"

"आयम ऑल ईयर्स, सर!"

"कोई मेरे को मार डालने की कोशिश कर रहा है।"

मैं सँभलकर बैठा।

"ऐसा सोचने की वजह ?" मैंने पूछा।

"मिस्टर कोहली, एक बार नहीं, दो बार नहीं, तीन बार ऐसा कुछ हो चुका है जो साबित करता है कि कोई हाथ धोकर मेरी जान के पीछे पड़ा है।"

"कौन ?"

"क्या पता कौन! कोई सामने तो आया नहीं!"

"किसी पर कोई शक ?"

"है तो सही, लेकिन" वो ठिठका, हिचकिचाया, "नाम ज़ुबान पर लाते नहीं बनता।"

"अवस्थी साहब, क्लाइंट और पीडी का रिश्ता मरीज़ और डॉक्टर के रिश्ते सरीखा होता है। जैसे मरीज़ को अपने डॉक्टर से कुछ नहीं छुपाना चाहिए, वैसे क्लाइंट को भी पीडी से कुछ नहीं छुपाना चाहिए। नो ?"

"यस।"

"तो फिर जो कहना है, खुलकर कहिए!"

"ओके! मैं शुरू से बयान करता हूँ..."

"शुरुआत के लिए वही बेहतरीन जगह होती है।"

"पहले यही बताता हूँ, कहाँ रहता हूँ, क्या काम करता हूँ!"

"दि बेस्ट!"

"मैं दिल्ली की सरहद पार हरियाणा में सूरजकुंड के इलाक़े में रहता हूँ। वहाँ एक एकड़ ज़मीन के बीच में बनी हवेली जैसी एक बड़ी इमारत है जो कभी मेरे जन्नतनशीन ससुरे ने तब वहाँ बनवाई थी जबकि वो इलाक़ा बिल्कुल बसा हुआ नहीं था। तब हर तरफ़ कीकर के पेड़ थे और रात को वहाँ सियार फिरते थे। ऐसी जगह मेरे ससुरे ने कौड़ियों के मोल एक एकड़ ज़मीन ख़रीदी थी और उसके बीच में पुराने, तब के आर्किटेक्चर के हिसाब से एक दोमंज़िला मेंशन खड़ा किया था। बाद में वो इलाक़ा धीरे-धीरे बसने

लगा था तो ससुरे की प्रॉपर्टी की क़ीमत भी बढ़ने लगी थी। तब उसने उस हवेलीनुमा इमारत में कुछ तब्दीलियाँ की थीं, कुछ नई तामीर की थी–जैसे फ्रंट को मॉडर्नाइज़ किया था, बैकयार्ड में स्विमिंग पूल बनवाया था और फ्रंट यार्ड को एक ख़ूबसूरत लॉन की शक्ल दी थी। कोहली साहब, आज उस मेंशन की, मोरवाल एस्टेट की, जिसमें कि वो मेंशन खड़ा है, क़ीमत करोड़ों में है।"

"मोरवाल!"

"मानकलाल मोरवाल। मेरे ससुरे का नाम था।"

"था!"

"हाँ। अब बुज़ुर्गवार इस दुनिया में नहीं हैं। मेरी शादी के छः महीने बाद ही उनकी हार्ट अटैक से मौत हो गई थी।"

"ओह! आप कब से शादीशुदा हैं?"

"डेढ़ साल से।"

"औलाद?"

"अभी नहीं।"

"वजह?"

"कोई नहीं। सिवाय इसके कि आजकल लेट पेरेंटिंग का रिवाज है; शादी के बाद लड़कियाँ जल्दी माँ नहीं बनना चाहतीं।"

"इसलिए एहतियात बरतती हैं!"

"हाँ।"

"कभी किसी का हाथ भी पकड़ती हैं तो दस्ताने पहनकर!"

"मिस्टर कोहली!"

"आई मीन आप का! पति का! जीवन साथी का!"

"तंज़ कसने की कोई ज़रूरत नहीं।"

"ऐसा किया तो नहीं था मैंने, लेकिन... ख़ैर! तो लेट पेरेंटिंग के बारे में आप के क्या ख़यालात हैं?"

"मेरे ख़यालात चेताली के ख़यालात से जुदा नहीं हैं।"

"क्योंकि मेड फ़ॉर ईच अदर हैं?"

"यही समझ लीजिए।"

"चेताली आप की बीवी का नाम है?"

"हाँ।"

"शादी के बाद से ही आप बीवी के साथ सूरजकुंड मोरवाल एस्टेट में रहते हैं?"

"हाँ।"

"बस, आप और बीवी?"

"नहीं भई, ससुरे की तरह ही मरहूम एक चाचा का परिवार रहता है। परिवार में दो लड़के हैं, एक शादीशुदा है, लेकिन अभी बेऔलाद है, दूसरा ग़ैरशादीशुदा है। बाक़ी इन-हाउस वर्किंग स्टाफ़ है जिसमें एक एस्टेट मैनेजर और एक कुक प्रमुख है।"

"ससुरे की और औलाद?"

"कोई नहीं। मेरी बीवी चेताली उसकी इकलौती औलाद थी।"

"लिहाज़ा आप के ससुर की करोड़ों की प्रॉपर्टी की वो इकलौती वारिस थी!"

"नेचुरली!"

"ससुरे के छोटे भाई का कोई दावा-दख़ल नहीं, उसके दो लड़कों का कोई दावा-दख़ल नहीं?"

"मेरी जानकारी में कोई नहीं।"

"चाचा अपनी ज़िंदगी में क्या करता था?"

"हौज़ ख़ास विलेज में रेडीमेड गार्मेंट्स का शोरूम चलाता था। अब वो शोरूम उसके दोनों लड़के–बड़ा सुमीत, छोटा विनीत–चलाते हैं।"

"आई सी! ससुरे का क्या कारोबार था?"

"कारोबार कोई नहीं था, लेकिन अपनी इन्वेस्टमेंट्स से मोटी आमदनी थी।"

"इन्वेस्टमेंट्स यानी?"

"बड़ी कम्पनियों के गिल्टएज्ड, न हिलने वाले शेयर थे जिनका डिवीडेंड आता था।"

"भरपूर?"

"भरपूर ही था। तभी तो इतना बड़ा मेंशन खड़ा कर लिया था और हाई क्वॉलिटी लाइफ़ का आनंद भोगता था!"

"आप क्या करते हैं?"

"मैं... मैं आजकल कुछ नहीं करता।"

"जब करते थे तो क्या करते थे?"

"ऐड फ़िल्में करता था। टीवी सीरियल्स में रोल करता था।"

"अब नहीं करते?"

"नहीं।"

"वजह?"

"कोई ख़ास नहीं। समझ लो मन हट गया।"

"नौजवान यूँ मन कोई दूसरा कारोबार पकड़ लेने के बाद हटाते हैं, आपने ऐसा न किया?"

"भई, हमेशा के लिए ही नहीं हट गया मन; वक़्ती तौर पर हट गया।"

"तो ऐसा कहिए न! गोया आइंदा फिर वही लाइन पकड़ने का इरादा है जिसका आपको तजुर्बा है! एक्टिंग का!"

"हाँ।"

"वक़्ती तौर पर मन हटने के पीछे क्या शादी भी वजह थी?"

"थी तो सही!"

"एक्टर लोगों के पास जब कोई काम नहीं होता तो वो कभी नहीं कहते, 'बेरोज़गार हूँ', स्टाइलिश जवाब देते हैं, 'आई एम बिट्विन असाइनमेंट्स'। आप ऐसा नहीं कहते! आप 'मन हट गया' कहते हैं!"

वो ख़ामोश रहा।

"अपने द्वारा अभिनीत किसी सीरियल का नाम बताइए!"

उसने तीन नाम बताए जो मैंने अपने सामने पड़े स्क्रैच पैड पर दर्ज कर लिए।

"और ऐड फ़िल्म्स?" मैंने पूछा।

"वो पहले की बात है। अब याद नहीं। अब इंटरेस्ट भी नहीं।"

"फिर भी!"

"एक किचन-मसालों का ऐड था, ब्रांड नेम याद नहीं, एक किसी कपड़ा मिल की सूटिंग का ऐड था, एक वाटर फ़िल्टर का ऐड था..."

"उसका भी ब्रांड नेम याद नहीं!"

"हाँ। तुम्हें कैसे मालूम?"

"आपने एक साहिब-ए-जायदाद शख़्स की इकलौती औलाद से शादी की, इस लिहाज़ से आप का समाजी रुतबा क़दरन कमज़ोर नहीं था? ससुरे को बतौर दामाद क़ुबूल थे आप?"

"मैंने लव मैरिज की थी।" उसका स्वर नाहक़ शुष्क हुआ।

"आई सी! लिहाज़ा हादसे के शिकार थे!"

"क्या बोला?"

"नौजवानी में प्यार में पड़ना और सीढ़ियों से गिरना एक ही बात होती है। दोनों एक्सीडेंट हैं।"

"मिस्टर कोहली, आई डोंट अंडरस्टैंड..."

"वॉट इज़ इट दैट यू डोंट अंडरस्टैंड? क्या नहीं समझते? मिस्टर कोहली को या मिस्टर कोहली की कही बात को?"

"मिस्टर कोहली, ले ऑफ़ दिस लाइन ऑफ़ क्वेस्चनिंग।" वो एक क्षण ठिठका, फिर उसने जोड़ा, "प्लीज़!"

"यस, सर! राइट, सर! तो आपने लव मैरिज की?"

"हाँ। पहले ही बोला।"

"लिहाज़ा आप बाप की नहीं, बेटी की पसंद थे!"

"मैंने बाप से शादी नहीं करनी थी।"

"आप ख़फ़ा हो रहे हैं!"

"मेरे लिए तब एक ही बात अहम थी कि चेताली मेरे से प्यार करती थी। और प्यार अंधा होता है।"

"न सिर्फ़ अंधा होता है, प्यार करने वालों को अंधा कर देता है।"

"क्या मतलब है, भई, तुम्हारा?"

"रईस की बेटी आप पर आशिक़ हुई थी या आपने उसे अपने पर

आशिक़ करवाया था?"

"वॉट द हैल!"

"शिद्दत से! मेहनत से! प्लान करके!"

"मिस्टर कोहली!"

"क्योंकि इकलौती बेटी की रज़ा से राज़ी होना पिता का फ़र्ज़ था, बेटी जो बड़ा ही अहमतरीन क़दम उठा चुकी थी, जिस पर कि उसकी आइंदा ज़िंदगी का दारोमदार था, उसको क़ुबूल कर लेना उनकी मजबूरी थी, नो?"

वो उठ खड़ा हुआ।

"अरे बैठिए, जनाब!" मैंने उठकर, मेज़ पर दोहरा होकर, उसकी बाँह पकड़कर उसे वापस कुर्सी पर बिठाया और ख़ुद भी बैठा, "कंसिडर इट डन! योर वर्ड इज़ माई कमांड! कस्टमर इज़ द किंग आफ़्टर ऑल!"

"कस्टमर!"

"कन्ज़्यूमर! क्लाइंट! ऑल रोल्ड इनटू वन! नो?"

उसने सप्रयास सहमति में सिर हिलाया। कुछ क्षण ख़ामोशी रही।

"इत्तफ़ाक़ से," फिर मैंने ही ख़ामोशी भंग की, "आज यहाँ ठंडा, गर्म का कोई इंतज़ाम नहीं है, लेकिन किसी नज़दीकी रेस्टोरेंट से आप जो चाहें, मैं ऑर्डर कर सकता हूँ।"

"ज़रूरत नहीं।"

"स्मोक करते हैं?"

"हाँ।"

"तो मैं सिग्रेट पेश करता हूँ।"

मैंने अपना डनहिल का पैकेट निकाला और उसे सिग्रेट ऑफ़र किया। फिर एक सिग्रेट मैंने भी लिया और लाइटर से दोनों सिग्रेट सुलगाए।

"सो, ऐज़ आई अंडरस्टैंड," मैं कश लगाकर धुआँ उगलता बोला, "शादी के बाद से ही आप का मुक़ाम मोरवाल एस्टेट है। ओके?"

"यस!" उसने अनमने भाव से उत्तर दिया।

"डेढ़ साल से?"

"हाँ, भई।"

"ससुरे को कभी ऐतराज़ न हुआ?"

"ऐतराज़ किस बात का?"

"समझिए! बाज़ लोगों को–बल्कि सभी लोगों को–दामाद के घर-जमाई बनकर रहने पर ऐतराज़ होता है।"

"घर-जमाई!"

"जनाब, जब से शादी हुई है, तब से–डेढ़ साल से, बकौल ख़ुद–ससुरे के घर डेरा डाले हैं तो घर-जमाई ही तो कहलाएँगे!"

"ख़ुद चेताली की मर्ज़ी थी," वो भुनभुनाया, "बल्कि ज़िद थी कि मैं वहीं रहूँ। फिर ससुरे का कोई ऐतराज़ क्या मायने रखता था?"

"ये ज़िद न होती तो शादी के बाद बाप के घर से बेटी विदा हुई होती, उसने आपके साथ जाकर अपना घर-संसार बसाया होता तो मैनेज कर लेते?"

"क्या मतलब?"

"घर के कर्त्ता का, गुड प्रोवाइडर का, रोल अदा कर पाते? जिस ऐश-ओ-आराम की आदत स्वाभाविक तौर पर एक रईस बाप की बेटी को–वो भी इकलौती औलाद को–होती है, वो आप–एक कैज़ुअल ऐड फ़िल्म मॉडल, एक टीवी सीरियल बिट प्लेयर–उसे मुहैया करा पाते?"

"कौन बोला मेरे को कैज़ुअल मॉडल!" वो भड़कने को हुआ, "सीरियल्स बिट प्लेयर!"

"गोल-मोल अंदाज़ से ख़ुद आप बोले। आप न बोले तो समझिए मैं बोला।"

"तुम्हें क्या मालूम कि..."

"आई एम ए डिटेक्टिव। रिमेम्बर?"

उसने तनिक बेचैनी से पहलू बदला।

"आप की ट्रेड में कोई बेहतर, पिवोटल हैसियत होती तो मैं आपके नाम से वाक़िफ़ होता..."

"कोई ज़रूरी नहीं।"

"...तो आपकी माली हैसियत भी क़ाबिलेरश्क होती। टीवी सीरियल्स

के पिवोटल स्टार्स की आजकल लाखों में पर डे फ़ीस होती है। उनका घर-जमाई बन के रहना ज़रूरी नहीं होता।"

"मैंने बोला न, चेताली ऐसा चाहती थी। और तुम मेरी हैसियत से वाक़िफ़ नहीं हो–हो भी नहीं सकते, क्योंकि आज से पहले तुमने कभी मेरी सूरत नहीं देखी–मेरी हैसियत से तुम्हारा कोई लेना-देना भी नहीं। मैं यहाँ आया हूँ न! तुम्हारी मुँहमाँगी फ़ीस भरने की हामी मैंने भरी है न! इतना क्या काफ़ी नहीं तुम्हारे लिए?"

"काफ़ी है।"

"तो?"

"नथिंग! प्लीज़ काम डाउन, सर। अब उस बाबत और सवाल नहीं होगा। ओके?"

जवाब में उसने सिग्रेट का कश लगाकर यूँ मुँह बनाया जैसे कोई बद्मज़ा चीज़ होंठों में आ लगी हो। उसने सिग्रेट को ऐश ट्रे में झोंक दिया जबकि अभी तीन-चौथाई बाक़ी था।

ज़ाहिर था कि घर-जमाई कहे जाने से वो भड़कता था जबकि हक़ीक़तन वो वही था। अपनी कोई दूसरी हैसियत बना पाना, फिर ज़ाहिर था कि, उसे मुमकिन नहीं जान पड़ता था। मुमकिन होता भी कैसे! अपने आप को जिस कारोबार में वो बताता था, उसमें भी तो वो अब नहीं था! अपनी मौजूदा रिहायश का जो नक़्शा उसने खींचा था, उसके तहत मेरे ज़ेहन में एक ही चेहरा आता था जो उसकी जान लेने की कोशिश कर सकता था–

उसकी बीवी!

लव मैरिज जोश-ओ-जुनून का सौदा होता था जिससे किसी का जल्दी आजिज़ आ जाना कोई बड़ी बात नहीं थी।

लेकिन क़त्ल!

दूर की कौड़ी थी। अभी क्या पता लगता था! अभी तो केस मेरे हाथ भी नहीं आया था!

"तो" मैं उसे फिर मूल विषय पर लाता बोला, "आपको लगता है कि कोई आपको मार डालने की कोशिश कर रहा है?"

“हाँ।” उसका लहजा अभी भी अनमना था।

“और आप कहते हैं ऐसी दहशतनाक कोशिश तीन बार हो चुकी है!”

“हाँ।”

“इससे आगे बोलिए!”

“सुनो! पीछे हफ़्ते में तीन ऐसे वाक़यात मेरे साथ गुज़रे हैं जो मुझे अपने क़त्ल की कोशिश जान पड़े थे...”

“कहाँ हुईं ऐसी कोशिशें?”

“एक ही जगह हुईं। मोरवाल एस्टेट में!”

“यानी हरकत करने वाला–क़ातिल कहने से मैं जान-बूझकर परहेज़ कर रहा हूँ–कोई घर का आदमी! कोई एस्टेट का बाशिंदा!”

“और कौन! बाहर से आए किसी शख़्स का तो ये काम हो नहीं सकता! ऐसा कोई वाक़िफ़ तो एस्टेट में मुक़ाम पाए नहीं था और कोई नावाक़िफ़ बिना सबकी जानकारी में आए एस्टेट में मुक़ाम पा नहीं सकता।”

“घर का आदमी, यानी आप के मरहूम ससुरे के दो भतीजे, बड़े की बीवी और... गुस्ताख़ी माफ़... आप की बीवी!”

“सर्विस स्टाफ़ का शुमार भी इस मामले में मैं घर के लोगों में ही करता हूँ–ख़ास तौर से एस्टेट मैनेजर का, कुक का, कुक की नौजवान बेटी का जो कि उसके साथ रहती है और किचन में और डाइनिंग रूम में सर्विस में उसकी मदद करती है।”

“उन लोगों का आप के मरने-जीने से क्या मतलब?”

“क्या पता लगता है! उनमें से किसी का किसी के मतलब से मतलब हो सकता है।”

“कोई *हरकती* का मददगार हो सकता है?”

“क्यों नहीं?”

‘ठीक! अब उन तीन कोशिशों के बारे में बताइए जो आप को आप की जान लेने की जान पड़ीं! क्या हुआ था? कैसे आप को लगा था कि वो कोई इत्तफ़ाक़ नहीं थे, आप के क़त्ल की कोशिशें थीं?”

“पहली की सुनो जो दो हफ़्ते पहले वाक़या हुई थी। एक सुबह कोई

ग्यारह बजे के क़रीब कहीं जाने के लिए मैं मैंशन के उस विंग में से निकला जिसमें हम पति-पत्नी का आवास था। इमारत से निकलकर मैं इमारत के साथ-साथ बनी राहदारी पर चल रहा था कि एकाएक बिल्ली रास्ता काट गई। वहम का मारा मैं फ़ौरन थमककर खड़ा हो गया। तभी ऊपर से एक भारी गमला ऐन मेरे क़दमों के सामने आकर गिरा और टुकड़े-टुकड़े होकर बिखर गया। मिस्टर कोहली, अगर बिल्ली के रास्ता काट जाने की वजह से मैं एकाएक ठिठका न होता तो जो अंजाम" उसके शरीर ने स्पष्ट झुरझुरी ली, "गमले का हुआ, वो मेरी खोपड़ी का हुआ होता।"

"ओह! ऊपर क्या था?"

"ऊपर ईश्वर था जिसने मेरी रक्षा की।"

"मेरा मतलब है जहाँ से गमला गिरा था, वो क्या जगह थी?"

"अच्छा, वो! वो पहली मंज़िल की एक बालकनी थी जिसकी पुराने ज़माने की पत्थर की चौड़ी मुँडेर पर सजावट के तौर पर फूलों के गमले रखे होते थे। उन्हीं में से एक गमला नीचे गिरा था।"

"भारी गमला बताते हैं आप! अपने आप कैसे गिर गया?"

"यही तो हैरानी की बात है! पाँच-छः किलो वज़न का कंक्रीट का गमला था, अपने आप नहीं गिर सकता था।"

"किसी ने गिराया?"

"हाँ।"

"या अनजाने में किसी का धक्का लग गया?"

"किसका?"

"किसी का भी! हवेली के किसी भी बाशिंदे का, जो उस घड़ी वहाँ था। बाई दि वे, बालकनी के पीछे क्या था? मेरा मतलब है वो किसी रूम की बालकनी थी या ओपन एरिया की?"

"ओपन एरिया की। कवर्ड ओपन एरिया की–जहाँ शायद कभी एक्सटेंशन के तौर पर हाल कमरा बनना था–न कि ओपन टैरेस की।"

"फिर तो वो जनरल एक्सेस की जगह हुई जहाँ उस घड़ी कोई भी–मालिकान, स्टाफ़–हो सकता था!"

"हाँ।"

"किसी का–किसी नालायक़, लापरवाह स्टाफ़ का–अनजाने में धक्का लग गया क्यों नहीं हो सकता?"

"ऐसा होता तो वो अपनी करतूत का नतीजा देखने के लिए मुझे बालकनी पर से नीचे झाँकता दिखाई देता। बल्कि बगूले की तरह दौड़ता नीचे पहुँचता।"

"ऐसा कुछ नहीं हुआ था?"

"नहीं!"

"बहरहाल आप बाल-बाल बचे। फिर आपने क्या किया?"

"मैं शॉक से उबरा तो दौड़ ऊपर पहुँचा। ऊपर बालकनी या उसके पीछे कोई भी नहीं था। तभी परे टैरेस पर मुझे मेड अलगनी पर गीले तौलिए डालती मिली। मैंने उससे पूछा कि अभी थोड़ी देर पहले कौन वहाँ आया था। जवाब मिला, उसने तो किसी को नहीं देखा था, उसकी तो उधर पीठ थी!"

"हूँ! उस ओपन कवर्ड एरिया के आज़ू-बाज़ू क्या था?"

"एक तरफ़ कवर्ड सीढ़ियाँ थीं, दूसरी तरफ़ बेडरूम था।"

"आबाद?"

उसकी भवें उठीं।

"आप इतनी बड़ी इमारत बताते हैं–वो भी दोमंज़िला! एकड़ के प्लॉट के बीच खड़ी!–वहाँ सारे ही कमरे तो ऑक्यूपाइड नहीं होंगे!"

"ओह, दैट! हाँ, आबाद! वो मेरी बीवी का बेडरूम है।"

"सिर्फ़... सिर्फ़ आपकी बीवी का?"

"कन्फ़्यूज़ न होवो, भई। मतलब वो नहीं है जो तुम समझ रहे हो। वो चेताली का हमारी शादी से पहले का बेडरूम है जिसे शादी के बाद से वो स्टडी के तौर पर और टेम्परेरी रेस्टरूम के तौर पर इस्तेमाल करने लगी है। हमारा ज्वॉइंट बेडरूम अलग है।"

"फ़र्स्ट फ़्लोर पर ही?"

"नहीं, ग्राउंड फ़्लोर पर।"

"बहरहाल ऊपर आपको ऐसा कोई शख़्स न मिला जिसने इरादतन वो गमला गिराया होता!"

"हाँ।"

"मेड थी ऊपर!"

"मिस्टर कोहली, डोंट टॉक नानसेंस!"

"वाक़ये के हर पहलू पर विचार करना मेरा फ़र्ज़ है, मेरी आदत है।"

"वो कमसिन है और इतनी नाज़ुक है कि गमले को धक्का देना तो दूर, वो उससे हिलाया भी नहीं जाने वाला था।"

"ओके, आप कहते हैं तो..."

"मैं कहता हूँ।"

"दूसरे वाक़ये की बाबत बोलिए!"

"वो पहले के एक हफ़्ते बाद हुआ।"

"क्या हुआ?"

"एस्टेट में नेस्ले कम्पनी का एक सेल्समैन आया। इत्तफ़ाक़ से वो ऐसे वक़्त आया जबकि उसे रिसीव करने के लिए घर में मैं ही था। उसने हाउसवाइफ़ से मिलने की ख़्वाहिश ज़ाहिर की तो हाउसवाइफ़ की ग़ैरमौजूदगी में हाउसहब्बी पेश हुआ। पता लगा कि नेस्ले कम्पनी अपने ब्रांड मैगी के नए एडीशन फ्यूज़न-मैगी का व्यापक लॉन्च कर रही थी जिसके तहत कुछ ख़ास इलाक़ों में फ्यूज़न-मैगी से सैंपल घर-घर फ्री बाँटे जा रहे थे और सूरजकुंड के इलाक़े में ये काम उसके हवाले था। उसने मुझे नए ब्रांड फ्यूज़न-मैगी का एक पैकेट दिया, एक फ़ॉर्म पर मेरा नाम-पता लिखकर मेरे साइन कराए और वहाँ से रुख़सत हो गया। पीडी साहब, वो चार बजे का वो वक़्त था जबकि लंच के बाद सब लोग रेस्ट करते थे और उस रोज़ चेताली इत्तफ़ाक़ से घर पर नहीं थी। मैंने उस रोज़ लंच नहीं किया था, क्योंकि ब्रेकफ़ास्ट हैवी हो गया था। उस घड़ी मैगी का स्पेशल पैकेट हाथ आया तो अनायास ही मेरा दिल मैगी बनाकर खाने को किया। यूँ भूख भी मिटती और पता भी लगता कि नई मैगी में क्या स्पेशल था। लिहाज़ा मैं किचन में गया और मैंने वो गिफ़्ट पैकेट खोलकर मैगी तैयार की। मैंने खाने को तैयार मैगी को बाउल में डाला ही था कि बाहर ड्राइंगरूम में लैंडलाइन फ़ोन बज उठा। मैं किचन से निकला और ड्राइंगरूम में पहुँचा, लेकिन मेरे फ़ोन तक पहुँचने से पहले

ही फ़ोन बजना बंद हो गया। मैंने कुछ देर फ़ोन के फिर बजने का इंतज़ार किया, न बजा तो किचन में वापस लौटा जहाँ मैंने बिल्ली को मैगी के बाउल में मुँह मारते पाया।"

"बिल्ली!"

"पड़ोस की! पड़ोसियों की पालतू! एस्टेट में, भीतर मेंशन में, कहीं भी अक्सर विचरती पाई जाती थी। बड़ी प्यारी झक सफ़ेद बिल्ली थी इसलिए हमारे यहाँ उसकी मौजूदगी पर हमारी तरफ़ से कभी कोई ऐतराज़ नहीं हुआ था।"

"आई सी! फिर?"

"मुझे आया पाते ही बिल्ली मैगी के बाउल पर से हटी और किचन के काउंटर से नीचे कूद गई। परे किचन के फ्रंट में लॉन की तरफ़ खुलने वाली उस वक़्त खुली खिड़की थी, वो उधर से ही भीतर आई थी और मेरी मैगी के साथ अपनी बेजा हरकत के बाद उसने उधर से ही निकल जाना था। लेकिन वो तो काउंटर से नीचे कूदने के बाद किचन के फ़र्श से हिली ही नहीं, वहीं पड़ी तड़पने लगी!"

"अरे!"

"मैं ख़ुद हैरान हुआ! फिर घबरा गया! मैंने उसे पानी पिलाने की कोशिश की जो नाकाम रही। तब बिल्ली के मालिकान पड़ोसियों को ख़बर करना ज़रूरी था। मेरा मोबाइल इत्तफ़ाक़ से तब मेरे साथ नहीं था इसलिए लैंडलाइन इस्तेमाल करने की नीयत से मैं ड्रॉइंगरूम की ओर लपका। मैंने पड़ोसियों का फ़ोन ट्राई किया तो काल न लगी। फिर ट्राई किया तो बिजी टोन आने लगी। अभी मैं तीसरी कोशिश में ही था कि पड़ोसी–मिस्टर एंड मिसेज़ अबरोल–ख़ुद ही दौड़ते हुए हमारे यहाँ पहुँच गए। मालूम हुआ कि मेरे पीछे मेड किचन में आई थी, उसने बेहाल बिल्ली को देखा था तो वो ही दौड़कर अबरोल को बुला लाई थी।"

"मेड बिल्ली को पहचानती थी?"

"सारा अड़ोस-पड़ोस पहचानता था।"

"फिर?"

"अपनी बिल्ली की हालत देखकर अबरोल मियाँ-बीवी के छक्के छूट गए। फ़ौरन उन्होंने बिल्ली को वैट के पास पहुँचाया। मिस्टर कोहली, वेटरनिटी क्लिनिक फ़ौरन पहुँचाए जाने की वजह से ही बिल्ली की जान बची।"

"हुआ क्या था उसे?"

"जो हुआ था, वो बाद में मिस्टर अबरोल ने ही बताया।"

"क्या?"

"ज़हर... ज़हर हुआ था।"

"ओह, नो!"

"मिस्टर अबरोल का ख़याल था कि बाहर पता नहीं कहाँ-कहाँ भटकती बिल्ली ने कोई ज़हरीली चीज़ खा ली थी। फिर इधर-उधर भटकती हमारे यहाँ चली आई थी तो ज़हरीली चीज़ अपना असर दिखाने लगी थी और वो उस बुरे हाल में पहुँची थी। मिस्टर कोहली, ये पड़ोसी का ख़याल था जिसकी कि बिल्ली थी, हक़ीक़त तो मेरे को मालूम थी!"

"मैगी में ज़हर था?"

"यक़ीनन! और वो ज़हर मेरे लिए था। ड्रॉइंगरूम में फ़ोन न बजा होता, पीछे बिल्ली मैगी के बाउल में मुँह न मार बैठी होती तो सोचो, मेरा क्या अंजाम होता! बिल्ली की ख़बर तो मेड ने पड़ोसियों को कर दी, मेरी ख़बर कौन किसको करता!"

"ठीक!"

"मैं तो किचन में ही पड़ा मर गया होता! बिल्ली ने अभी मैगी के बाउल में सिर्फ़ मुँह ही मारा था तो मैं ऊपर से आ गया था और उसने दौड़ जाने की कोशिश की थी, मैंने तो ताज़ा तैयार हुई कम्पनी की नई मैगी को स्वाद ले-लेकर खाना था--तब खाना था जब मेरे आस-पास भी किसी ने नहीं होना था। खाना था और खाते रहना था। तब, क्या बताने की ज़रूरत है कि मेरा अंजाम क्या होता?"

"मैगी का क्या किया?"

"कहीं बाहर फेंकने का इरादा था, लेकिन फिर कोई जानवर मुँह मारता!

इसलिए बाथरूम में जाकर टॉयलेट के कमोड में फेंकी और ऊपर से फ़्लश चलाई।"

"पैकेट जब मिला था तो सील्ड नहीं था?"

"सील्ड ही लगता था, लेकिन खुर्दबीनी मुआयना तो मैंने उसका नहीं किया था! ऐसा मुआयना करने की कोई वजह ही नहीं थी।

"किसी ने पैकेट को खोल, भीतर ज़हर मिलाया और पैकेट को जैसे-तैसे वापस सील किया!"

"कैसे भी किया, किया।"

"ज़हर नूडल्ज़ में?"

"या मसाले की पुड़िया में जो नूडल्ज़ के साथ पैकेट में बंद होती है। सेल्समैन कहता था कि वो नया, पहले से कई दर्जा बेहतर मसाला था और उसकी ख़ास तारीफ़ करके गया था।"

"ताकि मैगी बनाते वक़्त उसमें उस ख़ास मसाले का इस्तेमाल आप ज़रूर करते!"

"हाँ।"

"बाज़ लोग उस मसाले को नहीं भी इस्तेमाल करते, या बहुत कम मिकदार में इस्तेमाल करते हैं।"

"मैंने तो उबलती नूडल्स में पूरी पुड़िया ख़ाली कर दी थी!"

"आई सी! लेकिन मैगी में ज़हर था तो वो पब्लिसिटी कैम्पेन के तहत कम्पनी के अधिकृत सेल्समैन की डिलीवर्ड तो नहीं हो सकती थी! या फिर सेल्समैन को किसी इंसेंटिव, किसी लालच के तहत तैयार किया गया था कि..."

"मिस्टर कोहली, देयर वाज़ नो सेल्समैन!"

"जी!"

"कोई कम्पनी सेल्समैन नहीं था, कोई स्पेशल मैगी नहीं थी, कोई नेस्ले कम्पनी की स्पेशल कैम्पेन नहीं थी। बाद में मैंने मालूम किया था, मैगी घर-घर नहीं बाँटी गई थी, मोरवाल एस्टेट के अलावा वो कथित सेल्समैन कहीं नहीं गया था। उसका निशाना सिर्फ़ और सिर्फ़ मैं था, बाक़ी सब कुछ मुझे

आश्वस्त करने के लिए कहानी थी।"

"लेकिन ये कहानी कोई अजनबी, अंजान शख़्स कैसे कर सकता था? कैसे कोई हाउसहोल्ड की मुकम्मल जानकारी हुए बिना इस काम को अंजाम दे सकता था? उस फ़र्ज़ी सेल्समैन को हाउसहोल्ड की पोस्ट लंच झपकी की रूटीन की ख़बर थी, ये तक ख़बर थी कि आप की बीवी ने उस घड़ी घर नहीं होना था; कोई बाक़ी बातों की बाबत तो जैसे-तैसे दरयाफ्त कर सकता था, बीवी के मूड-मिज़ाज का उसे कैसे पता चलता?"

"जब जानकारी फ़ॉरवर्ड करने वाली ही..."

वो तत्काल ख़ामोश हुआ।

मैंने अपलक उसकी तरफ़ देखा।

वो परे देखने लगा और कुर्सी पर पहलू बदलने लगा।

"आपको," मैं पूर्ववत् उसे देखता बोला, "अपनी बीवी पर शक है?"

"ये मैंने कब कहा?" वो हड़बड़ाया।

"कहने वाले थे! बीच में इरादा बदल दिया!"

"ऐसी कोई बात नहीं।"

"*जानकारी फ़ॉरवर्ड करने वाली* कहा! स्त्रीलिंग में कहा!"

"तो क्या हुआ! स्त्रीलिंग एस्टेट में और भी हैं!"

"आपने पहले भी कहा था कि आपको किसी पर शक था, लेकिन नाम ज़ुबान पर लाते नहीं बनता था। नाम अब लाइए ज़ुबान पर!"

जवाब देने की जगह वो फिर परे देखने लगा।

"मिस्टर अवस्थी, क्लाइंट का अपने पीडी से कुछ छुपाना..."

"आई नो! आई नो! नाओ डोंट रब इट इन!"

"ओके! जब आप कहते हैं, मानते हैं कि अंदरूनी मदद के बिना ये ज़हर वाला वाक़या होना मुमकिन नहीं था तो बीते वक़्फ़े में आपने इस बारे में ख़ुद कोई ख़ुफ़िया तफ़्तीश, कोई ख़ुफ़िया पूछताछ न की?"

"कोशिश की थी, लेकिन नातजुर्बेकारी की वजह से कुछ बन नहीं पाया था। तभी तो मुझे कोई प्राइवेट डिटेक्टिव एंगेज करने का ख़याल आया था!"

"ख़याल आने में और उस पर अमल करने में एक हफ़्ता क्यों लगा?"

"क्या बोला?"

"ज़हर वाला वाक़या–जिसमें बिल्ली मरने से बाल-बाल बची, आप शायद इतने ख़ुशक़िस्मत न साबित होते–एक हफ़्ता पहले हुआ। आपने उस बाबत ख़ुफ़िया तफ़्तीश करने की कोशिश की तो आप को लगा कि नातजुर्बेकारी की वजह से वो आपके बस का काम नहीं था। ऐसा लगने में एक हफ़्ता लग गया?"

"न-हीं!"

"एकाध बार ही कोशिश की होगी तो पता लग गया होगा कि काम आपके बस का नहीं था!"

"हँ-हाँ!"

"एकाध कोशिश एकाध दिन में हो जाती है!"

"क्या कहना चाहते हो?"

"पीडी एंगेज करने का ख़याल आ चुकने के बाद यहाँ पहुँचने में हफ़्ता क्यों लगा दिया?"

"मैं पीडी के धंधे से वाक़िफ़ नहीं!" वो अप्रसन्न भाव से बोला, "मैंने महज सुना था कि अब इंडिया में भी पीडी होते थे। फिर पूछताछ करने में, मोस्ट कम्पीटेंट पीडी के बारे में जानकारी निकालने में टाइम तो लगता है न!"

"एक हफ़्ता!"

"भई, और भी काम होते हैं।"

"जबकि आपने ख़ुद बोला कि आजकल आप कुछ नहीं करते। नो?"

"प्रोफ़ेशनली आजकल कुछ नहीं करता। रिज़क कमाने के लिए आजकल–रिपीट, आजकल–कुछ नहीं करता, पर आदमज़ाद को और भी तो काम होते हैं दीन-दुनिया के!"

"इसलिए यहाँ एक हफ़्ता लेट तशरीफ़ लाए!"

"यही समझ लो!"

"या तीसरी कोशिश का इंतज़ार कर रहे थे?"

"वॉट द हैल!"

"पिछले हफ़्ते हुई न!"

“अरे, मुझे सपना आना था एक और कोशिश का!”

“नहीं! लेकिन दो नाकाम कोशिशों के बाद अंदेशा तो होता है न, कि वैसी कोशिश कहीं फिर न हो जाए!”

“हँ-हाँ! अंदेशा तो होता है!”

“और कोशिश हुई भी! तीसरी कोशिश! ख़ुशक़िस्मती से वो भी नाकाम! नाकाम इसलिए, क्योंकि आप मेरे सामने बैठे है।”

“हाँ।”

“तीसरी कोशिश कब हुई?”

“तीन दिन पहले। शुक्रवार को।”

“इस बार क्या हुआ था?”

“बताता हूँ। सुनो! मोरवाल एस्टेट के आवासीय भवन की, मेंशन की, ऊपर की मंज़िल की छत पर एक कतार में तीन पानी की टंकियाँ हैं जिनको–तुम जानते हो कि–ताला कोई नहीं लगाता, लेकिन ताले जैसा इंतज़ाम उसमें फिर भी होता है। ताला लगने में ये भी प्रॉब्लम है कि कभी प्लम्बर ने अपने प्लम्बिंग के किसी काम के लिए टंकी खोलनी हो और वक़्त पर चाबी न मिले तो बहुत बखेड़ा होता है, लेकिन टंकी का ढक्कन बंद रखना इसलिए ज़रूरी होता है, क्योंकि कभी-कभार इलाक़े में झुंड-के-झुंड बंदर आ जाते हैं और छतों पर कूदते-फाँदते ऊधम मचाते कई बार किसी टंकी का ढक्कन खोल जाते हैं। ऐसा न हो पाए, इसके लिए टंकी के कुंडे में लोहे की सलाख डालकर मोड़ दी जाती है और यूँ टंकी सिक्योर रहती है। लेकिन कोई-कोई बंदर ज़्यादा ही दिमाग़ी होता है, वो मुड़ी हुई छड़ को जैसे-तैसे कुंडे में से निकाल लेता है। बाद में ढक्कन खुला पाया जाता है तो कोई ऊपर जाकर टंकी को पहले की तरह बंद करके आता है, क्योंकि अंदेशा होता है कि कोई बंदर का बच्चा–या ख़ुद बंदर–पानी में न जा गिरे। बंदरों की टोली की ऐसी आमद का कोई कैलेंडर, कोई शेड्यूल नहीं होता; कई बार रोज़ आ जाते हैं, कई बार हफ़्तों नहीं आते। लेकिन हर हाल में टंकी का ढक्कन कभी खुला पाया जाए तो उसे बंद करना ज़रूरी होता है।”

वो एक क्षण ठिठका।

"आगे?" मैं तनिक उतावले स्वर में बोला।

"आगे ये कि छत पर की टंकियों तक पहुँचने के लिए वहाँ कोई रेगुलर, पक्की सीढ़ियाँ नहीं हैं। एक बाँस की सीढ़ी उस छत को लगी होती है जो बहुत कम इस्तेमाल होने की वजह से अक्सर नीचे फ़र्श पर गिरी पड़ी पाई जाती है।"

"बाँस की सीढ़ी में कोई ज़्यादा वज़न तो होता नहीं! ज़रूरत के वक़्त उठा के फिर लगा दी जाती होगी!"

"बिल्कुल!"

"आगे बढ़िए!"

"गुज़रे शुक्रवार सुबह ग्यारह बजे के क़रीब जब ब्रेकफ़ास्ट के बाद मैं डाइनिंग हाल से वापस अपने बेडरूम में पहुँचा तो मैंने पाया कि टीवी ठीक नहीं चल रहा था। न्यूज़ देखने की ख़ातिर मैंने उसे ऑन किया था तो पाया था कि कभी पिक्चर आती थी, कभी पिक्चर की जगह नोटिस आता था सिग्नल में बाधा की वजह से पिक्चर नहीं आ रही थी। ऐसा मौसम ख़राब हो तो होता है। लेकिन उस दिन मौसम बिल्कुल साफ़ था इसलिए ज़ाहिर था कि एंटिना में कोई डिस्टर्बेंस थी। तब मैंने ख़ुद ही ऊपर जाकर एंटिना चेक करने का फ़ैसला किया। मैं ऊपरली मंज़िल की छत पर गया। वहाँ एंटिना की डिस्क साइड की मुँडेर के बाहर दीवार पर ऐसी जगह लगी हुई थी कि मुँडेर पर से वो हाथ की पहुँच में थी। मुँडेर पर से झुककर मैंने डिस्क पर निगाह डाली तो पाया फ़ीडर वायर की एक लीड यूँ टर्मिनल से हिली हुई थी कि कभी टर्मिनल के साथ लग जाती थी, कभी नहीं लगती थी। यानी लग जाती थी तो टीवी पर पिक्चर आ जाती थी, नहीं लगती थी तो इंट्रप्शन का नोटिस आ जाता था। बहरहाल वो मामूली काम था, मैंने मुँडेर पर से नीचे झुककर टूटी लीड को हाथ से ही उमेठकर मज़बूती से टर्मिनल पर लपेट दिया।

"टीवी चल पड़ा?"

"चल पड़ा ही होना चाहिए था। कन्फ़र्मेशन नीचे जाकर होती।"

"लगता है आप फ़ौरन नीचे न लौटे!"

"ठीक लगता है। मैं लौटने की तैयारी में ही था जबकि ऊपर की छत पर

मेरी निगाह पड़ी और मैंने पाया कि एक टंकी का ढक्कन खुला था। ज़ाहिर था कि सवेरे किसी वक़्त बंदरों का फेरा फिर लगा था। अब मैं छत पर तो था ही, मैंने सोचा नीचे से किसी को बुलाने की जगह मैं ही ढक्कन बंद करता जाता हूँ। बाँस की सीढ़ी ऊपरी मुँडेर के साथ पहले से लगी हुई थी। लिहाज़ा दो मिनट की ज़हमत थी। मैं सीढ़ी पर पहुँचा और उस पर चढ़ने लगा। मैं टॉप के क़रीब था जबकि टॉप से तीसरे डंडे पर मेरा पाँव पड़ा और मेरे वज़न के नीचे डंडा एकाएक टूट गया।"

"ओह, नो!"

"छत ऊँची थी, चौदह डंडों की सीढ़ी थी, उसके ऑल्मोस्ट टॉप से मैं नीचे गिरता तो सोचो, मेरा क्या अंजाम होता!"

"तौबा! बचे कैसे?"

"तक़दीर ने बचाया।" वो आह भरता बोला, "देवता दाहिने थे, उन्होंने बचाया। इत्तफ़ाक़ से ही छत का वो किनारा, जिसके नीचे दीवार के साथ सीढ़ी टिकी थी, मेरे क़ाबू में आ गया, सीढ़ी दीवार पर से हटकर नीचे जा गिरी और मैं... पंजों के बल मुँडेर से लटका 'बचाओ, बचाओ' चिल्लाने लगा। इत्तफ़ाक़ से एस्टेट मैनेजर को मेरी आवाज़ सुनाई दी। तब ऊपर पहुँचते ही उसने मुझे प्रोजेक्शन पकड़े नीचे लटके देखा तो उसके छक्के छूट गए। उसने झपटकर नीचे फ़र्श पर गिरी पड़ी सीढ़ी उठाई, उसे बदस्तूर दीवार के साथ टिकाकर खड़ा किया तो तब कहीं जाकर मैं सीढ़ी पर पहुँचा और हाँफता-काँखता नीचे उतरा।"

"ढक्कन!"

"अरे, जहन्नुम में जाता ढक्कन! मैं मरता-मरता बचा था, उस वक़्त अपनी जान की ख़ैर मनाता या साली टंकी के ढक्कन की फ़िक्र करता!"

"ढक्कन किसी और ने बंद कर दिया होगा!"

"एस्टेट मैनेजर ने किया था।"

"डंडा कैसे टूटा?"

वो ख़ामोश हो गया।

"इत्तफ़ाक़ से! एक्सीडेंटली!"

इसने इनकार में सिर हिलाया।

"तो ?"

"तो ये, पीडी साहब, कि डंडा टूटा नहीं, तोड़ा गया।"

"मेरे ज़ेहन में यही था! जब आपने उस वाक़ये को आपकी जान लेने की तीसरी कोशिश बताया तो डंडा जान लेने वाले को ओब्लाइज़ करने के लिए ख़ुद टूट गया नहीं हो सकता था।"

"डंडा ख़ुद नहीं टूट सकता था। ख़ुद नहीं टूटा था। बाक़ायदा ऐसा इंतज़ाम किया गया था कि जब मैं सीढ़ी चढूँ तो वो डंडा मेरे जिस्म के भार से टूट जाए।"

"कैसा इंतज़ाम ?"

"उस डंडे को नीचे की तरफ़ से आरी से आधा काट दिया गया था।"

"ओह! तो यूँ आपकी जान लेने की तीसरी कोशिश हुई और आप की क़ाबिलेरश्क ख़ुशक़िस्मती से वो भी नाकाम रही!"

"हाँ।"

"उसी ने की जिसने पहली दो कोशिशें कीं ?"

"और कौन करता! तीन कोशिशें तीन मुख़्तलिफ़ लोगों ने की होतीं, ऐसा तो हो नहीं सकता था!"

"ठीक! फिर इतना भी तो नफ़रत के क़ाबिल कोई नहीं होता कि एक नहीं, दो नहीं, तीन जने उसकी जान के पीछे पड़े हों! या होता है ?"

उसने इनकार में सिर हिलाया।

"आप हैं ?"

"नहीं, भई!" वो तनिक हड़बड़ाया, "एस्टेट में मेरे को मार डालने की हद तक नापसंद करने वाला कोई नहीं है।"

"सिवाय किसी एक के!"

"हाँ!" उसने गहरी साँस ली, "सिवाय किसी एक के।"

"उसी ने एंटिना की तार लूज़ की! उसी ने सीढ़ी का टॉप के क़रीब का डंडा काटा!"

"ज़ाहिर है!"

"और पानी की टंकी का ढक्कन खुला छोड़ा!"

"वो भी!"

"ढक्कन खुला देखकर उसको बंद करने की मंशा से कोई और सीढ़ी चढ़ता तो वो हादसा उसके साथ होता जिससे आप बाल-बाल बचे!"

"कोई और कैसे चढ़ता! टीवी तो हमारे बेडरूम का ख़राब था और मुझे मालूम था कि हमारे कनेक्शन का एंटिना... डिस्क कौन-सी थी!"

"वहाँ और भी डिस्क हैं?"

"तीन और हैं। जुदा-जुदा जगह लगी हुईं।"

"आई सी!"

"फिर छत पर किसी का कोई काम नहीं होता। मुझे भी एंटिना लाया था, वर्ना मेरा भी वहाँ कोई काम नहीं था।"

"यूँ तो बंदर अगर टंकी का ढक्कन खोल जाते तो वो कई दिन खुला रहता!"

"नहीं। बंदर झुंड में आते थे और बहुत ऊधम मचाते थे। उनकी आमद एस्टेट में किसी से छुपी नहीं रहती थी। इस वजह से मेड को हिदायत थी कि बंदरों के कूच कर जाने के बाद वो छत का चक्कर ये देखने को लगाया करे कि टंकियाँ चौकस थीं।"

"शुक्र को तो न किया ये काम मेड ने!"

"क्योंकि शुक्र की सुबह को बंदर आए ही नहीं थे। बंदरों की हाज़िरी लगाने की ग़रज़ से किसी ने ख़ुद, जान-बूझकर वो ढक्कन खोला था।"

"और एंटिना की तार को लूज़ किया था ताकि उसकी वजह से आप छत पर जाते तो आप को टंकी का खुला ढक्कन भी दिखाई दे जाता और आप उस दो मिनट के काम को करने से गुरेज़ न करते!"

"हाँ।"

"गुस्ताख़ी माफ़, जनाब, ये सिलसिला तो फिर आपकी बीवी की तरफ़ इशारा करता है!"

उसकी भवें उठीं।

"टीवी आप मियाँ-बीवी के बेडरूम का था जिस पर कि पिक्चर डिस्टर्ब्ड

आ रही थी। किसी दूसरे का आप के टीवी से क्या लेना-देना था, ख़ास तौर से तब जबकि चार एंटिना बताते हैं, मैंशन में और भी टीवी कनेक्शन थे, कोई किसी दूसरे के टीवी का मोहताज नहीं था। इस सिनेरियो में तो यही कयास में आता है कि जो किया, आपकी बीवी ने किया।"

"इस लिहाज़ से तो पिछली दो कोशिशों के मामले में भी जो किया, चेताली ने किया!"

"क्यों नहीं?"

"नो!" उसके स्वर में दृढ़ता का पुट आया, "आई कांट बाई दैट!"

"ताकीद है कि बीवी की बाबत आप ख़ुद भी ढँका-छुपा शक ज़ाहिर कर चुके हैं! दो बार ऐसा किया आपने!"

"सिर्फ़ चेताली की बाबत नहीं।" उसके स्वर में दृढ़ता का पुट बरक़रार रहा, "ऐसा कोई हादसा होता है तो शक आस-पास मौजूद हर किसी पर होता है। इस वजह से–*इस वजह से*–चेताली का ख़याल आया, लेकिन ख़ास चेताली का, चेताली का ही, ख़याल न आया।"

"तो फिर इस मीटिंग की शुरुआत में आपने ये क्यों कहा कि आपको किसी पर शक था तो सही, लेकिन आपसे ज़ुबान पर नाम लाते नहीं बनता था! ऐसा कहना तो किसी पर्टिकुलर पर्सन की तरफ़ साफ़ इशारा था! नाम लीजिए उस पर्टिकुलर पर्सन का! शक की बिना पर ही नाम लीजिए! इसरार से कहिए कि वो आपकी बीवी नहीं थी! ये बात याद करके कहिए कि अनजाने में सही, बेध्यानी में सही, आपके मुँह से निकला था–'जब जानकारी फ़ॉरवर्ड करने वाली ही...', जो कि साफ़ आपकी बीवी की तरफ़ इशारा था।"

"मिस्टर कोहली," वो अप्रसन्न भाव से बोला, "यू आर क्रॉस-क्वेश्चनिंग मी! आई एम नॉट हेयर टु बी क्रॉस-कवेश्चंड! आई एम ए विक्टिम, नॉट ए सस्पेक्ट! मेरे क़त्ल की कोशिशें हुई हैं, मैं जानना चाहता हूँ कि वो कोशिशें करने वाला शख़्स कौन है, शिनाख़्त चाहता हूँ मैं उस शख़्स की! अगर वो शख़्स मेरी बीवी है तो मालूम करो, कन्फ़र्म करो, निर्विवाद रूप से सिद्ध करके दिखाओ कि मेरे ख़िलाफ़ जो हो रहा है, वो सब मेरी बीवी कर रही है। अंदाज़ों के लिए तो तुम्हारी मोटी फ़ीस भरने को तैयार होकर मैं यहाँ नहीं

आया! या ऐसा ही है?"

"नहीं!"

"गुड! एंड डोंट फ़ॉर्गेट दैट आई एम ए पेइंग कस्टमर एंड यू शुड हैव सम रिस्पेक्ट फ़ॉर ए पेइंग कस्टमर।"

"सर, आई हैव ऑल दि रिस्पेक्ट इन दि वर्ल्ड फ़ॉर यू, लेकिन सवाल तो पूछने पड़ते हैं न! कोई सवाल किसी को नागवार गुज़रे तो भी पूछना पड़ता है।"

"देखो," उसका स्वर नम्र हुआ, "मेरे साथ जो बीती, उसके बारे में मेरा क्या नज़रिया है, तुम उसको भूल जाओ। मेरी मौजूदा जैसी हालत में जज़्बाती होकर भी कोई कुछ कह बैठता है, जोश में होश खोकर भी कुछ कह बैठता है। लेकिन वो कहने की बातें होती हैं, ज़रूरी नहीं होता कि उनकी बुनियाद में पुख़्ता कुछ हो। लेकिन तुम–एक वैल ट्रेंड, वैल एक्सपीरियंस्ड प्राइवेट डिटेक्टिव–अपने वसीह तजुर्बे के ज़ेरे-साया को करोगे, वो पुख़्ता होगा, उसकी बुनियाद पुख़्ता होगी। इसलिए करो!"

"क्या?"

"जो पज़ल सामने है, उसका हल सुझाओ। ग़ैरमामूली वाक़यात की जो गुत्थी सामने है, उसको खोलो। जो राज़ पोशीदा हैं, उनको उजागर करो।"

"कैसे?"

"ये मैं बताऊँ?"

"क्या हर्ज है! आपके ज़ेहन में कुछ है तो क्या हर्ज है! वरना मैं तो जो करना है, जैसे करना है, करूँगा ही।"

"है तो सही कुछ मेरे ज़ेहन में!"

"क्या? लेकिन ठहरिए, पहले मेरी एक जुदा बात का जवाब दीजिए!"

"क्या जुदा बात?"

"पुलिस में जाने का ख़याल न आया?"

"पुलिस!"

"आप तीन मर्डर अटेम्प्ट्स के शिकार हुए, पुलिस को अप्रोच करने का ख़याल आप को आना तो चाहिए था! पहली अटेम्प्ट के बाद ही पुलिस के

पास जाने का इस अंदेशे के तहत ख़याल आना चाहिए था कि वैसी नापाक कोशिश फिर हो सकती थी और इस बार कामयाब हो सकती थी!"

वो ख़ामोश रहा।

"क्या कहते हैं?" मेरे स्वर में आग्रह का पुट आया।

"भई, ख़याल आया तो था मुझे" वो कठिन स्वर में बोला, "स्वाभाविक तौर पर आया था, लेकिन पुलिस के फेर में पड़ने की अक़्ल ने गवाही न दी। वहाँ जाता तो एफ़आईआर दर्ज करानी पड़ती, उनकी किसी की निशानदेही की भी ज़िद होती। फिर पुलिस एस्टेट में पहुँचती तो वहाँ की नॉर्मल लाइफ़ डिस्टर्ब होती। जमा, कम-से-कम पहली बार तो जो हुआ, वो सच में ही हादसा हो सकता था। दूसरी बार की भी क्या गारंटी थी कि बिल्ली मैगी खाकर बद्हाल हुई थी! क्या पता उसने बाहर कहीं से कोई ऐसी ज़हरीली चीज़ खा ली हो जो अपना असर देर से दिखाती हो और उसको किचन के काउंटर पर चढ़ी मैगी के हवाले देखकर मैंने समझा हो कि मैगी में मुँह मारने से उसकी हालत बद् हुई थी जबकि असल में बाहर से खाई ज़हरीली चीज़ ने ऐन तब अपना असर दिखाया हो जबकि वो मैगी के बाउल में मुँह मार रही थी और ऊपर से मैं आ गया था। पीछे छुटी मैगी को लैब में भेजकर तो टेस्ट कराया नहीं गया था कि उसमें ज़हर था या नहीं!"

"बिल्ली की हालत देखकर आप कूदकर इस नतीजे पर पहुँच गए कि ज़हर मैगी में था!"

"अब... था तो ऐसा ही!"

"जनाब, आपने तो क़िस्सा ही ख़त्म कर दिया! जो इमारत ख़ुद खड़ी की, उसको ख़ुद ही ध्वस्त कर दिया! अब बराएमेहरबानी अपनी जान पर हुई तीसरी कोशिश के बारे में भी अपने रौशन ख़याल का इज़हार कीजिए। कहिए कि सीढ़ी का डंडा इरादतन नहीं तोड़ा गया था, उस रोज़ आप के वज़न के नीचे इत्तफ़ाक़ से टूट गया था!"

"हो तो सकता है!"

"आप भूल रहे हैं कि आपने कहा था कि डंडे को नीचे से आधा आरी से काटा गया था!"

"भई, मुमकिन है जो क्रैक मैंने देखा था, वो स्वाभाविक तौर पर मुतवातर इस्तेमाल की वजह से बना हो और मैंने उसे आरी का कट समझ लिया हो!"

"ख़ामख़ाह!"

"उस वक़्त की मेरी थॉट ट्रेन ऐसी ही थी। और सामने आ चुके हालात के ज़ेरे-साया अपनी तब की थॉट ट्रेन पर मेरा कोई ज़ोर नहीं था।"

"आई अंडरस्टैंड, लेकिन आपने ये भी तो कहा था कि मैगी का कथित सेल्समैन सिर्फ़ आपके द्वारे पहुँचा था, वो आस-पड़ोस में और कहीं नहीं गया था!"

"भई, तमाम की तमाम नेबरहुड की पड़ताल तो मैंने नहीं की थी न! आज़ू-बाज़ू से पूछा था तो मालूम हुआ था कि उनके यहाँ तो फ्री सैंपल बाँटने वाला मैगी का कोई सेल्समैन नहीं आया था!"

"आई सी! जनाब, मैगी के बारे में आपने जल्दबाज़ी की जो उसे टॉयलेट में बहा दिया।"

"क्या जल्दबाज़ी की? किसी और बिल्ली-कुत्ते को खिलाकर न देखा?"

"अगर वो आपकी जान लेने की कोशिश थी तो आप का ज़ोर उसकी तसदीक़ करने पर होना चाहिए था। आपको पता लगवाना चाहिए था कि मैगी में ज़हर था या नहीं वरना आपका शक कैसे दूर होता!"

"भई, न मुझे ख़याल आया, न ख़बर थी कि ऐसा पता कैसे लगाया जाता था!"

"आपने पुलिस को ख़बर की होती तो सबसे पहले आपको यही हिदायत हासिल होती कि संदिग्ध मैगी को पुलिस के पहुँचने तक महफ़ूज़ रखा जाए। फिर पुलिस आकर उसे एनालिसिस के लिए फ़ोरेंसिक साइंस लैब भेजने का प्रबंध करती ताकि कन्फ़र्म होता कि उसमें ज़हर था या नहीं, था तो कौन-सा था, कितना घातक था!"

"सॉरी! उस घड़ी इतनी डीप प्रोसीज़रल बातों का तो मुझे ख़याल तक नहीं आया था।"

"ख़ैर! बात पुलिस में जाने की हो रही थी, वहाँ पहुँचिए!"

"भई, अब जैसा कि ज़्यादा मुँह फाड़ बैठने की वजह से ज़ाहिर हो ही

गया है कि जो कुछ असल में हुआ, उसकी बाबत मैं डबल माइंडेड था इसलिए पुलिस में जाने के ख़याल को मैं ख़ातिर में नहीं लाया था। तब मेरी अक़्ल में यही आया था कि मुझे ख़ुफ़िया पड़ताल से मालूम पड़ना चाहिए था कि पिछले दो हफ़्ते से एस्टेट में क्या हो रहा था, कौन कर रहा था!"

"क़ुदरत कर रही थी। आप अभी ख़ुद तो फ़ैसला करके हटे हैं!"

"मैं... मैं कन्फ़्यूज़्ड हूँ।"

"एक बात पर टिकना हो तो किस पर टिकेंगे? क़ुदरत के करतब पर या क़त्ल की कोशिश पर?"

उसने उस बात पर विचार किया, फिर बोला, "क़त्ल की कोशिश पर!"

"फिर सोच लीजिए। पहली ऑप्शन पर ज़ोर रखेंगे तो मेरी मोटी फ़ीस जो आप भरेंगे, उसकी बचत होगी!"

"इस वक़्त बचत मुद्दा नहीं है–होता तो मैं यहाँ आता ही नहीं–मुझे ख़र्च क़ुबूल है।"

"यानी आपका झुकाव क़त्ल की कोशिश वाली ऑप्शन की तरफ़ ज़्यादा है, क़ुदरत के करतब की तरफ़ कम है!"

"कन्फ़्यूज़ न करो मुझे। मैं पहले ही बहुत कन्फ़्यूज़्ड हूँ।"

"ओके! तो इसीलिए पीडी! योर्स ट्रूली!"

"हाँ।"

"इसलिए पुलिस नामंज़ूर!"

"हाँ।"

"बीवी से ताल्लुक़ात नॉर्मल हैं?"

"क्या मतलब?"

"कोई बखेड़ा नहीं! कोई झिक-झिक नहीं! कोई ऐसा मतभेद नहीं जो नतीजतन तक़रार, गंभीर तक़रार का मुद्दा बन गया हो..."

"भई, कभी-कभार बर्तन खड़कते ही हैं!"

"...और ये सब अक्सर होने लगा हो तो नापसंदगी सिर उठाने लगी हो?"

"नापसंदगी! नैवर! अभी डेढ़ साल तो हुआ है हमारी मैरिज को..."

"लव मैरिज को! लव मैरिज में से लव कपूर की तरह उड़ता अक्सर पाया गया है। डेढ़ साल में क्या, आनी हो तो डेढ़ महीने में दरार आ जाती है, डेढ़ हफ़्ते में दरार आ जाती है।"

"हमारी लव मैरिज ऐसी नहीं थी।"

"नहीं होगी! लेकिन पूछना इसलिए पड़ा कि आपकी बातों से साफ़ हिंट मिला कि बीवी के लिए आप के ज़ेहन में शक का कीड़ा कुलबुला रहा है।"

"अव्वल तो ऐसा है नहीं, है तो अपनी डिटेक्टिंग के चलते तुम इस बाबत भी तो कोई राय क़ायम करोगे!"

"मुमकिन है।"

"तब देखेंगे।"

"ओके! अब बताइए, आपके ज़ेहन में क्या है जिसका ज़िक्र आप करने वाले थे कि मैंने टोक दिया था!"

"सुनो! मैं चाहता हूँ कि एक हफ़्ता मेरे गेस्ट के तौर पर तुम मोरवाल एस्टेट में रहो..."

"एक हफ़्ता!"

"...और पिछली तीन वारदातों को रिव्यू करो। पहली–गमले वाली, जो दो हफ़्ते पहले हुई; दूसरी–मैगी वाली, जो एक हफ़्ता पहले हुई; तीसरी–सीढ़ी वाली, जो तीन दिन पहले हुई। इसका क्या मतलब हुआ? इसका मतलब हुआ कि इन वारदातों का ओरीजिनेटर–जो कोई भी वो है–उतावला हो रहा है। दो वारदातों के बीच का वक़्फ़ा घटता जाना इस बात का सबूत है कि उतावला हो रहा है। लिहाज़ा अगली वारदात और भी कम वक़्फ़े में होने की सम्भावना है..."

"आपको यक़ीन है कि आपको मार डालने की अभी और कोशिश होगी?"

"तुम्हारा क्या ख़याल है? जो शख़्स तीन बार नाकाम रहा, वो अब ख़ामोश बैठ जाएगा?"

"हूँ! तो आप समझते हैं कि अगली कोशिश और जल्दी होगी?'

"और जल्दी नहीं तो जल्दी तो बराबर होगी। केस हैंडल करने की तुम्हारी

एक शर्त ये भी है कि मिनिमम पाँच दिन की फ़ीस चार्ज करोगे, भले ही केस एक दिन में हल हो जाए। नो?"

"यस।"

"मैं तुम्हारी पाँच दिन की फ़ीस जमा करा के जाऊँगा। एस्टेट में हफ़्ता रुकोगे तो बाक़ी दो दिन की फ़ीस भी अदा करूँगा। वैसे मुझे यक़ीन है कि पाँच दिन से भी पहले तुम्हारी एस्टेट में मौजूदगी में या तो चौथी कोशिश होगी या तुम पहले ही जान चुकोगे कि पहले हुईं तीन कोशिशों के पीछे कौन था या फिर मुझे विश्वास दिलाने में कामयाब हो जाओगे कि सब मेरा वहम था, मेरे कन्फ़्यूज़्ड दिमाग़ का ख़लल था। कुछ भी न हो तो हफ़्ता पूरा करना और रुख़सत पाना, क्योंकि तुम्हारा एस्टेट में और लम्बा ठहरना शक उपजाऊ काम होगा।"

"और लम्बा तो मैं ही नहीं ठहर सकता। मुझे तो लगता है कि हफ़्ता भी भारी पड़ेगा। बहरहाल एक हफ़्ता मुझे एस्टेट में रहना होगा?"

"यू विल गैट रॉयल ट्रीटमेंट।"

"आई विल बी ग्रेटफ़ुल।"

"हफ़्ते से पहले कुछ कर दिखाओगे तो, ज़ाहिर है, ये बंदिश नहीं होगी।"

"वहाँ मेरे बारे में क्या कहेंगे, कौन हूँ मैं? पीडी?"

"अरे, नहीं भई! मेरी कोशिश होगी कि तुम्हारे पीडी होने की तो वहाँ भनक भी न लगे।"

"तो?"

"मेरे दोस्त हो। पुराने। जिगरी। पहले दिल्ली में ही रहते थे, लेकिन चार साल हुए, मुम्बई शिफ़्ट कर गए थे। इत्तफ़ाक़ से दिल्ली मिल गए तो मैंने तुम्हें मोरवाल एस्टेट का मेहमान बनने के लिए राज़ी किया।"

"हूँ! कब चलना होगा?"

"मेरी तरजीह तो है कि आज ही..."

"अरे, नहीं जनाब, इतनी जल्दी नहीं! एक हफ़्ता ऑफ़िस से बाहर रहना होगा तो पीछे कुछ–डोमेस्टिक भी, ऑफ़िशियल भी–इंतज़ामात तो करने होंगे!"

"ओह! तो कल?"

"हाँ।"

"सुबह?"

"सुबह। ठीक दस बजे मैं वहाँ पहुँच जाऊँगा।"

"ऑल दि बेस्ट!" वो उठ खड़ा हुआ, "मैं बैकग्राउंड बना के रखूँगा कि एस्टेट में एक मेहमान आने वाला था।"

"अभी रुकिए! एक बात और बता के जाइए!"

"क्या बात?"

"एस्टेट पर पहुँचने से पहले मेरे को आपकी फ़ैमिली के मेम्बरान की शिनाख़्त हो पाए, ऐसा कोई ज़रिया है आपके पास?"

जवाब देने की जगह वो वापस बैठ गया। उसने जेब से अपना मोबाइल बरामद किया और उसे ऑन करके वो उसे बड़ी दक्षता से ऑपरेट करता रहा।

आख़िर उसका हाथ ठिठका।

"ये देखो!" उसने मेज़ पर आगे झुककर मोबाइल की स्क्रीन मेरे सामने की।

मैं भी आगे झुका, मेरी निगाह स्क्रीन पर स्थिर हुई।

वो आईफ़ोन-12 था जिसकी लार्ज स्क्रीन पर एक ग्रुप चित्र उभरा। मुझे ग्रुप में एक कोने में खड़े अपने क्लाइंट के दर्शन हुए।

"बीच में," रनिंग कमेंट्री के अंदाज़ से वो बोला, "मेरा ससुर मानकलाल मोरवाल है। उसके दाएँ बाज़ू मैं और चेताली हैं, बाएँ बाज़ू ससुरे का बड़ा भतीजा सुमीत और उसकी बीवी अमृता है और जो नीचे कार्पेट पर बैठा है, वो छोटा भतीजा विनीत है जो अभी अनमैरिड है।"

"गुड!" मैं बोला, "ये तस्वीर मुझे फ़ॉरवर्ड कीजिए!"

उसने वो काम किया और उठ खड़ा हुआ।

"मैं बाहर फ़ीस सैटल करता हूँ।" वो बोला।

"यस! प्लीज़!"

मैंने उठकर उससे हाथ मिलाया। वो मेरे कक्ष से बाहर निकल गया, बीच

का दरवाज़ा बंद हो गया तो पीछे मैं फ़ीस के सपने देखने लगा जो उसने अदा करके जानी थी।

ढाई लाख रुपये!

मे बी सप्लीमेंटेड बाई वन लाख!

'सुधीर कोहली' मैंने ख़ुद अपनी पीठ थपथपाई, 'द लक्की बास्टर्ड!'

मैंने एक सिग्रेट सुलगा लिया, फिर दोनों पाँव फ़र्श पर से उठाकर परे मेज़ के किनारे पर टिकाए, कुर्सी को पीछे टिल्ट करके उस पर अधलेटा-सा हुआ और आँखें बंद कर लीं।

मैं ऑफ़िस में होऊँ तो तृप्ति से सिग्रेट के कश लगाने का मेरा यही अंदाज़ होता था।

सिग्रेट ख़त्म होने को थी तो बीच का दरवाज़ा खुला और रजनी ने भीतर क़दम रखा।

"सर्र!"

मैंने मेज़ पर से पाँव हटाए और कुर्सी पर सीधा हुआ।

"क्या है?" मैं बोला, "क्यों सरसरा रही है?"

"मुझे लगा आप बेहो... सोए पड़े हैं।"

"अरे! कुर्सी पर कोई सो सकता है?"

"आप आप हैं, कुछ भी कर सकते हैं। कुर्सी पर सो सकते हैं, मेज़ पर योगा कर सकते हैं, सिग्रेट को मुकम्मल, आख़िरी सिरे तक पी सकते हैं..."

मैंने हड़बड़ाकर सिग्रेट की तरफ़ देखा तो पाया कि बाक़ी बचा टुकड़ा मेरी उँगलियाँ जलाने पर आमादा था। जल्दी से मैंने उसे ऐश ट्रे में झोंका।

"आ, बैठ।" मैं बोला।

"थैंक्यू!"

"वो गया?"

"आपको मालूम है, गया। तभी तो मैं यहाँ प्रकट भई!"

"फुँदने लगाए बिना कोई बात नहीं कर सकती? सीधे हाँ नहीं कह सकती थी?"

वो हँसी।

दिलकश, दिलफ़रेब हँसी! जिसके बारे में शायर लोग कहते हैं–हँसे तो फूल झरें!

योर्स ट्रूली अक्सर कहता है–मौसम-ए-बहार सजदा करे सुबह-ओ-शाम तुझे, न हो मुस्कुराने के अलावा कोई काम तुझे।

"क्या कहती है?" प्रत्यक्षत: मैं बोला, "क्या रीडिंग है तेरी उसके बारे में?"

"मेरे से पूछ रहे हैं?"

"और कौन है यहाँ?"

"मेरा मतलब है ऐसी बातों का तो आपको बेहतर तजुर्बा है!"

"तेरे को भी है, लम्बी सोहबत की वजह से तेरे को भी है, कई बार सैंपल पेश किया है। बोल अब!"

वो सोचने लगी।

"वैसे..." मैंने उसे प्रॉम्प्ट किया, "लगता तो था फ़िल्म स्टार!"

उसने सिर उठाया।

"सूरत ऐन वरुण धवन से मिलती थी!"

"ये ख़ुशी की बात है?" वो बोली।

"उसके लिए तो... होगी ही! होगी ही कि बॉलीवुड स्टार से उसकी सूरत मिलती थी!"

"उसे ख़ुशी नहीं, सर्र, फ़िक्र होनी चाहिए कि बाप से क्यों नहीं मिलती! औलाद की बाप से शक्ल न मिलती हो तो माँ पर लांछन आता है।"

मैं हकबकाया-सा उसका मुँह देखने लगा। फिर शुक्र मनाने लगा कि उसने जो मेरे सामने कहा, उसके–क्लाइंट के–सामने नहीं कहा।

"अब" मैं तनिक उतावले स्वर में बोला, "अपनी रीडिंग तो बोल!"

"रंगीला राजा जान पड़ता था।" वो संजीदगी से बोली।

"और?"

"लेडीज़ मैन! कैसानोवा!"

"और?"

"प्रिंस चार्मिंग! शहज़ादा गुलफ़ाम!"

"वो अकेला ये सब?"

"और आप जैसा!"

"क्या बोला? मैं लेडीज़ मैन हूँ? रंगीला राजा हूँ? कैसानोवा..."

"क्या नहीं हैं? आप ही तो कहते रहते हैं–'मेरा मिज़ाज लड़कपन से आशिक़ाना है'।"

"वो तो है, लेकिन तू क्यों कहती है? भूल नहीं सकती कोई बात?"

"भूलूँगी तो कहेंगे, 'याद नहीं रख सकती कोई बात'!"

मैंने असहाय भाव से गर्दन हिलाई।

"ये तो ख़ुद आप कहते हैं न, कि 'मेरा मिज़ाज लड़कपन से आशिक़ाना है'! जो मैं कहती हूँ, वो सुनना चाहेंगे?"

"सुना!"

"कभी लैला पे अफ़सूँ, कभी शीरीं पे फ़िदा; और जो फिर देखो तो दोनों से सरोकार नहीं!"

"किसे कह रही है ये?"

वो धूर्त भाव से मुस्कुराई।

"मैं ऐसा हूँ?"

"मेरे को तो औनी-पौनी जानकारी ही होगी, आप ख़ुद बोलिए आप कैसे हैं!"

"शेर कहना सीख गई है..."

"आप से ही सीखी हैं तमाम वाहियात बातें!"

"...तो बाजरिया शेर सुन... मैं कैसा हूँ!"

"इरशाद!"

"दुनिया में हूँ दुनिया का तलबगार नहीं हूँ, बाज़ार से गुज़रा हूँ ख़रीदार नहीं हूँ।"

"वेल सेड, सर्र! अब इस 'वेल सेड' में एक 'वेरी वेल सेड' जोड़िए मेरी राय पर!"

"बोल!"

"चलता हूँ थोड़ी दूर हर इक तेज़ रौ के साथ, पहचानता नहीं हूँ अपनी

राहबर को मैं।"

मैं सकपकाया, मैंने अपलक उसे देखा तो पाया कि अब वो धूर्त नहीं लग रही थी, नटखट नहीं लग रही थी, निहायत संजीदा लग रही थी।

मेरा दिल डूबने लगा।

बड़ी मुश्किल से मैंने अपने आप को सँभाला और नक़ली ग़ुस्सा जताता बोला, "अरे, क्या मुशायरा शुरू कर दिया! असल बात भुला दी कम्बख़्त ने... हाँ, तो... कहाँ था मैं?"

"वहीं, जहाँ अब हैं। नेहरू प्लेस में। यूनीवर्सल इन्वेस्टिगेशंस के ऑफ़िस में।"

"बस कर अब! असल मुद्दे पर आ और मुझे भी आने दे! तो तेरी रीडिंग है कि वो कैसानोवा था, लेडीज़ मैन था, वग़ैरह-वग़ैरह था। मोटे तौर पर मैं भी यही बोला जुदा अलफ़ाज़ में। अब आगे सुन! ये सब होने के अलावा एक्टर था।"

"ओह! तभी!"

"ऐड फ़िल्मों का। टीवी सीरियल्स का। देखती है?"

"ऐड फ़िल्मों की तरफ़ तवज्जो नहीं देती। टीवी सीरियल्स तो सच पूछें तो तक़रीबन सारे देखती हूँ। इसी वजह से रात को लेट सोती हूँ।"

"'हम सारे आपके द्वारे' देखा?"

"नहीं! कभी नाम भी नहीं सुना।"

"'प्यार एक ख़ुशबू'?"

"न!"

"'रात, चाँद और चोर'?"

"अरे, क्या है ये?"

"टीवी सीरियल्स हैं सब, जिन में हमारा क्लाइंट कहता है उसने ऐक्ट किया है।"

"रनिंग सीरियल्स में?"

"पहले।"

"कितना पहले?"

"ये तो उसने बताया नहीं! मैंने भी नहीं पूछा।"

"पिटे हुए सीरियल्स होंगे तो आख़िर तक पहुँचे ही नहीं होंगे। पहले ही 'ऑफ़ दि एयर' हो गए होंगे। मैं ऐसे सीरियल्स नहीं देखती। और उनमें हमारा क्लाइंट बिट प्लेयर ही होगा वर्ना मैं उसकी सूरत से वाक़िफ़ होती।"

"हूँ!"

"केस क्या है उसका?" उसके स्वर में उत्सुकता का पुट आया।

हज़रात, जैसा कि मैंने पहले ही अर्ज़ किया, उसकी टाइपिंग कमज़ोर थी–हंट एंड पेक सिस्टम से काम चलाती थी–शॉर्टहैंड जानती ही नहीं थी, लेकिन दिमाग़ बहुत तीखा था और इस वजह से एक अरसे से मैं अपने हर नए केस की हर डिटेल उससे शेयर करता था। कई बार वो मुझे ऐसी टिप्स दे चुकी थी कि मैं भौंचक्का उसकी शक्ल देखता रह जाता था।

मैंने सविस्तार केस बयान किया। उसने संजीदगी से हर बात सुनी।

"तीन हादसे!" मैं ख़ामोश हुआ तो वो बोली, "तीनों में इत्तफ़ाक़ का बड़ा रोल! हादसे होते ही रहते हैं, ख़ुशक़िस्मत लोग हादसों की चपेट में आने से बचते ही रहते हैं–मैंने तो ऐसे लोगों के बारे में सुना है जो प्लेन क्रैश से बच गए जबकि तमाम पैसेंजर्स और क्रियू में से कोई भी न बचा–लेकिन आप के इस नए केस में तो इत्तफ़ाक़ों की बहार आई जान पड़ती है! ऐसे क्लॉक वर्क रूटीन के तौर पर आते इत्तफ़ाक़ तो नहीं सुने मैंने कभी! आप क्या कहते हैं?"

"मैं कुछ नहीं कहता। तू ही अच्छा-अच्छा कह रही है। आगे बढ़!"

"अब क्या कहूँ? हर हादसे में इत्तफ़ाक़ का ऐसा दख़ल जान पड़ता है जैसे स्क्रिप्टिड हो–पहले ऐन वक़्त पर बिल्ली रास्ता काट गई। फिर ऐसा ही करतब ऐन मौक़े पर लैंडलाइन फ़ोन की घंटी बजने पर हुआ। तीसरी बार एस्टेट मैनेजर ने यूँ एंट्री ली जैसे आसमान से टपका हो। कोई विक्टिम इतना ख़ुशक़िस्मत भला कैसे हो सकता है!"

"कैसे हो सकता है?"

"मैं आपसे पूछ रही हूँ।"

"मैं ख़ुद से सवाल कर रहा हूँ।"

"यानी बड़बड़ा रहे हैं!"

"बड़बड़ा नहीं रहा, कम्बख़्त, लाउड थिंकिंग कर रहा हूँ। तू आगे बोल!"

"कर चुकें तो बोलूँ!"

"अब बस कर न!"

"आप कहते हैं क्लाइंट को अभी चौथी वारदात का अंदेशा है। उसी से हिफ़ाज़त की ख़ातिर उसने आपको एंगेज किया है। लिहाज़ा चौथी वारदात जब कभी भी होगी, एस्टेट में आपकी मौजूदगी में होगी। नो!"

"यस!"

"उसमें इत्तफ़ाक़ कैसे काम करेगा?"

"कैसे काम करेगा! जब वारदात की शक्ल नहीं मालूम तो इत्तफ़ाक़ की बाबत कैसे कुछ मालूम होगा!"

"मैं सुझाऊँ कुछ?"

"सुझा!"

"क्लाइंट पर बिजली गिरेगी, ऐन वक़्त पर उसे धक्का देकर उसकी जगह आप ख़ुद खड़े हो जाएँगे।"

मैंने अपलक उसे देखा।

"सो देयर!" वो शान से बोली।

"नॉनवेज खाती है?"

"हाँ। आपको मालूम है।"

"तो फिर मर्द-मुसल्लम खाना! बिजली का भुना!"

"जाने दीजिए। आप जानते हैं जिस शय पर मसालों का लेप न हो, जो यूनीफ़ॉर्म न भुनी हो, वो नहीं खाई जा सकती।"

"ये कमियाँ न हों तो खा जाएगी? सुधीर-मुसल्लम!"

वो हँसी।

"तो" फिर संजीदा होती बोली, "एक हफ़्ता आप ऑफ़िस से बाहर रहने वाले हैं!"

"पाँच दिन!"

"दिल्ली से बाहर?"

"हाँ।"

"ये कन्फ़र्म्ड प्रोग्राम है आपका?"

"हाँ। क्लाइंट की डिमांड है, उस पर अमल करना ज़रूरी है।"

"गुड!"

"वॉट गुड?"

"अब मुझे अपने ब्वॉयफ्रेंड से छुप-छुप के नहीं मिलना पड़ेगा। वो पाँच दिन बेख़तर रोज़ यहीं मिलने आया करेगा मेरे से।"

"मैं सूरजकुंड जा रहा हूँ, साउथ पोल नहीं जा रहा। आए साला! रंगे हाथों पकड़ूँगा और ऐसा ठोंकूँगा, ऐसा ठोंकूँगा..."

"वो रैंबो है!"

"अभी रैंबो ही है ब्वॉयफ्रेंड! पहले भी वो ही था! इतने अरसे से बदला नहीं... सैंडलों की तरह!"

वो दाँतों से निचला होंठ चुभलाती हँसी।

मुझे मालूम था उसका कोई ब्वॉयफ्रेंड नहीं था, लेकिन उसके फ़र्ज़ी ब्वॉयफ्रेंड को लेकर–जो कभी रैंबो होता था, कभी घटोत्कच होता था तो कभी शक्तिमान होता था–हम दोनों में चुहलबाज़ी अक्सर चलती थी।

"बाई दि वे" मैं बदले स्वर में बोला, "ये तेरे गले का लॉकेट बहुत बढ़िया है। लगता है नया है!"

"हाँ।" वो बोली, "गिफ़्ट है।"

"लॉकेट पर कैलीग्राफ़ी के अंदाज़ से 'शक्ति' लिखा है। ये उस ब्वॉयफ्रेंड का नाम है जिसने गिफ़्ट दिया?"

"शर्म कीजिए! माता भगवती भवानी का नाम है।"

"ओह, सॉरी!"

"वॉट सॉरी! किसी की धार्मिक आस्था का मखौल उड़ाते हैं और कहते हैं सॉरी!"

"अब बस भी कर, मेरी माँ..."

"जीते रहो, वत्स बभ्रूवाहन!"

"ग़लती हो गई। नादानी हो गई। मेरे मुँह में खाक! अब राज़ी?"

वो हँसी।

और यूँ मेरी माफ़ी पर मंज़ूरी की मोहर लगी।

"तो" मैं बोला, "ये गिफ़्ट है!"

"हाँ।"

"अब ये न कहना कि रैंबो ने दिया!"

"मैं यही कहने जा रही थी।"

"सोना पचास हज़ार रुपये का दस ग्राम है। और ये हैवी लगता है!"

"तो क्या! अम्बानी का भतीजा है!"

"देखें ज़रा!"

"भतीजे को! या अम्बानी को!"

"लॉकेट को, कम्बख़्त!"

मैंने हाथ बढ़ाया और लॉकेट को थामकर उँगलियों में टटोला।

"बढ़िया!" मैं बोला।

"तारीफ़ का शुक्रिया! लेकिन हाथ ऊँचा रखिए।"

"ऊँचा रखूँ! कहाँ से ऊँचा रखूँ?"

"मेरे... बदन से।"

"अच्छा, तेरे पास बदन भी है! दिखाया तो कभी नहीं!"

"फिर आ गए अपनी लड़कपन से आशिक़ाना औक़ात पर!"

उसने झटककर लॉकेट पर से मेरा हाथ हटाया।

"महँगा गिफ़्ट" फिर संजीदा लहजे में बोली, "डेढ़ लाख के पेटे में महँगा गिफ़्ट, कोई बिना मतलब नहीं देता। और जो बिना मतलब देता है, उसका हमेशा कोई ख़ास, बेहूदा मतलब होता है। मैं मतलबी रिश्ते नहीं पालती।"

"तो ये लॉकेट..."

"गोल्ड का नहीं है। चाँदी का है। गोल्ड-प्लेटेड है।"

न जाने क्यों उसकी वो बात सुन कर मेरा दिल पसीजने लगा। नौजवान लड़की थी, गोल्ड के गहने का अरमान रखती थी, लेकिन गोल्ड-प्लेटेड से ख़ुद को बहलाती थी, भरमाती थी। मेरा दिल चाहा कि मैं अभी जाऊँ और

उसके लिए जेनुइन लॉकेट ले के आऊँ।

"मैं जानती हूँ इस वक़्त आपके मन में क्या है!" वो धीरे से बोली, "लेकिन दरख़्वास्त है, जो मन में है, उसे मन में ही रखिए।"

"तुझे क्या पता मेरे मन में क्या है!" मैं बोला।

"पता है। आपका दिया जेनुइन गोल्ड के लॉकेट का तोहफ़ा मुझे क़ुबूल नहीं होगा। अलबत्ता मेरी तनख़्वाह बढ़ा दें तो बात जुदा है, क्योंकि वो–बतौर तोहफ़ा–बढ़ोतरी मुझे ख़ुशी से क़ुबूल होगी।"

मैं मुँह बाए उसे देखने लगा।

"इसे मुँह बाएँ कहते हैं न?" वो बदले स्वर में बोली।

"किसे?" असमंजस में मैंने पूछा।

"जैसी आपकी इस वक़्त शक्ल है, उसे?"

"अरे, मुँह बाएँ नहीं, डमडम, मुँह बाए!"

"ओह! मैंने तो समझा था" उसके स्वर में मेरा जाना-पहचाना कुटिलता का पुट लौटा, "कि अभी मुझे दाएँ भी करके दिखाएँगे!"

"छोड़ अब! बहुत हो गया! फ़ीस की बोल!"

"क्या बोलूँ?"

"चौकस दे के गया?"

"हाँ।"

"ढाई लाख?"

"हाँ। डेढ़ महीने से सूखा पड़ रहा था, हरियाली छा गई।"

"कहाँ है?"

"बैंक में जमा करा दी। हरियाली!"

"इतनी जल्दी चेक बैंक में डाल भी दिया?"

"कैश!"

"कैश! वो कैश पेमेंट करके गया?"

"हाँ। रसीद भी न माँगी।"

"कमाल है!"

"चेक देता तो रसीद माँगता या न माँगता, मुझे बनानी पड़ती। वो न ले के

जाता तो उसके पते पर पोस्ट करनी पड़ती। कैश पेमेंट करके गया, इसलिए कोई टाइम न लगा रकम बैंक में जमा कराने में... अपने!"

"क्या!"

"नीचे ग्राउंड फ़्लोर पर ही तो है मेरा बैंक जिसमें मेरा एकाउंट है! क्या देर लगती! बस यूँ" उसने मेरी नाक के आगे चुटकी बजाई, "गई और यूँ" फिर चुटकी बजाई, "आई!"

"क्यों किया ऐसा?"

"आपकी ख़ातिर किया।"

"मेरी! मेरी ख़ातिर किया?"

"आप ही तो कहते रहते हैं कि मैं हमेशा तनख़्वाह का रोना रोती रहती हूँ! अब कुछ महीने आपको मेरा रोना नहीं सुनना पड़ेगा।"

"सत्यानाश हो तेरा! बिच्छू काटे तुझे! सच में यही किया है?"

"लो! मैं क्या आपसे, अपने सर्र से, झूठ बोलूँगी?"

"अरे, तू रजनी है या फूलन देवी!"

वो हँसी।

"तेरी तनख़्वाह का रोना हमेशा के लिए बंद करने की तरकीब है मेरे पास। आज़माएगी?"

"क्या तरकीब है?"

"मेरे से शादी कर ले। फिर समझना, घी खिचड़ी में।"

वो और ज़ोर से हँसी–इतनी ज़ोर से कि चेहरा लाल हो गया, आँखें भीग गईं।

"हँस चुकी हो तो जवाब दे!"

"आपसे शादी कर लूँ" वो संजीदा हुई, "ताकि आप मुझे घर में बिठा दें और मेरी जगह नई सैक्रेट्री रख लें और जो हरकतें आप मेरे साथ करते हैं, वो आप उसके साथ करें..."

"करता हूँ, बोला!"

"करने की कोशिश करते हैं। करेक्शन ओके?"

"नहीं ओके। जा, दफ़ा हो!"

वो उठ खड़ी हुई। फिर उसने मेज़ पर मेरे सामने दो हज़ार के नोटों का मोटा पुलिंदा रखा।

मुझे तब एहसास हुआ कि जब से वो आई थी, मुझे उसका बायाँ हाथ नहीं दिखाई दिया था।

"क्लाइंट कैश पेमेंट करके गया।" वो बोली, "रसीद के मामले में बिल्कुल पर्टिकुलर नहीं था। मैंने ये सोचकर रकम बैंक में जमा न कराई कि शायद आप उसे डिक्लेयर न करके इनकम टैक्स बचाना चाहें!"

मैंने हैरानी से उसकी तरफ़ देखा।

"कल हफ़्ते के लिए बाहर जा रहे हैं, पीछे ऑफ़िस की खोज-ख़बर लेते रहिएगा।"

"ऑफ़िस की!" मेरे मुँह से निकला।

उसके होंठों पर एक मीठी मुस्कुराहट आई, आँखों में गहन अनुराग का भाव आया और ग़ायब हुआ।

फिर तत्काल उसका मिज़ाज बदला और वो पहले-सी चपल, चंचल दिखाई देने लगी।

"जाती हूँ।" वो बोली।

"सुन! सुन ज़रा!"

वो ठिठकी, सवालिया निगाह से उसने मेरी तरफ़ देखा।

"रकम तो तूने अपने खाते में न जमा कराई, वापस कर दी, अब जाने वाले को बतौर फ़ेयरवेल भी तो अपनी किसी नियामत से नवाज़ के जा!"

"क्या करूँ?"

"एक नॉनफ़ैटनिंग, लो कैलोरी, विटामिन एनरिच्ड पप्पी दे के जा।"

वो हँसी।

"तू डायटिंग कर रही है, इसलिए बोला!"

उसने इनकार में दाएँ-बाएँ सिर हिलाया।

"अरे, दे के नहीं तो ले के जा!"

उसका सिर फिर इनकार में हिला।

"एक पप्पी आधी-आधी ही कर ले, कम्बख़्त!"

सिर फिर इनकार में हिला।

"देखो तो! सिर न हुआ, कार का वाइपर हुआ। दाएँ, बाएँ! दाएँ, बाएँ!"

उसकी हँसी छूट गई।

"मैं जाती हूँ।" वैसे ही फूल बिखेरती वो बोली, "आप ख़्वाब देखिए।"

वो चली गई।

मैं सच में ही ख़्वाब देखने लगा।

फ़्लैश की तरह उसकी आँखों में चमके, और लुप्त हुए, गहन अनुराग के भाव के!

एक लमहे की उस मुसर्रत से मदहोश होते अनायास मेरे मुँह से निकला– 'आलम में तुझ से लाख सही, तू मगर कहाँ!'

शाम को मैं 'कोज़ी कॉर्नर' में मुकंदलाल से मिला।

कोज़ी कॉर्नर कनॉट प्लेस में स्थित मेरा फ़ेवरेट वाटरिंग होल था। नीचे ग्राउंड फ़्लोर पर वो ख़ूब चला हुआ, बहुत रौनक़ी बार था और ऊपर इसी नाम का होटल था।

मुकंदलाल पचास के पेटे में पहुँचा, पुलिस की नौकरी की परंपरा को क़ायम रखता मोटा, और सदा नाराज़ शक्ल वाला हवलदार था। करप्शन के चार्ज में एक लम्बा अरसा नौकरी से सस्पेंड रहा था, फिर कोई छः–या सात–महीने पहले जैसे-तैसे बहाल हो गया था। सस्पेंशन के लम्बे अरसे के दौरान आधी तनख़्वाह पर गुज़र करता था इसलिए कैज़ुअल एक्स्ट्रा इनकम की एवज़ में मेरे बहुत काम आता था। ख़ास तौर से केस सम्बंधी फ़ुट वर्क के लिए मैं उसे तलब करता था।

आज शाम भी वो उसी वजह से मेरे साथ था, बार के एक कोने की एक तनहा टेबल पर मेरे सामने बैठा था।

"कैसा है?" मैंने वार्तालाप शुरू किया।

"न पूछ, कोहली!" वो भुनभुनाया।

"अब पूछ ही लिया है तो बोल!"

उसने मुँह खोला, बंद किया।

"अगर कोई बुरी ख़बर सुनाने लगा है तो ठहर, पहले मुझे एक जुदा सवाल करने दे!"

उसकी भवें उठीं।

"घूँट लगाएगा?"

"कोहली," वो बड़े अरमान से बोला, "दरिया किनारे तेरे साथ बैठा हूँ, प्यासा भेजेगा?"

"क्या पीएगा?"

"जो भी तू पिलाए!"

मैंने वेटर को बुलाकर 'हंडर्ड-पाइपर्स' का ऑर्डर दिया।

ऑर्डर तत्काल सर्व हुआ।

हम दोनों ने 'चियर्स' बोला, मैंने उसे सिग्रेट पेश किया, ख़ुद भी लिया, फिर बोला, "अब बोल! फिर कोई लफड़ा हो गया?"

"तेरी उम्मीद से बड़ा, कोहली, तेरे कयास से बड़ा!"

"क्या हुआ?"

"नौकरी छूट गई।"

"अरे! कब?"

"चार महीने हो गए।"

"ख़बर न की?"

"करने लायक़ होती तो करता! बर्बादी की, बतौर ख़ुदाई मार बर्बादी की, क्या ख़बर करता!"

"अब क्या हुआ?"

"वही जो पहले हुआ।"

"फिर रिश्वत लेते रंगे हाथों पकड़ा गया?"

उसने जवाब न दिया, जाम में मुँह धँसा लिया।

"कहते हैं दूध का जला छाछ फूँक-फूँककर पीता है। तेरे को अक़्ल न आई?"

"अब छोड़ न! क्यों जले पर नमक छिड़कता है! तक़दीर में जो लिखा

होता है, उसे कोई नहीं टाल सकता। इस हमाम में सब नंगे हैं, ख़ाली गाज मेरे पर गिरी!"

"नौकरी से निकाला गया!"

"इतनी दुरगत से बच गया। एसीपी ने रहम खाया। मुझे क़दरन बचाव का रास्ता दिखाया। बोला, ख़ुद इस्तीफ़ा दे दूँ, वीआरएस ले लूँ तो बर्ख़ास्तगी की ज़िल्लत से बच जाऊँगा।"

"वीआरएस ली?"

"हाँ। मजबूरन। वर्ना अभी आठ साल की नौकरी बाक़ी थी।"

"नौकरी पेंशन वाली थी?"

"हाँ।"

"तो अब पेंशन पर गुज़ारा है?"

"अरे, भई, जब तनख़्वाह पर गुज़ारा नहीं था तो पेंशन पर गुज़ारा कैसे होगा?"

"ओह!"

"बुरा काम कोई राज़ी से नहीं करता..."

"करता है।"

"आम हालात में नहीं करता।"

"आम हालत में भी करता है। जिसके मुँह को एक बार लहू लग जाए, वो..."

"बकवास न कर! वो इक्का-दुक्का केस होता है वरना मजबूरी... मजबूरी कराती है। इतनी कम तनख़्वाह! गृहस्थी की इतनी ज़िम्मेदारियाँ! फिर सारे दुश्मन! खाएँगे, न खाने देंगे! क्या करे कोई?"

"हूँ!"

"कोई साला मेरे जितनी तनख़्वाह पाने वाला ही जानता है कि घर चलाने में आख़िरी हफ़्ता कैसे गुज़रता है!"

"बढ़ा-चढ़ा के बोल रहा है! यूँ बोल, घर चलता है, ऐश नहीं चलती, हरामख़ोरी नहीं चलती, जो सिर्फ़ हराम के पैसे से मुमकिन है।"

"जो" वो आहत भाव से बोला, "मैं इस वक़्त कर रहा हूँ?"

"ये मैंने कब कहा?"

"ठहर के कहेगा?"

"कभी नहीं कहूँगा। मैं यार के साथ ड्रिंक्स शेयर कर रहा हूँ, उसे रिश्वत नहीं दे रहा!"

"फिर तो... शुक्रिया! वैसे एक बात बता, तुझे मेरे से हमदर्दी है?"

"सच बोलूँगा तो कलप जाएगा।"

"बोल सच! कलपा!"

"तेरे परिवार से हमदर्दी है। तू जैसा बोया है, वैसा काट रहा है।"

"परिवार नहीं भुगतेगा?"

"भुगतेगा। तभी तो बोला परिवार से हमदर्दी है!"

"मेरे से नहीं!"

"अब तू ख़ुद सयाना है।"

"मैंने जो किया परिवार के लिए किया।"

"परिवार के लिए नौकरी की, रिज़क कमाया, कमाई बीवी की हथेली पर रखी जिसने सुघड़ता से तेरा घर चलाया। इस इक्वेशन में रिश्वत कहाँ से आ घुसी? बीवी नौलखा हार माँगने लगी थी?"

"तू" वो भड़का, "तू हर काम शराफ़त और ईमानदारी से करता है?"

"नहीं!"

"हराम के पैसे की तलब तुझे कभी न लगी?"

"लगी! कुछ हाथ आता दिखाई दिया तो झपटने से भी गुरेज़ न किया। मुकंदलाल, दि ट्रिक ऑफ़ दि ट्रेड इज़ नॉट टु गेट कॉट। बस, यही ट्रिक तू न सीख सका।"

वो कई क्षण ख़ामोश रहा। उस दौरान उसका भड़कना भी शांत हुआ।

"हाँ, यार!" आख़िर पस्त लहजे से बोला, "यही बात है। यही बात है।"

"वैसे अब करता क्या है? कुछ तो करता होगा!"

उसका सिर सहमति में हिला।

"जिस डीडीए के फ़्लैट में मैं रहता हूँ" फिर संजीदगी से बोला, "उसके साथ स्कूटर खड़ा करने के लिए दोपहिया वाहनों के साइज़ की लम्बी

कोठरी-सी भी होती है जिसे कहने वाले टू-व्हीलर-गैराज कहते हैं। उसमें अंडे, डबलरोटी, मक्खन और दूध की थैली बेचता हूँ।"

"तौबा!"

"क्या करूँ! तू बता कोई काम!"

"वो तो मैं बताता हूँ। इसी वजह से तेरे को बुलाया है। लेकिन मेरे पास तो तेरे लिए कैज़ुअल वर्क ही होगा न, जैसे कि पहले होता था!"

"वो ही बोल! लेकिन नहीं, पहले मेरे लिए ड्रिंक मँगा।"

पता नहीं वो माँग उसके लालच का नतीजा थी या उसकी मौजूदा दुश्वारियों में से सिर उठाती ज़रूरत थी, मैंने उसके लिए नया ड्रिंक मँगवाया।

उसने नए ड्रिंक का एक घूँट भरा और तृप्ति से होंठ चटकाए।

"अब काम बोल!" फिर बोला।

"पहले दाम बोलता हूँ न!"

"बढ़िया! बोल!"

"वीआरएस लेकर कितनी तनख़्वाह पर रिटायर हुआ था?"

"उनसठ हज़ार चार सौ के क़रीब।"

"राउंड फ़िगर के तौर पर साठ हज़ार समझ ले। यानी दो हज़ार रुपये रोज़! मैं तुझे तीन हज़ार रुपये रोज़ दूँगा। प्लस ऐक्चुअल एक्सपेंसेज़ वाइल इन फ़ील्ड..."

"पुलिस की नौकरी में साल में तेरह महीने की तनख़्वाह मिलती है!"

"एक दिन में दो-सौएक रुपये न! दे दूँगा।"

"चार हज़ार दे!"

"पागल हुआ है?"

"तेरी फ़ीस लाखों में है!"

"लाखों में है तो जो मैं करता हूँ, वो तू कर सकता है?"

उसने जवाब न दिया।

"फिर लाखों की फ़ीस देने वाला क्लाइंट क्या रोज़ आता है?"

"तेरा काम मुझे रोज़ मिलता है?"

"नहीं! तभी तो दिहाड़ी तीन हज़ार!"

"यार, मैं बहुत दिक़्क़त में हूँ, यारी की लाज रख ले! चार फ़ाइनल कर दे!"

"ओके! डन!"

"शुक्रिया! वैसे कहूँ तो... तू मुझे अपना मुलाज़िम क्यों नहीं रख लेता? एक असिस्टेंट की दरकार तो है तेरे ऑफ़िस में!"

"इतना काम नहीं है मेरे पास। फिर भी अभी धीरज रख, मैं सोचूँगा इस बारे में।"

"ठीक!"

"अब सुन, तूने क्या करना है!"

"सुनता हूँ। पहले एक और मँगा।"

"बाद में! बाद में! पव्वा पीकर मेरी बात सुनने-समझने लायक़ तेरी अक़्ल ठिकाने नहीं रहने वाली।"

"वहम है तेरा। मैं तो..."

"और ये न भूल कि मुलाक़ात के लिए मैं तुझे सेंट्रल पार्क भी बुला सकता था! नेहरू प्लेस भी बुला सकता था!"

"यार, तू तो बड़ा सख़्त हाकिम है! मिट्टी झाड़ रहा है मेरी!"

"मैं इंतज़ार कर रहा हूँ।"

"किस बात का?"

"कि कब तेरी मुकम्मल तवज्जो मेरी तरफ़ हो और मैं अपनी वो बात कह सकूँ जिसके लिए मैं यहाँ हूँ, तू यहाँ है!"

"सॉरी! सॉरी! बोल!"

मैंने मोटे तौर पर केस का खाका उसके सामने खींचा। उसने संजीदगी से मेरी हर बात सुनी।

"जो मैं समझा" फिर बोला, "वो ये है कि तेरे क्लाइंट को अपने क़त्ल का अंदेशा है और उसकी निगाह में इस काम को जो लोग अंजाम दे सकते हैं, वो हैं ख़ुद उसकी बीवी चेताली और बीवी के सुमीत और विनीत नाम के दो चचेरे भाई। मैंने इन तीन लोगों की बाबत जो निकल सके, वो जानकारी निकालनी है..."

"दो की बाबत! बीवी को मैं ख़ुद टटोलूँगा।"

"तू टटोलेगा! वाह! तभी लोग-बाग तुझे सुधीर कोहली, दि लक्की बास्टर्ड कहते हैं..."

"शट अप!"

उसके जोश-ओ-जुनून को ब्रेक लगी।

"तुमने अपना फ़ोकस भाइयों पर रखना है जिनका, मैंने पहले ही बताया, हौज़ ख़ास विलेज में गार्मेंट्स का शोरूम है। और ख़ाविंद पर फ़ोकस रखना है।"

"ख़ाविंद पर भी! पर वो तो तेरा क्लाइंट है! अपनी जान की ख़ैर मनाता तेरे पास आया! तेरी फ़ीस भरी! वो ख़ुद अपनी जान के लिए ख़तरा कैसे बन सकता है?"

"फिर भी! उसने लव मैरिज की है और मेरा जाती तजुर्बा है कि अक्सर लव मैरिज बहुत मोटीवेटेड होती हैं, बाद में उनमें बड़े भेद निकलते हैं।"

"ओह!"

"क्लाइंट पर मुझे पैसे के फेर में पड़ा होने का शक है। माली हैसियत कोई ख़ास नहीं है उसकी..."

"तेरी फ़ीस भरी न!"

"वो बात भी मुझे खटक रही है। पर तू आगे सुन!"

"सॉरी!"

"ख़ाविंद की बहुत बढ़िया पर्सनैलिटी है। फ़िल्म स्टार्स जैसा ख़ूबसूरत है और फ़ैशन मॉडल्स जैसा वैल डिसिप्लिंड है, वैल मैनर्ड है। आजकल ऐसे मर्द औरतों की तरह अपनी ख़ूबसूरती और अच्छी पर्सनैलिटी को कैश करने की कोशिश करते हैं..."

"औरतों की तरह?"

"हाँ। ख़ूबसूरत औरतें अपनी ख़ूबसूरती के दम पर पैसे वाले लोगों को आम रिझाती पाई जाती हैं। मुहावरा भी है कि औरत का ख़ूबसूरत होना और मर्द का दौलतमंद होना एक ही दर्जे की बात होती है। लिहाज़ा किसी बेहैसियत हसीना का किसी बाहैसियत शख़्स पर न्योछावर होकर दिखाना,

उसे शीशे में उतारकर दिखाना, आज की अर्बन सोसाइटी में कोई बड़ी बात नहीं। बद्क़िस्मती से अब इस मॉडस ऑपरेंडी का उलट भी होने लगा है।"

"मर्द पैसेवालियों के पीछे पड़ने लगे हैं?"

"आम! बाक़ायदा स्कीम होती है उनके पास किसी दौलतमंद औरत को, किसी रिच हायरेस को अपने पर आशिक़ करवाने की।"

"ये काम ऐसे भी होता है! मैंने तो सुना था कि किया नहीं जाता, हो जाता है प्यार!"

"करवाना भी आता है आजकल के चतुर सुजान छोकरों को! मैं ये नहीं कहता कि मेरा क्लाइंट कपिल अवस्थी भी ऐसा है, उसने भी चेताली मोरवाल को अपने पर जबरन आशिक़ करवाकर लव मैरिज की, लेकिन जब केस सम्भावित क़त्ल से ताल्लुक़ रखता है तो इस बाबत भी क्लाइंट को टटोल लेने में कोई हर्ज नहीं।"

"यानी उसने भी पैसे वाली लड़की को उसके पैसे पर निगाह रखकर फँसाया हो और फिर जबरन लव मैरिज के हालात पैदा किए हों!"

"हो सकता है। मैं नहीं कहता कि हुआ था ऐसा लेकिन, दोहरा के कहता हूँ, हुआ हो सकता है।"

"यार, यूँ औरतों के फेर में पड़ने वाले मर्दों को तो बड़े बुरे नाम से पुकारा जाता है।"

"क्या बुरा नाम?"

"मेल प्रॉस्टीट्यूट!"

"बल्ले! तू तो बड़ा ज्ञानी है, मुकंदलाल! ऐसे हाई-फ़ाई टाइटल की तेरे को ख़बर है!"

उसने बड़े हास्यास्पद ढंग से शरमा के दिखाया।

"जिगोलो भी कहते हैं। तू आगे सुन! हासिल चंद घंटों में मैंने उसके बारे में जो जानकारी निकाली है, तू वो सुन! मैंने पहले भी बोला कि वो ख़ुद को ऐड फ़िल्मों का ऐक्स मॉडल और टीवी सीरियल्स का एक्टर बताता है। ये दोनों कारोबार बाज़रिया एजेंट चलते हैं। मैंने उसी से पूछा था कि इस ट्रेड में उसका एजेंट कौन था, उस ऐड एजेंसी का क्या नाम था जिसने उसके

ऐड जिंगल्स बनाए थे और उसके द्वारा अभिनीत टीवी सीरियल्स बनाने वाले कौन थे!"

"बता दिया सब?"

"बताना उसकी मजबूरी था, वर्ना लगता कि एक्टर होने की बाबत वो झूठ बोल रहा था। इसलिए बताना ज़रूरी था, क्योंकि उसका वो पीडी पूछ रहा था जिसकी उसने मोटी फ़ीस भरी थी। पीडी से तथ्य छुपाने वाले क्लाइंट का बाद में पीडी से उसकी नाकामी का गिला करने का मुँह नहीं बनता।"

"ठीक!"

"ये काग़ज़ पकड़! जो मैंने जाना, वो सब इस पर दर्ज है।"

उसने काग़ज़ थाम लिया।

"पढ़ूँ?" वो बोला।

"नहीं, घर ले के जा। फ़्रेम करा के स्कूटर गैराज में लगाना ताकि पब्लिक देखे और रौब खाए।"

"बहुत बोलता है! नाहक़ बोलता है!"

मैं ख़ामोश रहा।

"लोकल ऐड एजेंसी का नाम-पता-फ़ोन नम्बर है" उसने काग़ज़ पर से पढ़ा, "टीवी सीरियल्स बनाने वाली कम्पनी के पर्टिकुलर्स हैं, लेकिन मुम्बई के हैं। किस काम आएँगे?"

"देखेंगे।"

"आख़िर में एजेंट की बाबत दर्ज है। रमेश... नहीं, धर्मेश... धर्मेश ग्रोवर। मोबाइल नम्बर है, लेकिन अड्रेस नहीं है!"

"नम्बर बजाना, जानना।"

"उसने न बताया तो?"

"ये तू कह रहा है!"

"कह तो मैं ही रहा हूँ! लेकिन क्या करूँ! आजकल देवता दाएँ नहीं हैं।"

"तू तो मुझे फ़िक्र में डाल रहा है! अरे, कुछ कर भी लेगा या नहीं?"

"पहले कभी शिकायत हुई?"

"पहले हालात जुदा थे। पहले तू बावर्दी हवलदार था।"

वो कसमसाया।

"मुकंदलाल, जाकर मोरवाल एस्टेट रहने की शर्त न होती तो मुझे तेरी ज़रूरत ही नहीं थी। तो जो करना होता, मैं ख़ुद करता।"

"ठीक है, कोहली, ठीक है। तक़दीर ने तो मेरी मैय्या ठोकी ही हुई है, तू भी कसर न छोड़!"

"साफ़ बोल," मैं शुष्क स्वर में बोला, "क़ाबू में आया, क्या करना है?"

"हाँ।"

"कुछ कर गुज़रेगा?"

"करना पड़ेगा।"

"दो दिन हैं तेरे पास!"

"क्या! अरे, भई, मैंने अलादीन का चिराग़ नहीं घिसना, हाथ-पाँव चला के तेरा काम करना है!"

"करना। मामूली पूछताछ से हो जाने वाला काम है। फिर तू पुलिसिया है..."

"अब नहीं हूँ।"

"तेरी शक्ल पर लिखा है पुलिसिया है। वंस ए कॉप आलवेज़ ए कॉप। तहक़ीक़ात में कैश करना इस बात को। देख लेना अपनी रौबदार आवाज़ से ही तू भरम बना लेगा कि पुलिसिया है।"

"मैं करूँगा कुछ। लेकिन, कोहली, मेरी भरपूर मेहनत के बाद, ऑनेस्ट भरपूर मेहनत के बाद भी तेरा काम न हुआ तो?"

"तो दो दिन और। फिर भी कुछ न कर पाया तो तू बाहर। आगे से तेरा-मेरा कोई वास्ता नहीं।"

"बड़ा सख़्त..."

"मैं नहीं चाहता कि दिहाड़ी बनाने के लालच में तू ख़ामख़ाह मेरा काम लटकाए।"

"अरे, नहीं! मैं ऐसा भला..."

"एक बात और सुन! तेरे फ़ायदे की है इसलिए ग़ौर से सुन!"

"बोल! खड़े हैं कान मेरे!"

"और भी जो खड़ा करना है, कर ले, लेकिन बात तो सुन!"

"बोल तो सही!"

"अगर तू मेरा काम दो दिन में कर गुज़रे तो तेरे को एक दिहाड़ी की फ़ीस का बोनस!"

तत्काल वो सँभलकर बैठा।

"एक दिन में कर गुज़रे तो दो दिहाड़ी की फ़ीस का बोनस और फ़ीस भी दो दिन की।"

"सो-सोलह हज़ार!"

"प्लस ऐक्चुअल एक्सपेंसेज़।"

"जानकारी निकालने के लिए किसी की कोई ख़िदमत–ट्रीट में या कैश में–करनी पड़ जाए तो?"

"वो भी ऐक्चुअल एक्सपेंसेज़ में शामिल। तेरे को पल्ले से कोई ख़र्चा नहीं करना पड़ेगा।"

"जीता रह! अब तूने मुझे जोश दिल दिया है इसलिए एकाध बात पूछने दे!"

"पूछ!"

"जिन लोगों की बाबत तूने मुझे बताया, मैं उन्हें पहचानूँगा कैसे?"

"बहुत माकूल, बहुत ज़रूरी सवाल है। पहले पूछना चाहिए था!"

"जवाब दे!"

मैंने अपने हैंडबैग में से एक ब्राउन लिफ़ाफ़ा निकाला और उसमें से कुछ ग्लॉसी प्रिंट्स बरामद किए।

"ये सवाल मैंने भी क्लाइंट से किया था" मैं बोला, "तब उसने अपने मोबाइल में मौजूद शादी के बाद की एक ग्रुप फ़ोटो मुझे फ़ॉरवर्ड की थी। ये मोबाइल से निकाला उसका प्रिंट है।"

मैंने पाँच गुणा सात का प्रिंट उसे दिखाया और उस पर दर्ज सूरतों की एक-एक का नाम लेकर शिनाख़्त कराई।

फिर मैंने मानकलाल को छोड़कर बाक़ी सब फ़ैमिली मेम्बरान के उसी साइज़ के क्लोज़-अप भी उसके हवाले किए।

"बढ़िया!" वो बोला, "ये तस्वीरें मुझे दिखा रहा है या रखने के लिए दे रहा है?"

"रखने के लिए दे रहा हूँ। मेरे को ज़रूरत होगी तो फिर बना लूँगा।"

"अब ज़्यादा बढ़िया! एस्टेट में और कौन-कौन हैं?"

मैंने अपलक उसे देखा।

"भई, इतनी बड़ी एस्टेट बताता है तो ये छः प्राणी ही तो वहाँ नहीं रहते होंगे..."

"पाँच! बड़ा मोरवाल अब इस दुनिया में नहीं है।"

"...कोई सर्विस स्टाफ़ भी तो होगा वहाँ!"

"पूछना सूझ गया?"

"कई बार सूझा। पूछने को होता था तो तू अपनी बात शुरू कर देता था।"

"हाँ, है सर्विस स्टाफ़! सुन! जो, जितना मुझे बताया गया था, उसके मुताबिक़ वहाँ एक एस्टेट मैनेजर है, एक कुक है, उसकी बेटी है और एक मेड है। ये सब लिव-इन स्टाफ़ है, सब एस्टेट में ही रहते हैं।"

"नाम बोल!"

"नहीं मालूम।"

"कमाल है!"

"कोई कमाल नहीं। नाम मैंने ही न पूछे। जब वहीं जाकर रहना था तो नाम क्या छुपे रहने वाले थे!"

"ठीक!"

"वहाँ और भी स्टाफ़ है–कोई हेल्पिंग हैंड्स फ़ॉर मेंटेनेंस, कैज़ुअल या परमानेंट–तो मुझे उनकी ख़बर नहीं। होंगे तो पहुँचते ही पता लग जाएगा।"

"ओके!"

"कोई और बात जो तेरे ज़ेहन में हो, लेकिन मेरे बोलने लगने की वजह से जिसकी बाबत तू सवाल न कर सका हो?"

"नहीं, कोई नहीं। सिवाय..."

जान-बूझकर वो ठिठका।

"क्या सिवाय?"

ज़ुबानी जवाब की जगह दाएँ हाथ के अँगूठे और तर्जनी उँगली से उसने सिक्का उछालने का एक्शन किया।

सहमति में सिर हिलाते मैंने पाँच हज़ार रुपये उसके हवाले किए।

व्यग्र भाव से उसने पाँच सौ के नोटों को आज़ू-बाज़ू सरकाया।

मैं ख़ामोश रहा।

"दस दे, कोहली!"

मैंने फिर भी जवाब न दिया।

"फ़ील्ड एक्सपेंसेज़ के खाते में तो अलग एडवांस दे!"

"बिल देना। अदा करूँगा।"

उसने एक फ़रमाइशी आह भरी और नोट अपनी जेब के हवाले किए।

"अब तो ड्रिंक मँगा!" फिर बदले स्वर में बोला।

सहमति में सिर हिलाते मैंने वेटर को इशारा किया।

पहला दिन : मंगलवार, 21 जनवरी

अगले रोज़ साढ़े नौ से भी पहले मैं मोरवाल एस्टेट में था।

अपनी 'वरना' ख़ुद ड्राइव करता मैं वहाँ पहुँचा था।

वहाँ मुझे मेरे क्लाइंट ने रिसीव किया और सबसे पहले मुझे अपनी बीवी से ही मिलवाया।

"सुधीर" जैसा एक *पुराने दोस्त* से अपेक्षित था, वो बेतकल्लुफ़ अंदाज़ से मुझसे बोला, "मीट माई वाइफ़ चेताली!"

मैंने हाथ जोड़कर नमस्कार किया।

"और चेताली, ये मेरा जिगरी दोस्त सुधीर कोहली है। मुम्बई से है, लेकिन पहले दिल्ली में ही रहता था। कल इत्तफ़ाक़ से मुझे साउथ एक्स में मिल गया। चार साल से कोई कम्युनिकेशन नहीं थी इसलिए इसे तो पता ही नहीं था कि मैंने शादी कर ली थी और दिल्ली में नहीं, यहाँ हरियाणा में रहता था। मैंने इसे एस्टेट में इनवाइट किया है। अब कारोबार की फ़िक्रों से आज़ाद होकर कुछ दिन यहीं रहेगा और रिलैक्स करेगा।"

"वेलकम, मिस्टर कोहली!" चेताली मधुर स्वर में बोली, "वुई आर ग्लैड टु हैव यू हेयर विद अस!"

"दि प्लेज़र इज़ एंटायर्ली माइन, मैम!" मैं अदब से बोला।

"मुम्बई में क्या कारोबार है आप का?"

"क्यूरियो आइटम्स की होलसेल सप्लाई का कारोबार है, जी। उसी सिलसिले में तीन-चार महीने में एक चक्कर दिल्ली, जयपुर का लग जाता है।"

"शादीशुदा हैं?"

"था!"

"क्या मतलब?"

"बीवी का देहांत हो गया।"

"अरे! क्या हुआ?"

"क्या बताऊँ क्या हुआ! बस, बद्क़िस्मती हुई।"

"औलाद?"

"नौबत ही न आई! बीवी पहले ही साथ छोड़ गई।"

"च-च! कब?"

"पाँच साल हो गए।"

"पाँच साल! मिस्टर कोहली, बीवी का ग़म भुलाने के लिए इतना अरसा क्या काफ़ी नहीं होता?"

"होता है, जी।"

"तो फिर शादी करनी थी!"

"कोशिश की थी। जिस से करनी थी, वो मानी नहीं।"

"किसी और से कर लेते!"

"करने नहीं देती।"

"क्या! ख़ुद करती नहीं, किसी और से करने नहीं देती?"

"ऐसी ही है।" मैंने असहाय भाव से कंधे उचकाए, "उसकी फ़ितरत और मेरी क़िस्मत!"

"है कौन?"

कुछ ज़्यादा ही पर्सनल हो रही थी होस्टेस, लेकिन मेरा उसको हतोत्साहित करने का कोई इरादा नहीं था।

"क्या करेंगी जानकर!" मैंने अपने लहजे में उदासी घोली, "कामयाबी की कहानी ज़िक्र के क़ाबिल होती है, नाकामी को भूल जाना ही अच्छा होता है।"

"फिर भी बताइए तो सही कौन है! आपने मेरी उत्सुकता जगा दी है। प्लीज़, बताइए कौन है?"

"एक लंका-सुंदरी है जो इंडिया में ही सेटल्ड है।"

"कौन?"

"जैकलीन फर्नांडिस।"

चेताली ने हकबकाकर मुझे देखा, फिर ज़ोर से हँसी।

"सर्व्ड मी राइट!" फिर बोली, "आई वाज़ गेटिंग अननेसेसरली पर्सनल।"

"आई डोंट माइंड, मैम।"

"आई लाइक योर सेंस ऑफ़ ह्यूमर।"

"थैंक्यू, मैम!"

"ये अब पाँच-छः दिन यहीं है," अवस्थी दख़लअंदाज़ हुआ, "बातें होती रहेंगी। इसका सामान कार में है, इसके लिए कोई बेडरूम सेट करो और सामान वहाँ पहुँचवाने का प्रबंध करो, मैं ब्रेकफ़ास्ट का पता करता हूँ।"

"आप" चेताली अचरज से बोली, "मुम्बई से कार से आए हैं?"

"अरे नहीं, मैडम!" मैं बोला, "कार एक लोकल फ्रेंड की है।"

"ओके!"

"आओ।" अवस्थी मेरी बाँह थामता बोला।

पत्नी को सिर नवाकर मैं उसके साथ हो लिया।

वो मुझे डाइनिंग रूम में लेकर आया।

रास्ते में वो मुझे बताता आया था कि डाइनिंग रूम ड्रॉइंगरूम और किचन के बीच में था और दोनों से ही सम्बद्ध था। वहाँ एक लम्बी, एंटीक डाइनिंग टेबल लगी हुई थी जिसके गिर्द बारह वैसी ही एंटीक, राजसी कुर्सियाँ थीं–लम्बाई में पाँच एक तरफ़, पाँच दूसरी तरफ़ और दोनों सिरों पर एक-एक। टेबल के किचन की ओर के रुख़ पर दोनों भाई विराजमान थे। मेरे मेज़बान ने मेरा उनसे भी परिचय कराया और इस बात का भी ज़िक्र किया कि मैं निर्धारित समय से क़दरन जल्दी आ गया था, तभी ब्रेकफ़ास्ट टेबल पर मेरी सुमीत और विनीत से मुलाक़ात हो गई थी वरना वो हौज़ ख़ास विलेज अपने शोरूम के लिए रवाना हो चुके होते और फिर मुलाक़ात रात को ही होती।

मैंने नोट किया कि बड़े भाई ने मेरे से मुलाक़ात को बहुत सहज भाव से लिया था और बाक़ायदा वेलकम बोला था, लेकिन छोटे भाई की मेरे से

तआरुफ़ से त्योरी चढ़ गई थी।

वजह नामालूम!

शायद आदतन ग़ैरमिलनसार था। होते थे ऐसे लोग!

या शायद इसलिए नाख़ुश था कि मैं अवस्थी का दोस्त था, एस्टेट में उसका इनवाइटी था। ऐसा था तो इसका एक ही मतलब था–जीजा का शुमार उसके फ़ेवरेट्स की लिस्ट में नहीं था।

तभी चेताली भी वहाँ पहुँच गई।

"अभी एक मेम्बर और है।" अवस्थी ने बिना पूछे मुझे बताया, "सुमीत की वाइफ़ अमृता! लेकिन वो मायके गई हुई है।"

सुमीत ने एक बार ऊपर, नीचे सिर हिलाया।

"शॉर्ट ट्रिप पर!" मैंने नाहक़ सवाल किया।

अवस्थी ने सुमीत की तरफ़ देखा–जैसे जवाब की अपेक्षा उससे कर रहा हो।

"अमृता इस एक्सपेक्टिंग!" वो सहज भाव से बोला, "डिलीवरी के बाद ही लौटेगी।"

"ओह!" मैं बोला, "फिर तो भावी पिता को बधाई!"

"थैंक्यू!"

अवस्थी ने मुझे बैठने का इशारा किया।

मैं और वो दोनों पति-पत्नी टेबल के दूसरे सिरे पर बैठे।

मैं सोचे बिना न रह सका कि सब के एक साथ बैठने में क्या प्रॉब्लम थी! क्या अवस्थी ने मेहमान की ख़ातिर परे बैठना मुनासिब समझा था!

एक नौजवान लड़की ने बिना किसी की तरफ़ भी निगाह उठाए ब्रेकफ़ास्ट सर्व किया।

"ये तुहिना है।" मेरा मेज़बान धीरे से बोला, "कुक की बेटी। फ़ूड सर्व करती है और किचन के कुक की मदद करती है।"

मैंने सहमति में सिर हिलाया।

वो चली गई। वो खुले-खुले हाथ-पाँव वाली गोरी-चिट्टी लड़की थी, सिर उठाती तो सूरत का बेहतर अंदाज़ा होता!

सबने ख़ामोशी से ब्रेकफ़ास्ट किया।

टेबल पर से सबसे पहले दोनों भाई उठे और वहाँ से रुख़सत हो गए। फिर चेताली भी 'एक्सक्यूज़ मी' बोल के चली गई। पीछे हम दोनों ने सिग्रेट सुलगा लिए और इत्मीनान से धूम्रपान का आनंद लेने लगे।

तुहिना वापस लौटी और प्लेटें समेटने लगी।

तभी किचन से निकलकर एक लम्बा ऊँचा, तना हुआ व्यक्ति वहाँ पहुँचा। मैंने उसकी सूरत पर निगाह डाली तो उसके चेहरे का सबसे प्रॉमिनेंट फ़ीचर मुझे उसकी नाक लगा जो इतनी लम्बी थी कि नॉर्मल से पौना इंच फ़ालतू जान पड़ती थी और इतनी सँकरी थी कि जैसे आपस में बजती दो चटका ईंटों के बीच आ गई थी। नाक के नीचे घनी, तावदार मूँछ थी जो उसकी पहले से रौबदार पर्सनैलिटी को और रौबदार बनाती थी। उसकी भवें भी मूँछ जैसी घनी थीं, लेकिन सिर के बाल पहलवानों की तरह छोटे कटे हुए थे।

"सब ठीक था, सर?" वो बोला तो मूँछ जैसा दबदबा उसकी आवाज़ में भी झलका।

"तुम्हारे से पूछ रहा है!" अवस्थी बोला।

मैं तनिक हड़बड़ाया, फिर बोला, "हाँ। शुक्रिया!"

"ये कुक है यहाँ।" अवस्थी बोला, "जगत सिंह नाम है।"

"ओह! पहले फ़ौज में थे, जगत सिंह?"

"कैसे जाना, सर?" कुक बोला।

"क़द-काठ से जाना! तावदार मूँछ से जाना! रौबदार आवाज़ से जाना! तनकर चलने के अंदाज़ से जाना!"

"निगाह तेज़ है आपकी, सर, वर्ना कहाँ कोई ऐसी बारीकियाँ नोट करता है!"

"तुमने ठीक पहचाना।" अवस्थी मेरे से बोला, "पहले ये फ़ौज में था, लेकिन वहाँ भी कुक ही था। नायब सूबेदार रिटायर हुआ था।"

"आई सी!"

"लंच में क्या बनाऊँ?" कुक ने पूछा।

"मैडम बोलेंगी।" अवस्थी बोला, "मेहमान आया है, कुछ ख़ास ही बनाना।"

सहमति में सिर हिलाता वो किचन में चला गया। फिर बेटी भी चली गई।

"आओ," अवस्थी ने सिग्रेट को ऐश ट्रे में डाला और बोला, "तुम्हें मैंशन की सैर कराऊँ?"

मैंने भी सिग्रेट को तिलांजलि दी और उसके साथ हो लिया। सैर शुरू हुई। आख़िर पहली मंज़िल पर एक मुँडेर के क़रीब वो ठिठका।

"कोहली!" वो दबे स्वर में बोला, "ये है वो जगह जहाँ से गमला गिरा था!"

मैं तत्काल सतर्क हुआ। मैंने देखा वो बहुत चौड़ी मुँडेर थी जिस पर बराबर फ़ासले पर फूलों से लदे कंक्रीट के बने चार चौकोर गमले रखे थे।

"पहले पाँच थे," वो बोला, "एक गिर के चकनाचूर हो गया तो चार को ही फ़ासला बढ़ाकर एजस्ट कर दिया गया।"

मैंने क़रीब जाकर एक गमले को हिला-डुलाकर देखा।

"भारी तो है!" मैं बोला, "लेकिन उठाना पड़े तो भारी है, सरकना हो तो कोई ख़ास भारी नहीं! नीचे गिर जाने देने के लिए गमले को मुँडेर पर से कुछ इंच ही तो सरकाना होता होगा! इतने में दम लगने वाली कौन-सी बात है, बच्चा भी कर सकता है।"

"यहाँ बच्चा कहाँ है?"

"मैंने मिसाल दी! याद करो, मैंने इस सिलसिले में मेड का आइडिया सरकाया था तो झिड़कने के अंदाज़ से आपने कहा था 'डोंट टॉक नानसेंस! मेड वो काम नहीं कर सकती थी, क्योंकि कमसिन थी, नाज़ुक थी, वो तो गमले को हिला भी नहीं सकती थी' वग़ैरह। मैंने देखा हिला के। ऐसे गमले को हिलाना, चंद इंच सरकाना मामूली काम था जो आपकी छुईमुई भी आराम से कर सकती थी। अलबत्ता, जैसे मैंने पहले कहा, गमला उठाना क़दरन दमदार काम था जो शायद कोई छुईमुई न कर पाती।"

"क्या कहना चाहते हो, यार!" वो झुंझलाया।

"कुछ नहीं! बस, ज़रा लाउड थिंकिंग की! टंकियों तक पहुँचाने वाली

बाँस की सीढ़ी कहाँ लगती है ?"

जवाब में वो मुझे ऊपरली छत पर लेकर गया और मुँडेर के सहारे लगी बाँस की सीढ़ी मुझे दिखाई। उसने मेरी निगाह टॉप से तीसरे डंडे पर ठिठकती पाई तो बोला, "टूटे डंडे की जगह नया डंडा जगत सिंह ने ठोक दिया था।"

"टूटा डंडा कहाँ है ?"

"वो तो कुक ने तभी कूड़े में डाल दिया था और कूड़ा अगले दिन गारबेज कलेक्टर ले गया था।"

"ओह !"

"क्यों पूछ रहे हो उसके बारे में ?"

"उसके मुआयने से पता चल सकता था कि वो स्वाभाविक तौर से टूटा था या उसके साथ कोई हरकत की गई थी–आरी से! जैसा कि आप ने कहा था !"

वो ख़ामोश रहा।

"आओ," फिर बोला, "नीचे चलें।"

मैं उसके साथ हो लिया। सीढ़ियाँ उतरकर हम पहली मंज़िल पर पहुँचे तो एकाएक मैं बोला, "जब सलामत थे तो बड़े मोरवाल साहब कहाँ मुक़ाम पाते थे ?"

"यहीं पहली मंज़िल पर।" वो बोला, "आओ, दिखाता हूँ।"

मैं उसके साथ लम्बे गलियारे में चलने लगा। वो एक बंद, ताला लगे दरवाज़े पर ठिठका।

"मास्टर बेडरूम!" वो बोला, "मास्टर्स बेडरूम! जब से ससुरे की मौत हुई है, यहाँ की कोई चीज़ नहीं छेड़ी गई।"

"ऐसा क्यों ?" मैंने उत्सुक भाव से पूछा।

"क्या बताऊँ क्यों! चेताली ऐसा चाहती है।"

"साल से बंद है ?"

"नहीं, भई। डस्टिंग, क्लीनिंग के लिए खुलता रहता है।"

"लेकिन इस्तेमाल में नहीं लाया जाता ?"

"कभी नहीं!"

"ऐसे कब तक चलेगा?"

"जब तक चेताली चाहेगी।"

"कमाल है! यूँ तो ये बुज़ुर्गवार का–गुस्ताख़ी माफ़–स्मारक हुआ!"

"यही समझ लो, भई, चेताली के सेंटीमेंट्स हैं, यूँ मरने वाले की रूह को सुकून मिलता है तो मिले!"

"मैं बेडरूम को भीतर से देख सकता हूँ?"

"फिर कभी देखना–अभी हफ़्ता यहीं हो–अभी चाबी पता नहीं कहाँ होगी!"

"ओह!"

"आओ, चलें।"

मैं फिर उसके साथ हो लिया। हम नीचे ड्रॉइंगरूम में जाकर बैठे जहाँ हमने फिर सिग्रेट सुलगा लिए।

"एक बात ज़ेहन में आई।" मैं कश लगाकर धुआँ उगलता बोला।

उसकी सवालिया निगाह मेरे पर पड़ी।

"मुझे सब का तआरुफ़ हासिल हुआ, लेकिन एक अदद का ज़िक्र न आया!"

उसकी भवें उठीं।

"एस्टेट मैनेजर! आपने कहा था यहाँ एक एस्टेट मैनेजर भी था!"

"ओह! भई, ध्यान से उतर गई ये बात! अभी!"

उसने तुहिना को आवाज़ दी।

डाइनिंग रूम से गुज़रती तुहिना वहाँ पहुँची।

"हर्षदीप का पता कर कहाँ है!" अवस्थी बोला, "मिले तो यहाँ आने को बोलना।"

सहमति में सिर हिलाती तुहिना वहाँ से चली गई।

हम पीछे ख़ामोशी से धूम्रपान का आनंद लेते रहे।

पाँच मिनट बाद एक युवती वहाँ पहुँची जो क़द में साढ़े पाँच फ़ुट के क़रीब जान पड़ती थी। वो जींस और स्कीवी पहने थी और अपनी कम-से-कम दस इंच लम्बी गर्दन में एक सिल्क का रंगीन रूमाल बाँधे थी। नैन-नक़्श

तीखे थे और बाल जूड़े की सूरत में बाँधे थी। कानों में टॉप्स के अलावा वो जिस्म पर कोई जेवर नहीं पहने थी।

वो एक निगाह का नतीजा था; मैंने दूसरी निगाह डाली तो महसूस किया कि लम्बा क़द और टाइट ड्रेस की वजह से ही नहीं लगता था कि जिस्म भारी था, अलबत्ता सौ बर्गर, सौ फ़ुट-लाँग और सौ पीज़ा पहले ज़रूर छरहरा रहा होगा। जींस ऐसी थी कि जिस्म पर चमड़ी की तरह मढ़ी जान पड़ती थी। उस घड़ी मैं सोचे बिना न रह सका कि ऐसी जींस उतारने में पहनने वाली की जितनी मेहनत लगती होगी, उतनी तो साँप को अपनी केंचुली उतारने में नहीं लगती होगी।

टाइटनेस में जींस जैसा ही दबदबा उसकी स्कीवी का था जिसमें से दोनों निपल्स यूँ नुमायाँ थे जैसे मुँहज़ोरी कर रहे हों।

बल्ले, भई, क्या ख़ूब चीज़ बनाई थी 'औरत' बनाने वाले ने! लेकिन फिर उसे बीवी बनाकर सब चौपट कर दिया।

कितना मुश्किल था ख़ुदा के मिज़ाज को समझना!

फ़ैशन मॉडल जान पड़ती थी। खड़ी भी यूँ स्टाइल से थी जैसे किसी ग्लॉसी लेडीज़ मैगज़ीन के लिए पोज़ दे रही हो।

मैंने अपने ख़यालात को लगाम दी और सोचा–कौन थी?

मेज़बान ही बताएगा।

"कोहली!" अवस्थी बोला, "एस्टेट मैनेजर से मिलो!"

मैं जैसे आसमान से गिरा।

"हर्षदीप कौर बाजवा!"

"हल्लो!" मैं फँसे कंठ से बोला। अब मुझे उसकी दाईं कलाई में स्टील का कड़ा भी दिखाई दिया।

"हल्लो, योरसेल्फ़!" वो जबरन मुस्कुराई और 'नो नॉनसेंस' लहजे में बोली।

"ये मिस्टर कोहली हैं!" अवस्थी बोला, "सुधीर कोहली! मुम्बई से हैं। मेरे पुराने दोस्त हैं। मेरे इसरार पर कुछ अरसा एस्टेट में मेहमान हैं।"

"वेलकम, सर!" एस्टेट मैनेजर बोली।

"थैंक्यू, मैम!" मैं बोला।

"मुम्बई में," अवस्थी बोला, "इनका क्यूरियो का होलसेल का बिजनेस है जिसकी वजह से ये दिल्ली आते रहते हैं। मेरे पुराने दोस्त हैं। इत्तफ़ाक़ से ही कल मुलाक़ात हो गई।"

"अच्छा इत्तफ़ाक़ हुआ!" वो जल्दी से बोली, "दो पुराने दोस्त मिल गए... मैं ज़रा... बिजी थी। ज़रूरी काम छोड़कर आई..."

"ओह! प्लीज़, गेट अलांग!"

"नाइस मीटिंग यू, मिस्टर कोहली! सी यू अगेन!"

वो घूमी और लम्बे डग भरती वहाँ से रुख़सत हुई।

"शी इज़ जस्ट लाइक ए फ़ैमिली मेम्बर।" पीछे अवस्थी बोला।

"फिर भी डाइनिंग टेबल पर न दिखाई दी!"

"होगी कोई वजह!" वो लापरवाही से बोला, "लंच पर दिखाई दे जाएगी।"

जिसमें अभी टाइम था।

मैं मेंशन के फ्रंट लॉन में टहलता सिग्रेट के कश लगा रहा था और उस सेकंड हनीमून जैसी बोर असाइनमेंट पर मन-ही-मन खीज रहा था।

लंच के बाद मैं ने छोटी-मोटी झपकी मारी थी जिसको फिरंगियों की ज़ुबान में 'फ़ॉर्टी विंक्स' कहते हैं; जिनका ये भी सबक है कि 'आफ़्टर लंच, रेस्ट ए वाइल; आफ़्टर डिनर, वॉक ए माइल'। झपकी के बाद मैंने टीवी में दिल लगाने की कोशिश की थी, कामयाबी हासिल नहीं हुई थी, इसलिए बाहर लॉन में निकाल आया था।

"साब जी!"

मैंने घूमकर पीछे से आती सुरीली आवाज़ की दिशा में देखा तो पाया पीछे एक युवती खड़ी थी। मैंने जब दूसरी, भरपूर, निगाह उस पर डाली तो उसके चेहरे पर मासूमियत की वैसी छाया पाई जैसी अमूमन किशोरावस्था में ही दिखाई देती है।

किशोरी थी।

मैंने उसकी उम्र का अंदाज़ा लगाया तो वो पंद्रह-सोलह के पेटे में जान पड़ी। लेकिन जिस्म ऐसा निकाला था कि फ़ुल जवान लड़कियों को मात करता जान पड़ता था। लम्बा, छरहरा, सामने से मोरनी की तरह फूला हुआ, पतली कमर, क़दरन भारी नितम्ब। चेहरा गोल, उस पर ताज़े गुलाब जैसी ताज़गी, आँखें काली कजरारी, नाक सुतवा, होंठ गुलाब की पंखुड़ियों जैसे बिना रंग रोगन के लाल, गर्दन पतली, बाल जूड़े की सूरत में बँधे हुए, लेकिन एक लट अर्धवृत्त के आकार में चेहरे पर झूलती। सादा शलवार कमीज़ पहने थी फिर भी बला की हसीन लग रही थी। गले में दुपट्टे की ग़ैरहाज़िरी नज़ारे को और भी दिलकश बना रही थी।

कौन थी!

एस्टेट में बसे जिन बाशिंदों का बाक़ायदा मेरे से तआरुफ़ कराया गया था, उनमें तो ये नहीं थी! मेरे को साब जी बोली!

मेड!

एक मेड की हाज़िरी की मेरे को ख़बर तो थी, फ़ासले से एकाध बार मेरे को उसकी झलक भी दिखाई दी थी, लेकिन मेड! ये!

तौबा!

"साब जी!" खनकती आवाज़ आई, "हम दो-बारली बोले!"

"हाँ, भई!"

"हम स्वागतनैस के साथ आप को प्रणाम करते हैं।"

"शुक्रिया!"

"हमें कोई सेवा बताइए!"

सेवा! मेड ही थी।

"कौन हो?" फिर भी मैंने पूछा।

"हम इधर सेविका हैं।"

"सेविका!"

"सब लोग मेड बोलते हैं। पर मेड बुलना हम को अच्छा नहीं लगता।"

"क्यों भला?"

"बस, नहीं लगता।"

"फिर भी!"

"मेड से तो लगता है कोई अनमेड कर देगा।"

मेरे मुँह से फिर 'तौबा' निकला। लड़की जो कह रही थी, अंजाने में कह रही थी या वाक़ई उसे ऐसा कोई अंदेशा था!

मैंने उसकी भोली सूरत पर निगाह डाली, कमउम्री का ख़याल किया।

हाँ, अंजाने में ही कह रही थी–मेरे दिल ने गवाही दी–सुन-सुनकर इक्के-दुक्के अलफ़ाज़ अँग्रेज़ी के सीख गई थी जिनका शान से आधा अधूरा इस्तेमाल वो जबरन करती थी–कभी हास्यास्पद तो कभी हौलनाक!

"हमें सेविका कहलाना पसंद है।" वो कह रही थी, "आप मेहमान हैं, बताइए सेवा! हम शीग्रली करेंगे।"

"भई, है तो सही सेवा!"

"तो बोलिए न! मेहमान से सेवा पूछने ही तो हम इधर आए हैं!"

"मेहमान तेरे से दो मिनट बात करना चाहता है।"

"तो करिए न! किसने रोका है?"

"यहाँ नहीं! इतनी देर से मेरे पास खड़ी है, कोई देखेगा तो उलटा सीधा सोचेगा।"

"काहे?"

"मेरे को क्या पता काहे! लेकिन ये एक सोच है जो मेरे मन में आई।"

"ओह! यहाँ नहीं तो कहाँ?"

बायीं तरफ़ फूलों की क्यारियों के क़रीब एक सघन कुंज था जिसके भीतर उपलब्ध ओट में मलिका विक्टोरिया के ज़माने का कास्ट आयरन का, हरे रंग से पुता बेंच पड़ा था।

"वहाँ!" मैंने कुंज की तरफ़ इशारा किया।

उसने कुछ क्षण सोचा, फिर बोली, "दो मिनट!"

"बड़ी हद तीन!" मैं बोला, "और बड़ी हद पाँच!"

"का बातें करेंगे?"

"बोलूँगा न!"

"ऐसे तो, ऐसी जगह तो, लोग इसक-प्यार की बातें करते हैं!"

दाता! छोटी थी कि खोटी थी!

"अरे, नहीं भई! सादा, दुनियादारी की बातें!"

"हमसे काहे?"

"अब छोड़ न हुज्जत! जब जानती है मैं एस्टेट का मेहमान हूँ तो मेहमान का लिहाज़ कर!"

"चलिए!"

कुंज में जाकर हम आज़ू-बाज़ू बैठे।

"कोई देखेगा, टोकेगा।" फिर वो ख़ुद ही बोली, "तो हम बोलेंगे आदरफ़ुली मेहमान का लिहाज़ कर रहे हैं।"

"बहुत सयानी है! वैसे कितनी उम्र है तेरी?"

"अट्ठरा!"

अट्ठारह! क्या खाक अंदाज़ा था मेरा!

"दुई महीना माँ उन्नीस!"

"अरे, इतनी बड़ी है तू?"

"हाँ।" वो बड़े अरमान से बोली।

"बड़ी" मैं पूरी बेशर्मी से उसके उन्नत वक्ष पर निगाह गड़ाता बोला, "है तो सही तू!"

"और हम का बोले?"

"सही बोले! पर नाम नहीं बोले!"

"हमार नाम घुँघरू है।"

जवाब देते वक़्त वो बड़े चित्ताकर्षक भाव से मुस्कुराई–जैसे ख़ुद अपने रौनक़ी नाम पर मुग्ध हो रही हो–और मुस्कुराहट भी ऐसी कि मेरे जैसे आशिक़ाना मिज़ाज पंजाबी पुत्तर को वस्ल की रात याद आ गई।

हमारे पुराने आकाओं में एक कहावत है: 'ए मेड, हू स्माइल्स ऐट ए हाउस गेस्ट, इज़ हाफ़ टेकन।'

लेकिन अभी टाइम था। अभी कम-से-कम चार दिन और मैंने वहाँ ठहरना था।

"घुँघरू?" मैंने नाम दोहराया।

"यही बोले हम सेम टु सेम।"

"बज के दिखा!"

"का?"

"क्या का! घुंघरू बजता है न! 'घुंघरू की तरह बजता ही रहा हूँ मैं'– गायक किशोर कुमार! दिखा बज के?"

उसकी भोली (!) सूरत पर असमंजस के भाव आए।

"या बोल, तुझे बजना पसंद नहीं!"

"साब जी। मेहमान साब जी। हमार मन मा इसक-प्यार का ख़याल तो आया था, हरामपंती का ख़याल नहीं आया था। जो आप कह रहे हैं, वो अगर हम सही समझ रहे हैं तो..."

"क्या तो?"

"हम जात हैं।" वो उठ खड़ी हुई।

"अरे, अरे! कहाँ जाती है!" मैंने उसे बाँह थामकर रोका, "बैठ वापस!"

"पर..."

"अरे, सॉरी बोला न, अगर कुछ ग़लत बोला!"

"हमें मेहमान की सॉरी मंज़ूर है।"

वो बैठ गई, लेकिन मैंने उसका हाथ न छोड़ा। आख़िर छोड़ा तो हाथ अपने आप ही उसकी पीठ पर पहुँच गया और आदतन आज़ू-बाज़ू सरकने लगा।

तजुर्बेकार हाथ की तजुर्बेकार हरकत!

उस पर कोई प्रतिक्रिया होती नज़र न आई।

सुधीर कोहली, द लक्की बास्टर्ड!

"थोड़ा दाएँ!" वो सहज भाव से बोली, "थोड़ा ऊपर!"

"क्या!" मैं हड़बड़ाया, "क्या बोला?"

"आप पीठ ग़लत जगह खुजला रहे थे, इसलिए बोला। वैसे मालूम कैसे पड़ा हमार पीठ मा खुजली सतावे?"

मैंने मुँह बाए उसे देखा।

“चलो, ठीक मालूम पड़ा। पर जगह ठीक न खुजलाई। जैसे, जहाँ हम बोले, धन्यवादली वहाँ खुजलाइए!”

तौबा! ये भोली, ये मासूम तो ख़ाकसार की पॉलिश उतारे दे रही थी, विक्टोरियन मुहावरा झुठलाए दे रही थी।

“पीठ पर हमार हाथ नहीं पहुँचत न!” वो फिर बोली।

“पीठ उघाड़ के दिखाएगी” मैं बोला, “तो मैं ठीक से खुजला पाऊँगा।”

“वो तो हम नहीं कर सकते।”

“क्यों? क्यों नहीं कर सकती?”

“क्योंकि हम जम्फर पहने हैं। चोली पहने होते तो पीठ उघाड़ देते।”

“सच में?”

“और का? मेहमान का लिहाज़ जो करना हुआ!”

“तो ऐसा कर, दौड़ के जा और चोली-स्कर्ट पहन के आ।”

वो निचला होंठ दाँतों में दबाकर हँसी।

मेरी जानी-पहचानी, कम्बख़्त हँसी!

ट्रेडमार्क रजनी शर्मा।

“साब जी,” फिर वो सहज भाव से बोली, “गंगा मैया की किरपा से पीठ पर से खुजली अब अपने आप ठीक हो गई है। अब कहीं पाँच मिनट मेरी पीठ पर उक्कड़-दुक्कड़ ही करते रहने का इरादा तो नहीं?”

मैंने उक्कड़-दुक्कड़ बंद कर दी, लेकिन हाथ फिर भी न हटाया। उँगली पकड़ी थी, पाहुँचा भी तो पकड़ना था!

नापाक इरादों को और परवाज़ देने से मेरा काम बिगड़ सकता था इसलिए मैं बोला, “बात ये है, घुँघरू, कि मेरे मेज़बान ने मेरे यहाँ पहुँचने पर मेरा सबसे परिचय तो करवाया, लेकिन किसी ने भी ख़ुद अपने बारे में मुझे कुछ नहीं बताया। मैंने ख़ुद कुछ जानने की कोशिश की तो नाकाम रहा। हर किसी ने मेरा हर सवाल टालने की कोशिश की।”

“काहे?”

“पता नहीं, लेकिन हक़ीक़त ये है कि मैं किसी के भी मूड-मिज़ाज से वाक़िफ़ न हो सका।

"आप वाक़िफ़ होना काहे वास्ते चाहते थे?"

"वो तू छोड़। वो क़दरन पेचीदा बात हैं, तेरे नन्हे-से दिमाग़ को पशेमान करेगी।"

"तो, साब जी?"

"घुँघरू, इस मामले में मैं तेरी छोटी-मोटी मदद चाहता हूँ। बदले में तू जो चाहेगी, हाज़िर करूँगा।"

"हम जो चाहेंगे?"

"हाँ।"

"ये प्रॉमिसनिंग है आपकी?"

"पक्की प्रॉमिस है मर्द बच्चे की!"

"हम जो चाहेंगे, आप अभी हमें देंगे?"

"हाँ।" उसकी चाहत का कोई खाका अपने ज़ेहन में उतारता मैं बोला।

"एक ठो सिग्रेट दीजिए हमका।"

"सिग्रेट!" मैं हड़बड़ाया, "तेरे को दूँ?"

"और का हम ताजमहल माँगत रहे?"

है तो तू उसके भी क़ाबिल, कम्बख़्त, लेकिन अभी तुझे इस बात का इल्म नहीं।

"आप धूम्रपानिंग करते हैं। हमने स्वयमली देखा आप को सिग्रेट पीते!"

"एक बात मेरे को ठीक से समझने दे। सिग्रेट तेरे को अपने लिए चाहिए?"

"और का?"

"तू सिग्रेट पीती है?"

"और का?"

"हैरानी है!" मैं जेब से डनहिल का पैकेट निकालता बोला, "इतनी छोटी-सी उम्र में स्मोकिंग..."

"इससे भी छोटी उम्र में!"

"लत कैसे लगी?"

"दादी पीती थी–बीड़ी भी–हम रोज़ली उसका देखत रहे। एक बार हमने

भी देखा का होत है!"

"क्या दिखा?"

"बहुत बुरा हुआ! खाँसते-खाँसते आँखें उबल पड़ीं। मैया दौड़ी आई। वजह जानी तो कूट दिया। पर दिल फिर भी किया। बापू हुक्का पीता था, वो अपने खेती-बाड़ी के काम से घर से चला जाता था तो पीछे उसका हुक्का हम गुड़गुड़ाने लगते थे। पहले खाँसी दबाना आ गया, फिर आना ही बंद हो गया।"

"अभी भी तलब जारी है?"

"हाँ, जी।"

"कैसे पूरी करती है?"

"यहाँ सब मरद लोग पीते हैं।"

"माँगती है?"

"कभी नहीं! आप का समझत हैं, माँगे से कोई देगा?"

"तो क्या करती है?"

"जिसका भी पैकेट लावारिस पड़ा दिखाई दे, हम एक ठो खींच लेत हैं।"

"पता नहीं लगता?"

"बीस का पैकेट नया खुला हो तो लगत है, ख़ाली होने वाला हो तो लगत है, पैकेट बीच का हालत में हो तो नहीं लगत।"

"हूँ! भई, तेरी माया तू जाने। अब तवज्जो से मेरी बात सुन!"

"किससे?"

"ग़ौर से!"

"आपका मतलब है ध्यानली!"

"हाँ।"

"सिग्रेट कल-परसों तक देंगे?"

मैंने उसे एक सिग्रेट थमाया। सवालिया निगाह से उसने मुझे देखा।

"मैं बाद में!" मैं बोला।

सहमति में सिर हिलाते उसने सिग्रेट को होंठों से लगाया। मैंने उसका सिग्रेट सुलगा दिया और वो बड़ी दक्षता से उसके कश लगाने लगी।

"अब सुनाइए बात!" फिर बोली।

उसकी सिग्रेटनोशी के दौरान मैंने पैकेट वापस जेब में रख लिया था और यूँ ख़ाली हुआ मेरा हाथ उसकी पीठ पर पहुँच गया था। वो सिग्रेट पीने में इतनी मग्न थी कि नहीं लगता था कि उसे मेरे हाथ की हरकत का एहसास था। मेरा हाथ उसकी पीठ पर से बाल-बाल सरकता उसके परले कंधे तक पहुँच गया था, वो तब भी हाथ की प्रॉग्रेस से बेख़बर जान पड़ती थी।

"पहले बोल," मैं हौले-से उसे अपने साथ भींचता बोला, "कब से है इस जगह पर?"

"तीन साल से।"

"यानी बड़े मोरवाल–मानकलाल मोरवाल–साहब के वक़्त से?"

"हाँ, जी।"

"यानी तू एस्टेट की हर बात से, हर माहौल से, हर ऊँच-नीच से वाक़िफ़ है?"

"हर बात से नहीं। लेकिन हाँ, काफ़ी से!"

"कुक कब से है? किसने रखा?'

"मैडम ने। लेकिन सर ज़िद करत रहे, तब।"

"मैडम चेताली? सर कपिल? हसबैंड?"

"हाँ, जी।"

"पहले कहाँ था, क्या करता था?"

"पहले फ़ौज में था।"

"फ़ौज के बाद? यहाँ की नौकरी से पहले?"

"नहीं मालूम।"

"उसकी बेटी साथ रहती है, अलग रूम में रहती है, किसी को ऐतराज़ हुआ कभी?"

"बड़े भैया को हुआ। लेकिन पेश न चली।"

"बहन की वजह से?"

"बहनोई की वजह से! सर ने अपनी चलाई, लेकिन मैडम की ओट में से चलाई।"

"ऐतराज़ की वजह?"

"हमका कइसे मालूम होगी?"

"जगत सिंह से पहले यहाँ कुकिंग का क्या इंतज़ाम था?"

"एक मिसरानी आत रही दिन मा दुई बार।"

"खाना ठीक बनाती थी?"

"ठीक से हमार को नहीं मालूम आपका का मतबल, लेकिन जगत सिंह से अच्छा बनाती थी।"

"ब्रेकफ़ास्ट! उसका क्या प्रबंध था?"

"हम बनात थे।"

"तेरे को आता था सब काम?"

"सीखना पड़ा। बड़े मोरवाल साब का–जिनकी डेडनिंग हो गई है–हुकम था।"

"एस्टेट मैनेजर की बोल!"

"सच में बोलें?"

"हाँ, भई!"

"बोलना नहीं कि हम बोले!"

"हरगिज़ नहीं।"

"खाइए हमार कसम!"

"अरे, खिलानी है तो" मैंने ज़ोर से उसे अपने साथ भींचा, "कोई खाने लायक़ चीज़ खिला!"

"सिग्रेट दीजिए प्लीज़ करके!"

इतना अच्छा लग रहा था, मजबूरन कंधे पर से हाथ हटाना पड़ा।

मैंने पैकेट फिर निकाला। इस बार हम दोनों ने सिग्रेट सुलगाया।

"एस्टेट मैनेजर की बोलें तो" तजुर्बेकार ढंग से कश लगाकर ढेर धुआँ उगलती वो बोली, "उसे यहाँ कोई काम नहीं।"

"अच्छा!"

"हाउसकीपिंग के छोटे-मोटे काम करत है... जो वो न भी करे तो कोनो फरक ना पड़त।"

"क्यों ? क्यों फ़र्क़ नहीं पड़ता ?"

"हम कर सकत हैं, तुहिना कर सकत है, बिजली, पानी, लैंडलाइन के बिलों की पेमेंट जैसे छोटे-मोटे काम सर ख़ुद कर सकत हैं, मैडम ख़ुद कर सकत हैं।"

"बहुत टाइम होता है दोनों के पास ?"

"टाइम-ही-टाइम होत है। मैडम शादी से पहले हौज़ ख़ास विलेज भाइयों के शोरूम में जात रही, सर को तो हमने कोई, वो का बोलत हैं काम को जिसकी पावती से घर चलता है..."

"रिज़क कमाने का काम!"

"हम तो सर को ऐसा कोई काम करत देखे नहीं रहे! ख़ाली सुने हैं कि पहले शाहरुख़-सलमान का माफिक एक्टिंग करत थे।"

"शादी के बाद छोड़ दी ?"

"हम बोलें तो शादी से पहले ही छोड़ दिए रहे।"

"तो सर की आमदनी का ज़रिया क्या है ? कोई ख़र्चा-पानी कैसे चलाते हैं ?"

"कोई पुरानी कमाई जमा होगी! हम सुने हैं एक्टर लोग बहुत कमात हैं! सुने हैं लाखों में कमात हैं!

"करोड़ों में! पर वो क़िस्सा फिर कभी!" मैंने एक क्षण ठिठककर सिग्रेट का कश लगाया–उसने भी–फिर बोला, "इतनी बड़ी एस्टेट है! ख़र्चा कौन करता है ?"

"मैडम करत हैं न!"

"बाप के छोड़े रोकड़े के सदक़े ?"

"किसके सदक़े ?"

"पैसे के सदक़े! दौलत के सदक़े!"

"मैडम करत हैं न! कुछ ख़र्चा मा दोनों भाई भी शेयरनिंग करत हैं, ज़्यादर ख़र्चा मैडम के ही ज़िम्मे है, पर..."

वो ठिठकी।

"साब जी, किसी को बोलो न तो बोलें!"

"नहीं बोलूँगा। वादा!"

वादा मोहरबंद करने के लिए मैंने उसका हाथ थामने की कोशिश की तो साला सिग्रेट बीच में आ गया।

"हम स्वयमली ये महसूस किए हैं," वो बोली, "कि रुपये-पैसे के मामले में मैडम को तंगी है। सर कुछ कमात नहीं..."

"तो क्या हुआ?" मैंने उसकी बात काटी, "अब नहीं कमाते तो आगे कमाने लगेंगे। कोई जवान-जहान मर्द उम्र भर बेरोज़गार तो नहीं बैठा रह सकता!"

"का पता लगत है!" वो धीरे से बोली।

"क्या बोला?"

"जिनको हराम का खाने की आदत पड़ जाए, वो उम्राँ ऐसे काट लेत हैं। कोई एक बार पर–पर–करके जीवी..."

"परजीवी! पैरासाइट!"

"...बन जाए तो हमेशा ऐसा ही बना रहत है। बड़े कहत हैं न, हैबटाँ की डेडनिंग बड़ी मुश्किल से होत है।"

"हैबिट्स डाई हार्ड!"

"वही बोलत होंगे!"

"फिर भी क्या हुआ? पति-पत्नी में से कोई एक नहीं कमाता तो फिर भी क्या हुआ? जब जोड़े में से एक साहिबेजायदाद हो..."

'हम लम्बे-लम्बे शबद नाहीं जानत, ये निश्चितली जानत हैं कि इधर रुपये-पैसे के मामले में तंगी का दौर चलत है।"

"कैसे? कैसे जानती है?"

"क्योंकि इधर जो होत है, वो हमका दिखाई देत है।"

"क्या होता है?"

"बोलत हैं। मैडम शादी के बाद इधर का ढेर सारा एंटीक फर्नीचर बेच दिए रहे और उसकी जगह सस्ता, पर दर्शनी फर्नीचर खरीद लिए रहे।"

"दर्शनी क्या?"

"जो देखत मा, दर्शन करत मा अच्छा लगे!"

"लाउड! फ़्लैशी!"

"वही बोलत होंगे! मेहमान जी, पर एक बात हम आपको समझात हैं। इन मालिक लोगों का एंटीक बेचन का अगर पाँच रुपया मिला तो एंटीक की जगह जो दर्शनी, फैसनेबल फर्नीचर लिए रहे, ऊ का खरीदन मा मानो एक रुपया लगा।"

"अरे! इतना क़ीमती था वो एंटीक फ़र्नीचर!"

"और वो डील कौन कराए रहे, मालूम?"

"नहीं! कौन कराए रहे?"

"सर!"

"मैडम के हसबैंड! कपिल अवस्थी!"

"और का बोलत रहे हम?"

मैं ख़ामोश हो गया।

क्या पता पाँच रुपया मिला, या आठ मिला या दस मिला! जेनुइन एंटीक फ़र्नीचर की क़ीमत का तो कोई ओर छोर ही नहीं होता था।

क्लाइंट की कमाई के ज़रिये का एक धुँधला-सा खाका मेरे ज़ेहन में उभरा।

"बड़े मोरवाल साहब" वो कह रही थी, "बड़े शौकली स्लोली, स्लोली वो फर्नीचर जमा किए रहे। शीशम की लकड़ी का फर्नीचर... शीशम मालूम?"

"मालूम।"

"उस पर ऐसी पच्चीकारी कि आजकल हुई न सकत। कारीगर ही न मिलत जो ऐसी कारीगरी अब दिखा सकत होत। हम बोलें तो राजा के महल के लायक था वो फर्नीचर पर जैसे कौड़ियों के मोल गया।"

"लेकिन जब तू कहती है पाँच कमा के एक ख़र्चा तो..."

"कम कमाए! दोनों भाई तब कहत रहे तन्नक सबर से काम लिए होत, एक-एक, दो-दो पीस करके बेचनिंग किए होत तो दस मिल सकत, बीस मिल सकत... का मालूम और भी जादा मिल सकत!"

"सब पैसे से हाथ तंग होने की वजह से हुआ?"

"ऐसा ही बोलत रहिन सब।"

"लेकिन ऐसा कैसे मुमकिन है? मरने वाले ने, साहिब-ए-जायदाद ने, अपनी इकलौती वारिस बेटी के लिए एस्टेट के अलावा कोई बड़ा बैंक बैलेंस भी तो छोड़ा होगा? वो कैसे डेढ़ साल में सारा–या तक़रीबन सारा–चुक गया?"

"साब जी, हम हैं सेविका! का भूल गए सिग्रेट पीने में मगन होकर?"

"नहीं!"

"तो सोचिए, बोलिए इतनी बारीकियों की हमका कैसे ख़बर होगी?"

"ठीक! अभी पहले एस्टेट मैनेजर की बात शुरू हुई थी। जब उसकी यहाँ कोई ख़ास ज़रूरत ही नहीं तो बड़े मोरवाल साहब की मौत के बाद किसी को उसे डिसमिस करना न सूझा?"

"न हुई सकत डिसमिस करके जो आप बोले।"

"क्यों?"

"बड़े मोरवाल साब अपना वसीयत मा लिखे रहे कि उनकी डेडनिंग के बाद भी हर्षदीप कौर बाजवा की एस्टेट में नौकरी की शटनिंग न की जाए। ये भी लिखे रहे कि वो ख़ुद इधर से छोड़ना चाहे तो ग्लैडली जा सकत।"

ग्लैडली! अँग्रेज़ी का वो पहला लफ़्ज़ था जो उसने दुरुस्त बोला था।

"अजीब नौकरी है!" मैं बड़बड़ाया, "कैसे क़ुबूल हुई बड़े मोरवाल साहब को?"

उसने सिग्रेट का एक लम्बा कश लगाया और उसे झाड़ियों में फेंक दिया। मैंने भी उसका अनुकरण किया, क्योंकि मेरे को अपना दायाँ हाथ ख़ाली माँगता था। तनिक झिझकते हुए मैंने फिर उसे अपनी दायीं बाँह के घेरे में लिया तो इस बार भी ऐसा बिल्कुल न लगा कि उसे कोई ऐतराज़ हुआ था।

"हम सुने हैं," वो धीरे से बोली, "हर्षप्रीत के पिता बड़े मोरवाल साब के बड़े पक्के, बड़े पुराने दोस्त थे और बुरे भले में वो दुई जने हमेशा एक-दूसरे का साथ देत थे..."

"पिता का नाम?"

"किसके पिता का नाम?"

"हर्षदीप के! और क्या मानकलाल मोरवाल के?"

उसने आहत भाव से मुझे देखा। मैंने ज़ोर से उसे अपने पहलू में भींचकर जैसे 'सॉरी' की दरख़्वास्त लगाई। वो फिर राज़ी हो गई।

"संतोख सिंह बाजवा!" फिर बोली, "इसलिए मालूम कि एक बार ख़ुद हम हर्षदीप को किसी को फ़ोन पर अपने पिता का नाम बताते सुने रहे।"

"वो भी मरहूम?"

"वो भी क्या?"

"स्वर्गवासी! दूसरी दुनिया के मुसाफ़िर!"

"हाँ। वो भी मर–मर–के हूम! उनकी मर-मर तो बड़े मोरवाल साब से पहले ही हुई गई थी। तभी तो हर्षदीप की यहाँ एस्टेट में पहुँचनिंग थी!"

"बड़े मोरवाल साहब की ज़िंदगी में?"

"हाँ।"

"फिर बेटी मोरवाल एस्टेट में बतौर एस्टेट मैनेजर मुलाज़िम!"

"का एस्टेट! का मैनेजर!" वो नाक चढ़ाकर बोली, "सरलली केयरटेकर कहने में कोनो किसी का मुँह दुखत है, जो कि वो है! सब एस्टेट मैनेजर बोलत हैं। कल को कुक बोले मेरे तो फूड मैनेजर बोलो तो बोलेंगे! बेटी कहे मेरे को सर्विस मैनेजर बोलो तो बोलेंगे! बोलेंगे तो कोई हम का भी बोले न कोई मैनेजर करके!"

"बहुत सयानी बात कही!"

वो ख़ुश हो गई।

"इस बात की शाबाशी ले!"

उसकी भवें उठीं।

"मेरी तरफ़ घूम!"

उसने आदेश का पालन किया।

मैंने उसे अपनी दोनों बाँहों के घेरे में ले लिया और कसकर सीने के साथ भींचा।

वो कसमसाई।

मैंने उसके अधरों पर एक चुम्बन अंकित किया।

तलुवे से तालू तक तबीयत बाग़-बाग़ हो गई।

पुराने ज़माने में ऐसे ही तो सयाने लोग नहीं कहते थे कि कुएँ का जल, ईंट का घर, बड़ का पेड़ और युवा नारी का शरीर–गर्मियों में ठंडा, सर्दियों में गरम!

लेकिन आनंद परमानंद न बन सका। वो छिटककर परे हट गई तो एक क्षण के लिए मुझे लगा कि आपे से बाहर हुई कि हुई, लेकिन ख़ुदा का शुक्र था कि ऐसा न हुआ वरना मैं पछताता कि एक चुम्बन-आलिंगन के लालच में मैंने जानकारी की खान को नाराज़ कर दिया।

"का किए रहे आप?" वो बोली।

वो सहज, स्वाभाविक भाव से बोली थी, उसकी आवाज़ में शिकवा शिकायत नहीं थी, कोई गुस्सा नहीं था। उस बात ने मुझे उत्साहित किया।

"बोहनी किए रहे!" मैं विनोदपूर्ण स्वर में बोला।

"वो का होत है?"

"वही होत है जो अभी हुई।"

"हूँ! अच्छा हुआ आपने बता दिया बोहनी का होत है वर्ना हम तो कुछ और ही समझे थे!"

"क्या? क्या समझी थी तू?"

"कि आप हमार चुम्मा ले रहे थे!"

मैं मुँह बाए उसकी तरफ़ देखने लगा।

"तेरे को ऐतराज़ हुआ?" फिर बोला।

"ऐतराज हुआ या नहीं हुआ, वो बात अलग है, पर हमका मालूम तो होना चाहिए था कि हमार साथ मेहमान ने का किया! अभी आप बोले तो मालूम हुआ कि बोहनी हुई। ठीकली बोले हम?"

"हाँ, ठीकली बोले।"

"अब एक काम और कीजिए!"

"बोल!" मैं रूमानी अंदाज़ से बोला।

"सिग्रेट दीजिए!"

मेरी सारी रूमानियत हवा हो गई। मैंने पैकेट निकाला, खोलकर उसकी

तरफ़ बढ़ाया तो उसने एक की जगह दो सिग्रेट निकाल लिये और पलक झपकते छुपा लिये। कहाँ छुपा लिये, मुझे तभी पता लगा जब वो अपना गिरहबान एजस्ट करने लगी। मुझे मालूम होता सिग्रेट से इतना राज़ी थी तो मैं उसके लिए टेम्पो भर के लाता।

यहाँ एक विलायती, धूम्रपान विरोधी कहावत मुझे याद आती है:

धूम्रपान करने वाली युवती का चुम्बन लेना और ऐश ट्रे चाटना एक ही बात है।

होगी!

ख़ाकसार ने कब कहा कि ऐश ट्रे चाटने से उसे कोई ऐतराज़ था!

"हर्षदीप बाजवा की," प्रत्यक्षतः मैं बोला, "एस्टेट में मौजूदा हैसियत की कोई ख़ास वजह होनी चाहिए!"

"हम बोलें तो" वो बोली, "एक वजह हमका सूझत है।"

"क्या? बोल!"

"देखिए, बड़े मोरवाल साब और हर्षदीप के बड़े सरदार साब दोनों पुराने, पक्के दोस्त! ठीक?"

"हाँ।"

"अभी हमका सूझत है कि सरदार साब दोस्त मोरवाल साब पर कभी कोई बड़ा एहसान किए रहे तो एहसान में नीचे दबे मोरवाल साब दोस्त से प्रॉमिसनिंग किए रहे कि आगे कभी ज़रूरत आन पड़ी तो मोरवाल साब हमेशा के वास्ते दोस्त की बेटी को यहाँ अपनी... वो का बोलत हैं जब छतरी से छाया जैसा कुछ बोलत है!"

"छत्रछाया!"

"हाँ। बेटी को यहाँ अपनी छतरछाया में रखेंगे। अभी दोस्त से पक्का प्रॉमिसनिंग किए रहे न, इस वास्ते ये बात वसीयत में लिखवाए गए।"

मैंने हैरानी से उसका मुँह देखा।

"का बोलत हैं मेहमान जी हमार सूझ का बारे मा?" वो शान से बोली।

"घुंघरू!" मैं अपने लहजे को प्रशंसा का पुट देता बोला, "तूने तो कमाल कर दिया जो इतनी माकूल, इतनी टु-दि-प्वायंट बात सुझाई! कमाल क्या

करिश्मा किया। इस बात पर...”

मैंने उसकी तरफ़ हाथ बढ़ाए तो वो पीछे हट गई और बोली, “का इसी बात पर? बोहनी!”

“अरे, वो एक ही बार होती है!”

“तो और का? लिहाज़?”

“अरे, नहीं, भई! शाबाशी! बड़ी वाली!”

“कैसे देंगे?”

“अभी देखना।”

मैंने अपनी बाँह उसकी तरफ़ पसारी और उसे अपने अंक में भरने की कोशिश की।

“नहीं!” वो सख़्ती से बोली।

“लेकिन शाबाशी तो...”

“साब जी, बोला न, नहीं!”

“लेकिन क्यों?”

“सिग्रेट टूट जाएँगे।”

‘माँ की आँख अँग्रेज़ की!’ मैं भुनभुनाया, ‘सिग्रेट टूट जाएँगे! जैसे कलेजे के साथ लगे दो ख़ुशक़िस्मत सिग्रेटों के आगे दुनिया ख़त्म थी!’

“अरी, टूटने दे न!” मैं कलपा, “और हैं मेरे पास!”

“न!” वो बोली, “तम्बाकू से कपड़ा बास मारता है।”

“तो निकाल दे!”

“क्या?”

एक ही बात थी।

“जो तेरे को आसान लगे!”

“का? कपड़ा निकाल दें!”

“या जो कपड़े ने ढँक के रखा!”

“मेहमान जी, हम बोलें तो आप... मसखरी किया।”

“माँ का सिर किया! कहाँ करने देती है कुछ!”

“का नहीं करने देत हम?”

"सोच!"

"हमार बस का नहीं!"

"तो एक काम कर!"

"का?"

"बोहनी वापस कर!"

"कैसे... कैसे करें?"

"ऐसे!" मैंने उसे अपनी बाँहों में भर लिया, "ऐसे करें!"

वो मेरी पकड़ में कसमसाई। मैं 'चुम्मा' की (बद्) नीयत से उसकी तरफ़ होंठ बढ़ा ही रहा था कि कोई खाँसा। मैं छिटककर उससे अलग हुआ, दोनों ने एक साथ सामने देखा।

सामने तुहिना खड़ी थी।

संजीदा सूरत! पेशानी पर बल डाले!

कुछ क्षण अपलक उसने हमें देखा फिर एकाएक घूमी और लम्बे डग भरती वहाँ से रुख़सत हो गई।

पीछे एक बोझिल सन्नाटा छोड़ के।

आख़िर जो उसे कहना चाहिए था, वो मेरे मुँह से निकला, "क्या होगा?"

"का होगा!" वो सहज भाव से बोली।

कोई डर नहीं, कोई झिझक नहीं, कोई अंदेशा नहीं। वयस्क, धीर-गंभीर आवाज़! वयस्क भाव-भंगिमा। मेरे देखते-देखते एक अल्हड़, नादान किशोरी ग़ायब हो गई और उसकी जगह एक दीन-दुनिया देखी जवान युवती ने ले ली।

अब तक मैं समझ रहा था कि मैं... मैं उसके भोलेपन की एडवांटेज ले रहा था, अब पता लगा कि वो मुझे शीशे में उतार रही थी, मुझे अपने हाथों से अपनी मर्ज़ी का चुग्गा परोस रही थी और मुझे–हर किसी पर लाइन मारने में इंग्लैंड, अमेरिका तक मशहूर योर्स ट्रूली को–अब क्या बोलूँ! जैसे अपनी उँगलियों पर नचा रही थी।

ऐसे ही नहीं ख़ाकसार से ज़्यादा सयाने कहते हैं कि जो कमाल औरत नासमझ बनकर कर सकती है, वो समझदार बनकर नहीं कर सकती।

इस संदर्भ में एक बात और भी ग़ौरतलब है कि लड़का मर्द बनते-बनते बनता है, किशोरी पलक झपकते युवती बन जाती है।

वो ट्रांसफ़ॉर्मेशन उस घड़ी मैं अपनी आँखों से देख रहा था।

क्या लड़की थी!

रहस्यमयी रमणी!

और मैंने उसे रसगुल्ला समझा था जिसे मैं जब चाहता, उठाता और मुँह में रख लेता।

"का होगा?" वो फिर बोली, शायद जवाब न मिलता पाकर।

"अरे, मैं तेरे से पूछ रहा हूँ।" मैं तनिक झुँझलाया।

"हम बताएँ?"

"हाँ! प्लीज़!"

"कुछ नहीं होगा।"

"कुछ नहीं होगा! अरे, उसने देखा कि हम..."

"जो देखा, वो ज़ुबान पर लाएगी तो पछताएगी।"

अब उसके लहजे में ऐसी वयस्कता थी कि मैं हैरानी से उसका मुँह देखने लगा।

"वो कैसे?" फिर बोला।

"का किए हैं हम! छोटी-मोटी इसक-प्यार की बात किए हैं। बात से का होत है! बाक़ी तन्नक-सा मेहमान का लिहाज़ किए रहे हम! वो तो सुमीत भैया के साथ सोती है!"

"कौन!" मैं हाहाकारी लहजे से बोला।

"तुहिना, और कौन!"

"तुझे क्या पता?"

"स्वयमली देखे रहे। अपनी ईह दो आँखों से देखे रहे बड़े भैया के कमरा मा गई, दुई घंटा मा लौटी! अभी बोले कुछ! फिर देखे हम कैसा भांडा फोड़त हैं!"

"सुमीत से कुछ बोलेगी तो यहाँ टिकी रह सकेगी?"

"सुमीत भैया से काहे वास्ते बोलेंगे! तुहिना से ही बोलेंगे..."

"अब तक नहीं बोला?"

"नहीं!"

"जो देखा, कितनी बार देखा?"

"चार-पाँच बार!"

"किसी को ख़बर न लगी?"

"हमार का लगी न!"

"कैसे?"

"मत पूछो, कैसे! पर लगी! किसी दूसरे को भी लग सकती थी। अच्छा हुआ, हमका लगी।"

"तेरे बोले की तुहिना ने न परवाह की तो?"

"तो उसके फदर को बोलेंगे।"

"फदर?"

"पिता! जगत सिंह! कुक!"

"ओह! फ़ादर!"

"वही बोले हम। फदर!"

"जो नज़ारा तू चार-पाँच बार देखा बताती है, वो कितने अरसे में देखा?"

"दुई महीना में।"

"बीवी दो महीने से मायके में है?"

"ज़्यादा से!"

"डिलीवरी तो फिर ड्यू ही समझो!"

"का बोला?"

"भई, जचगी के वास्ते मायके भेजी गई है न! बेबी आता ही होगा!"

"नहीं आता होगा।"

"मतलब?"

"जब बड़े भैया की जोरू–अमृता–मायके गई थी तो वो पेट से नहीं थी।"

"पेट से नहीं थी! तो मायके क्यों गई?"

"जचगी के लिए न गई! लड़ के गई! कभी न लौटने की क़सम खा के गई।"

"तेरे को क्या मालूम?"

"हमई को मालूम।"

"क्या बात है, एस्टेट की कोई बात छुपती नहीं तेरे से?"

वो हँसी।

"या सबकी जासूसी करती है?"

वो संजीदा हुई।

"ये बात भैया ने फैलाई कि अमृता डिलीवरी के लिए मायके गई थी?"

"और का करते? एकाएक छोड़ के चली गई तो कोई तो वजह बतानी थी!"

"आख़िर तो असलियत सामने आएगी! जचगी के इम्तिहान का नतीजा टाला तो नहीं जा सकता!"

"भैया अक़्ल वाले हैं, बोल देंगे कुछ! बोल देंगे आख़िरी महीनों में केस बिगड़ गया या बच्चा मरा हुआ पैदा हुआ। हम बोलें तो स्टिल बॉर्न बोलत हैं।"

मैं हैरानी से उसका मुँह देखने लगा। ये नादान, नासमझ किशोरी की बातें थीं!

"इसका मतलब तो ये हुआ" मैं बोला, "कि सुमीत को पता है कि बीवी लौटकर नहीं आने वाली!"

"हाँ।"

"मायका कहाँ है?"

"अजमेर मा।"

"दूर है। कब से शादीशुदा हैं बड़े भैया?"

"दुई बरस होने को हैं।"

"बिगड़ी कब से हुई है?"

"का पता! हम तो जब से देख रहे, बिगड़ी ही देख रहे।"

"कोई वजह तो होगी तेरे कयास की?"

"हमार ख़याल से कोई दान-दहेज की बात थी। भैया की इस मामले में ससुराल से बड़ी उम्मीदें थीं जो पूरी नहीं हुई थीं।"

"मनी माइंडेड हैं?"

"का बोले?"

"धन लोलुप हैं? धन दीवाने हैं? ससुराल के माल पर नज़र रखते हैं?"

"अब्ब... हैं तो नहीं ऐसे! पर का पता लगत है! हर बात की ब्रॉडकास्टनिंग तो कोई नाहीं करत न!"

"ब्रॉडकास्टिंग! क्या कहने!"

"इंग्लिश बोले हैं!" वो शान से बोली।

"हम सुने हैं। बढ़िया बोले हैं। सारे अँग्रेज़ कब्रों में पड़े तड़प रहे हैं तेरी इंग्लिश के मारे!"

"का बोले?"

"कुछ नहीं! यूँ ही बड़बड़ाए।"

"बड़बड़ा चुके तो अभी हम एक ठो बात पूछें?"

"पूछ!"

"तुहिना आकर हमका देख गई, मेहमान का लिहाज करते देख गई, हम फिर भी इधर ही रहे, अतिशीघ्रली वेंट न हो गए, आप को हैरानी न हुई?"

"हुई तो सही! मैं तो सोच रहा था कि तुहिना पर निगाह पड़ते ही तू ऐसी हवा होगी जैसे कि यहाँ थी ही नहीं!"

"पर हम न हुए! हवा!"

"क्यों न हुई? ख़ौफ़ से हाथ-पाँव फूल गए थे? जड़ हो गई थी?"

वो यूँ हँसी जैसे कोई चुटकुला सुना हो।

"तो और क्या वजह थी?" मैंने इसरार किया, "बता न!"

"दुई वजह थीं, मेहमान जी! एक तो ये कि हम तुहिना को जताना चाहते थे कि उसके एकाएक आ जाने से हम कोई ख़ौफ़ नहीं खा गए थे। ये जताना चाहते थे कि हम अपनी मर्ज़ी के मालिक हैं–जैसे अपनी आधी रात की सैर में वो अपनी मर्ज़ी की मालिक है। ये जताना चाहते थे कि वो भी स्टाफ़ थी, हम भी स्टाफ़ थे; बड़े भैया की निगाह में चढ़ गई होने से उसका रुतबा हमार से ऊँचा नहीं हुई गया था, वो अमृता की जगह की दावेदार नहीं बन गई थी। प्यार और हवस में फरक होत है, हम का जानत नहीं!"

मैं हैरानी से उसका मुँह देखने लगा।

लड़की थी या बला थी! झटके पर झटका दे रही थी!

"दूसरी वजह बोल!" मैं बोला।

"आप हमका भाव दिए या न दिए, आपका हम पर दिल आया या न आया, हम उस पर यही ज़ाहिर करके उसे जलाना चाहत रहे कि एस्टेट का ख़ास मेहमान हमार पर ऐसे टोटल फ़िदा था जैसे हमार ऊपर निगाह पड़ते ही धड़का लग गया हो।"

"क्या पता सच में ही यही हुआ हो!"

"का? धड़का लग गया हो?"

"हाँ।"

वो हँसी।

हम दोनों की वहाँ मौजूदगी में वो कई बार हँसी थी, लेकिन इस बार की हँसी का कुछ और ही मिज़ाज था। उस हँसी की मुझे ख़ूब पहचान थी। वो हँसी थी अश्लीलता की दहलीज़ पर पहुँची अभिसार का वादा करती हँसी जिसे हँसना अगर बीवियों को आता होता तो 'वो' को कोई दो कौड़ी को न पूछता।

एकाएक वो उठ खड़ी हुई।

"लिहाज़ करा लिया, बोहनी करा ली।" वो बोली, "अभी इतने से ही सब्र करो, मेहमान जी, वरना वो धड़का लग जाएगा जिसका आख़िरी इस्टेशन या अस्पताल होत है या..."

"या क्या?"

"मुरदाघाट!"

"नहीं, भई, दोनों ही जगह पहुँचने का मेरा कोई इरादा नहीं।"

"जात हैं।"

"एक मिनट रुक! बस, एक मिनट!"

"काहे! लिहाज़, बोहनी, शाबाशी के अलावा कुछ नया सूझ गया?'

"अरे, नहीं! एक बात, एक आख़िरी बात करनी है, इसलिए रुक!"

"रुके हैं! कीजिए!"

"बड़े मोरवाल साहब का बेडरूम, जो उनकी मौत के बाद से बंद है, मैं देखना चाहता था। उस बाबत मैंने तेरे सर से, कपिल से, बात की थी तो वो मुझे टालता लगा था। बोला, फिर कभी देखना, अभी चाबी पता नहीं कहाँ होगी!"

"तो?"

"मैं उस कमरे में झाँकना चाहता हूँ। कोई तरकीब बता!"

"सर से फिर बोलना!"

"अरे, सलाह न दे, तरकीब... तरकीब बता न कोई!"

"आप का मतबल है सर की नालेजनिंग में आए बिना आप वो कमरा का लुकनिंग करना चाहत हैं?"

"हाँ।"

"है तो सही तरकीब!"

"क्या? बोल न?"

"हम हफ़्ता मा दुई बार कमरा खोल के भीतर झाड़-बुहार करे हैं। कल सुबह करेंगे न! कमरा खुला होगा, देखना!"

"सुबह तो मैंने कहीं जाना है! ज़रूरी!"

"कब लौटेंगे?"

"दोपहर के क़रीब! कोशिश होगी दोपहर से पहले लौटने की।"

"पहले की ही कोशिश करना, मेहमान जी। हम कमरे की झाड़-बुहार दोपहर तक टाल के रखेंगे।"

और वो ये जा वो जा।

पीछे आप के ख़ादिम को मंत्रमुग्ध छोड़कर!

मैं मैंशन पर वापस लौटा तो तुहिना मुझे सीढ़ियों के क़रीब टैरेस से नीचे टाँगें लटकाए बैठी मिली।

मैं ठिठका।

वो मुस्कुराई।

मुस्कुराई!

मैं हैरान हुए बिना न रह सका। जो नज़ारा अभी पीछे वो करके आई थी, उसकी रू में तो उसे मेरे पर आँखें तरेरते होना चाहिए था, यूँ देखना चाहिए था जैसे घर में कोई शोहदा घुस आया था।

"मैं अपना कमरा भूल गया।" मैं भी जबरन मुस्कुराता बोला, "वो राइट विंग में आख़िर से दूसरा है या तीसरा है?"

"जौन-सा भी है, दूर है।" उसकी मुस्कुराहट मुखर हुई, "एक ख़ाली कमरा क़रीब ही है। पीछे ही।"

"म–मेरा वो मतलब न–नहीं था!"

"नहीं था तो हो जाएगा। आख़िर मर्द हो! और कैसे मर्द हो, वो मैंने अपनी आँखों से देखा।" वो उठ खड़ी हुई, "कम!"

"लेकिन..."

"अरे, वो मतलब नहीं भी है तो आओ। शाम ढल रही है, एक-एक ड्रिंक शेयर करते हैं।"

पहले स्मोक! अब ड्रिंक! कहाँ आ गया था मैं! बैंकॉक में!

"कहाँ?" प्रत्यक्षतः मैं बोला, "उस कमरे में जो तुमने ख़ाली बताया?"

"हाँ।"

"वहाँ ड्रिंक्स अवेलेबल हैं?"

"हाँ।"

"कैसे मालूम?"

"मालूम किसी तरह से। आओ, दिखाऊँ।"

हज़रात, मैंने पहले भी कई बार कहा है, अब फिर कहता हूँ; मुर्गाबी सिर पर ख़ुद आकर बैठने को पर तोलने लगे तो शिकार का क्या मज़ा हुआ! शिकारी का क्या कमाल हुआ! मज़ा उसी चीज़ की जुस्तजू में होता है जो आसानी से क़ाबू में नहीं आती। औरत ख़ुद ही मर्द के गले पड़े तो मर्द की ईगो की तुष्टि नहीं होती, वो सेंस ऑफ़ अचीवमेंट का सुख नहीं पाता। राज़ी ने रजा दिखाई तो क्या तीर मारा! बहादुरी तो उसे क़ाबू में करने में है जो अहद लिए हो कि नहीं क़ाबू में आने वाली थी।

"सॉरी, फिर कभी!" मैं बोला, "अभी काम है।"

"है न! ड्रिंक्स शेयर करना है न!"

"मिलते हैं।"

मैं आगे बढ़ चला।

"चिकन!" पीछे से मुझे उसकी तिरस्कारपूर्ण आवाज़ सुनाई दी।

लम्बे डग भरता मैं अपने कमरे के सामने पहुँचा तो मैंने महसूस किया कि दरवाज़ा चौखट के साथ लगा हुआ नहीं था, बीच में कोई एक इंच की झिरी थी।

ऐसा क्यों?

कोई वजह मुझे न सूझी। सिवाय इसके कि संयोग था।

दरवाज़ा ठेलकर मैं भीतर दाख़िल हुआ तो वजह सामने आई।

भीतर हर्षदीप मौजूद थी।

मैं हौले-से खाँसा। वो चिहुँककर सीधी हुई।

"हल्लो!" मैं बोला।

क्षण भर को ही वो नर्वस लगी, फिर दिलेरी से उसने मेरी तरफ़ देखा।

"लुकिंग फ़ॉर समथिंग?"

उसने जवाब न दिया।

"कौन-सा काम बेहतर करती हो? ठुकना या ठगना?"

"ठगना!" वो असमंजसपूर्ण स्वर में बोली।

"यहाँ से कुछ सरकाओगी तो वो मेहमान को ठगना ही तो होगा!"

उसने मुँह बाए मुझे देखा।

"क्या तलाश कर रही थीं?" मैंने पूछा।

"मैं!" उसने हड़बड़ाकर दिखाया, "तलाश कर रही थी!"

"हाँ। मिला?"

"सच पूछो तो हाँ।"

"क्या?"

"जो तलाश कर रही थी। लेकिन बैग में न मिला, रूम में मिला।"

"अरे, क्या?"

इठलाती हुई वो क़रीब आई और ऐन मेरे सामने आकर खड़ी हुई।

कमाल है! इतना विशाल शरीर भी इठला सकता था!

उसने बड़ी नज़ाकत से दाएँ हाथ की तर्जनी उँगली के लाल नेल पॉलिश से पुते लम्बे नाख़ून से मेरी छाती को टहोका और मेरी आँखों में आँखें डालकर बड़े मानीखेज अंदाज़ से मुस्कुराई।

क्या बात थी! एस्टेट में सब पटाया के किसी एक ही स्कूल की डिप्लोमा होल्डर थीं!

"ओह!" मैं बोला, "तो ये बात है!"

"हाँ!" वो फिर इठलाई, "ये बात है।"

"ठीक! तभी तो पूछा, कौन-सा काम बेहतर करती हो? ठुकना या..."

वो छिटककर मेरे से परे हटी और दाँत पीसती बोली, "यू... सन ऑफ़ ए बिच!"

लगता था पहली बार *ठुकना* की तरफ़ उसकी तवज्जो नहीं गई थी, ठगना ही उसके ज़ेहन में बजा था।

"वेलकम होम, मामा!" मैं लहजे में मिश्री घोलता बोला।

"यू लाउज़ी सन ऑफ़ ए होर!"

"ओक्के! तो मेरी कोई मौसी भी है!"

क़रीबी टेबल पर एक गुलदस्ता पड़ा था। वो लपककर उस तक पहुँची, उसने मुझे निशाना बनाकर गुलदस्ता फेंककर मारा जो मैंने रास्ते में लपक लिया। उसका ग़ुस्सा फिर भी बेक़ाबू रहा, वो लपककर मेरे क़रीब आई और उसने मेरा मुँह नोच लेने की कोशिश की।

क्या औरत थी! चोर भी और चतुर भी!

मैंने उसकी कोशिश कामयाब न होने दी तो वो सुबकने लगी।

"टीवी फेंक के मार!" मैंने राय दी, "वो नहीं लपका जाएगा मेरे से!"

"आज तक" वो फिर सुबकी, "ऐसे मेरे से कोई पेश नहीं आया।"

"मैं भी कहाँ आया!" मैंने कंधे उचकाए, "ख़ाली पूछा ही तो था, क्या तलाश कर रही थी! बता देती! बाक़ी सब तो तेरे मग़ज़ का फ़ितूर था, अक़्ल का धोखा था!"

"आज तक ऐसे मेरे से कोई पेश नहीं आया!"

"आएगा भी नहीं, अगरचे कि कोई कोई हो, सुधीर कोहली दि ओनली वन न हो!'

"यू आर गे?"

"शट अप!"

"यू हेट वुमेन?"

"आई अडोर वुमेन! आई वरशिप वुमेन! आई वरशिप दि ग्राउंड दे वाक ऑन..."

"तो फिर?"

"...बट नॉट एनी वुमेन!"

बात क़दरन देर में उसकी समझ में आई। वो फिर भड़की, "यू सन ऑफ़ ए..."

"वही! वही! तेरी पहचान की मैं दाद देता हूँ। अब एक बात समझ! राज़ की बात है। तेरे, मेरे और वर्ल्ड के सबसे बड़े फ़ालिक सिम्बल के बीच की!"

"क्या!"

"कुतुब मीनार के बीच की! आई एम नॉट ए सन ऑफ़ ए बिच! आई एम दि ओरिजिनल सन ऑफ़ ए बिच। इस जगत प्रसिद्ध बिच ने जितने सन पैदा किए थे, सब मेरे बाद किए थे। मैं पहला हूँ। पहलौठी का! दि फ़र्स्ट बॉर्न! अब राज़ी?"

उसके मुँह से बोल न फूटा।

"अब या तो गाली देना बंद कर या कोई नई गाली सोच!"

"यू... यू..."

'हाँ, मैं... मैं! बस कर अब। और बोल, क्यों यहाँ की तलाशी ले रही थी?"

उसने जवाब न दिया।

"नहीं बोलेगी तो वजह जानने के लिए मैं कोई ज़ोर-जबरदस्ती नहीं करने वाला तेरे साथ..."

"जैसे कर सकते हो!" उसके स्वर में व्यंग्य का पुट आया।

"कर सकता हूँ। पहले इसी इम्तिहान में पास होकर दिखाऊँ या आगे बढ़ूँ?"

वो ख़ामोश रही, उसने बेचैनी से पहलू बदला।

"तू नहीं बताएगी कि तू क्यों यहाँ की तलाशी ले रही थी तो जवाब के लिए तेरे पर ज़ोर आज़माना तो दूर, मैं दोबारा सवाल ही नहीं करूँगा।"

"तो" पहली बार उसके लहजे की तल्ख़ी ग़ायब होती लगी, "क्या करोगे?"

"तो तुम्हारी हरकत को मैं एस्टेट के मेहमान की ऐसी तौहीन समझूँगा जिसकी तलाफ़ी मेज़बान के किए भी नहीं हो पाएगी। फिर मुझे तू यहाँ नहीं पाएगी, पीछे तू जाने मेज़बान जाने।"

"तमीज़ से बात करो!"

"किससे तमीज़ से बात करूँ? तमीज़ दिखाने लायक़ कौन है यहाँ? सिवाय एक चोर के!"

"मैं चोर नहीं हूँ।"

"लेट्'स सी!" मैं उसके पहलू से गुज़रकर वहाँ पहुँचा जहाँ बैग पड़ा था।

"अभी कुछ निकाला तो नहीं होगा!" मैं बोला, "क्योंकि निकाल चुकी होती तो अभी भी यहाँ न होती। इसलिए बैग चेक करने की कोई ज़रूरत नहीं।" मैंने बैग उठा लिया, "कहा-सुनी माफ़! जय हिंद!"

बैग को उसके स्ट्रैप से कंधे पर लटकाए मैं बाहर को बढ़ा।

"रुको!" एकाएक वो व्यग्र भाव से बोली, "रुको! प्लीज़!"

मैं ठिठका, घूमा, मैंने सवालिया निगाह उस पर डाली।

"मैं चोर नहीं हूँ।" उसने कातर भाव से दोहराया।

"बैग की तलाशी क्यों ले रही थी?" तब मैं भी नम्र स्वर में बोला।

"मुझे तुम्हारे बारे में उत्सुकता थी। डेढ़ साल हो गया चेताली मैडम की शादी हुए, और मैं उससे भी पहले से यहाँ हूँ। इस अरसे में मैंने कभी भी कपिल को किसी मेहमान को ओवरनाइट स्टे के लिए एस्टेट में इनवाइट

करते नहीं देखा। फिर तुम तो सामान के साथ आए थे, तुम्हारी तो घोषणा हुई थी कि तुम यहाँ कई दिन रुकने वाले थे। तुम यहाँ दिल्ली के नम्बर वाली कार पर आए थे इसलिए भी मुझे शक हो रहा था कि पता नहीं कपिल के कहे मुताबिक़ तुम मुम्बई से थे भी या नहीं! इस सस्पेंस के तहत मैंने... मैंने... यहाँ आकर..."

"एस्टेट मैनेजर की जगह डिटेक्टिव का रोल अदा करना शुरू कर दिया?"

उसने जवाब न दिया, ख़ामोशी से सिर झुका लिया।

"बैग की तलाशी से मालूम हो जाता कि जो मैं यहाँ था, वो असल में नहीं था तो कौन था?"

"उम्मीद थी।"

"पूरी न हुई!"

"क्योंकि मैंने बैग को टटोलना शुरू ही किया था कि तुम आ गए थे।"

"कोई बात नहीं।" मैंने बैग वापस मेज़ पर रख दिया, "मैं तुम्हें अधूरा काम पूरा करने का मौक़ा देता हूँ। गो अहेड!"

वो बैग की तरफ़ न बढ़ी।

"गो अहेड एंड सर्च! आई परमिट यू विलिंगली!"

वो अपनी जगह से न हिली।

"बैग में गन है..."

उसके नेत्र फैले।

"देखोगी तो जानोगी न!"

"तु...तुम हथियारबंद हो!"

"अब क्या गन निकालकर नुमाइश के लिए पेश करूँ?"

"ज़रूरत नहीं।" उसका स्वर बदला, वो निर्णायक भाव से बोली, "मैं अपनी नाजायज़ हरकत से शर्मिंदा हूँ। माफ़ कर दो!"

मैंने अपलक उसे देखा।

वो फिर विचलित हुई, निगाह चुराने लगी।

एकाएक मैं मुस्कुराया।

“माफ़ी क़ुबूल!” मैंने मीठे स्वर में बोला, “राज़ी!”

उसने सशंक भाव से मेरी तरफ़ देखा।

“रिलैक्स! ऑल इज़ फ़ॉरगिवन एंड फ़ॉरगॉटन।”

अब उसके चेहरे पर रौनक़ आई।

“गेट अलॉन्ग।”

उसने आख़िरी बार कृतज्ञ भाव से मेरी तरफ़ देखा और वहाँ से रुख़सत हो गई।

पीछे मैंने रूम का दरवाज़ा भीतर से बंद किया और वापस बैग के हवाले हुआ।

मेरी बत्तीस कैलीबर की स्मिथ एंड वैसन लाइसेंसशुदा गन बैग में से ग़ायब थी।

दूसरा दिन : बुधवार, 22 जनवरी

सुबह के अभी नौ बजे थे जबकि मैं नेहरू प्लेस पहुँच गया था।

रिपोर्ट के लिए मुकंदलाल को मैंने अपने ऑफ़िस में बुलाया था, क्योंकि उसे ही मीटिंग के लिए वो सहूलियत की जगह जान पड़ी थी और जल्दी इसलिए बुलाया था ताकि वो दूसरी दिहाड़ी का वक़्त बर्बाद न करता।

ख़ामोशी से मैं अपने कक्ष में बैठा सिग्रेट के कश लगाता मुकंदलाल की आमद का इंतज़ार कर रहा था।

रजनी के आने में अभी बहुत टाइम था।

मेरा सिग्रेट ख़त्म हुआ, मैं दूसरा सुलगाने का विचार कर रहा था कि मुकंदलाल पहुँच गया। उसने एक विज़िटर्स चेयर क़ाबू में कर ली तो सिग्रेट का पैकेट और लाइटर मैंने उसकी तरफ़ सरका दिया।

"अभी नहीं।" वो बोला, "बाद में।"

"ठीक है।"

"वैसे चाय होती तो..."

तभी नीचे के रेस्टोरेंट का एक छोकरा एक ट्रे उठाए वहाँ पहुँचा। ट्रे पर से उसने एक बड़ी प्लेट और दो चाय के ग्लास मेज़ पर रखे और रुख़सत हो गया।

"वाह, भई, कोहली!" मुकंदलाल हर्षित स्वर में बोला, "तू तो अंतर्यामी है!"

मैंने चाय का एक ग्लास ख़ुद लिया और एक उसकी तरफ़ सरकाया। फिर बड़ी प्लेट भी, जिसमें ऑमलेट था।

"इतना बड़ा ऑमलेट!" वो हैरान होता बोला, "लगता है फ़ौज में

सप्लाई होने वाले अंडों की ट्रे ग़लती से तेरे वाले रेस्टोरेंट में अनलोड हो गई वर्ना दो अंडों का ऑमलेट इतना बड़ा..."

"चार का है।" मैं बोला।

"ओह! तभी तो! जब दो जनों का है तो प्लेट तो दो मँगानी थीं!"

"एक जने का है।"

"क्या! तू नहीं खाएगा?"

"मैं चाय पिऊँगा न तेरे साथ!"

"ख़ास मेरे लिए मँगवाया!"

"हाँ।"

"फिर तो शुक्रिया तेरा।" उसने प्लेट अपनी तरफ़ सरकाई, "वैसे तो मैं घर से दो पराठे खा के आया था लेकिन... शुक्रिया, कोहली!"

"फ़ारिग हो!"

चुटकियों में उसने ऑमलेट चट किया, फिर चाय का ग्लास थामा।

"शुरू कर अब।" मैं बोला, "क्या किया कल?"

"बहुत कुछ किया," वो बोला, "तेरे मतलब का किया... मेरा मतलब है उम्मीद है कि तेरे मतलब का निकलेगा।"

"देखेंगे।"

"कोहली, तेरे क्लाइंट के एजेंट वाली टिप बहुत काम आई। एजेंट से–धर्मेश ग्रोवर से–मिलने में भी कोई दिक़्क़त पेश न आई। कनॉट प्लेस में हनुमान रोड की एक गली में कबूतर के दड़बे जैसा, मुश्किल से आठ–गुना–दस का, उसका ऑफ़िस था जहाँ उसने मुझे आने को बोला। मैं वहाँ पहुँचा तो बहुत चालू अंदाज़ से वो मेरे से मिला। मैंने उसे बताया कि मैं दिल्ली पुलिस में हवलदार था और उसे अपना आई-कार्ड दिखाया तो वो अलर्ट होकर गर्ममिज़ाजी से मिला।"

"नौकरी छूटने पर आई-कार्ड महकमे में जमा नहीं कराना पड़ता?"

"कराना पड़ता है। कराया। लेकिन मेरे पास तीन थे। दो अभी भी हैं।"

"कमाल है!"

"कोई कमाल नहीं। तीस रुपये में फ़ोटोस्टेट बनाने वाले असल जैसा

डुप्लीकेट बना देते हैं। मेरे से किसी ने तीस रुपये भी न माँगे।"

"तभी ज़रूरत एक की थी, दो बनवाए!"

"अब छोड़ न वो मीन मेख! तेरे काम आया न, नौकरी छूटने के बाद भी मेरे पास सरकारी आई-कार्ड होना!"

"आगे बढ़!"

"मैंने एजेंट तो बताया कि एक ख़ुफ़िया केस के बारे में क्लाइंट कपिल अवस्थी की केस जैसी ही ख़ुफ़िया तफ़्तीश की ज़रूरत थी तो उसने बीच में ही मेरी बात काटी और बोला–उसी के अलफ़ाज़ दोहराता हूँ–'वो साला, वाहियात आदमी अब मेरा क्लाइंट नहीं है'। मैंने इसरार किया कि कभी तो था, और जब था तो क्लाइंट एजेंट के आख़िर अच्छे ताल्लुक़ात भी रहे होंगे! और वो ताल्लुक़ात कोई दो-चार-दस दिन के भी नहीं होंगे! आख़िर उसने उसकी एजेंटी में तीन सीरियल्स में काम किया था। बोला, साइन दो साल में सात किए थे दो पेपर वर्क से आगे नहीं बढ़ सके थे और दो का छः एपिसोड का बैंक तैयार हो गया था फिर भी रिलीज़ नहीं हुए थे, क्योंकि कोई चैनल उन्हें टेकओवर करने को तैयार नहीं था। दोनों की बाबत फ़तवा था कि टीआरपी के मद्देनज़र उनमें कोई दम-ख़म नहीं था।"

"बतौर एक्टर कपिल अवस्थी को पैसा तो मिला होगा!"

"हाँ। जो सीरियल पेपर वर्क से आगे न बढ़ सके, उनके लिए शुरुआती पैसा मिलता है, जिसे उन लोगों की ज़ुबान में साइनिंग अमाउंट कहते हैं, फिर आइंदा पेमेंट्स तभी शुरू होती हैं जब शूटिंग शुरू होती है जो कि दो सीरियल्स के मामले में तो शुरू हुई ही नहीं। जिन दो की शूटिंग हुई थी, छः, छः एपिसोड बने थे, उनका पर डे के रेट से एक्टर्स को–जिन में हमारा जवान भी शामिल था–पैसा मिला था।"

"यानी उसके साइन किए चार सीरियल्स किसी मुक़ाम पर न पहुँचे, उसको कमाई फिर भी हुई!"

"हाँ।"

"मैंने तेरी बात को समझा, भई, लेकिन इसके ज़िक्र की ज़रूरत क्या थी! हमने उसके करियर की बारीकियों से क्या लेना!"

"है न लेना! लेना जानने के बाद ही तेरे पल्ले पड़ेगा कि तेरे केस के सिलसिले में एजेंट धर्मेश ग्रोवर की क्या अहमियत थी!"

"ओह! फिर तो सॉरी, मैंने तुझे टोका।"

"फ़िल्म स्टार्स का धंधा–भले ही वो शाहरुख़ हो, सलमान हो, ऋतिक हो या हमारा जवान कपिल अवस्थी हो–एजेंट्स के ज़रिये ही चलता है। एजेंट को स्टार की कमाई का बीस पर्सेंट हासिल होता है। यानी शाहरुख़ जैसे एक रोल के लिए करोड़ों चार्ज करने वाले एक्टर्स के एजेंट्स भी करोड़पति बन जाते हैं और कई तो फ़िल्म प्रोड्यूसर बन जाते हैं और फ़िल्में ख़ुद बनाने लगते हैं। धर्मेश ग्रोवर उस लैवल का एजेंट नहीं था, लेकिन फिर भी उसकी अच्छी क्लाइंटेल थी इसलिए बीस पर्सेंट कमीशन के सदक़े अच्छी कमाई थी। उसके ऑफ़िस की तीन दीवारें मैंने ऐसे ही एक्टर, ऐक्ट्रेसों की तस्वीरों से अटी पाई थीं और उनमें कपिल अवस्थी की भी तस्वीरें थीं।"

"ओह! आगे?"

"कोहली, जो बड़े प्रोड्यूसर होते हैं, उनके एक्टर के साथ कॉन्ट्रैक्ट में एजेंट का भी ज़िक्र होता है और उसकी बीस पर्सेंट फ़ीस भी दर्ज होती है। यानी यूँ जब एक्टर को पेमेंट मिलती है तो एजेंट को अपने आप मिल जाती है। लेकिन सीरियल बनाने वाले छोटे प्रोड्यूसरों का कॉन्ट्रैक्ट एक्टर से ही होता है। एक्टर का एजेंट से बीस पर्सेंट डील दोनों का निजी मामला माना जाता है।"

"एक्टर को अपनी फ़ीस हासिल होती है तो उसका ट्वेंटी पर्सेंट वो आगे अपने एजेंट को अदा करता है?"

"अभी समझा! अब इस सिलसिले में हुआ ये है कि कपिल अवस्थी ने ऐसी कई पेमेंट्स अपने एजेंट से छुपा लीं जिनकी बाद में दूसरे सिरे से उसे ख़बर लग गई और फिर बाक़ायदा जूतियों में दाल बँटने लगी।"

"एजेंट को कमीशन न दी?"

"हाँ। पहले तो मुकर गया कि उसे ऐसी कोई पेमेंट मिली थी जिस पर कि एजेंट की कमीशन बनती थी। न मुकर सका तो कहने लगा कि अब वो उस धंधे में ही नहीं था इसलिए एजेंट से उसका कोई मतलब नहीं था।"

"कोई लिखा-पढ़ी नहीं होती थी?"

"बड़े प्रोड्यूसरों की होती है, तभी उसमें एजेंट का भी, उसकी कमीशन का भी, ज़िक्र होता है। छोटे प्रोड्यूसर एक्टर के एजेंट को अपनी लायबिलिटी नहीं क़ुबूलते। यानी एजेंट की कमीशन के मामले में एक्टर जाने, एजेंट जाने।"

"एजेंट भी तो एग्रीमेंट करते होंगे न, अपने पास आए एक्टर से! वर्ना ऐसे तो कोई भी देनदारी से मुकर सकता है!"

"करते हैं एजेंट। अपना धर्मेश ग्रोवर भी करता है, लेकिन कहता है कि कपिल अवस्थी ने उससे कुछ ज़्यादा ही यारी लगा ली और दस्तावेज़ी क़रार को नज़रअंदाज़ करने के लिए उसे तैयार कर लिया। कहता है शुरू में दो-तीन बार अवस्थी ने डायरेक्टर से हुई पेमेंट में से उसे कमीशन पहुँचाई थी, लेकिन फिर वो सिलसिला बंद कर दिया था। ग्रोवर ख़ूब कलपा, ख़ूब पीछे पड़ा, लेकिन पैसा वसूली की उसकी हर कोशिश नाकाम रही। मज़ेदार बात ये है कि वैसी पेमेंट्स हासिल हुई होने से उसने कभी इनकार भी न किया, क्योंकि एजेंट पेड अमाउंट्स का ब्योरा प्रोड्यूसर्ज़ से निकाल लाया था, बस अवस्थी ही ज़िद पकड़े रहा कि एजेंट की कमीशन अदा करने लायक़, बद्क़िस्मती से, उसकी हैसियत नहीं रही थी। कभी हैसियत बनेगी, कभी कोई चार पैसे वो अपने पल्ले पाएगा तो ग्रोवर का पैसा उसे दूध से धोकर अदा करेगा। जबकि ग्रोवर कहता था कि ऐसा कुछ नहीं होने वाला था। फिर भी वो गाहे-बगाहे ये सोचकर अपना तक़ाज़ा खड़ा किए रहता था कि शायद उसकी ग़ैरत जाग जाए, शायद उसे शर्म आ जाए।"

"बाज़ लोग शेमप्रूफ़ होते हैं।"

"और हों न हों, ग्रोवर की बातों पर ऐतबार लाया जाए तो तेरा क्लाइंट तो ऐन ऐसा ही था। साला एक नम्बर का हरामी!"

"मेरा रुतबा ख़राब न कर, मुकंदलाल! एक म्यान में दो तलवारें नहीं रह सकतीं।"

"वाह, भई! हौसला चाहिए ख़ुद अपने बारे में बुरा बोल बोलने का!"

"तारीफ़ करने का! ये दिल्ली शहर है। यहाँ किसी को एक नम्बर का

हरामी कहा जाए तो वो इज़्ज़त महसूस करता है।"

"तेरी माया तू ही जाने। हरामियों की कोई कमी नहीं दिल्ली शहर में, लेकिन दूसरा कहे तो कहे, तू तो ख़ुद अपने आप को कहता है!"

"क्योंकि मैं सुधीर कोहली हूँ। दि ओनली वन! देख लेना, ख़ुदा-न-ख़ास्ता, जब मैं इंतक़ाल फ़रमाऊँगा तो दिल्ली और आस-पास चालीस कोस तक के सारे हरामी मिलकर शोक सभा करेंगे कि उनका लीडर मर गया।"

"छोड़ अब!"

"तू पकड़े तो मैं छोड़ूँ न! रिपोर्ट आगे बढ़ा!"

"रिपोर्ट! हाँ! मैं तो भूल ही गया था तेरी फ़ैंसी बातों में कि कहाँ बैठा था, क्यों बैठा था! हाँ, तो सुन! एजेंट कहता है कि जब तेरे क्लाइंट ने शादी कर ली तो वो फिर उसके पास पहुँच गया कि रईस बाप की इकलौती बेटी से शादी की थी, अब तो उसे पैसे का तोड़ा होने का कोई मतलब ही नहीं था। जवाब मिला, सब ससुरे के क़ाबू में था। फिर ससुरा मर गया, सब उसकी इकलौती वारिस उसकी बेटी के–तेरे क्लाइंट की धर्मपत्नी के–क़ाबू में आ गया। एजेंट को फिर भी वही जवाब मिला कि विरसे की दौलत तक उसकी पहुँच के मामले में दिल्ली अभी दूर थी।"

"तमाम किस्से का लुब्बोलुआब ये हुआ कि एजेंट रेत में मछलियाँ पकड़ रहा था, कुछ नहीं होने वाला था!"

"सही पकड़ा! आख़िरी मुलाक़ात में तो एजेंट इतना भड़का बताते हैं कि पब्लिक में बोल के गया–'ख़ून कर दूँगा। जान से मार दूँगा'।"

"भड़का हुआ आदमी ऐसे बोल बोलते वक़्त आगा-पीछा नहीं देखता।"

"तेरा मतलब है कि जान से मार देने को बोला तो जान से मार ही नहीं देगा!"

"हाँ! ये वाक़या कब का है?"

"कोई तीन-चार महीने पहले का!"

"अपने कहे पर उसने अमल कर गुज़रना होता तो इतने महीने ख़ामोश बैठा रहता?"

मुकंदलाल का सिर इनकार में हिला।

"ग़ुस्सा हो या ख़ुशी, वक़्त के साथ वाटर डाउन हो जाते हैं।"

"कोहली, बाज़ लोगों की स्ट्रेटेजी काम सब्र से, इत्मीनान करने की होती है। वार करना तब कारआमद होता है जब वजह ठंडे बस्ते में जा पड़ी हो, जब वार उलटा पड़ जाने का कोई अंदेशा बाक़ी न बचा हो। अँग्रेज़ लोग कहते नहीं हैं–'वेट एंड वाच एंड देन ऐक्ट'।"

"बहुत पते की बात कही, लेकिन इसलिए कही कि मेरे क्लाइंट पर हुई तीन मर्डर अटेम्प्ट्स के पीछे उस एजेंट का हाथ है तो ग़लत कही। उन वारदातों के दौरान एजेंट का मुक़ाम एस्टेट में नहीं था। नहीं था तो कैसे वो उन तीन हादसों का ऑर्किटेक्ट हो सकता था जो हमारे क्लाइंट के साथ गुज़रे?"

"ऑर्किटेक्ट कोई और, एग्जीक्यूशनर कोई दूसरा क्यों नहीं? 'मग़ज़ किसी का, हमलावर हाथ किसी का' वाले इंतज़ाम में क्या प्रॉब्लम है?"

"तेरा मतलब है एस्टेट में एजेंट का कोई मददगार है जिसने उसके इशारे पर उन तीन नियर फ़ैटल एक्सीडेंट्स को अंजाम दिया और एक करिश्मे के तौर पर उन तीनों की चपेट में आने से हमारा क्लाइंट बच गया?"

"क्या नहीं हो सकता?"

"दूर की कौड़ी है, बहुत दूर की कौड़ी है!"

"लेकिन है।"

"कोई शख़्स है तेरी निगाह में जो एजेंट का एस्टेट में अकम्पलिस हो या हो सकता हो?"

"है तो सही!"

"कौन? नाम ले!"

"लूँगा, लेकिन पहले तुझे एक कहानी सुननी पड़ेगी।"

"कहानी! तू यहाँ मुझे कहानी सुनाने आया है?"

"हाँ! पसंद आई तो लोरी भी सुनाऊँगा।"

मुझे उसका लहजा निहायत संजीदा लगा। मुझे न लगा कि वो नाहक़ कहानी की बात कर रहा था।

"सुना!" मैं बोला।

"ग़ौर से सुन!"

"मेरी टोटल तवज्जो तेरी तरफ़ है।"

"ऐन माकूल जगह पर है। सुन अब! मैंने बोला था कि एजेंट के पिज़नहोल ऑफ़िस की तीन दीवारों पर उन एक्टर-ऐक्ट्रेसों की तस्वीरें लगी हुई थीं जिनका कि वो एजेंट रह चुका था या अभी भी था। वो तमाम तस्वीरें सेलोटेप के ज़रिये दीवारों पर बेतरतीबी से चिपकी हुई थीं, लेकिन वहाँ बारह-गुना-पंद्रह की एक इकलौती तस्वीर ऐसी थी जो फ्रेम्ड थी और जो ग्रोवर की कुर्सी के पीछे दीवार पर टँगी हुई थी। उस तस्वीर में बाएँ एक अधेड़ सरदार जी थे, दाएँ एक नौजवान लड़की थी और बीच में ख़ुद ग्रोवर था। तस्वीर में तीनों कमर से ऊपर तक ही दिखाई दे रहे थे..."

"मिड शॉट!"

"यही कहते होंगे!"

"आगे?"

"वो तीनों कैमरे में देखते हँस रहे थे। उत्सुकतावश मैंने ग्रोवर से तस्वीर के उस स्पेशल स्टेटस की वजह पूछी तो जवाब मिला कि सरदार साहब उसके पुराने परिचित थे और उसके बहुत आदरणीय थे। उस घनिष्ठता की वजह उसने ये बताई कि उनकी बेवक़्त हुई मौत तक वो उनके पड़ोस में रहता था जिसकी वजह से रोज़ का मिलना-जुलना था। बोला, दोनों की उम्र में बारह साल का फ़र्क़ था–उस तस्वीर के वक़्त सरदार साहब पचास के थे और वो अड़तीस का था–फिर भी दोस्ती का जज़्बा उनमें बराबर था।"

"बड़े एज डिफ़रेंस के बावजूद?"

"हाँ।"

"आगे?"

"फिर सरदार साहब के बारे में वो ख़ुद ही बताने लगा कि उनका नाम संतोख सिंह बाजवा था..."

मैं सँभालकर बैठा।

"...और अपनी ज़िंदगी में वो प्रॉपर्टी डीलर थे। और तस्वीर वाली लड़की उनकी इकलौती बेटी थी।"

"आई सी!"

"मैंने सरदार साहब की बेवक़्त आई मौत के बारे में सवाल किया तो जवाब मिला कि कुछ ग़लत इन्वेस्टमेंट्स ने उन्हें बर्बाद कर दिया था और उसी सदमे ने उनकी जान ले ली थी।"

"क्या ग़लत इन्वेस्टमेंट्स?"

"बकौल ग्रोवर, सोनीपत में कोई नया हाउसिंग कॉम्प्लेक्स बनना शुरू हो रहा था जिसमें फ़्लैट बुकिंग पर हैवी रश था। सरदार साहब को सिक्केबंद इनसाइड इन्फ़ॉर्मेशन थी कि उस हाउसिंग कॉम्प्लेक्स के मुकम्मल होने से भी पहले रेट दुगने हो जाने वाले थे और मुकम्मल हो जाने के बाद तो चार गुणा भी हो जाते तो कोई बड़ी बात नहीं थी। सरदार साहब ने पल्ले का सारा पैसा तो उस प्रोजेक्ट में लगा ही दिया, ढेर क़र्ज़ा भी लिया और यूँ उन्होंने उस कॉम्प्लेक्स में एक नहीं, दो नहीं, छः फ़्लैट बुक करा लिए। कोहली, वो प्रोजेक्ट अभी मिडल में ही था कि बिल्डर एन्फ़ोर्समेंट डायरेक्ट्रेट की इन्क्वॉयरी के लपेटे में आ गए, उन पर पब्लिक का पैसा अपने पर्सनल एकाउंट्स में ट्रांसफ़र करने का इलज़ाम आयद हुआ, मनी लांडरिंग का इलज़ाम लगा। नतीजतन सब-के-सब गिरफ़्तार हो गए और कंस्ट्रक्शन रुक गई। अब सरदार जी की मौत को दो साल हो गए हैं और वो कंस्ट्रक्शन आज भी रुकी हुई है।"

"आख़िर क्या हुआ?"

"सरदार जी ब्याज पर लिए पैसे का ब्याज चुकाने की पोज़ीशन में न रहे। अधबने फ़्लैट बेचने की कोशिश की तो कोई माकूल ग्राहक न मिला। नतीजतन उनका ऑफ़िस बिक गया जिसके वो मालिक थे, फ़्लैट बिक गया जिसमें वो रहते थे और आख़िर में कौड़ियों के मोल वो अधूरे फ़्लैट भी बिक गए। फिर ऐसा धड़का लगा कि दूसरी साँस न आई।"

"मुझे उनकी ट्रेजेडी पर अफ़सोस है, लेकिन इसमें मेरे मतलब का क्या है?"

"सब्र से सुनेगा तो पता लगेगा न!"

"ओके! ओके!"

"स्वाभाविक तौर पर मैंने ग्रोवर से पूछा कि सरदार साहब के गुज़र जाने के बाद बेटी का क्या हुआ तो उसने अनभिज्ञता ज़ाहिर करते कंधे उचका दिए। मेरे को वो जवाब हज़म न हुआ। जब वो ख़ुद को बाजवा परिवार का इतना क़रीबी बताता था तो कैसे हो सकता था कि पिता की मौत के बाद उसे बेटी की कोई खोज-ख़बर न हो! बातों-बातों में मैंने उससे पूछा कि वो रहता कहाँ था तो पता लगा कि ओल्ड राजेंद्र नगर में रहता था। मैं ओल्ड राजेंद्र नगर उसके पते पर पहुँचा तो कभी पड़ोस में बसे संतोख सिंह बाजवा के बारे में पूछा। तत्काल पता लगा सरदार जी का इंतक़ाल हो गया था। मैंने बेटी की बाबत सवाल किया तो... सोच, क्या जवाब मिला?"

"सूरजकुंड मोरवाल एस्टेट में मुलाज़िम थी!"

"और नाम हर्षदीप कौर था। अब बोल, तेरे मतलब का क्या निकला?"

"हूँ! तो ये एजेंट धर्मेश ग्रोवर एस्टेट की मैनेजर से पुराना वाक़िफ़ है?"

"मुमकिन है वाक़िफ़ से ज़्यादा भी कुछ हो!"

"और टटोलता!"

"नहीं मुमकिन था। उसकी वाणी कपिल अवस्थी के लिए मुखर हुई थी, क्योंकि वो अवस्थी से ख़फ़ा था। लड़की का ज़िक्र तो उसने मेरी पहली कोशिश पर ही नज़रअंदाज़ कर दिया था।"

"बहरहाल ग्रोवर के मन में अगर कोई ख़ूनी ख़यालात थे तो हर्षदीप एस्टेट में उसकी अकम्पलिस हो सकती थी!"

"हाँ।"

"ग्रोवर की दरख़्वास्त पर पहली मंज़िल से गमला उसने नीचे धकेला? सीढ़ी का डंडा उसने काटा?"

"मैगी में ज़हर वाले वाक़ये का नाम क्यों नहीं ले रहा?"

"क्योंकि वो आउटसाइड जॉब था। उसे बाहर से अंजाम दिया गया था।"

"जैसे धर्मेश ग्रोवर?"

"यार, दिल गवाही नहीं देता उसकी बाबत!"

"क्यों? क्यों नहीं देता?"

"क्योंकि क़त्ल बड़ा वाक़या है। किसी के ख़िलाफ़ लिया जाने वाला

एक्स्ट्रीम स्टेप है। अवस्थी के ख़िलाफ़ जो हुआ, वो ग्रोवर का अरेंज किया हो सकता है, लेकिन जान लेने की नीयत से नहीं। दूसरे, गमले की चपेट में आकर अवस्थी घायल हो जाता तो ये भी उसके लिए बड़ी वॉर्निंग होती। एक मंज़िल ऊँची सीढ़ी के गिरकर जान ही जाए, ऐसा कोई ज़रूरी नहीं। तीसरे, मैगी से बिल्ली न मरी तो क्या गारंटी थी की मर्द बच्चा मर जाता! कहने का मतलब ये है कि अगर ये तमाम कोशिशें ग्रोवर के कराए हुईं तो उनका मक़सद अवस्थी को दहशत में डालना था, अंजाम से ख़बरदार करना था, न कि जान लेना था। जान ही चली जाती तो देनदारी की वसूली का तो क़िस्सा ही ख़त्म हो जाता!"

"अब तू नया ही सुर पकड़ रहा है। पहले हर वाक़ये पर तबसरा इरादा-ए-क़त्ल के नज़रिये से किया, अब कह रहा है क़त्ल का कोई इरादा ही नहीं था!"

"ग्रोवर के हवाले से कह रहा हूँ। कोई दूसरा सस्पेक्ट सामने आएगा तो मुमकिन है मेरी सोच जुदा हो!"

"यानी तू ग्रोवर को क़त्ल के सस्पेक्ट के तौर पर खारिज कर रहा है?"

मैं ख़ामोश रहा, विचलित भाव से मैंने पहलू बदला। कुछ क्षण ख़ामोशी बनी रही।

"कोहली" आख़िर मुकंदलाल ने चुप्पी भंग की, "ग्रोवर की मार डालने की धमकी बेशक वक़्ती जोश-ओ-जुनून का नतीजा रही हो, लेकिन तेरे क्लाइंट के लिए उसके मन में जो ग़ुस्सा है, वो इतने अरसे के बाद भी अभी ठंडा नहीं हुआ है। नाम से भड़कता है कपिल अवस्थी के! मैंने उसका ज़िक्र ही छेड़ा था तो मालूम, क्या बोला?"

"मेरे ख़याल से तूने बताया था। 'साला वाहियात आदमी' बोला। नहीं!"

"हाँ, लेकिन उसके फ़ौरन बाद क्या बोला, वो सुन! बोला, 'किस बहन... का नाम ले दिया दिन चढ़ते!'।"

"अच्छा! इतनी कड़ुवाहट है अभी भी उसके मन में अपने एक्टर के लिए!"

"हाँ और इसी वजह से अवस्थी की बाबत उसकी वाणी मुखर हुई।

कोई ऐसी बात कहने से न छोड़ी जो उसको ज़लील कर सकती थी, उसकी हैसियत ख़राब कर सकती थी, उसे एक घटिया, फ़रेबी आदमी क़रार दे सकती थी। चरित्र हनन की कोई कसर उसने न छोड़ी। मैंने ऐसा कहा तो मालूम, क्या बोला?"

"मुकंदलाल, बार-बार एक ही सवाल न कर। तेरे को मालूम क्या बोला, मेरे को अब मालूम होगा। इस इक्वेशन पर रह!"

"ओह, सॉरी! बोला, स्ट्रीट डॉग का चरित्र होगा तो हनन होगा न!"

"बड़ा बोल है! किस वजह से बोला?"

"उसकी औरतख़ोरी की रवायत की वजह से बोला। एंडलेस लव अफ़ेयर्स की वजह से बोला। इस बाबत एक शेर भी बोला।"

"वो क्या?"

"मुश्किल भाषा में था, लेकिन रौबदार था इसलिए मैंने याद रखा।"

"वो तो कमाल किया, लेकिन क्या... क्या याद रखा?"

"सुन! बोला–'कामी कुत्ता तीस दिन, अंतर होय उदास; कामी नर कुत्ता सदा, छः ऋतु बारह मास'। कामी नर मतलब तेरा क्लाइंट।"

"मुकंदलाल, इसे शेर नहीं, दोहा कहते हैं।"

"अच्छा! फ़र्क़ होता है दोनों में?"

"ज़मीन-आसमान का फ़र्क़ होता है। जो तू बोला, कबीर जी का दोहा है और शेर..."

"होगा कुछ, यार! जो वो बोला, वो मैंने दोहराया। यही ग़नीमत जान कि दोहरा पाया। बहरहाल मक़सद इस बात पर ज़ोर रखना था कि तेरा क्लाइंट पक्का औरतख़ोरा है।"

"वो तो शादी से पहले की बात हुई न! अनमैरिड आशिक़मिज़ाज मर्द की बात कुछ और होती है। मोटे तौर पर ऐसे सभी मर्दों का मिज़ाज ऐसा ही होता है, लेकिन शादी के बाद तो ऐसे मिज़ाज पर अंकुश लगना लाज़मी होता है!"

"मैंने बोला ऐसा। ज़ोर देकर बोला कि शादी के बंधन में बँधकर बड़े-बड़े आशिक़मिज़ाज सुधार जाते थे और एकपत्नीव्रत का पालन करने लगते थे। ग्रोवर कलप कर बोला, ये बात उस शैतान के जने पर लागू नहीं थी।

मेरे को बोला, जा के पूछना उससे कि सुंदर नगर की गुलमोहर नाम की रेज़ीडेंशल बिल्डिंग के तीसरे फ़्लोर के राइट विंग वाले फ़्लैट में क्या उसकी अम्मा रहती थी जिसके सिर पर वो अभी भी बैठा था!" मुकंदलाल एक क्षण को मेरे चेहरे पर उन शब्दों की कोई प्रतिक्रिया देखने के लिए ठिठका, फिर बोला, "और बोला, मादर... जन्मजात वूमेनाइज़र था, शादी उसे नहीं सुधार सकती थी।"

"क्या मतलब हुआ इसका? सुंदर नगर के उस पते पर कोई लड़की रहती है जो मेरे क्लाइंट की माशूक़ है!"

"हाँ!"

"नाम न बोला?"

"न! जितना बोला, बाद में उस पर होंठ काटने लगा जैसे मुँह फाड़ चुकने के बाद उसे बात का एहसास हुआ हो। इस सिलसिले में कुछ और कहने को काफ़ी उकसाया मैं उसको, लेकिन वो जो कह चुका–और कह के पछता चुका–उससे आगे बढ़ने को बिल्कुल तैयार न हुआ। उलटे तब तक मेरे से अच्छा-अच्छा पेश आता रुखाई से पेश आने लगा।"

"वो तो हुआ, पर तेरे को सुंदर नगर तो जाना चाहिए था न, उस पते पर जो वो बोला!"

"यार, अब इतना भी लल्लू न समझ मेरे को!"

"सॉरी! गया वहाँ?"

"फ़ौरन! ग्रोवर से फ़ारिग होते ही गोली की तरह सुंदर नगर और आगे गुलमोहर नाम की रिहायशी इमारत पर पहुँचा और बहुत थोड़े अरसे में बहुत ढेर जानकारी निकालने में कामयाब हुआ। कोहली, मैं ये नहीं कहता कि सब कुछ मेरी मेहनत से ही हुआ, काफ़ी सारा हाथ इत्तफ़ाक़ का भी रहा, लेकिन जैसे भी आई, जानकारी करारी हाथ आई।"

"परसों तक बता देगा, क्या जानकारी हाथ आई?"

"बकवास न कर! सुन! पहले तो ये मालूम हुआ कि उस फ़्लैट में एक नहीं, दो निहायत ख़ूबसूरत, नौजवान, हमउम्र लड़कियाँ रहती थीं। इस वजह से ये कहना मुहाल था कि उन दोनों में से तेरे क्लाइंट की रजिस्टर्ड माशूक़

कौन-सी थी। वहाँ के केयरटेकर से मुझे मालूम हुआ कि वो फ़्लैट किराये का था, उसकी मालकिन एक उम्रदराज़, पारसी औरत थी जो अपनी एक लिव-इन मेड के साथ वहीं, 'गुलमोहर' में ही, फ़र्स्ट, पार्किंग के ऊपर के, फ़्लोर पर रहती थी और उस फ़्लैट का किराया और हसबैंड के छोड़े कुछ फ़िक्स्ड डिपॉज़िट्स का इंटरेस्ट उसकी आमदनी का ज़रिया थे। ये भी पता चला कि फिर भी पैसे की क़िल्लत महसूस करे तो दो-चार वर्किंग गर्ल्स को या यूनीवर्सिटी स्टूडेंट्स को पेइंग गेस्ट रख लेती थी।"

"इस लिहाज़ से कोई रईस औरत तो न हुई वो!"

"भई, साहिब-ए-जायदाद है! सुंदर नगर जैसी पॉश कॉलोनी में दो फ़्लैटों की मालकिन है!"

"वो भी कैसे है?"

उसने उस बात पर विचार किया।

"अंदाज़ा बताता हूँ अपना।" फिर बोला, "उसके दो शादीशुदा, बाऔलाद बेटे एक अरसे से पेरिस में सेटल्ड हैं। फ़्लैट्स के मामले में उन्होंने माली इमदाद की होगी माँ की!"

"ये हो सकता है–क्योंकि अंत-पंत तो फ़्लैट उन्हीं के होने हैं! कभी इंडिया लौट आने का फ़ैसला करेंगे तो दो भाइयों को दो फ़्लैट चाहिए होंगे। लेकिन दोनों एक ही मंज़िल पर क्यों नहीं?"

"वो भी अंदाज़ा है। इकट्ठे नहीं ख़रीदे होंगे। पहले एक–शायद बिल्डर से, बतौर ओरिजिनल ऑक्यूपेंट–ख़रीदा होगा, फिर दूसरा बाद में, किसी दूसरे रेज़ीडेंट से ख़रीद होगा!"

"काफ़ी सयाना हो गया है! नौकरी से निजात अच्छी फली तेरे को! दिमाग़ धारदार हो गया..."

"मज़ाक़ न कर!"

"हो गया तो इस बात पर कोई रौशनी डाल कि जब वो वर्किंग गर्ल्स को पेइंग गेस्ट एक्सेप्ट करती है तो तीसरी मंज़िल वालियों को ही पेइंग गेस्ट क्यों नहीं रखा जो क़दरन सस्ता और सहूलियत का काम होता!"

"रख सकती थी, लेकिन पता लगा कि उन दो फ़्लैटमेट्स में से एक

कानपुर की किसी बड़ी रईस फ़ैमिली से थी और वो इंडिपेंडेंट लिविंग अफ़ोर्ड कर सकती थी।"

"तो फ़्लैटमेट किसलिए?"

"शायद कम्पैनियनशिप के लिए। लेकिन तू मुझे तरतीब से बात कहने दे वरना मैं कन्फ़्यूज़ होकर सब गड्ड-मड्ड कर बैठूँगा।"

"सॉरी!"

"उस औरत का–लैंडलेडी का–नाम डेलीसिया कामा था, उम्र में साठ के क़रीब की जान पड़ती थी, हसबैंड एक लोकल ज्वेलर के पास ज्वेलरी एक्सपर्ट था और हार्ट अटैक से मरा था। पुलिस का जान के उसने मुझे भाव दिया, आदर मान से अंदर बुला के बिठाया, कॉफ़ी और केक से नवाज़ा और तब मेरी आमद का मक़सद पूछा। वो धीर-गंभीर औरत थी, लेकिन बातें बहुत कीं उसने..."

"ज़रूर तनहा होने की वजह से।"

"यही बात मालूम पड़ती थी। मैंने जो पूछा, उसने सहज, स्वाभाविक भाव से मुझे बताया और यूँ बताने की रवानगी में चंद ऐसी बातें भी बताईं जो मैंने पूछी ही नहीं थीं। इसीलिए बोला कि जो जानकारी मुझे हासिल हुई थी, उसमें इत्तफ़ाक का भी ढेर हाथ था।"

"ठीक!"

"अब पहले वहाँ तीसरी मंज़िल पर बसी दो लड़कियों में से उसके बारे में सुन जो कि फ़्लैट की लीज़ होल्डर थी, जो किसी टेन-टू-सिक्स रेगुलर जॉब में नहीं थी इसलिए वो वहाँ से किसी डिसिप्लिंड मूवमेंट की मोहताज नहीं थी।"

"अँग्रेज़ी के बड़े-बड़े लफ़्ज़ जानता है!"

"यार, बीए हूँ!"

"फ़ेल! इंटर पास के बेस पर सिपाही भर्ती हुआ!"

"तेरे को क्या मालूम?"

"जिससे अक्सर वास्ता पड़ता है, उसकी बाबत कुछ बातें ख़ुद ही मालूम हो जाती हैं, कुछ मालूम करनी पड़ती हैं।"

"फ़ेल हूँ तो क्या! पढ़ाई तो पूरी की बीए के एंड तक!"

"ठीक! ठीक! आगे बढ़!"

"सुन! लीज़ होल्डर लड़की का नाम युक्ता गौतम है, पीछे कानपुर से है, बोला ही था मैंने! थिएटर का शौक़ है। नेशनल स्कूल ऑफ़ ड्रामा से थिएटर सीखने दिल्ली आई। एनएसडी से एक्टिंग का डिप्लोमा हासिल कर चुकने के बाद अभी भी दिल्ली में मुक़ाम पाए है और अपरा थिएटर ग्रुप में शामिल है जहाँ थिएटर की वर्कशॉप्स ज्वॉइन करती है और उनके तैयार किए ड्रामों में हिस्सा लेती है।"

"डिप्लोमा-प्राप्त थिएटर एक्टर है?"

"यही बोला मैं!"

"पैसा मिलता है?"

"वर्कशॉप ज्वॉइन करने के लिए देना पड़ता है, फ़ीस भरनी पड़ती है।"

"फिर तो ख़र्चीला शग़ल हुआ!"

"ढेर ख़र्चीला! क्योंकि लाइफ़ स्टाइल स्ट्रगलिंग एक्टरों वाला नहीं, बड़े घर की बेटियों जैसा है।"

"पैसे का सोर्स?"

"बाप रईस है। शूगर मिल का मालिक है।"

"उसे बेटी का लाइफ़ स्टाइल मंज़ूर है?"

"नहीं मंज़ूर था, लेकिन उसकी माँ ने बाप की न चलने दी। बेटी के कुछ महीनों के दिल्ली प्रवास के बाद बाप की मुख़ालफ़त वैसे ही बेमानी हो गई।"

"क्या हुआ?"

"लकवा मार गया। एक अरसे से बेड पर और व्हीलचेयर पर है। बोल भी नहीं सकता। बस, दो-चार लफ़्ज़ मेहनत करे तो मुँह से निकाल पाता है। उसकी उस हालत की वजह से सारा कारोबार माँ के हाथों में है और माँ अपनी थिएटर दीवानी बेटी की फ़ुल तरफ़दार है।"

"एक ही बेटी है?"

"दो और हैं। युक्त से बड़ी। दोनों शादीशुदा, बाऔलाद हैं और फ़ॉरेन में कहीं सैटल्ड हैं।"

"इतनी ढेर बातें तेरे को लैंडलेडी ने–डेलीसिया कामा ने–बताईं?"

"तमाम नहीं, लेकिन तक़रीबन। कुछ की बाबत वहाँ के केयरटेकर नेपाल सिंह को साँठा। फिर एजेंट धर्मेश ग्रोवर का 'गुलमोहर' की बाबत जोश में बका तो काम आया ही!"

"यानी तेरी जानकारी के तीन सोर्स बन गए!"

"हाँ! इस वजह से कहीं-कहीं कन्फ़्यूज़न भी हुआ, लेकिन आख़िर मैंने आपस में घुली-मिली बातों को छानकर, सुखाकर नतीजा तेरे सामने पेश किया।"

"कमाल किया! लेकिन ये तो पता न लगा न, कि बतौर हमारे क्लाइंट की माशूक़, एजेंट का उन दो लड़कियों में से किसकी तरफ़ इशारा था! उनमें से किसका डेढ़ साल पहले हुई शादी के बाद भी क्लाइंट से अफ़ेयर जारी था! क्लाइंट किस 'अम्मा' के सिर पर बैठा था!"

"लड़की भी कोई ख़ास ही मेहरबान, क़द्रदान हुई तेरे क्लाइंट की जो उसकी शादी के बाद भी उसे डेढ़ साल से बदस्तूर सिर पर बिठाए है! और वो कैसी लड़की है जिसे ऐसा टू-टाइमिंग यार क़ुबूल है जिसकी एक तरफ़ साईयाँ हैं और दूसरी तरफ़ बधाइयाँ हैं!"

"लड़की कौन? लीज़ होल्डर युक्ता गौतम या उसकी फ़्लैटमेट, जिसका नाम अभी हमें मालूम नहीं है?"

"तू बता! ये सोच के बता कि एजेंट ग्रोवर असलियत से यक़ीनन वाक़िफ़ है!"

मैं कई क्षण ख़ामोश रहा।

"मैं मिलूँगा उससे!" फिर मैं दृढ़ता से बोला, "तू ये बता, जैसे तेरे को 'गुलमोहर' पहुँचना सूझा, वैसे तीसरी मंज़िल, लड़कियों के फ़्लैट पर जाना न सूझा?"

उसके चेहरे पर फिर पहले वाली ख़ुफ़िया मुस्कुराहट आई।

"क्या बात है," मैं अप्रसन्न भाव से बोला, "हर बात किस्तों में मुस्कुरा-मुस्कुरा के सरकाएगा?"

"यार, तेरे को इम्प्रेस करना है, यूँ शायद तू कोई छोटा-मोटा बोनस पास

कर दे!"

"बोनस!"

"हाँ।"

"जो क़रार हुआ है, उसके अलावा?"

"हाँ।"

"ये क़रार से फिरना होगा!"

"नहीं होगा। नहीं फिरूँगा। लेकिन ऐज़ ए स्पेशल केस क़रार पाई उजरत में इज़ाफ़े की अर्ज़ी तो क़ुबूल करेगा या वो भी नहीं!"

"अब क्या नया तीर मारा?"

"तीसरी मंज़िल पर गया और दोनों में से एक की मौजूदगी में लड़कियों के फ़्लैट में दाख़िला पाया।"

"बाई परमिशन?"

"और क्या ताला तोड़कर भीतर घुसा? कॉलबैल बजाई। एक हसीना ने दरवाज़ा खोला और मैं अंदर! बाइज़्ज़त! बामुलाहज़ा!"

"कैसे किया?"

"बहुत आराम से किया, बहुत इत्मीनान से किया। बोला, टेनेंट वेरीफ़िकेशन प्रोग्राम के तहत लोकल थाने से आया।"

"क्या कहने! बढ़िया बहाना सूझा! टेनेंट वेरीफ़िकेशन पर आजकल ज़ोर भी है पुलिस का!"

"तभी तो बाअदब, बामुलाहज़ा पेश आई! मुझे भीतर ले जाकर मुअज़्ज़िज़ मेहमान की तरह ड्राइंगरूम में बिठाया।"

"लेकिन, हवलदार साहब, टेनेंट वेरीफ़िकेशन तो लैंडलॉर्ड की ज़िम्मेदारी होती है!"

"उसे इस बात की ख़बर नहीं थी। मैंने जो भी पूछा, उसका उसने तुरत-फुरत जवाब दिया। तभी तो मैं उसकी कानपुरिया फ़ैमिली के बारे में भी दाएँ-बाएँ के सवाल कर पाया, जो कि टेनेंट वेरीफ़िकेशन के स्कोप में आते ही नहीं थे, वरना बाप को लकवा मारा होने का या दो बहनों का फ़ॉरेन में सैटल्ड होने का वेरीफ़िकेशन से क्या लेना-देना था?"

"आगे?"

"आगे रूटीन सवाल के तौर पर मैंने पूछा–फ़्लैट में और कौन रहता था, तो उसने अपनी हमउम्र फ़्लैटमेट का ज़िक्र किया जो कि उस वक़्त फ़्लैट में नहीं थी। ज़िक्र के दौरान मेरी मेज़बान ने मेरी निगाह परे टीवी के पहलू में पड़ी एक फ्रेमजड़ी तस्वीर की तरफ़ भटकती पाई तो गर्व से ख़ुद बताया कि सेल्फ़ी थी, उसने ख़ुद खींची थी और साथ में उसकी फ़्लैटमेट थी।"

"सूरत देखी?"

"फ़ासले से न दिखाई दी। बस, इतना ही मालूम पड़ा कि मेज़बान जैसी ही ख़ूबसूरत, मॉडर्न लड़की थी।"

"क़रीब जाकर देखता!"

"यार, वो बेअदबी होती। मेज़बान इतना अच्छा-अच्छा मेरे से पेश आ रही थी, ऐसी कोई हरकत करता तो मुझे ठरकी समझती, छिछोरा समझती!"

"जो कि तू नहीं है!"

"इस उम्र में नहीं हूँ।"

"नाम! नाम बोला?"

"किसका?"

"फ़्लैटमेट का! जब मेज़बान ने तस्वीर की जोड़ीदार की बाबत बिना पूछे बताया कि वो उसकी फ़्लैटमेट थी तो नाम का ज़िक्र भी तो आया होगा!"

"आया था, यार, बराबर आया था, लेकिन..."

"क्या लेकिन?"

"भूल गया।"

"बढ़िया! सूरत देख न सका, नाम याद न रख सका, यानी मेरे पल्ले झुनझुना! और अभी बोनस चाहिए तेरे को!"

"ख़ुश्की न उड़ा मेरी! फ़्लैटमेट की जानकारी तेरे लिए इतनी अहम है तो मैं फिर जाऊँगा सुंदर नगर और जानकारी निकाल के रहूँगा। राज़ी!"

मैं ख़ामोश रहा।

"यार," वो मुझे ख़ुशामद करता लगा, "तेरे इतनी बार, इतने काम इतनी तवज्जो से किए हैं, एकाध में लापरवाही भी हो जाती है, माफ़ कर दे! मैं फिर

जाऊँगा न सुंदर नगर, भले ही वहाँ आधी रात हो जाए।"

"तस्वीर की बाबत बोलती मेज़बान फ़्लैटमेट की बाबत और कुछ न बोली?"

"बस, इतना ही बोली कि गौरमेंट जॉब में थी, लेकिन जॉब क्या थी, कहाँ थी, नहीं मालूम। पर अब दूसरे फेरे में मालूम करूँगा न!"

"वहाँ 'गुलमोहर' में सिक्योरिटी का क्या इंतज़ाम था?"

"कोई इंतज़ाम नहीं था। एक ही इमारत थी जो खुला दरबार थी। बिल्डर तो उसके सारे फ़्लैट–आठ हैं–बेचकर चलता बना था, ऑक्यूपेंट्स ने ही वेलफ़ेयर एसोसिएशन बनाई थी जिसके तहत एक केयरटेकर वहाँ रखा था जो मुझे ख़बर लगी थी कि जनरल हैंडीमैन भी था।"

"क्या मतलब?"

"कई तरह का छोटा-मोटा रिपेयर वर्क कर लेता था। मसलन, कोई ट्यूब न जल रही हो, कोई स्विच बिगड़ गया हो, कोई तार फुँक गई हो, तो ऐसा छोटा-मोटा बिजली का काम कर लेता था। नलकों की वाशर बदल लेता था। किसी शेल्फ़ का पल्ला उखड़ा हो तो जोड़ देता था..."

"ये सब केयरटेकर की पगार में शुमार?"

"था तो ऐसा ही! लेकिन रेज़िडेंट्स उसकी छोटी-मोटी ख़िदमत करते रहते थे।"

"काम बड़ा हो तो?"

"तो मिस्त्री बाहर से बुला के लाता था।"

"वो ख़ुद?"

"हाँ।"

"इसलिए केयरटेकर कहलाता था, न कि वॉचमैन!"

"भई, अकेला आदमी था, पार्किंग में उसका मुक़ाम था–इमारत की स्टिल्ट्स पार्किंग की बैक में एक कोने में एक कमरा था जो उसे मिला हुआ था और जिसमें वो रहता भी था।"

"क्योंकि अकेला था!"

"हाँ।"

"फिर तो चौबीस घंटे का मुलाज़िम हुआ!"

"यही समझ ले!"

"आगे?"

"इमारत में दो लिफ़्टें हैं जो पार्किंग के भीतर मिडल में हैं और सीढ़ियाँ फ्रंट में हैं। अब इस बात में कोई मीन-मेख न निकालना। मेरे को मालूम है सीढ़ियाँ लिफ़्ट के वैल के इर्द-गिर्द या सामने बनी होती हैं, लेकिन उस इमारत में ऐसा नहीं था तो नहीं था।"

"क़ुबूल! तू आगे बढ़!"

"स्टिल्ट्स पार्किंग में केयरटेकर का कमरा ऐसी पोज़ीशन में है कि कमरे में वो सीढ़ियों पर की आवाजाही तो देख ही नहीं सकता, लिफ़्ट की तरफ़ भी तभी देख पाता है जबकि आगे किसी पार्क्ड कार की ओट न हो। दिन में अक्सर वो लिफ़्टों के सामने मेज़-कुर्सी लगाए बैठा पाया जाता है, रात का पता नहीं।"

"यूँ सैमी वॉचमैन तो आख़िर हुआ ही!"

"केयरटेकर! आते-जातों की केयर टेक करने के लिए!"

"नाम नेपाल सिंह?"

"हाँ।"

"उम्र?"

"मेरी ही उम्र का है। एकाध साल कम होगा!"

"उससे यारी लगा! घूँट लगाता है तो घूँट लगवा!"

"अच्छा!"

"शक्ल न बना, कोई मुश्किल काम नहीं है! वो ख़ुश होगा कि पुलिस का हवलदार उसे भाव दे रहा था, उसका यार बन रहा था!"

"करना क्यों है ऐसा?"

"इमारत के आठ फ़्लैट्स के ऑक्यूपेंट्स में से दो के बारे में तू जानता है। बाक़ी छः के ऑक्यूपेंट्स के बारे में भी पता कर। आसान काम है, नेपाल सिंह से नेपाल की जानकारी नहीं निकलवानी, ऑक्यूपेंट्स की बाबत पूछना है। तू ज़रा उसे मुँह लगाएगा तो वो ख़ुशी से जो तू चाहेगा, बोलेगा।"

"घूँट लगाने वाला न निकला तो?"

"मुश्किल ही है ऐसा होना! तनहा आदमी है, घूँट नहीं लगाता होगा तो कोई और नशा करता होगा! ऐसा भी न हो तो कोई और ख़ातिर करना उसकी। ऐसे लोगों पर एहसान करो तो वो एहसान का बदला चुकाने के लिए उतावले हो उठते हैं। करना ये, नतीजा माकूल निकलेगा।"

"लेकिन हासिल क्या इस ड्रिल का?'

"बताऊँगा। करना ये काम। मुश्किल लगे, ज़्यादा टाइम खाऊ लगे तो बेशक छोड़ देना।"

"ये ठीक है।" उसने चैन की साँस ली।

"सुंदर नगर वापस तो तू शाम को जाएगा, बाक़ी सारा दिन क्या करेगा?"

"हौज़ ख़ास विलेज का चक्कर लगाऊँगा और वहाँ गार्मेंट्स शोरूम वाले मोरवाल भाइयों के बारे में कोई तेरे लायक़ जानकारी निकलवाने की कोशिश करूँगा। फिर युक्ता गौतम की रूममेट की भी ख़बर लूँगा जिसकी बाबत पता नहीं क्यों तू बार-बार सवाल कर रहा है!"

"अरे, नहीं! वो तो रूटीन में..."

"कैसे भी!" वो उठने को हुआ, "अब एक आख़िरी बात और सुन और फिर मुझे इजाज़त दे।"

"सुना!"

"अपनी किसी तफ़्तीश के चलते जब भी तू मुझे कोई काम सौंपता है तो मेरी सहूलियत के लिए काम की बाबत एकाध हिंट भी सरकाता है जिसको फ़ॉलो करना मुफ़ीद साबित हो सकता है। नहीं?"

"हाँ। आगे बोल!"

"इस बार एक हिंट मैं तुझे देना चाहता हूँ जो मुझे उम्मीद है कि तेरे बहुत काम आएगा।"

"वाह! नेकी और पूछ-पूछ! दे न!"

"देख, मैं मोरवाल एस्टेट से, जो कि इस केस में तेरी कार्यस्थली है, वाक़िफ़ नहीं, लेकिन तेरे से और धर्मेश ग्रोवर से हासिल जानकारी के सदक़े मुझे एस्टेट के बाशिंदों की उनकी शक्लें देखे बिना वाक़फ़ियत है। मुझे

मालूम है कि मालिकान और स्टाफ़ के बीच एक मेड भी है जो कि नौजवान, चंचल-चुलबुल लड़की बताई जाती है। कोहली, तू उसको कल्टीवेट करके देख! मेरा दिल कहता है कि..."

वो ख़ामोश हो गया। उसने एक बार मेरी शक्ल ग़ौर से देखी, फिर गहरी साँस ली।

"ओह! तो ये बात है! अपना मिकनातीसी सुरमा साथ ले के गया था! वहाँ भी आँखों में लगाना न भूला!"

"कच्चे धागे से बँधे सरकार चले आते हैं। कल तो धागे की भी ज़रूरत न पड़ी!"

"बहुत फ़ास्ट वर्कर है, भैया! काम बना?"

"कुछ बना कुछ बनेगा। अभी बोहनी हुई है..."

"तेरी माया तू ही जाने।" वो उठ खड़ा हुआ, "मैं चलूँ अब?"

मैंने सहमति में सिर हिलाया।

"तेरा क्या प्रोग्राम है?"

"मैं रजनी के आने तक रुकूँगा, फिर सीधा सूरजकुंड का रुख़ करूँगा।"

"ठीक है! जाता हूँ। बोनस का ख़याल रखना। मैंने बहुत काम किया है।"

"बहुत-से ज़्यादा काम अभी तेरा इंतज़ार कर रहे हैं।"

वो चला गया। मैंने शरीर कुर्सी पर ढीला छोड़ दिया और 'और सिग्रेट सुलगाऊँ या नहीं' जैसे कठिन फ़ैसले पर विचार करता रजनी की प्रतीक्षा करने लगा।

इंतज़ार न करना पड़ा—बस, मुकंदलाल गया और वो आई। जगमग! गुलाब-सी तरो-ताज़ा! हमेशा की तरह!

"गुड मॉर्निंग!" वो मधुर स्वर में बोली, "जल्दी आ गए!" फिर एकाएक उसके नेत्र फैले, "हाय रब्बा! गई?"

"क्या?" मैं सकपकाया।

"नई असाइनमेंट! यू आर फ़ायर्ड! दैट्स टु बैड दैट..."

"शट अप!"

"क्या हुआ, सर्र? डिसमिसल झेली नहीं जा रही! झेली जाएगी भी कैसे!

कंगाली में आटा गीला हो गया सर्र का! अब शायद फ़ीस भी वापस करनी पड़े..."

"शट अप ऑलरेडी, डैम यू!"

"लगता है असाइनमेंट सलामत है, कोई और बात है! फिर तो आप के ऑफ़िस में आपका स्वागत है एक दिन की ग़ैरहाज़िरी के बाद!"

"शुक्रिया!" मैं व्यंग्यपूर्ण लहजे से बोला।

"कोई काम था?" व्यंग्य की परवाह किए बिना वो बोली।

"हाँ।"

"हो गया या अभी होना है?"

"हो गया।"

"फिर भी यहीं हैं?"

"तेरे दर्शनों के लिए रुका हुआ था वरना मुझे टाइम का तोड़ा है, बारह से पहले एस्टेट वापस पहुँचना है।"

वो हँसी। मैंने उसकी पोशाक पर निगाह दौड़ाई।

"सूट नया है?" फिर बोला।

"हाँ!" वो ख़ुश होती बोली, "बिल्कुल! पहली बार पहना!"

"विग भी?"

उसको झटका-सा लगा, फिर तत्काल सँभली। आख़िर रजनी थी।

"हाँ, जी!" वो सहज भाव से बोली, "बहुत पारखी निगाह पाई है आपने! झट पहचान लिया!"

"अच्छा है।"

"आपको पसंद है तो आप ले लीजिए, मेरे पास और है।"

"और है? विग!"

"यस, सर्र! कुल जमा सात! हर वीक डे के लिए एक! अब छः रह जाएँगे। लेकिन कोई बात नहीं। संडे छुट्टी होती है, इसलिए चलेगा।"

"पहले तो कभी न लगाया विग!"

"पहले आपने सिर पर निगाह कब डाली?"

"हूँ!"

"दरअसल आपकी निगाह का मिज़ाज भी आप जैसा ही है।"

मेरी भवें उठीं।

"हमेशा कहीं और जा के टिकती है। और जहाँ टिकती है, वहाँ से ऊँची उठती ही नहीं वर्टिगो की मारी!"

"क्या बोला?"

"निगाह को हाइट से डर लगता है न! इसलिए नीची रहती है एक ख़ास लैवल तक–आपके पसंदीदा लैवल तक!"

"ये तू बोल रही है?"

"यस, सर्र! अभी तो मैं ही बोल रही हूँ, क्योंकि आपसे बोलने वाला मेरे सिवाय दूसरा कोई यहाँ है नहीं!"

"अपने एम्प्लॉयर से ऐसी ज़ुबान में बोलते हैं?"

"जो ज़ुबान आप से सीखी, वही तो बोल रही हूँ!"

"कौन-सी ज़ुबान सीखी मेरे से?"

"घटिया! बेहूदा! गटर वाली! निगाह भी वैसी ही जो अपनी मातहत के ये... ताड़ती रहती है!

मैंने मुँह बाए उसे देखा।

"सो देयर!" वो शान से बोली।

"अरे, मैं तो मज़ाक़ कर रहा था!"

"मैं भी मज़ाक़ कर रही थी।"

"फिर तो ख़ूब गुज़रेगी जब मिल बैठेंगे मज़ाक़िए दो!"

"फिर शुरू हो गए!"

"नहीं। इधर मेरे सामने आ के बैठ, तेरे से मशवरा करना है।"

"मशवरा! मेरे से!"

"हाँ, तेरे से। हमेशा करता हूँ तो अब क्यों नहीं! बैठ!"

वो एक विज़िटर्स चेयर पर मेरे सामने बैठी।

"मेरे से मशवरा आप नए केस की बाबत करना चाहते हैं?"

"नए केस के एक पहलू की बाबत, जिसका क्यू अभी मुकंदलाल की रिपोर्ट से पकड़ा। अभी वो बोल के गया कि हमारा क्लाइंट अपनी डेढ़

साल पुरानी शादी से पहले का एक अफ़ेयर अभी भी मेनटेन किए है और उसकी इस ख़ास तवज्जो के रिसीविंग एंड पर जो पुरानी माशूक़ है–जिसको शादीशुदा मर्द से अफ़ेयर से ज़ाहिरा तौर पर कोई ऐतराज़ नहीं–वो उन दो फ़्लैटमेट्स में से एक है जो सुंदर नगर 'गुलमोहर' नाम की एक इमारत की तीसरी मंज़िल के एक फ़्लैट में रहती हैं, जिनमें से एक का नाम युक्ता गौतम है और दूसरी के नाम की अभी ख़बर नहीं। मैंने उन युवतियों की बाबत जो कुछ मुकंदलाल से जाना था, वो दोहरा दिया है। अब तू बता, उनमें से हमारे क्लाइंट की माशूक़ कौन हो सकती है?"

"युक्ता गौतम!" वो निःसंकोच बोली।

"पक्की बात!"

"सर, पक्की बात तो या क्लाइंट बता सकता है या माशूक़ बता सकती है, लेकिन जो बात तर्क की कसौटी पर खरी उतरती है, वो यही है।"

"माशूक़ युक्ता गौतम, जो कि फ़्लैट की लीज़ होल्डर है, जो कि दो फ़्लैटमेट्स में से एक है!"

"हाँ।"

"कैसे जाना?"

"हमारे क्लाइंट के किरदार से जाना, उसकी फ़ितरत से जाना जिसकी बाबत, आप ही ने कहा था कि, लेडीज़ मैन है, कैसानोवा है, प्रिंस चार्मिंग है, शहज़ादा गुलफ़ाम है, और मैं अब कहती हूँ कि" वो एक क्षण ठिठकी, "मेल प्रॉस्टीट्यूट है फ़ीमेल है!"

मेरे नेत्र फैले।

"दीज़ आर हार्श वर्ड्स!" मैं बोला।

"मे बी! बट आलसो ट्रू वर्ड्स!"

"मेल प्रॉस्टीट्यूट तो मैं समझा एक नामुराद नस्ल है जो मॉडर्न सोसाइटी में मल्टीप्लाई हो रही है, लेकिन फ़ीमेल! फ़ीमेल तो जनानी होती है!"

"फ़ीमेल नहीं सर, फ़ी-मेल (Fee-male)–अपनी नवाज़िशों की फ़ीस चार्ज करने वाला क़ाबिले-हकारत मेल! फ़ी–फ़ीस चार्ज करने वाला मेल!"

"ओह!"

"आदिकाल से ये धारणा बनी हुई है कि औरत पेशा करे तो मजबूर है, हालात की मारी है, मर्दों की बनाई दुनिया की सताई है, हमदर्दी और रहम के क़ाबिल है। आजकल यही काम मर्द करने लग गए हैं तो समझते हैं बड़ा काम कर रहे हैं, क़ाबिले-तारीफ़ काम कर रहे हैं। कोई फ़र्क़ है तो ये कि औरत की तरह कोठा सजाकर नहीं बैठ सकते वरना कारोबार एक ही है।"

मैं भौंचक्का-सा उसका मुँह देखने लगा, "ये... ये तू बोल रही है?"

"नहीं बोलना चाहती थी, लेकिन जोश में बोल बैठी। लेकिन क्या करूँ? ऐसी फ़ितरत वाले मर्दों के लिए मेरे मन में नफ़रत का सैलाब उमड़ता है।"

"इनको बनाने वाला इनको सज़ा देगा... सख़्त सज़ा! क़ाबिले-इबरत सज़ा!"

"वहम है आप का। पापी को कुछ नहीं होता। जो होता है, उसी को होता है जो डरता है, ख़ुदा का ख़ौफ़ खाता है!"

"हम विषय से भटक रहे हैं। कैसे सूझा कि हमारे क्लाइंट की सीक्रेट स्वीटहार्ट युक्ता गौतम है, उसकी फ़्लैटमेट नहीं?"

"वो जिगोलो है, ऐसे सूझा। आपका ख़ुद का नतीजा, जो आपने मेरे से साझा किया, ये है कि हमारे क्लाइंट की मोरवाल एस्टेट की मौजूदा मालकिन से शादी पैसे का खेल है। अमीर बाप के पैसे पर निगाह रख के उसने बेटी से शादी की। अब उजागर है कि एक माशूक़ पहले से भी है तो वो मामूली हैसियत की कैसे होगी! रिश्वत खाने की बेतहाशा सहूलियत न हो तो तनख़्वाह के सदक़े कोई अमीर नहीं हो सकता, भले ही उसकी सरकारी नौकरी कितने ही ऊँचे लैवल की हो। ठीक! यहाँ तक समझ गए आप?"

मेरा सिर अपने आप ही सहमति में हिलने लगा जिसे मैंने बड़ी शिद्दत से क़ाबू में किया।

कम्बख़्त बच्चे पढ़ा रही थी। क्लास टीचर की तरह कन्फ़र्म कर रही थी कि मैं ए से एप्पल, बी से बोट समझ गया था।

"गुड!" वो आगे बढ़ी, "इसके विपरीत दूसरी लड़की युक्ता गौतम की बाबत आपने बताया कि अमीर घर की है, बाप शूगर मिल का मालिक है। दिल्ली में अकेली रहती है, थिएटर जैसे ख़र्चीले शौक़ हैं, हाई-फ़ाई लाइफ़

स्टाइल है, बाप का उस पर कोई अंकुश नहीं, माँ सारी माँओं की तरह बेटी पर बलिहार जाती है, जो वो करे, वो ठीक है, कुछ ग़लत करे तो माँएँ पर्दादारी अपना फ़र्ज़ मानती हैं। हमारे क्लाइंट की पर्सनैलिटी किसी फ़िल्म स्टार से कम नहीं, ऊपर से नापाक, नामुराद मिज़ाज कैसानोवा वाला, जिगोलो वाला, एंड टु टॉप इट आल, फ़ी-मेल वाला! सर, युक्ता गौतम जैसी इश्क़ियाई हुई कोई लड़की हमारे क्लाइंट जैसे किरदार वाले शख़्स के लिए तैयार बेट होती है।"

"सही कहा! मुझे तेरी बात से पूरा इत्तफ़ाक़ है। मैं ख़ुद भी यही सोचे बैठा था।"

"ख़ुद भी यही सोचे बैठे थे तो फिर..."

"दरअसल मैं लाउड थिंकिंग कर रहा था–तेरे को ज़रिया बनाकर–ज़ुबान तेरी थी, सोच मेरी थी!"

उसने अपलक मुझे देखा।

"क्या देखती है?" मैं धूर्त भाव से बोला।

"सवेरे-सवेरे कोई नाशुक्रा नहीं देखा था। अब कोई शिकायत नहीं।"

मैं हँसा, फिर बोला, "अरे, तेरा इम्तिहान था ये, जिसमें तू पूरे नम्बरों से पास हुई हमेशा की तरह! अब वो काम सुन, असल में जिसके लिए मैं रुका हूँ!"

"फ़रमाइए!" वो बदले, तत्पर स्वर में बोली।

"क्लाइंट की कैश पेमेंट की रेगुलर रसीद बनाकर ला। ख़ुद साइन करके, उसे लिफ़ाफ़े में बंद करके मुझे दे।"

"यस, सर्र!"

मैं मोरवाल एस्टेट पहुँचा।

किसी ने मुझे आते देखा तो मुझे ख़बर न लगी। मैंशन की पहली मंज़िल पर पहुँचने तक भी, ये बड़ा इत्तफ़ाक़ था कि, मुझ से कोई न टकराया। दूर से ही मुझे पता लग गया कि मास्टर बेडरूम का दरवाज़ा खुला था। मैं क़रीब पहुँचा, मैंने चौखट पर से भीतर झाँका।

घुँघरू फ़र्श पर बिछे क़ीमती कार्पेट पर वैक्यूम क्लीनर फेर रही थी। उसने सिर उठाकर मेरी तरफ़ देखा। हम दोनों की आँखें मिलीं। घुँघरू का सिर हौले-से सहमति में हिला।

मैंने भीतर क़दम रखा और पीछे दरवाज़ा भिड़का दिया। मेरी निगाह पैन होती उस बड़े कमरे में फिरी जो कि मास्टर बेडरूम कहलाता था। वो बड़े ऐश्वर्यशाली ढंग से सजा हुआ था। उसका मुख्य आकर्षण एंटीक, किंग साइज़ बेड था, उसके आज़ू-बाज़ू आबनूस की लकड़ी की पच्चीकारी वाली साइड टेबल थीं। सामने की दीवार पर एक बहुत बड़ा टीवी था जिसके दाएँ-बाएँ ऊपर-नीचे किताबों से अटे रैक थे। दाईं ओर दीवार से लगा एक डेस्क था जो साफ़ लगता था कि स्वर्गवासी बुज़ुर्गवार की राइटिंग टेबल थी। खिड़कियों पर शनील के भारी परदे थे और छत पर से लटका क़ीमती, गोल्ड-प्लेटेड फ़ानूस था।

आख़िर में मेरी निगाह बेड के पीछे की दीवार पर टिकी, जहाँ सूरत से ही बेशक़ीमती लगने वाली दो ऑयल पेंटिंग टँगी हुई थीं–एक दीवार पर बाएँ और दूसरी बीच में।

मेरा माथा ठनका।

तस्वीरें टाँगने का ये कौन-सा तरीक़ा था! वहाँ की हर चीज़ से, हर रख-रखाव से सुरुचि झलकती थी तो ये दो क़ीमती पेंटिंग ऊट-पटांग ढंग से क्यों टँगी हुई थीं!

आख़िर वजह मेरी समझ में आई।

पहले ज़रूर दायीं तरफ़ भी एक पेंटिंग थी जो हाल ही में वहाँ से उतार ली गई जान पड़ती थी, क्योंकि दीवार पर यूँ ख़ाली हुई जगह पर से उतारी गई पेंटिंग के आकार की धूल की एक धुँधली-सी आयात बन गई थी।

पेंटिंग्स को क़रीब से देखने के लिए मैंने आगे क़दम बढ़ाया ही था कि पीछे दरवाज़ा खुलने की आहट हुई। मैं ठिठका, घूमा, मेरी निगाह अपने आप दरवाज़े की तरफ़ उठी।

चौखट पर दरवाज़े से ज़रा भीतर मेरा क्लाइंट खड़ा था और नेत्र सिकोड़े मुझे देख रहा था।

"हल्लो!" मैं जबरन मुस्कुराता बोला।

"तुम तो" उसके माथे पर बल पड़े, "सुबह-सवेरे कहीं गए थे!"

"हाँ।" मैं सहज भाव से बोला, "अभी लौटा!"

"यहाँ कब से हो?"

"बस, अभी से।"

"क्या कर रहे हो?"

"कुछ नहीं। मास्टर बेडरूम का कल जब आपने ज़िक्र किया था, तभी मैं भीतर झाँकने को उत्सुक हो उठा था, लेकिन तब चाबी फ़ौरन उपलब्ध न होने की वजह से ऐसा नहीं हो सका था। आज, अब संयोग से ही पहली मंज़िल पर क़दम पड़ा तो मैंने दरवाज़ा खुला पाया। लिहाज़ा एक नज़र भीतर डाल लेने की गुस्ताख़ी मैंने की।"

"हूँ!"

'हूँ' भी ऐसी थी कि उसकी नाख़ुशी छुपाए नहीं छुप रही थी।

नाख़ुश!

वो क्यों भला?

"मैंने समझा था," प्रत्यक्षतः मैं बोला, "कि भीतर आप थे, लेकिन दाख़िल होने पर पता लगा कि मेड थी।"

तत्काल वो मेड की तरफ़ घूमा।

"दोपहर को यहाँ क्या कर रही है?" वो कर्कश स्वर में बोला।

"सुबु हम का और काम थे।" वो सहमे लहजे से बोली, "छोटे भैया के। वो जो काम बोल के गए, उसी मा हमका दोपहरी हो गई। वो काम ख़त्म करके हम यहाँ आए।"

"वैक्यूम क्लिनर बंद कर और जा यहाँ से। बाद में आना।"

उसने आदेश का पालन किया, सिर झुकाए लम्बे डग भरती वो वहाँ से चली गई।

"आओ" वो घूमकर मेरे से मुख़ातिब हुआ, "हम भी चलें!"

"अभी–अभी!" मैं बोला, "अब जब मैं आ ही गया हूँ, तो ज़रा... देखने दो!"

"क्या है देखने लायक़ यहाँ? एंटीक फ़र्नीचर का गोदाम है, बस!"

"फिर भी..."

"क्या फिर भी?"

"पाँच मिनट यहाँ रुकने की इजाज़त दो!"

"टाइम ज़ाया करोगे।"

"किसका?"

पहले से मौजूद उसके माथे पर की सिलवटें और गहरी हुईं। उसने यूँ मेरी तरफ़ देखा जैसे मेरे मुँह से कोई गुस्ताख़ बात निकल गई हो।

मैं विचलित न हुआ।

"ओके!" वो बदले स्वर में बोला, "क्या देख रहे थे अभी?"

"ये पेंटिंग, जो बेड के पीछे दीवार पर टँगी है," मैं उसके क़रीब पहुँचा, "बहुत क़ीमती जान पड़ती है!"

"कैसे? कैसे जान पड़ती है?"

"पेंटर्स के नाम से जान पड़ती है, आर्ट की दुनिया में बड़ा नाम हैं। मैं नाम से वाक़िफ़ हूँ जो यहाँ, बॉटम में, कोने में दर्ज है। बाईं पेंटिंग तैयब मेहता की है और दाईं पेंटिंग उस्ताद पेंटर एस.एच. रज़ा की है। दोनों अपनी ज़िंदगी में बहुत मशहूर थे और अब मर के और मशहूर हो गए हैं, उनके आर्ट वर्क की सारे यूरोप में पूछ है।"

"क्यों, भई! डिटेक्टिव होने के अलावा आर्ट एक्सपर्ट भी हो?"

"नहीं! लेकिन सेलीब्रीटीज़ की छोटी-मोटी जानकारी हो ही जाती है। मैं फ़िल्मों का शौक़ीन नहीं, लेकिन कोई अमिताभ बच्चन का नाम ले तो मैं ये तो नहीं कहूँगा कि वो कौन हैं! या कहूँगा?"

"नहीं! तो इस वजह से ये पेंटिंग्स पेंट करने वालों के नाम और मशहूरी से वाक़िफ़ हो?"

"हाँ। मेहता और रज़ा का आर्ट वर्क है, इसलिए बेशक़ीमती है।"

"ससुरे का शौक़ था आर्ट कलेक्शन!" उसका लहजा अनमना हुआ।

"आई सी! सेटिंग से साफ़ जान पड़ता है कि इन दो पेंटिंग्स के बाज़ू में दीवार पर एक तीसरी पेंटिंग भी थी!"

“कैसे जान पड़ता है?”

मैंने उसका ध्यानाकर्षण दीवार पर ख़ाली जगह पर बनी धूल की आयत की तरफ़ किया, फिर जोड़ा, “सिमिट्री के हिसाब से भी इन दो पेंटिंग्स की दाईं तरफ़ एक पेंटिंग होनी चाहिए!”

“निगाह तीखी है तुम्हारी!”

“आई एम ए डिटेक्टिव। रिमेम्बर!”

“हाँ, एक पेंटिंग थी यहाँ!” उसका लहजा तब भी अनमना था, “रेस्टोरेशन के लिए भेजी है।”

“रेस्टोरेशन, क्या मतलब?”

“कभी-कभी बेशक़ीमती पेंटिंग्स भी किसी जानी या अनजानी वजह से कुछ जगहों से ख़राब हो जाती हैं। मसलन, कलर फ़ेड हो जाते हैं या पेंट फूल जाता है या कुछ और हो जाता है जिसे आर्टिस्ट्स ही समझ सकते हैं। ऐसी पेंटिंग्स को ओरिजिनल शेप में लाने के लिए एक्सपर्ट होते हैं जिन्हें रेस्टोरेशन आर्टिस्ट्स कहते हैं। उस ख़ाली जगह वाली तीसरी पेंटिंग दिल्ली में एक रेस्टोरेशन आर्टिस्ट के हवाले है।”

“कब से?”

“अभी परसों से ही। परसों शाम को रेस्टोरेशन आर्टिस्ट ख़ुद यहाँ आया और पेंटिंग साथ ले के गया।”

“कब तक उसके पास रहेगी?”

“बोलता था एक महीना लगेगा कम-से-कम। ज़्यादा भी लग सकता था।”

“रेस्टोरेशन इतना बड़ा काम होता है?”

“मेरे ख़याल से तो नहीं! आर्टिस्ट लोग मूडी होते हैं, पता नहीं किस शेड्यूल से काम करते हैं! ये भी पता नहीं कि एक ही वक़्त में एक ही काम हैंडल करते हैं या ऐट ए टाइम कई काम पकड़े होते हैं!”

“नाम क्या है उस आर्टिस्ट का?”

“नाम तो, यार, ध्यान से उतर गया!”

मैंने अपलक उसे देखा।

"वो क्या है कि जिसने वो आर्टिस्ट रिकमेंड किया था, उसकी रिकमेंडेशन में नाम का हवाला था ही नहीं। मेरे को एक मोबाइल नम्बर नोट करवाया गया था और बोला गया था कि मैं उस पर हाजी साहब से सम्पर्क करूँ। मेरी काल के जवाब में जब वो आर्टिस्ट ख़ुद यहाँ आया था तो व्यावहारिक तौर पर उसने मुझे अपना एक विज़िटिंग कार्ड दिया था जिस पर उसका पूरा नाम और पता दर्ज था। मैंने तब कार्ड, बस, डाल दिया था कहीं, उसकी तरफ़ कोई ख़ास तवज्जो नहीं दी थी। अब तुम टोक रहे हो तो..."

"नहीं, जनाब, टोक नहीं रहा! मैं तो..."

"कार्ड घर में ही कहीं है, ढूँढ़ के पास रखूँगा और आर्टिस्ट की बाबत जो तुम जानना चाहते हो, वो तुम्हें बताऊँगा।"

"क़ीमती–शायद बेशक़ीमती–पेंटिंग का भरोसा आप ऐसे शख़्स पर कर पाए जिसकी बाबत आप को ये भी नहीं मालूम कि वो दिल्ली में कहाँ पाया जाता था, कहाँ से आया था!"

"शेख़ सराय से आया था। सब मालूम है, यार। बोला न, कार्ड क़ाबू में करता हूँ!"

"आर्टिस्ट हाजी साहब!"

"हाँ।"

"उसका जो मोबाइल नम्बर नोट किया था, वो तो महफ़ूज़ है न!"

"वो...वो...एक लूज़ पेपर पर नोट किया था..."

"नम्बर काम आ चुकने के बाद पेपर फेंक दिया होगा!"

"हँ-हाँ। तुम्हें कैसे मालूम?"

"उस नम्बर पर आपने आर्टिस्ट के लिए कॉल लगाई थी तो वो आपके मोबाइल में तो होगा!"

"वो कॉल मैंने लैंडलाइन से लगाई थी।"

"आई सी!"

"लेकिन उसके विज़िटिंग कार्ड पर मोबाइल नम्बर भी तो होगा ही! मैं पहली फ़ुरसत में क़ाबू करूँगा वो कार्ड!"

"अभी काम में महीना लगने की जो वजह आपने बताई, अगर वो दुरुस्त

न हो तो फिर तो काम जल्दी होगा न!"

उसने कुछ क्षण उस बात पर विचार किया, फिर इनकार में सिर हिलाया।

मैंने सवालिया निगाह उस पर डाली।

"भई, सुना है," वो बोला, "ऐसे कामों को अंजाम देने के लिए पेंटिंग में ओरिजिनली इस्तेमाल हुए पेंट्स एंड पिगमेंट्स के सैंपल निकालने पड़ते हैं और फिर एग्ज़ैक्ट वैसे रंग-रोग़न तलाश करने पड़ते हैं। बड़े सब्र का काम है, बड़ा स्पेशियलाइज़्ड काम है, जरा-सी लापरवाही से क़ीमती पेंटिंग न सिर्फ़ और डैमेज़ हो सकती है, राइट ऑफ़ भी हो सकती है।"

"इसलिए एक महीना! या ज़्यादा!"

"हाँ।"

"बड़े ख़र्चे का काम होगा!"

"है तो सही!"

"कौन करेगा?"

"हम ही करेंगे, और कौन करेगा!"

"हम मतलब आप और मैडम?"

"हाँ।"

"उनको आर्टिस्ट हाजी साहब की असाइनमेंट की ख़बर है?"

"भई, एस्टेट की मालकिन हैं, क्यों नहीं होगी?"

"ख़र्चे से–जो कि महीने का स्पेशियलाइज़्ड काम है तो मोटा ही होगा–मैडम के कजंस का कोई मतलब नहीं?"

"न!"

"आई सी। पेंटिंग किसकी थी? मेरा मतलब है उसका आर्टिस्ट कौन था?"

"हुसैन।"

"मक़बूल फ़िदा?"

"हाँ।"

"फिर तो पेंटिंग दो-ढाई करोड़ के पेटे में होगी!"

"अरे नहीं, भई! ऐसे बड़े कैनवस होते हैं इतने महँगे। हुसैन की पेंटिंग–ये

दो पेंटिंग भी–तो डेढ़-गुना-दो फ़ुट साइज़ की थी। ऐसी पेंटिंग ज़्यादा महँगी नहीं होती। शौक़ पर ससुरा इतना पैसा ख़र्च करने वाला नहीं था।"

"करने वाला नहीं था या कर नहीं सकता था?"

"क्या फ़र्क़ हुआ?"

"'करने वाला नहीं था' का मतलब है चाहता तो कर सकता था। 'कर नहीं सकता था' का मतलब है चाहकर भी नहीं कर सकता था, अफ़ोर्ड नहीं कर सकता था।"

"यार, क्या पता" वो बड़बड़ाया, "क्या था उसके ज़ेहन में!"

"आपके अंदाज़े से ये पेंटिंग्स किस प्राइस रेंज में होगी?"

"मेरा कोई अंदाज़ा नहीं।" उसका स्वर नाहक़ शुष्क हुआ।

"फिर भी?" मैंने ज़िद की।

"अरे, बोला न, मेरा कोई अंदाज़ा नहीं।"

"कोई वाइल्ड गेस?'

"यार, तुम तो पीछे ही पड़ गए!"

"जो ज़ेहन में आए, वो बोलिए!"

"पच्चीस-तीस लाख!"

"एक की क़ीमत?"

"ज़ाहिर है, भई!"

"बस?"

"मुझे इन बातों की कोई समझ नहीं।" उसके स्वर में झुँझलाहट का पुट आया, "हो सकता है ये पेंटिंग्स आज ज़्यादा क़ीमत की हो गई हों। यानी जब ससुरे ने ख़रीदी हों, तब मेरी बताई क़ीमत से ज़्यादा क़ीमती न हों।"

"क़ीमती तो हैं बराबर!" मैं निश्चयात्मक स्वर में बोला, "वरना आपने एक पेंटिंग की रेस्टोरेशन पर भारी ख़र्चा करना क़ुबूल न किया होता।"

वो ख़ामोश रहा।

"कभी," मैंने नया सवाल किया, "इन्हें इवैल्यूएट कराने का ख़याल न आया?"

"न!"

"अब क्या इरादा है?"

उसने उस बात पर विचार किया।

"जो पेंटिंग रेस्टोरेशन के लिए गई है," फिर बोला, "उसके बारे में रेस्टोरेशन पेंटर को बोलूँगा कि वो उसकी–हुसैन की–करंट क़ीमत का कोई अंदाज़ा मुझे बताए।"

"ठीक करेंगे।"

"अब चलें?"

मैंने सहमति में सिर हिलाया। हम बाहर निकले तो मैंने घुंघरू को सहमी-सी दीवार के साथ लगी खड़ी पाया। अवस्थी ने उसे इशारा किया तो वो दौड़कर बेडरूम में दाख़िल हो गई।

मैं अवस्थी के साथ गलियारे में आगे बढ़ा।

हम नीचे पहुँचे तो एकाएक मैं ठिठका। मैंने जेब से रसीद वाला लम्बा लिफ़ाफ़ा निकालकर उसकी तरफ़ बढ़ाया।

"ये क्या है?" वो संदिग्ध भाव से बोला।

"आपकी पेमेंट की रसीद!"

"नाहक़ ज़हमत की।"

"अब बन गई है तो..."

"मैंने रसीद ज़रूरी समझी होती तो परसों ही माँगी होती!"

"अब बन गई है तो ले लीजिए। कहीं काम आएगी।"

'अच्छा, लाओ।"

उसने लिफ़ाफ़ा जेब में रख लिया।

लंच के बाद वो रसीद और उसका लिफ़ाफ़ा मुझे चार टुकड़ों में विभक्त डाइनिंग रूम के डस्टबिन में पड़ा मिला।

मामूली बात थी।

उसे रसीद नहीं चाहिए थी तो मुझे क्या प्रॉब्लम थी! लेकिन उस छोटे से वाक़ये ने उस बात की तसदीक़ की जो मेरे ज़ेहन में थी और जिसकी वजह

से उसके रसीद के इनकार कर चुकने के बावजूद मैंने उसके लिए रसीद बनवाई थी।

पैसा उसे किसी अनएकाउंटेड सोर्स से हासिल था इसलिए कैश में था।

डाइनिंग रूम से बाहर निकलने से पहले मैंने किचन के खुले दरवाज़े से भीतर निगाह दौड़ाई तो तुहिना को अपने पिता के साथ लंच के बाद के कामों में मसरूफ़ पाया। बाहर निकल आने के बाद अब मुझे घुँघरू की तलाश थी जो कि मुझे परे गलियारे में ही दिखाई दे गई। लम्बे डग भरता मैं उसके क़रीब पहुँचा।

"मेहमान जी," वो सशंक भाव से बोली, "लंच में कोई शिकायतनिंग मिली?"

"नहीं, कोई शिकायत नहीं मिली।" मैं बोला, "बढ़िया था। तू मेरा एक काम कर। तू मेरे को बता यहाँ तुहिना का कमरा कहाँ है!"

"ऊपर है। पहुँचा के आत है।"

"नहीं, ऐसे ही समझा।"

उसने विचित्र निगाह से मेरी तरफ़ देखा।

"वक़्त ख़राब न कर!" मैं झुँझलाया।

वो हड़बड़ाई, फिर उसने विस्तार से मुझे पहली मंज़िल पर तुहिना के कमरे की स्थिति समझाई। मैं सीढ़ियों की ओर बढ़ा।

जो कमरा मुझे बताया गया था, वो ऊपरले गलियारे में बिल्कुल परले कोने में था।

ये जानकर मैंने राहत की साँस ली कि रूम लॉक्ड नहीं था। मैंने एक उड़ती निगाह उस घड़ी सुनसान पड़े गलियारे पर दौड़ाई फिर धीरे से नॉब घुमाकर दरवाज़े को धक्का दिया। दरवाज़ा खुला तो मैंने भीतर क़दम डाला और अपने पीछे दरवाज़े का पल्ला भिड़काया।

मेरी गन ग़ायब थी, वो बात हर्षदीप से आमना-सामना होने से पहले ही मेरी जानकारी में आ गई होती तो उस बाबत सबसे पहले मुझे उसी पर शक हुआ होता–वो एस्टेट मैनेजर थी और अपनी उस हैसियत में वहाँ कुछ भी मैनेज कर सकती थी–लेकिन अब जबकि उस बाबत उस पर शक करना

बेमानी था तो उस काम के लिए मेरी दूसरी चॉयस तुहिना थी।

ख़ामोशी से मैं वहाँ ऐसी जगहों को टटोलने लगा जहाँ गन छुपाई जा सकती थी।

गन की चोरी को मेरा अनाउंस करना नहीं बनता था, मेरा ऐसा करना मेरे क्लाइंट के इंटरेस्ट्स के ख़िलाफ़ होता। गन का ज़िक्र आते ही वहाँ कोई न मानता कि मैं क्लाइंट का मुम्बई से आया दोस्त था। गन की बरामदी के लिए कुछ ख़ामोशी से ही करना बनता था जो कि मैं कर रहा था। आख़िर चोर ने भी तो मेरे कमरे में अपना काम ख़ामोशी से ही किया था!

"यहाँ क्या कर रहे हो?"

एकाएक सुनाई दी उस कर्कश आवाज़ ने मुझे बुरी तरह चौंकाया। तत्काल मैंने घूमकर पीछे देखा।

कमरे की चौखट पर उससे एक क़दम भीतर तुहिना खड़ी थी और ग़ुस्से से मुझे घूर रही थी।

"अपनी चीज़ तलाश कर रहा हूँ।" मैं धीरज से बोला।

"कैसी चीज़?" अपने पीछे दरवाज़ा बंद करती, आगे बढ़ती वो बोली, "तुम्हारी चीज़ का यहाँ क्या काम! कौन-सी चीज़? नाम लो!"

"तुम्हें मालूम है।"

"अब कह भी चुको!"

"मेरी गन! थर्टी टु कैलीबर स्मिथ एंड वेसन पिस्टल! क़ीमत पौने दो लाख!"

"अच्छा, वो!" उसका लहजा बदला, "वो तो नहीं मिलेगी!"

"क्यों भला?"

"मैंने उसे ऐसी जगह छुपाया है कि..."

"मैं समझ गया कैसी जगह छुपाया है। मुझे बॉडी सर्च से कोई परहेज़ नहीं!"

"ये जानते हुए कि मैं एक लड़की हूँ?"

"जब तुम चौखट पर दिखाई दी थीं तो रौशनी का ज़रिया पीछे होने की वजह से लगा तो था कि लड़की हो, लेकिन फिर" मैंने अनभिज्ञता से कंधे

उचकाए, "क्या पता लगता यहाँ फ़ासले से!"

तब तक वो मेरे सामने आ खड़ी हुई थी।

"तुम्हारी निगाह में नुक्स है," मुझे वो इठलाती लगी, "तुम्हें तो क़रीब से भी कुछ पता नहीं लगा जान पड़ता! पहले भी और अब भी।"

"अब... इतना भी नादान नहीं मैं!"

"ये अच्छी ख़बर है। ओके! करो!"

"क्या?"

"बॉडी सर्च! जिससे तुम्हें परहेज़ नहीं है! जिसकी अभी तुम घोषणा कर रहे थे! मैं मदद करती हूँ।"

आगे जो हरकत उसने की, वो होश उड़ा देने वाली थी। मेरी मौजूदगी से निर्लिप्त–जैसे मैं वहाँ था ही नहीं–वो कपड़े उतारने लगी। उसने मेरी हकबकाई सूरत पर निगाह डाली।

"डर गए?" फिर कुटिल मुस्कान के साथ बोली।

"काहे को?" मैं उसके लगभग निर्वस्त्र शरीर पर उड़ती निगाह डालता बोला, "अब तो साफ़ पता चल रहा है कि तुम्हारे पास कोई कंसील्ड वेपन नहीं है!"

उसने मुँह बाए मेरी तरफ़ देखा।

"और" मैं मासूमियत से आगे बढ़ा, "मुझे क्या पता था कि तुम लंच के बाद नहाती हो! ओके!" उससे परे क़दम रखता मैं बोला, "तुम अपना बाथ एन्जॉय करो, मैं चलता हूँ।"

"ये" निगाहों से भाले, बरछियाँ बरसाती, दाँत पीसती वो बोली, "दूसरा मौक़ा है जब तुमने मेरी इंसल्ट की है। उसकी एवज़ में एक बात सुनते जाओ!"

मैं ठिठका। मेरी भवें उठीं।

"गन तुम्हें नहीं मिलेगी। मैंने उसे ऐसी जगह छुपाया है कि तुम्हें उसकी हवा भी नहीं लगेगी।"

मुझे वो साफ़ झूठ बोलती लगी। वो 'जो जी आवे, राज़ी जावे' बाला थी जो उस घड़ी गन की गुमशुदगी को अपने हक़ में कैश करने की कोशिश

कर रही थी।

"अब गन तुम्हें तभी मिलेगी जब तुम गिड़गिड़ाते हुए उसकी माँग करते मेरे पास आओगे।"

"आऊँगा। लेकिन आमद का तरीक़ा वो अख़्तियार करूँगा जो बाई प्रॉक्सी मैंने तुमसे सीखा।"

"क्या करोगे?" उसके स्वर में प्रत्याशा का पुट आया।

"आधी रात के बाद दबे पाँव यहाँ पहुँचूँगा... वैसे ही जैसे तुम बड़े भैया सुमीत के कमरे में गाहे-बगाहे पहुँचती हो।"

तत्काल उसका मिज़ाज बदला। क्रोध से उसका चेहरा लाल होने लगा।

"यू... यू..."

"गाली न देना, ख़ास तौर से ऐसी गाली न देना जो मेरी पैदाइश पर सवालिया निशान लगाती हो!"

"दूँगी तो क्या करोगे?" वो तड़पकर बोली।

"दे के देखो!" तब मेरा स्वर क्रूर हुआ।

उसने बेचैनी से पहलू बदला।

"मैं" फिर बोली, "तुम्हें जेल की हवा खिलवाऊँगी।"

"अच्छा! वो कैसे?"

"मैं तुम पर रेप का इलज़ाम लगाऊँगी।"

"मेरी भोली बेगम, जो तुम्हारी तरह सदा तैयार हो, उसका रेप नहीं हो सकता। लगाना इलज़ाम! फिर बड़े भैया सुमीत ही गवाही देंगे कि तुम तो पंचायती हुक्का हो जिसे कोई भी गुड़गुड़ा सकता है। अभी मैं कुछ दिन यहीं हूँ। इत्मीनान से लगाना इलज़ाम! सेक्स बाई रेप! बस, एक यही आइटम थी जिसकी मेरी ज़िंदगी में कसर थी। एक यही तजुर्बा बाक़ी था जो अब होगा। ओके?"

उसके मुँह से बोल न फूटा। पर वो आग बबूला थी, फुँफकार जैसी साँसें छोड़ रही थी, दाँत किटकिटा रही थी।

किसी ने ठीक कहा था–हैल हैथ नो फ़्यूरी लाइक ए वुमेन स्कार्न्ड'। तिरस्कृत रमणी से ज़्यादा कहरबरपा शै सृष्टि में दूसरी कोई नहीं!

"जय हिंद!" मैं बोला और रुख़सत पाई।

हौसलामंद लड़की थी, तब तक भी पीछे निर्वस्त्र खड़ी थी।

जबकि दरवाज़ा भिड़काया हुआ था, लॉक्ड नहीं था।

शाम पाँच बजे के क़रीब मुझे एस्टेट की मालकिन का बुलावा आया। वो मुझे एक ऑफ़िसनुमा कमरे में मिली। ऑफ़िस टेबल के पीछे एग्ज़ीक्यूटिव चेयर पर वो यूँ आगे को झुककर बैठी हुई थी कि उसका फ़ोर्टी-प्लस पेयर मेज़ पर टिका हुआ था।

हज़रात, आप कहें कि कोई एक ही बारगी मेज़ और कुर्सी दोनों पर नहीं बैठ सकता था तो आकर उस घड़ी मेरी मेज़बान को देखते।

"प्लीज़ कम, मिस्टर कोहली!" चेताली सीधी होकर बैठी और जबरन मुस्कुराती बोली, "टेक ए सीट!"

"थैंक्यू, मैम!" मैं उसके सामने एक विज़िटर्स चेयर पर ढेर हुआ।

"डू यू लाइक इट हेयर, मिस्टर कोहली?"

"वेरी मच, मैम!"

"किसी तरह की कोई परेशानी तो नहीं?"

"क़तई नहीं।"

"यहाँ हर किसी को हिदायत है कि मेहमान का ख़ास ख़याल रखे।"

"आई एम ग्रेटफ़ुल, मैम! सबने ख़ास ख़याल रखा। आपकी एस्टेट मैनेजर ने और कुक की बेटी ने तो बहुत ही ख़ास ख़याल रखा।"

"गुड! कपिल किसी काम से साउथ एक्स गया है, लेट लौटेगा। मुझे ये अच्छा मौक़ा लगा आप से बात करने का।"

"जी!"

"तो आप मुम्बई से हैं, वहीं सेटल्ड हैं और अपने कारोबार के सिलसिले में दिल्ली आते हैं?"

"जी, हाँ।"

"आपको कार ड्राइव करके एस्टेट पहुँचते देखा तो मैं अचरज में पड़ गई

कि कैसे इतनी लॉन्ग ड्राइव एक बिजी बिजनेसमैन ने मैनेज की! लेकिन जब आपने बताया कि 'वरना' आपके किसी लोकल फ्रेंड की थी तो मुझे अपने अचरज पर हँसी आने लगी।"

"ओके!"

"मुहावरा है दिल्ली में कि कार और क्वार उधार देने की आइटम नहीं होती।"

"क्वार!"

"पत्नी! भार्या! वाइफ़!"

"ओह! बढ़िया मुहावरा है!"

"दिलदार दोस्त हैं आपके दिल्ली में, जो इस मुहावरे पर अमल नहीं करते, जो कई दिनों के लिए नई 'वरना' आपके हवाले करने से गुरेज़ नहीं करते!"

"कुछ दिनों के लिए!" मैंने संशोधन किया, "तब तक के लिए जब तक मैं आपका मेहमान हूँ!"

"कुछ दिन ही सही! मैंने ऐसा इसलिए कहा कि आपकी लोकल ट्रैवल मुझे बिजी बिजनेसमेन जैसी नहीं लगी। कल सारा दिन आप एस्टेट में थे। आज भी सुबह ड्राइव करके कहीं गए तो दोपहर से पहले लौट भी आए और शाम तक यहीं हैं तो फिर से तो कहाँ कहीं जाना चाहेंगे!"

मेरे कानों में वॉर्निंग बैल बजने लगी।

"क्या कहना चाहती हैं?" मैं सशंक भाव से बोला।

"ख़ास कुछ नहीं!" वो लापरवाही से बोली, "ऐसे ही ज़रा लाउड थिंकिंग की कि एनसीआर में ओला, उबर की इतनी उम्दा सर्विस हासिल है, फिर भी आपने लोकल ट्रांसपोर्टेशन के सिलसिले में लोकल दोस्त का एहसान लिया, उससे कार बारो की!"

"यही बात है जिसकी वजह से आपने मुझे तलब किया?"

"ये भी और और भी!"

"और क्या?"

"आपकी जानकारी के लिए मुझे जासूसी नावल पढ़ने का बहुत शौक़

है..."

"अच्छा शौक़ है! आजकल कहते ही हैं कि पुस्तकों से बड़ा कोई साथी नहीं!"

"...उस शौक़ की वजह से मुझे ख़ुराफ़ाती ख़याल बहुत आते हैं। जासूसी उपन्यासों में जासूसों के कारनामे पढ़ते-पढ़ते दिल करता है कि मैं भी जासूस बन जाऊँ। बन तो नहीं सकती, लेकिन ऐसे ही टाइमपास के लिए मैंने एक जासूसी हरकत की।"

वॉर्निंग बैल फिर बजी। पता नहीं क्या माजरा था!

"क्या किया?" नक़ली उत्सुकता जताता मैं बोला।

"सुनकर आप हँसेंगे।"

"आप हँसाएँगी तो मेज़बान का दिल रखने के लिए हँसना ही पड़ेगा।"

"हा हा हा! वेरी वेल सेड!"

"आप कुछ कह रही थीं?"

"आपको मालूम ही होगा–नहीं मालूम तो मैं बताती हूँ–आजकल दिल्ली, मुम्बई जैसे मेगासिटीज़ में मोटर व्हीकल्ज़ का तमाम रिकॉर्ड कम्प्यूट्राइज़्ड है और पब्लिक एक्सेस में है। यानी कोई भी आरटीओ की वेबसाइट पर जाकर किसी भी व्हीकल का रजिस्ट्रेशन नम्बर फ़ीड करके उसकी ओनरशिप के बारे में तमाम जानकारी चुटकियों में हासिल कर सकता है।"

मेरा दिल ज़ोर से धड़का।

"ख़ुराफ़ाती ख़याल आया इसलिए मैंने आपकी 'वरना' का रजिस्ट्रेशन नम्बर आरटीओ की वेबसाइट पर फ़ीड किया।"

"ख़ामख़ाह!"

"ख़ामख़ाह ही! बैठी बोर हो रही थी इसलिए आरटीओ के साथ कम्प्यूटर-कम्प्यूटर खेलने लग गई। नतीजा ये निकला कि मालूम हुआ कि आप वाली 'वरना' किसी इंडिविज़ुअल के नाम नहीं, एक फ़र्म के नाम रजिस्टर्ड थी और फ़र्म का नाम" वो एक क्षण ठिठकी, फिर आगे बढ़ी, "यूनीवर्सल इन्वेस्टिगेशंस था।"

उसने अपलक मुझे देखा। बहुत मुश्किल से मैं अपना चेहरा भावहीन

रख पाया।

“तो” मैं बोला, “यहीं आपकी जासूसी ख़त्म होती है?”

“नहीं,” वो संतुलित स्वर में बोली, “यहाँ से शुरू होती है।”

“आई सी!”

“आरटीओ के रिकॉर्ड में फ़र्म के नाम के साथ उसका बिजनेस एड्रेस भी होता है जो कि नेहरू प्लेस का था। मैं ख़ुद उस पते पर पहुँची तो मालूम हुआ एक ऑफ़िस कॉम्प्लेक्स की चौथी मंज़िल पर यूनीवर्सल इन्वेस्टिगेशंस का ऑफ़िस था, फ़र्म एक वन-मैन-डिटेक्टिव-एजेंसी थी और संचालक वन मैन का नाम” वो फिर ठिठकी, “सुधीर कोहली था।”

“ओके!”

“लिहाज़ा आपका लोकल दोस्त, अपने दिल्ली प्रवास के दौरान जिसकी ‘वरना’ आपको हासिल थी, एक प्राइवेट डिटेक्टिव था और देखिए, कैसा संयोग है–संयोग क्या, हैरानी का मुद्दा है–कि जिस दोस्त ने कार ली उसका भी नाम सुधीर कोहली है। आप क्या कहते हैं इस बारे में?”

“मैं क्या कहूँ? आपने ख़ुद ही तो कहा कि संयोग है! सुधीर कॉमन नाम है, कोहली कॉमन सरनेम है, दो जनों का एक ही नाम होना क्या बड़ी बात है?”

“तीन या चार या आठ का नाम भी सुधीर कोहली होना क्या बड़ी बात है! मेरी मानें तो ये एक दुर्लभ संयोग है कि दो जिगरी दोस्त हैं और दोनों का नाम सुधीर कोहली है!”

“दुर्लभ ही सही, संयोग बोला न आपने, हक़ीक़त तो नहीं बोला!”

“मैं आपके दोस्त सुधीर कोहली, प्राइवेट डिटेक्टिव से मिलना चाहूँ तो मिलवाएँगे?”

क्या पतंगबाज़ औरत थी! बाँधती थी, तानती थी, खींचती थी, खींचकर छोड़ देती थी और ज्यों ही मैं राहत महसूस करने लगता था, फिर खींच लेती थी!

“न कहते नहीं बनेगा, मिस्टर कोहली!” उसके स्वर में चेतावनी का पुट आया, “आप न कहेंगे तो आप एस्टेट से बाहर होंगे, भले ही मेरा हसबैंड इस

मामले में जितना मर्ज़ी कलपे।"

"मैडम," मैं निर्णायक भाव से, शुष्क स्वर में बोला, "अभी हम पतंगबाज़ी बंद कर दें तो कैसा रहे?"

"पतंगबाज़ी!"

"चूहे-बिल्ली का खेल सही! बंद कर दें तो कैसा रहे?"

"वो खेल आपके क़ुबूल करते ही बंद हो जाएगा कि सुधीर कोहली एक ही है जो कि आजकल एस्टेट का मेहमान है और वो प्राइवेट डिटेक्टिव है, यूनीवर्सल इन्वेस्टिगेशंस जिसका वन मैन शो है पीडी के कारोबार में!"

"मेरे पास चॉयस है?"

"नहीं!"

"तो मैं बैग पैक करूँ अपना एस्टेट से बाहर होने के लिए?"

"डोंट बिहेव लाइक ए फ़ूल, मिस्टर कोहली, मुझे आपकी ज़रूरत है।"

"आपको? मेरी?"

"हाँ।"

"क्यों?"

"क्योंकि आप डिटेक्टिव हैं। कहने वालों के कहे पर ऐतबार लाऊँ तो ट्रेड के टॉप पर हैं।"

"ज़हेनसीब!"

"आपका जवाब आपकी हक़ीक़त को मोहरबंद कर रहा है।"

"जब आप साबित करके दिखा चुकी हैं कि जासूसी में आप भी कुछ कम नहीं तो और कोई चॉयस कहाँ है मेरे पास!"

"आप तंज़ कस रहे हैं।"

"आपने कहा आपको मेरी ज़रूरत है! सच में ऐसा है तो बयान कीजिए ज़रूरत! पहले तो ज़रूरत की क़िस्म बयान कीजिए–प्रोफ़ेशनल है कि सोशल है?"

"प्रोफ़ेशनल है। अब जबकि आप मानते हैं कि आप पीडी हैं तो ये समझना कोई मुश्किल काम नहीं कि मेरे हसबैंड ने आपकी प्रोफ़ेशनल सर्विसिज़ के लिए आपको रिटेन किया है और इसी वजह से मुम्बई से आए

अपने मेहमान के तौर पर यहाँ स्थापित किया है। लिहाज़ा आपकी डिटेक्शन का–ख़ुफ़िया डिटेक्शन का–फ़ील्ड मोरवाल एस्टेट है। एम आई राइट सो फ़ॉर ?"

"यस, मैम!"

"क्या है आपकी यहाँ असाइनमेंट? कपिल ने किस काम के लिए आपको रिटेन किया है ?"

"ख़ुद आपको कोई अंदाज़ा नहीं ?"

"नहीं। होता तो आप से सवाल करने की जगह सीधे अपने हसबैंड की ख़बर लेती। अब जवाब दीजिए!"

"मैम, अर्ज़ है कि जैसे वकील और क्लाइंट के बीच की प्रोफ़ेशनल कम्युनिकेशन कॉन्फ़िडेंशल होती है, ऐन वैसे ही पीडी और उसके क्लाइंट के बीच की कम्युनिकेशन भी कॉन्फ़िडेंशल होती है।"

"यानी आप नहीं बताएँगे मेरे हसबैंड ने आपको क्यों रिटेन किया है ?"

"सॉरी! भले ही आप मुझे एस्टेट से बाहर का दरवाज़ा अभी दिखाएँ या ठहर के।"

वो ख़ामोश हो गई। कुछ अरसा वो ख़ामोशी हमारे दरम्यान व्याप्त रही।

"एक टाइम में एक ही केस लेते हो ?" आख़िर उसने पूछा।

"आपने कहा" मैं बोला, "आपको मेरी ज़रूरत है। मुझे लगता है वो किसी केस की बाबत है..."

"बोलूँगी। पहले मेरी बात का जवाब दो!"

"देखिए, ऐसी कोई पाबंदी तो नहीं है, लेकिन, क्योंकि मेरी फ़र्म मेरा वन-मैन-शो है इसलिए मेरी कोशिश यही होती है कि मैं एक वक़्त में एक ही केस हैंडल करूँ।"

"पाबंदी नहीं है तो मतलब ये हुआ कि करते भले ही नहीं हो, पर कर सकते हो। नहीं ?"

"यस, मैम! लेकिन उसमें भी एक राइडर है!"

"क्या ?"

"जो दूसरा क्लाइंट मुझे रिटेन करे, उसका केस पहले क्लाइंट के केस

से क्लैश न करता हो!"

"केस सुने बिना कैसे जानोगे कि वो पहले क्लाइंट के केस से क्लैश करता है या नहीं?"

"ये कहकर तो आप इस बात की तसदीक़ कर रही हैं कि आपके पास मेरे लिए कोई केस है!"

"कितने समझदार हो!"

"मैं सुनने को तैयार हूँ।"

"मैं कहने को तैयार हूँ, लेकिन ताकीद है, मुर्ग़े भिड़ाने की कोशिश न करना।"

"जी!"

"शरीफ़ नहीं भी हो तो इस बारे में कोई शराफ़त दिखाने की कोशिश करना।"

"मैं अभी भी नहीं समझा।"

"मेरे केस पर काम करना नाक़ुबूल हो तो जो मेरे से सुनो, उसे अभी, यहीं भूल जाना होगा। कर सकोगे ऐसा?"

"जी, हाँ।"

"डू आई हैव योर वर्ड?"

"यू हैव माई सॉलम वर्ड।"

"मैं तुम्हारी फ़ीस भरूँगी।"

"दैट गोज़ विदाउट सेइंग। घोड़ा घास से यारी करेगा तो खाएगा क्या!"

"वेरी वेल सेड! कैसे चार्ज करते हो?"

"बोलूँगा। आपकी बात सुन चुकने के बाद बोलूँगा।"

"तो सुनो!" उसका लहजा, जो पहले ही संजीदा था, और संजीदा हुआ, आवाज़ धीमी हुई, "यहाँ मेरे क़त्ल की कोशिश की जा रही है।"

"जी!"

"पिछले दो हफ़्तों में मेरे क़त्ल की कोशिश के तीन वाक़यात सामने आ चुके हैं।"

"तीन!"

"पहला नाकाम रहा इसलिए दूसरा, दूसरा नाकाम रहा इसलिए तीसरा!"

"ऐसी आख़िरी कोशिश कब हुई?"

"पिछले शुक्रवार!"

"पहली?"

"दो हफ़्ते पहले। सिक्सटीन डेज़ टु बी एग्ज़ैक्ट। नौ तारीख़ को।"

"क्या हुआ था तब?"

"वो सोमवार का दिन था जबकि कोई ग्यारह बजे के क़रीब मैं कहीं जाने के लिए तैयार होकर निकली थी और मैंशन के साथ-साथ बनी राहदारी पर चल रही थी कि एकाएक पड़ोसियों की बिल्ली–जो उनके यहाँ से ज़्यादा हमारे यहाँ विचरती थी–रास्ता काट गई। अपशगुन जानकर मैं ठिठकी तो ऊपर से एक गमला नीचे गिरा जो यूँ समझो कि मेरी नाक को छूता मेरे सामने से गुज़रा और फ़र्श पर गिरकर खील-खील हो गया। मेरे प्राण काम्प गए। मिस्टर कोहली, बिल्ली ने बचाया वरना गमले का मुक़ाम मेरा सिर होता और मेरा मुक़ाम दूसरी दुनिया होता!"

"गमला कैसे गिरा? कहाँ से गिरा?"

"ऊपर की मुँडेर पर से गिरा जहाँ सजावटी तौर पर और भी गमले पड़े होते हैं। लगता था पानी देते वक़्त किसी ने गमलों की तरतीब दुरुस्त करने की कोशिश की थी तो एक गमला यूँ बाहर को सरक गया कि वो आधा मुँडेर पर था और आधा हवा में था। इसी वजह से धमक से या किसी और तरीक़े से नीचे आ गिरा और मैं उसकी चपेट में आने से बाल-बाल बची।"

"हादसा था?"

"और क्या होता! तब और क्या समझती मैं उसे?"

"किसी ने जान-बूझकर गिराया हो!"

"मुझे ख़याल तक न आया।"

"इस्स... वाक़ये का ज़िक्र आपने किसी से किया?"

"नहीं!"

"वजह?"

"वजह यही थी कि... हादसा था!"

"हादसा जिस्मानी नुक़सान न कर पाए तो भी प्राण कम्पा देता है। ऐसे बुरे तजुर्बे को बाद में किसी-न-किसी से साँझा करने की ख़्वाहिश अपने आप जागती है। आपके साथ ऐसा न हुआ?"

"अब... नहीं ही हुआ!"

"आपका सिर गमले की चपेट में आने से बाल-बाल बचा, आपने कान से मक्खी उड़ाई! जहाँ जा रही थीं, चल दीं?"

"न-हीं... ऐसा तो नहीं था!"

"तो क्या किया?"

"जाना कैंसल कर दिया।"

"किसी ने वजह न पूछी?"

"न! मालकिन से कौन सवाल करता!"

"हसबैंड ने भी नहीं?"

"कपिल उस वक़्त घर पर नहीं था।"

"बाद में?"

"भई, शॉक की स्टेज गुज़र चुकने के बाद मेरा दिल भी यही गवाही देने लगा था कि वो एक हादसा था इसलिए सोचा, क्या बात का बतंगड़ बनाना!"

"गमला भारी आइटम था-उससे मिलता-जुलता एक मैंने ख़ुद परखा था और उसे पाँच-छः किलो वज़न का पाया था-नीचे पक्की ज़मीन पर आकर टकराने से बहुत आवाज़ हुई होगी?"

"हाँ, हुई तो थी?"

"किसी ने न सुनी?"

"नहीं ही सुनी! सुनी तो किसी की समझ में न आया कि कैसी आवाज़ थी!"

"उस घड़ी, उस नाज़ुक घड़ी, कोई दौड़ता हुआ आपके क़रीब न पहुँचा?"

"न!"

"यानी गमला सिर पर गिरता, आप-ख़ुदा ख़ैर करे-मरी पड़ी होतीं तो

एस्टेट में फ़ौरन तो किसी को ख़बर ही न लगती!"

"क्या पता क्या होता!"

"बाद में–या और बाद में–किसी को राहदारी में गिरे गमले के टूटे टुकड़े भी न दिखाई दिए?"

"हर्षदीप को दिखाई दिए थे।"

"हादसे के फ़ौरन बाद?"

"नहीं, दोपहरबाद! उसने मेड को बुलाकर वो टुकड़े सिमटवाए थे और कूड़े में फिंकवाए थे।"

"गमले की बाबत उसने भी किसी को न बोला?"

"भई, उसकी निगाह में तो वो एस्टेट में मामूली मेंटेनेंस का काम था, क्या बोलती!"

"ठीक! बहरहाल आइंदा आपने उस वाक़ये को एक बुरा सपना जानकर भुला दिया?"

"तब तो मैंने यही किया, लेकिन हफ़्ते बाद ही फिर कुछ हो गया..."

"फिर हादसा?"

"...जिसके बाद बड़ी शिद्दत से मुझे लगने लगा कि सोमवार को जो हुआ था, वो भी हादसा नहीं था।"

"इस बार क्या हुआ?"

"एस्टेट में नेस्ले कम्पनी का एक सेल्समैन आया जिसकी कैम्पेन का निशाना हाउसवाइफ़ थीं इसलिए वो मेरे से मिला। उसने बताया कि नेस्ले कम्पनी अपने ब्रांड 'मैगी' का..."

आगे मुझे ऐन वही कहानी सुनने को मिली जो मैं परसों अपने ऑफ़िस में उसके पति की ज़ुबानी सुन चुका था।

तब आलम ये था कि मेरे से अपनी हैरानी छुपाए नहीं छुप रही थी।

ये क्या हो रहा था? क्योंकर हो रहा था? दो हादसे दो जुदा जनों के साथ हुए और दोनों का दावा था कि जो हुआ, सिर्फ़ उसके साथ हुआ! कैसे मुमकिन था?

मैंने मुकम्मल दास्तान सुन चुकने तक अपने आप पर ज़ब्त किया।

"मिस्टर कोहली," वो कह रही थी, "तड़पती बिल्ली को तो पड़ोसी अबरोल्स वैट के पास ले गए तो वो ठीक हो गई, ज़हर मिली मैगी सिर्फ़ मैंने खाई होती तो सोचिए, मेरा क्या अंजाम होता!"

"बहुत बुरा होता!" मैं बोला, "बहरहाल दूसरी बार भी पड़ोसियों की बिल्ली ने आपकी जान बचाई!"

"या ऐन वक़्त पर आई टेलीफ़ोन कॉल ने!"

"कॉल आपके मोबाइल पर आई थी?"

"नहीं, ड्रॉइंगरूम के मौजूद लैंडलाइन पर! लेकिन मेरे वहाँ पहुँचने तक घंटी बजनी बंद हो गई थी।"

"दोबारा न बजी?"

"क्या बोला?"

"ऐसे कॉल न लगे तो कॉलर दोबारा कोशिश करता है!"

"अच्छा, वो! नहीं, दोबारा नहीं बजी थी घंटी! थोड़ा-सा इंतज़ार ज़रूर किया था मैंने, फिर वापस किचन में लौट आई थी जहाँ कि बिल्ली को मैंने मैगी के बाउल में मुँह मारते पाया था।"

"बिल्ली की बद् हालत की अबरोल्स को आपने ख़बर की?"

"नहीं। मेड बुला के लाई।"

"आपके कहने पर?"

"नहीं। इत्तफ़ाक़ से ख़ुद ही किचन में आ गई थी। बिल्ली को पहचानती थी इसलिए ख़ुद ही दौड़कर पड़ोसियों को बुला लाई थी।"

"तब आपको लगा कि वो आपके क़त्ल की कोशिश थी?"

"लगा नहीं, यक़ीन आया! जो हुआ था, उसको मैंने सोमवार के गमले वाले वाक़ये से जोड़कर देखा तो वो भी मुझे क़त्ल की कोशिश लगी। सोच के मेरे प्राण काम्प गए। एस्टेट में कोई मेरी जान का दुश्मन बना हुआ था और मुझे इल्म ही नहीं था।"

"आपने उसे हादसा न जाना?"

"बिल्ली के मालिकान अबरोल्स का तो यही ख़याल था। मिस्टर अबरोल कहते थे वो बिल्ली की भटकते रहने की आदत से आजिज़ थे। क्या पता वो

कहाँ से कोई ज़हरीली चीज़ खा आई थी जिसने उस पर अपना असर तब दिखाया था जबकि वो हमारी किचन में पहुँची मैगी के बाउल में मुँह मार रही थी।"

"उनके ख़याल से मैगी के बाउल में ज़हर होने का कोई मतलब नहीं था?"

"उनके ख़याल से।"

"आपके ख़याल से मैगी में ही ज़हर था?"

"मेरे यक़ीन से!"

"मैगी का क्या किया?"

"किचन की वेस्ट बास्केट में फेंक दी। और क्या खा के तजुर्बा करती कि मेरी हालत बिल्ली जैसी होती थी या नहीं!"

"महफ़ूज़ करके रखतीं, केमिकल एनालिस्ट के पास भेजतीं, पता लग जाता–बल्कि निर्विवाद रूप से स्थापित हो जाता–कि मैगी में ज़हर था या नहीं!"

"मुझे ख़याल तक न आया।"

"आना तो चाहिए था! आपके क़त्ल की कोशिश हुई और उस नापाक कोशिश का अहमतरीन सबूत आपकी तवज्जो का मरकज़ ही न बना! यूँ ही हाथ से निकल जाने दिया! एनालिसिस से ये भी तो पता लग सकता था कि मैगी में ज़हर नहीं था!"

"अब इम्तिहान न लो! जिसकी जान पर बनी हो, उसका दिमाग़ कहीं और ही होता है।"

"सॉरी! इस वाक़ये का ज़िक्र किसी से किया?"

"सुमीत से किया।"

"जो कि आपका चचेरा भाई है?"

"हाँ।"

"हसबैंड से न किया?"

उसने जवाब न दिया।

"जो कि कज़न से ज़्यादा क़रीबी होता है!"

वो परे देखने लगी।

"या जो हुआ, उसकी वजह से हसबैंड पर शक था?"

"मुझे सब पर शक था।" वो झुँझलाकर बोली, "मुझे नहीं पता उस घड़ी क्यों मैंने सुमीत से बात की, कपिल से न की।"

"ख़ैर, किसी से तो करनी थी इसलिए कज़न से की! वो क्या बोला?"

"सुमीत तो वही बोला जो पड़ोस के मिस्टर अबरोल बोले!"

"बिल्ली ने सस्पेंस फैलाया? मैगी निर्दोष थी?"

"हाँ।"

"कज़न सुमीत को भी ख़याल न आया मैगी के केमिकल एनालिसिस का?"

"नहीं ही आया, वर्ना मैगी तो अगले रोज़ सुबह तक, गारबेज कलेक्टर के आने तक, किचन की वेस्ट बास्केट में ही थी।"

"ख़ैर! आगे बढ़िए! तीसरी कोशिश पर आइए!"

"हाँ, सुनो! वो पिछले शुक्रवार की बात है..."

फिर मुझे वही कहानी सुनने को मिली जो मैं अपने क्लाइंट–उसके हसबैंड–से सुन चुका था।

इस फ़र्क़ के साथ कि, बकौल उसके, टंकी का ढक्कन बंद करने के लिए बाँस की सीढ़ी पर वो चढ़ी थी, सीढ़ी का ऊपरला एक डंडा उसके वज़न से टूटा था और ऊपर की छत का किनारा थामे लटकती वो चिल्लाई थी तो उसकी आवाज़ किसी ने नहीं सुनी थी, ख़ुद उसी ने अपने पैरों से किसी तरह से दीवार के साथ तिरछी हो गई सीढ़ी को सीधा किया था और जैसे-तैसे उस पर पहुँच बनाकर नीचे उतरी थी।

"ओह!" मैं सहानुभूतिपूर्ण स्वर में बोला, "यानी छत का किनारा हाथ न आया होता, डंडा टूटने के बावजूद सीढ़ी दीवार के साथ टिकी न रही होती तो आप तो गई थीं!"

"और क्या!" वो बोली, "सिर के बल गिरती तो क्या बचता मेरा!"

"ऊपरले डंडे के साथ छेड़ाखानी हुई? ऐसी कि वो आपके वज़न के नीचे टूटकर रहता?"

"हाँ।"

"लिहाज़ा वो आपके क़त्ल की तीसरी कोशिश थी!"

"हाँ।"

"उसकी बाबत किसी से ज़िक्र किया?"

उसने इनकार में सिर हिलाया।

"वजह?"

"मैं इस मामले में डबल माइंडेड थी कि डंडे के साथ छेड़ाखानी हुई थी या वो इत्तफ़ाक़न टूटा था!"

"इसलिए किसी से बात न की?"

"तुम से कर रही हूँ न!"

"मेरे से पहले?"

उसने फिर इनकार में सिर हिलाया।

"सुमीत से भी नहीं?"

"नहीं!"

"ओके! अब ज़रा याद करके बताइए, शुक्रवार को आपके हसबैंड के साथ ज्वॉइंट, ग्राउंड फ़्लोर के बेडरूम का टीवी बिगड़ा था?"

"हाँ, बिगड़ा था। पिक्चर नहीं आ रही थी, लेकिन टेक्नीशियन को नहीं बुलाना पड़ा था। मेरे हसबैंड ही छत पर गए थे और एंटिना की लूज़ वायर टाइट कर आए थे तो टीवी चलने लगा था।"

"छत पर आपके साथ जो हादसा गुज़रा था, वो टीवी की ख़राबी वाली बात से पहले गुज़रा था या बाद में?"

"पहले।"

"तब आप के हसबैंड कहाँ थे?"

"पता नहीं। लेकिन बद्हवास जब मैं बेडरूम में पहुँची थी तो आ गए थे। तभी मैंने टीवी ऑन किया था तो उसे चलता नहीं पाया था। तब कपिल ने ख़ुद ही ऑफ़र किया था कि वो एंटिना चेक करके आता था।"

"आप की बद्हवासी उनकी नोटिस में न आई?"

"नहीं ही आई। वरना क्या एंटिना देखने चल दिए होते?"

"हूँ! तो ये तीनों वाक़यात आपको अलग-अलग तो इत्तफ़ाक़ लगे या हादसा लगे, लेकिन जब आपने तीनों पर सामूहिक रूप से विचार किया तो वो आपको कोई और ही कहानी कहते लगे! आपको तीनों वाक़ये इरादा-ए-क़त्ल लगे?"

"हाँ।"

"फिर भी किसी को कॉन्फ़िडेंस में लेने की कोशिश न की!"

"तुम से बात की न!"

"मैं तो इत्तफ़ाक़ से आपके लूप में आ गया। वैसे क्या करतीं? ख़ामोश बैठी रहतीं? नई मर्डर अटेम्प्ट का इंतज़ार करती रहतीं?"

उसने तमककर सिर उठाया।

"आपने ख़ुद को इतनी बड़ी साज़िश का शिकार पाया, हसबैंड से बात करना न सूझा! शादीशुदा औरत का हसबैंड से क़रीबी तो मेरे ख़याल से और कोई नहीं होता! पति जीवनसाथी होता है, उसके साथ दुख-सुख सब साँझा होता है, ये इतनी बड़ी बात–कि आपके क़त्ल की कोशिश हो रही थी–आपने पति के साथ साँझा न की तो इसका एक ही मतलब सूझता है मुझे।"

उसकी भवें उठीं।

"ये कि आपको अपने पति पर भी ऐतबार नहीं, जो कुछ आपके साथ पिछले दो हफ़्तों में बीता, आप समझती हैं उसमें आपके पति का भी हाथ हो सकता है। मैडम जी, या तो ये बात क़ुबूल करो या इस ऑनर के लिए कोई दूसरा कैंडीडेट बताओ!"

"तुम बताओ!" वो चैलेंजभरे स्वर में बोली, "तुम तलाश करके दिखाओ कोई दूसरा कैंडीडेट! मैं तुम्हारी फ़ीस भरने को तैयार हूँ।"

"अगर आप इस बात को राज़ रख सकें कि मैं आप के हसबैंड का एंगेज किया प्राइवेट डिटेक्टिव हूँ, मेरी बस यही शिनाख़्त याद रखें कि मैं यहाँ हाउस गेस्ट हूँ तो मैं एक-पंथ-दो-काज वाला रास्ता अख़्तियार कर सकता हूँ जिसके तहत आपकी मेरी फ़ीस अदा करने की ज़िम्मेदारी ऑप्शनल होगी, मेनडेट्री नहीं।"

"मैं ख़ामोश रहूँगी। आई प्रॉमिस!"

"थैंक्यू! अब एकाध बात का जवाब मेरी मर्ज़ी से दीजिए!"

"पूछो!"

"हसबैंड से कैसे ताल्लुक़ात हैं?"

"ठीक-ठाक ही हैं। एकाध शिकायत है लेकिन... चलता है।"

"क्या है एकाध शिकायत? टैल मी! प्लीज़!"

"कोई काम-धाम नहीं करता। इसलिए... अब क्या कहूँ?"

"प्लीज़, कहिए!"

"इसलिए मेरी लायबिलिटी बना हुआ है।"

"मैंने सुना है ऐसा तो शादी के वक़्त से ही है!"

"तब ये नहीं लगता था कि कुछ करेगा ही नहीं। एक्टर था, असाइनमेंट मिलती ही रहती थीं, लेकिन अपने एजेंट से बिगाड़ ली। इतनी ज़्यादा कि एजेंट कपिल का दुश्मन बन गया।"

"तो क्या हुआ! कोई दूसरा एजेंट एंगेज कर लेता!"

"नहीं कर सकता था। नहीं कर सका था।"

"वजह?"

"दिल्ली में ये धंधा मुम्बई जैसा बड़ा नहीं है। इधर लिमिटेड एजेंट हैं, लिमिटेड काम है। सारे एजेंट आपस में इत्तफ़ाक़ रखते हैं। नतीजा ये है कि जब तक कपिल अपने एजेंट धर्मेश ग्रोवर से सुलह-सफ़ाई नहीं करेगा, कोई दूसरा एजेंट कपिल को पास भी नहीं फटकने देगा।"

"ओह! तो करता क्यों नहीं सुलह?'

"वजह पूछी मैंने एक दो बार! नहीं बताता।"

"हूँ!"

"मुझे तो लगता है अब उसे मुफ़्त की मौज मारने का चस्का लग गया है। काम नहीं है तो नहीं लगता कि ये बात उसके लिए परेशानी का बायस है।"

"यानी–गुस्ताख़ी माफ़–बीवी पर निर्भर है!"

"अब फ़िलहाल तो ऐसा ही है! आगे कुछ करे तो करे, फ़िलहाल तो ऐसा ही है!"

"किसी वजह से किसी बड़ी रकम की ज़रूरत हो तो कहाँ से मुहैया

करेगा? आपसे?"

"कितनी बड़ी?"

"दस लाख! बीस लाख!"

"नो!" वो सख़्ती से बोली, "नैवर!"

"श्योर?"

"यस! वैरी! हज़ारों मैं मना नहीं करूँगी, लाखों मैं हरगिज़ नहीं दूँगी।"

"दे सकती हैं?"

"अभी तो दे सकती हूँ! पिछले दिनों पापा का एंटीक फ़र्नीचर बेचा न, बहुत महँगे दामों में! वैसे आजकल के फ़र्नीचर की ख़रीद हासिल रकम के बीस फ़ीसदी से ही हो गई।"

"आपके पापा के ज़िक्र पर ख़याल आया, डेथ कैसे हुई थी मोरवाल साहब की?"

"हैवीली डायबिटिक थे। दिन में दो बार, दो तरह की इंसुलिन लेते थे फिर भी शूगर क़ाबू में नहीं रहती थी। वजह ये भी थी कि कभी सुबह की तो कभी शाम की इंसुलिन की सुई लगाना अक्सर भूल जाते थे। शूगर लो हो जाती थी तो अक्सर होश खो बैठते थे। कोई जल्दी से चीनी घोलकर पिलाता था तो उठ बैठते थे। एक बार शूगर ऐसी लो हुई कि उठे ही नहीं, न किसी को ख़बर लगी कि बेहोश होकर गिरे पड़े थे। डॉक्टर को बुलाया, लेकिन उसके पहुँचने से पहले ही जान से जा चुके थे। पता लगा कि शूगर इतनी लो हो गई थी कि कॉर्डियाक अरेस्ट के शिकार हो गए थे।"

"हार्ट के मरीज़ पहले से थे?"

"नहीं! लेकिन शूगर के मरीज़ को वॉर्निंग तो होती ही है न, कि शूगर के बेक़ाबू होना हार्ट पर असर कर सकता है!"

"गुर्दों पर भी! आँखों पर भी! कितनी उम्र थी?"

"इकसठ!"

"हरी ओम! ये तो जाने की उम्र नहीं होती!"

"क़िस्मत की बात है। जिसकी आई हो, उसे कौन रोक सकता है!"

"ठीक कहा!"

कुछ क्षण ख़ामोशी रही।

"पापा का एंटीक फ़र्नीचर," फिर मैं बोला, "जो हाल में आपने बेचा, उसके अलावा वैसी बेशक़ीमती कलेक्टर्स आइटम्स और भी होंगी एस्टेट में जिनको आप लोग समझते हैं, मेहमान नहीं समझते?"

"ज़्यादा नहीं हैं।" वो बोली।

"मेरा फ़र्स्ट फ़्लोर पर मास्टर बेडरूम में झाँकने का इत्तफ़ाक़ हुआ था..."

"हाँ, वहाँ तो हैं कुछ दुर्लभ, एंटीक आइटम्स!"

"जैसे उस्ताद पेंटर्स की ऑयल पेंटिंग्स!"

"हाँ। पापा ने किसी प्राइवेट कलेक्टर से ख़रीदी थीं।"

"पेंटर्स तैयब मेहता, एस.एच. रज़ा, मक़बूल फ़िदा हुसैन!"

"वही!"

"बहुत हैवी इन्वेस्टमेंट हुई होगी पापा की!"

"हाँ, भई!"

"कभी उन्हें बेचने का ख़याल न आया?"

"न! कोई अनहोनी न हुई तो कभी आएगा भी नहीं।"

"आई सी!"

"जब तक मैं ज़िंदा हूँ, तब तक पापा के उस बेडरूम की कोई चीज़ नहीं छेड़ी जाएगी। उनकी यादगार के तौर पर जो जैसा वहाँ है, वैसा ही रहेगा।"

"पेंटिंग्स पर कितनी इन्वेस्टमेंट हुई होगी बड़े मोरवाल साहब की?"

"पता नहीं। लेकिन मेरा अंदाज़ा डेढ़ करोड़ के आस-पास का है।"

"आई सी!"

"तुम पेंटिंग्स के बारे में इतने सवाल क्यों पूछ रहे हो?"

"यूँ ही। आइडल क्यूरियासिटी समझ लीजिए। फिर इसलिए भी कि दोपहर के क़रीब मैंने वो कमरा खुला पाया था, मेरा भीतर झाँकने का इत्तफ़ाक़ हुआ था तो मैंने तीन में से एक पेंटिंग, हुसैन वाली, दीवार पर से ग़ायब पाई थी।"

"अच्छा, वो! वो थोड़ी डैमेज़ हो गई थी, उसे रेस्टोरेशन के लिए भेजा

गया है।"

"कहाँ?"

"ये तो मुझे मालूम नहीं! कपिल से पूछना। रेस्टोरेशन के लिए उसी ने सब हैंडल किया था। ठीक हैंडल करता है वो ऐसे काम, इसलिए मेरे दख़ल की ज़रूरत नहीं होती।"

"अवस्थी साहब ने रेस्टोरेशन आर्टिस्ट ढूँढ़ा कैसे?"

"वैसे ही जैसे एंटीक फ़र्नीचर का ग्राहक ढूँढ़ा। मैं कहाँ से ढूँढ़ती!"

"डील अवस्थी साहब ने कराया?"

"हाँ।"

"फ़ाइनांशियल एंड होल्डर भी अवस्थी साहब?"

"नहीं। मैं!"

"आपको क्या पता डील कितने का था और आपको कितना मिला था!"

"क्या मतलब?"

"फ़र्ज़ कीजिए, एक एंटीक आइटम लाख रुपये की है, आप का हसबैंड डीलर से साँठ-गाँठ करके उसे साठ हज़ार की बताता है और चालीस हज़ार चुपचाप ख़ुद..."

मैंने देखा, वो पहले ही इनकार में सिर हिला रही थी। मैंने सवालिया निगाह उस पर डाली।

"प्रेशियस स्टोंस की तरह," वो बोली, "एंटीक्स के भी अप्रेज़र होते हैं। मैंने पापा का फ़र्नीचर पहले चुपचाप अप्रेज़ कराया था और फिर उसके मुताबिक़ डीलर से रेट फ़िक्स किए थे।"

मैंने तारीफ़ी निगाह उस पर डाली।

"यानी," फिर मैं बोला, "फिर गुस्ताख़ी माफ़, आप का पति उस डील में अपनी रोटियाँ सेंकने जैसा करतब नहीं कर सकता था।"

"बिल्कुल! लेकिन... एक बात है..."

"क्या?"

"राज़ की बात है। राज़ रख सकते हो तो कहूँ?"

मैं जवाब देने ही लगा था कि एक बहुत हल्की-सी आहट मेरे कानों में

पड़ी। मेरे कान पतले थे इसलिए वो आहट मेरी ही तवज्जो में आई जो कि लगता था कहीं बाहर से आई थी–जैसे बाहर दरवाज़े पर या दरवाज़े के सामने के फ़र्श पर किसी चीज़ ने हल्की-सी रगड़ खाई हो।

"सोचना पड़ेगा।" कुर्सी से उठता मैं सहज भाव से बोला।

"कहाँ चल..."

मैंने चेतावनीभरे ढंग से अपने होंठों पर तर्जनी उँगली रखी। वो तत्काल ख़ामोश हो गई। उसके चेहरे पर उलझन के भाव परिलक्षित होने लगे।

"ज़्यादा नहीं सोचना पड़ेगा।" दबे पाँव दरवाज़े की ओर बढ़ता मैं बोला, "बस, दो मिनट दीजिए।"

मैं दरवाज़े पर पहुँचा, एक झटके से मैंने बंद दरवाज़ा खोला।

बाहर हर्षदीप मुझे दरवाज़े पर उकड़ू दिखाई दी।

मैंने बाहर क़दम रखा। ऑटोमैटिक डोर क्लोज़र की वजह से मेरे पीछे दरवाज़ा अपने आप बंद हो गया।

वो अपनी उकड़ू पोज़ीशन छोड़कर सीधी हुई।

"हाथ से मोबाइल गिर गया था।" वो धीरे से बोली।

"आई सी!" मैं भावहीन स्वर में बोला, "लेकिन मुझे तो कुछ और ही लग रहा था!"

"क्या?"

"की-होल से कान लगाए उकड़ू बैठी थीं।"

"वॉट नॉनसेंस!"

"नहीं था ऐसा?"

"नहीं था।"

"तो फिर मुझे वहम हुआ होगा! महज़ लगा होगा ऐसा! एनी वे, मोबाइल ठीक है न! डैमेज़ तो नहीं हुआ?"

"नहीं, बच गया।"

"गलियारे में से गुज़र रही थीं कि ऐन इस कमरे के बंद दरवाज़े के सामने मोबाइल हाथ से गिर गया। नो?"

"यस।"

"गिरा भी यूँ कि झुककर उठाना पड़ा तो कान की-होल से जा लगा!"

"मुझे नहीं पता कहाँ क्या जा लगा!" वो झुँझलाई, "मुझे फ़ोन की फ़िक्र थी, बाक़ी बातों से मुझे कोई सरोकार नहीं था।"

"ओके! गेट अलॉन्ग!"

उसने घूमकर आगे क़दम बढ़ाया।

"दैट्स ट्वाइस!" मैं पीछे से बोला।

वो ठिठकी, घूमी।

"क्या?" फिर बोली।

"ए वर्ड टु दि वाइज़। बट वाइज़ आर नॉट, आई विल हैव ऐनदर वर्ड विद यू... शॉर्टली!"

मैं दरवाज़ा खोलकर भीतर दाख़िल हुआ और वापस अपनी कुर्सी पर बैठा।

"क्या बात थी?" चेताली उत्सुक भाव से बोली।

"कुछ नहीं।" मैं बोला, "लगा था बाहर कोई था। लेकिन ग़लत लगा था। बाहर कोई नहीं था। गलियारा ख़ाली पड़ा था।"

"ओह! पर कोई हो भी तो क्या बात थी?"

"इत्मीनान रखिए, बाहर कोई नहीं था। ओके?"

उसने कठिन भाव से सहमति में सिर हिलाया।

"आप कुछ कह रही थीं," मैंने उसे याद दिलाया, "बल्कि पूछ रही थीं कि क्या आप की कही किसी राज़ की बात को मैं राज़ रख सकता था!"

"हाँ। तो क्या जवाब है तुम्हारा, जो तुमने दो मिनट सोचकर देना था?"

"जब मैंने आपके लिए काम करना क़ुबूल किया है..."

"इसीलिए पूछा। जो कहूँ, उसे राज़ रखोगे न?"

"आई प्रॉमिस!" मैंने उँगली और अँगूठे से अपने गले की घंटी को छुआ।

"सुनो!" वो आगे को झुकी, उसका स्वर धीमा हुआ, "मुझे पूरा-पूरा शक है कि पैसा हासिल करने का कपिल का एक सोर्स है।"

"अच्छा! क्या?"

"उसका किसी लड़की से अफ़ेयर है।"

"आपका मतलब है, था!"

"है।"

"अभी भी! शादी के बाद भी!"

"हाँ।"

"आपको कैसे मालूम?"

"कुछ अरसा पहले उसका एजेंट धर्मेश ग्रोवर यहाँ आया था।"

"आपके हसबैंड से मिलने?"

"नहीं, हमारी एस्टेट मैनेजर हर्षदीप से मिलने। वो हर्षदीप से कैसे वाक़िफ़ था, मुझे नहीं मालूम। बहरहाल आया था तो हर्षदीप ने उससे मेरा परिचय कराया था और उसके प्रोफ़ेशन के बारे में बताया था। मैंने बोला था मैं नाम से, काम से वाक़िफ़ थी और ये भी जानती थी कि पहले वो कपिल का एजेंट होता था। बाद में बहुत थोड़ी देर के लिए उसका मेरे से अकेले में मिलने का भी इत्तफ़ाक़ हुआ था। तब उसने ये बम ड्रॉप किया था कि वो कपिल के बारे में ऐसा कुछ जानता था जिसे वो उजागर करता तो हमारी शादी खटाई में पड़ सकती थी। इतने से ही इतना अंदाज़ा मुझे बराबर हो गया था कि किसी ग़ैर औरत का मामला था और कोई बड़ी बात नहीं कि मेरा हसबैंड उस लव ट्रायंगल का एक एंगल बना हुआ था। एजेंट तो वो बम फोड़कर चला गया, पीछे मुझे फ़िक्र में डाल गया। बाद में मैंने कपिल से दो टूक बात की तो वो क़समें खाने लगा कि ऐसी कोई बात नहीं थी, ग्रोवर उसका दुश्मन बन गया था, इसलिए दुश्मनी निकालने के लिए वो वो फ़सादी हिंट ड्रॉप करके चलता बना था। मेरे सामने उसने हर्षदीप से भी बात की थी और उसे सख़्त हिदायत दी थी कि वो शख़्स–धर्मेश ग्रोवर–जो भले ही उसका वाक़िफ़ था, एस्टेट में क़दम न रखे।"

"आप को पति की वफ़ादारी पर ऐतबार था?"

"भई, अगर निभानी हो तो ऐतबार करना पड़ता है।"

"ये टालू जवाब है। टालिए नहीं, साफ़ जवाब दीजिए! इन स्ट्रिक्ट कॉन्फ़िडेंस जवाब दीजिए!"

"भई," वो कठिन स्वर में बोली, "बेऐतबारी की कोई वजह तो नहीं थी,

लेकिन वो एजेंट कम्बख़्त ऐसी फुरहरी लगा गया कि शक का कीड़ा मेरे ज़ेहन में कुलबुलाता ही रहा। नतीजतन हर घड़ी मैं हमारी मैरिड लाइफ़ को रिव्यू करने लगी। ऐसा अक्सर होने लगा तो एक बात मुझे सूझी जो पहले एबनॉर्मल नहीं लगी थी, लेकिन तब खटकने लगी।"

"क्या बात?"

"कपिल अक्सर मनेसर जाता था और अक्सर रात को फ़ोन कर देता था कि लेट हो गया था, घूँट लगाए था, लॉन्ग ड्राइव का रिस्क नहीं लेना चाहता था इसलिए रात दोस्त के पास ही रुकने का इरादा रखता था।"

"दोस्त!"

"है उसका एक पुराना वाक़िफ़। मारुति की कारों की डीलरशिप है उसके पास। पैसे के मामले में कम्फ़र्टेबल है इसलिए–कपिल कहता है–नेटफ़्लिक्स जैसी लम्बी वेब सीरीज़ बनाने के चाव के हवाले है। एक बड़े राइटर का नावल भी मोटी फ़ीस अदा करके मुहैया कर चुका है और उसका स्क्रीनप्ले बनाने के लिए प्रोफ़ेशनल स्क्रीनप्ले राइटर्स एंगेज कर चुका है। मिस्टर कोहली, एक साल से मेरा हसबैंड उस दोस्त का हुक्का भर रहा है, क्योंकि उसने कपिल को आश्वासन दिया हुआ है कि उसकी वेब सीरीज़ का हीरो कपिल होगा–बस, पेपर वर्क कम्प्लीट होने की देर है।"

"जिसमें एक साल लग भी चुका है!"

"मुझे पता लगा है कि पेपर वर्क में एक साल लग जाना मामूली बात है। कई दिमाग़ लगते हैं, कई बार कई हेर-फेर किए जाते हैं जिनकी वजह से स्क्रिप्ट के फ़ाइनल होने में एक साल लग जाना कोई बड़ी बात नहीं है।"

"आई सी!"

"फिर किसी एस्टैब्लिश्ड प्रोडक्शन कम्पनी से टाई-अप करना होता है, एक से बिजनेस टर्म्स न सेटल हो पाएँ तो दूसरे प्रोडक्शन हाउस को अप्रोच करना पड़ता है। कहने का–मेरे नहीं, कपिल के कहने का–मतलब ये है कि उसके दोस्त जैसे ट्रेड में दाख़िला पाने वाले नए सीरियल निर्माता को शुरुआती तैयारियों में डेढ़-दो साल लग जाना भी कोई बड़ी बात नहीं। काम जल्दी हो जाए तो वाह-वाह वरना नए निर्माता को डेढ़ दो साल की काग़ज़ी

तैयारी को ध्यान में रखकर ही चलना पड़ता है।"

"ये सब आपने अपने पति से जाना?"

"हाँ।"

"जो कि उस कारोबार में रीएंट्री की फ़िराक़ में है जिसको वो छोड़ चुका है!"

"कहता है मौक़ा करारा है, छोड़ी हुई राह पर भी फिर क़दम डालने में कोई हर्ज नहीं है। जमा, ऐसा तो पहली बार हो रहा है न, कि कोई उसे हीरो का रोल ऑफ़र कर रहा है!"

"तो फिर हर किसी को वो ये क्यों कहता है कि वो इस लाइन को छोड़ चुका है?"

"उसकी मजबूरी है। वो अपने एजेंट का देनदार है। ज्यों ही उसे पता लगेगा कि एक बड़ा प्रोजेक्ट कपिल के हाथ आने वाला था, वो अपनी रकम की वसूली की फिर से ज़िद करने लगेगा। ज़िद न चलने पर हो सकता है कि वो ही कपिल के नए प्रोजेक्ट में भाँजी मार दे।"

"इसलिए फ़िलहाल ख़ामोश रहना ज़रूरी!"

"यही स्ट्रेटेजी बताता है वो अपनी।"

"इसलिए अक्सर मनेसर का फेरा?"

"हाँ।"

"और हर फेरे पर नाइट स्टे?'

वो फिर संजीदा हुई।

"अब" फिर बोली, "है तो ऐसा ही!"

"यही वो शक उपजाऊ बात है जो आपके ज़ेहन को डिस्टर्ब कर रही है?"

"हाँ।"

"आपका हसबैंड दोस्त के घर होने की जगह ओवरनाइट माशूक़ के पहलू में!"

"भई, ऐसी उम्मीद तो नहीं, ऐसा मुमकिन तो नहीं, लेकिन पिछले दो हफ़्तों से मेरे साथ जो बीत रही है, उसकी रू में... क्या पता लगता है!"

"कुछ किया आपने इस बाबत?"

"तुम्हारे से बात कर रही हूँ न!"

"मैं तो इत्तफ़ाक़ से अब–रिपीट, अब–आपके फ़ोकस में आया न! जब हसबैंड की बेवफ़ाई के नापाक ख़याल ने–भले ही ग़लत, नाजायज़, नामुमकिन–आपको डिस्टर्ब करना शुरू किया तो तब... तब आपने क्या किया? ख़ामोश रहीं, डिस्टर्ब होती रहीं, या किया कुछ?"

"किया। आख़िर तो करना ही था!"

"क्या किया?"

"इस बाबत–अपनी दिमाग़ी पशेमानी की बाबत–ख़ुफ़िया तौर पर विनीत से बात की!"

"आई सी!"

"विनीत कपिल को कोई ख़ास पसंद नहीं करता, छुपाता भी नहीं, लिहाज़ा जोश से बोला कि वो पता निकलेगा असलियत का।"

"कैसे?"

"उस बाबत न मैंने कुछ पूछा, न उसने कुछ बताया। वैसे मेरा ख़याल है कि किसी तरीक़े से धर्मेश ग्रोवर से यारी गाँठेगा और मालूम करेगा कि इस बाबत उसके मन में क्या था!"

"फ़र्ज़ कीजिए आपके छोटे भाई की वो कोशिश, जिसका आपने खाका खींचा, कामयाब होती है, आपके हसबैंड के किसी ग़ैर औरत से अफ़ेयर की तसदीक़ होती है तो आप क्या करेंगी?"

"रँगे हाथों पकड़ूँगी।" वो ग़ुस्से से बोली।

"फिर?"

"ठौर मार दूँगी।" वो और भड़की।

"फिर आपका क्या होगा?"

उसके जोश-ओ-जुनून को लगाम लगी।

"मर तो नहीं जाऊँगी सदमे से," फिर बोली, "लेकिन अगर अफ़ेयर कन्फ़र्म हुआ तो दोनों कज़ंस से ऐसी जूतपुजार करवाऊँगी कि ताज़िंदगी नहीं भूलेगा। फिर दोबारा मुझे शक्ल दिखाने की हिम्मत करेगा तो... खता

खाएगा।"

"ये सब तो तब होगा न, जब अफ़ेयर कन्फ़र्म होगा, वैसे तो ख़ैरियत होगी न!"

"हाँ।"

"मैं दुआ करूँगा ऐसा कुछ न हो।"

"अरे, तुम प्रोफ़ेशनल डिटेक्टिव हो, तुम पता करो न!"

"जब विनीत कर ही रहा है..."

"तुम भी करो!"

"ओके! बाई दि वे, साहब का मनेसर जाने का कोई शेड्यूल है या रैंडम विज़िट होती है?"

"रैंडम विज़िट होती है।"

"लास्ट विज़िट कब हुई?"

"पिछले शनिवार। इक्कीस तारीख़ को।"

"आइंदा का कोई अंदाज़ा?"

"भई, आज कह तो रहा था परसों जाने को!"

"साहब के मनेसर वाले दोस्त का नाम क्या है?"

"वो तो... वो तो मुझे मालूम नहीं!"

"पता?"

"भई, जब नाम ही नहीं मालूम–मालूम करने का कभी ख़याल ही न आया–तो पता कहाँ से मालूम होता!"

"दोस्त की ऑटोमोबाइल कम्पनी का नाम?"

"मिस्टर कोहली, प्लीज़!"

"वो भी नहीं मालूम?"

"मैं मालूम करूँगी। सब मालूम करूँगी। मुझे दो दिन का टाइम दो!"

"साहब से पूछेंगी?"

"कपिल से पूछना होता तो दो दिन का टाइम माँगने की क्या ज़रूरत थी?"

"ठीक! तो क्या करेंगी?"

वो हिचकिचाई।

"आपने मुझे इतना कॉन्फ़िडेंस में लिया है तो इस चालू-सी बात पर सीक्रेटिव क्यों होना चाहती हैं?"

"विनीत को पीछे लगाऊँगी।"

"ऑल दि वे टु मनेसर!"

"हाँ। फिर कपिल से उसके मनेसर वाले दोस्त की बाबत कुछ पूछने की ज़रूरत ही नहीं रहेगी।"

"वो कर लेगा?"

"देखेंगे!"

"मुझे बताएँगी?"

"भई, तुम्हारे लिए मालूम करूँगी। तुम्हीं तो जानना चाहते हो कपिल के दोस्त का और दोस्त की ऑटोमोबाइल कम्पनी का नाम! मैंने बोला न, मुझे तो ये बातें मालूम करने का कभी ख़याल भी नहीं आया था!"

"टेलिंग प्रोफ़ेशनल काम है!"

"मालूम, लेकिन तुम्हारी मौजूदा मसरुफ़ियात के ज़ेरे-साया मैं तुम्हें ये काम करने को नहीं कह सकती न! कपिल ने तुम्हें एंगेज किया है, मुझे क्या पता तुम्हारे से उसको क्या-क्या उम्मीदें हैं! इसलिए मुझे देखने दो विनीत कुछ कर पाता है या नहीं!"

"ओके! और बोलिए?"

"और क्या बोलूँ? और बस! सिवाय इसके कि गोपनीयता का पूरा ख़याल रखना। हम दोनों के बीच यहाँ हुई कोई भी बात हम दोनों में ही रहे, बाहर न जाए।"

मेरे ज़ेहन में हर्षदीप का अक्स उबरा।

बशर्ते कि–मैंने मन-ही-मन सोचा–पहले ही बाहर न जा चुकी हो; की-होल से कान लगाए हर्षदीप ने कुछ न सुना हो!

"नहीं जाएगी।" मैंने उसे आश्वासन दिया।

'फ़ीस की बाबत भी सोचना। जो चाहोगे मुझे मंज़ूर होगी।"

"थैंक्यू!" मैं उठ खड़ा हुआ, "इजाज़त चाहता हूँ।"

उसने सहमति में सिर हिलाया।

कमरे से निकलकर मैंने बाहर सुनसान पड़े गलियारे में क़दम रखा। मैंने एक सिग्रेट सुलगा लिया और लान में जाकर एक गार्डन चेयर पर बैठ गया।

विकट स्थिति थी।

दो हफ़्ते में वहाँ तीन ऐसे वाक़यात हुए बताए जा रहे थे जिनकी तर्जुमानी क़त्ल की कोशिश के तौर पर की जा सकती थी और ऐसा करने वाले वहाँ एक नहीं दो जने थे। उस एक घटनाक्रम के दो दावेदार थे जिनमें से एक यक़ीनी तौर पर झूठ बोल रहा था। कैसे उन तीन वाक़यात की–जिनका निशाना कोई एक जना था–ख़बर किसी दूसरे जने को हो सकती थी! ऊपर से गमला गिरना सबने हादसा तसलीम किया था। ज़हर वाले वाक़ये का कोई ज़िक्र नहीं उठा था, बिल्ली की बद् हालत वाली बात की ख़बर भी उन पड़ोसियों को ही थी, जिनकी कि वो बिल्ली थी। घुँघरू को उस बात की ख़बर थी, लेकिन वो मेड थी, उसने बिल्ली की बाबत एक रोज़मर्रा का काम किया था जिसको याद रखने की कोई ज़रूरत ही नहीं थी, कोई वजह ही नहीं थी। जमा, क्यों कोई उस बाबत उत्सुकता ज़ाहिर करता कि उनकी किचन में बिल्ली को क्या हुआ था, कुछ हुआ था तो किसने ख़बर बिल्ली के मालिकान पड़ोसियों को पहुँचाई थी! घुँघरू वाचाल थी, उसे बतियाने का शौक़ था, लेकिन उसका ट्रीगर तो सिर्फ़ मैंने दबाया था, वहाँ के मालिकान भला क्यों मेड को मुँह लगाते! मैंने देखा ही था कि दोपहर के क़रीब उसे ऊपर मास्टर बेडरूम में देखकर कपिल कैसे कर्कश भाव से उसके साथ पेश आया था और कैसे वो एक ही घुड़की से सहम गई थी!

ऐसी मेड क्या मालिकान से ख़ुद बतियाती!

बहरहाल बिल्ली के मालिक पड़ोसियों का, अबरोल्स का, ख़ुद का ही ख़याल था कि बिल्ली की बद् हालत के लिए ख़ुद बिल्ली की आवारागर्दी ज़िम्मेदार थी और बात वहीं ख़त्म हो गई थी। मैगी का, मैगी के प्रेज़ेंटर सेल्समैन का–अगर ऐसा कोई सेल्समैन था–कोई ज़िक्र नहीं आया था, लेकिन तीसरी वारदात के दो वर्ज़न मुझे सुनने को मिले था। क्लाइंट का वर्ज़न कहता था कि जब वो छत के किनारे के सहारे लटका मदद के लिए चिल्ला

रहा था तो उसके चिल्लाने की आवाज़ सिर्फ़ हर्षदीप ने सुनी थी जिसने छत पर आकर नीचे गिरी पड़ी सीढ़ी को उठाया था और मेरे क्लाइंट की मदद के लिए उसे वापस दीवार पर लगाया था। लेकिन अभी वो क्लाइंट की बीवी से सुनकर आ रहा था कि उसके साथ जब वो हादसा गुज़रा था तो सीढ़ी का ऊपरला एक डंडा टूटने के बाद सीढ़ी दीवार पर अपनी जगह से हट गई थी, हटकर नीचे नहीं गिरी थी। लिहाज़ा उसने ख़ुद ही जैसे-तैसे सीढ़ी को क़ाबू में किया था और गिरने से बची थी।

मैगी की डिस्पोज़ल के भी दो वर्ज़न थे। एक के तहत मैगी को कमोड में डालकर फ़्लश कर दिया गया था, दूसरे के तहत मैगी किचन के गारबेज कैन के हवाले की गई थी।

अगर वो क़त्ल की ही एक के बाद एक तीन कोशिश थीं तो ज़ाहिर था कि उनकी वाक़फ़ियत रखने वाला पहला शख़्स वो था जिसने इरादतन वो सब किया था और दूसरा शख़्स वो था जिसने पहले का किया भुगता था। हालात बताते थे कि उन वाक़यात से वाक़िफ़ फिर भी कोई तीसरा शख़्स था तो वो मैं था। मेरे सामने अब ये इक्वेशन थी कि एक करने वाला था और एक भुगतने वाला था। अगर भुगतने वाला मेरा क्लाइंट था–जैसा कि उसका दावा था–तो करने वाली यक़ीनन उसकी बीवी थी, क्योंकि और किसी तरीक़े से उसे अपने ख़ाविंद की आपबीती की ख़बर नहीं हो सकती थी। उस सोच के तहत इस बात का उलट भी मुमकिन था। यानी भुगतने वाली बीवी थी तो करने वाला ख़ाविंद था, मेरे सामने दोहराने के लिए जिसे सब मालूम था। दोनों का दावा था कि किसी तीसरे को वाक़यात की भनक उन्होंने नहीं पड़ने दी थी। अगर ऐसा था तो मेरे ज़ेहन में आई इक्वेशन के अलावा–एक करने वाला, एक भुगतने वाला–इस गुत्थी का कोई हल नहीं था।

अब मेरे सामने यक्ष प्रश्न था कि मैं किस पर ऐतबार लाऊँ?

अपने क्लाइंट पर?

क्योंकि जो सुधीर कोहली का क्लाइंट था, वो बेगुनाह था।

ठीक!

फिर वो पेइंग कस्टमर था। उसने एक बड़ी रकम ख़र्च की थी अपनी

जान की फ़िक्र के मद में।

तो बीवी!

मैं चेताली की कल्पना सम्भावित क़ातिल के तौर पर न कर सका।

इनफ़िडिलिटी पर विवाहितों का ऐतराज़ यूनीवर्सल था। मर्द की बेवफ़ाई पर औरत का भड़कना नेचुरल फ़िनॉमिना था।

ऐसी ही एक महिला ने अपनी एक पक्की, राज़दाँ, सखी से सवाल किया, "तेरा क्या ख़याल है, मेरा पति मेरे से बेवफ़ाई करेगा?"

"उसके पास पौरुषदंड है?" सखी ने पूछा।

"है!"

"करेगा!"

लिहाज़ा जब ईश्वर ने ही मर्द को पोलीगेमिस्ट बनाया था तो मर्द क्या कर सकता था!

शादी के बाद सुधर सकता था।

सुधर जाता था?

जवाब यूनीवर्सल था।

मौक़ा हाथ से जाने देना मर्द की बुनियादी फ़ितरत के ख़िलाफ़ था। सयाने लोग कहते हैं कि प्रलोभन से बचना चाहिए, लेकिन मर्द मानस तो ख़ास ख़याल रखता था कि कोई प्रलोभन उससे न बच निकले।

यानी घर की मुर्ग़ी दाल बराबर और बाहर की दाल चंगेरी।

मेरा ध्यान फिर यक्ष प्रश्न की तरफ़ गया–कौन झूठ बोल रहा था?

कौन!

कौन!

मेरा दिमाग़ भन्ना गया।

विनीत पर मैडम को कुछ ज़्यादा ही भरोसा जान पड़ता था। दो बड़े कामों का ज़िक्र तो उसने मेरे सामने किया था जिन्हें कि विनीत कामयाबी से अंजाम दे सकता था–एजेंट धर्मेश ग्रोवर से यारी लगाकर उससे जानकारी निकलवा सकता था कि क्या कपिल का कोई शादी से पहले का अफ़ेयर अलाइव था जिसमें कि बीवी ख़ाविंद को रंगे हाथों पकड़ने की तमन्नाई थी, और क्या वो

कामयाबी से मनेसर तक कपिल के पीछे लगा रह सकता था और यूँ उस दोस्त की जानकारी हासिल कर सकता था जिससे वो मिलने जाया करता था। दोनों दो विभिन्न काम थे और परस्पर विरोधी काम थे। यानी चेताली ये फ़ैसला करने में नाकाम थी कि उसके हसबैंड की कैज़ुअल ओवरनाइट एक्सकर्शन का मरकज़ मनेसर था या किसी सौतन का पहलू था।

उस वक़्त मुझे रजनी की बहुत याद आई। इतने अहम मसले पर स्वतःभाषण करने की जगह अगर मैं उससे मशवरा कर रहा होता तो वो तमाम कन्फ़्यूज़न दूर कर देती; मसायल में और मेरे बीच में पसरे तमाम जाले साफ़ कर देती।

विनीत के किए मुझे नहीं लगता था कि कुछ होने वाला था। किसी से यारी क्या जादू के ज़ोर से लगाई जा सकती थी! कोई न भाव देता लगे तो कैसे उसे जबरन यार बनाया जा सकता था! बनाया जा भी सकता था तो क्या ये चुटकियों में होने वाला काम था! कई दिन लग सकते थे विनीत को कामयाब होने में जबकि मेरी असाइनमेंट पाँच दिन–या बड़ी हद सात दिन–की थी और दूसरा दिन तो बस, गुज़रा जा रहा था।

दूसरे, किसी के पीछे लगना–वो भी लम्बे अरसे तक–एनसीआर के हैवी ट्रैफ़िक में नामुमकिन काम था। ऐसी टेलिंग इलेक्ट्रॉनिक गजेटरी की मदद से ही हो सकती थी जिससे मैं नहीं समझता कि वो गार्मेंट डीलर कजन–ट्रेनी जासूस–वाक़िफ़ था।

बड़ा गोरखधंधा था–आइसबर्ग जैसा, जिसकी अभी टिप ही दिखाई दे रही थी।

झुँझलाकर मैंने सिग्रेट परे फेंका।

तभी मुझे गलियारे में घुंघरू दिखाई दी। मैंने उसे आवाज़ दी तो वो ठिठकी। मैंने उसे क़रीब आने का इशारा किया।

उसने इनकार में सिर हिलाया।

तब तक सूरज कब का डूब चुका था और माहौल अँधियारा होने लगा था। मैंशन के बाहर की एक दो बत्तियाँ जलाई भी जा चुकी थीं जिनकी रौशनी लॉन में दूर तक वहाँ नहीं पहुँच रही थी जहाँ मैं बैठा हुआ था। उसके इनकार

का मैंने यही मतलब लगाया कि वो अँधियारे में क़रीब नहीं आना चाहती थी।

लिहाज़ फिर कहीं आपे से बाहर न होने लगता। मैंने उसे वहीं रुकने का इशारा किया। उसने सहमति में सिर हिलाया। मैं उसके क़रीब पहुँचा।

"बुलाने पर आई क्यों नहीं?" मैंने गिला किया।

"वजह आप जानत हैं।" उसका पहले जैसा चिड़िया-सा चहचहाता लहजा उस घड़ी शुष्क था।

"अरे, एक ज़रूरी बात करनी थी तेरे से!"

"हमका बहूत काम है।"

"होगा! करना! पर छोटी-सी बात मेरी भी सुन!"

"छोटी-सी?"

"हाँ।"

"आपकी छोटी बात भी बड़ी होत है।"

"अरे, सुन तो!"

"छोटर हो तो सुनत हैं।"

"क्या बोला?"

"सही बोले हम! बात छोटर हो–बल्कि छोटेस्ट हो–तो सुनत हैं।"

तौबा!

उसकी जो भाषा पिछली बार मुझे इतनी मज़ाहिया, इतनी दिलख़ुश लगी थी, वो अब इरीटेट कर रही थी।

"देख!" मैं धीरज से बोला, "मैं सुमीत और विनीत के बारे में कुछ पूछना चाहता हूँ जो पिछली मीटिंग में मैं तब पूछना भूल गया था जब तूने मेरा" मैंने रंगीन निगाह उस पर डाली, "लिहाज़... किया था..."

उसने यूँ मेरी तरफ़ देखा जैसे मेरी शक्ल पहचानने की कोशिश कर रही हो। उस घड़ी मेरी फ़ेमस मिकनातीसी निगाह का उस पर कोई असर नुमायाँ नहीं था।

"पूछिए शीघ्रली!" वो बोली।

"कपिल से कैसी बनती है उन दोनों की?"

"कैसी बनती है!"

"हाँ! आख़िर उनकी बहन का–भले ही सगी नहीं है–हसबैंड है, जीजा है! कैसी बनती है?"

"मेहमान जी, मैडम भले ही उनकी सगी बहन नहीं हैं, दोनों मैडम को सगी बहन से ज़्यादा मानत हैं, क्योंकि उनकी अपनी कोई बहन नहीं है। जान छिड़कत हैं मैडम पर!"

"मेरा सवाल सर की बाबत था।"

"हम वही बोल रहे हैं। आप बहुत उतावले हो रहे हैं। सुनत नहीं!"

"सॉरी!"

"बड़े भैया सुमीत का मिज़ाज और क़िस्म का है, वो सर पर कोई ख़ास, कोई अलग से ध्यान नहीं देत हैं पर छोटे भैया विनीत को," उसका स्वर धीमा पड़ा, "सर बिल्कुल नहीं पसंद!"

"वजह?"

"हम का बोलें! बस, नहीं पसंद! पहले दिन से ही नहीं पसंद!"

"अरे, कोई वजह तो होगी नापसंदगी की?"

"अब का बोलें? शीघ्रली अंदाज़ा बोलत हैं।"

"वही बोल!"

"छोटे भैया को बहन का लगन के बाद यहीं टिके रहना और इस कारण सर का भी इधर ही डेरा डाले रहना नहीं पसंद! जब बड़े मोरवाल साहब ज़िंदा थे तो छोटे भैया इस बाबत अपनी नाख़ुशी दबा के रखे थे। लेकिन जब बड़े साहब स्वर्गवासी भए तो छोटे भैया अपनी नाख़ुशी छुपात ही नहीं थे। कई बार उनकी और सर की तक़रार होती थी जिसमें बीच-बचाव या मैडम करत थीं या बड़े भैया करत थे।"

"तक़रार के मुद्दा यही था कि शादी के बाद भी कपिल यहीं क्यों बना हुआ था?"

"अब था तो यही, लेकिन छोटे भैया साफ़ ऐसा नहीं बोलत थे। किसी भी बात पर तक़रार मोल लेत थे जिसमें सर के लिए इशारा साफ़ होत था कि वो यहाँ क्यों डेरा डाले थे!"

"भई, मैडम इस प्रॉपर्टी की मालकिन हैं। क्यों भला वो छोटे भैया को

राज़ी करने के लिए एस्टेट छोड़कर कहीं और रहने चली जाएँगी!"

"हम का बोलें! बड़े लोगों की बातें हैं, हम का बोले इस मा? हम तो वो बोले हैं जो आप हमका बोलने को बोले! जवाब दिए हैं आप के सवाल का अक़्लनेसली। अभी जात हैं। बहुत काम है हमका।"

और वो हिरणी की तरह कुलाँचें भरती वहाँ से चली गई।

तीसरा दिन : गुरुवार, 23, जनवरी

पिछले रोज़ की तरह उस रोज़ भी सुबह-सवेरे मुझे मुकंदलाल से मिलना था, लेकिन उसी के कहने पर मुलाक़ात का वक़्त ग्यारह बजे का निर्धारित हुआ था। लिहाज़ा मैं ब्रेकफ़ास्ट के बाद एस्टेट से निकल सकता था।

सवा दस बजे मैं मैंशन से निकला और अपनी कार में सवार हुआ। स्टियरिंग के पीछे बैठकर मैंने एक सिग्रेट सुलगाया और फिर इग्निशन ऑन किया–

धड़ाम!

कार का बोनट उखड़कर हवा में ऊँचा उछल गया। विंड स्क्रीन का शीशा चूर-चूर हो गया, बेशुमार टुकड़े मेरी छाती से टकराए, गोद में आकर गिरे। धमाका इतना बुलंद आवाज़ था कि इमारत की खिड़कियाँ और दरवाज़े थरथरा गए। क्या घर वाले, क्या स्टाफ़, सब दौड़े आए। पलक झपकते सब कार के गिर्द जमा हो गए। 'क्या हुआ', 'क्या हुआ' की आवाज़ें बुलंद होने लगीं।

एक एकड़ में फैली एस्टेट थी, इसलिए लगता था विस्फोट की आवाज़ आज़ू-बाज़ू पड़ोसियों तक नहीं पहुँची थी–या तत्काल किसी की समझ में नहीं आया था कि आवाज़ कैसी थी, कहाँ से आई थी–वर्ना वहाँ कहीं बड़ा जमघट लगा होता।

विस्फोट से हिला हुआ मैं कार से बाहर निकला। सिग्रेट पता नहीं कब मेरे होंठों से निकलकर कहीं जा गिरी थी।

ये देखकर मेरे मेज़बान ने–बाक़ियों ने भी–चैन की साँस ली कि मैं सही-सलामत अपने पैरों पर खड़ा था।

तब सबसे पहला काम मैंने ये किया की मोबाइल निकालकर मुकंदलाल को एसएमएस भेजा–*ग्यारह बजे ऑफ़िस न आना। बाद में फ़ोन करूँगा; जहाँ बुलाऊँ, वहाँ आना।*

"तुम ठीक हो न!" सस्पेंस के हवाले कपिल ने पूछा।

"हँ–हाँ!" मैं फँसे कंठ से बोला।

"कहीं चोट तो नहीं लगी?"

"नहीं!"

"क्या हुआ था?'

"ये मैं बताऊँ?"

वो ख़ामोश हो गया और अनिश्चित-सा मुझे देखने लगा।

"किसी ने" मैं बोला, "मेरी कार में बोनट के नीचे बम लगाया और उसे इग्निशन के साथ वायर कर दिया। मेरे इग्निशन ऑन करते ही–जैसा कि अपेक्षित था, जैसा कि इंतज़ाम था–बम फट गया। बोनट मज़बूत निकला, तक़रीबन इम्पैक्ट उसने झेला इसलिए मैं बच गया वर्ना न मेरा कुछ बचता, न कार का!"

कोई कुछ न बोला।

"कार लॉक्ड थी, चाबी मेरे पास थी। बम लगाने के लिए कार को खोला जाना ज़रूरी था। कैसे किसी ने कार को खोला?"

किसी के पास जवाब नहीं था। फिर सुमीत बोला, "कोई बाहर से आया..."

"ख़ास मेरे से दुश्मनी निकालने के लिए?" मैं बोला, "अव्वल तो किसी बाहरी आदमी की मेरे से ऐसी अदावत की कोई वजह ही नहीं थी, थी तो दुश्मनी निकालने के लिए ये पेचीदा तरीक़ा इस्तेमाल करने की क्या ज़रूरत थी? फिर उसका नापाक इरादा कामयाब भी तो न हुआ! मैं तो ज़िंदा हूँ!"

सुमीत फिर न बोला।

"दिस इज़ ऐन इनसाइड जॉब!" मैं निर्णायक भाव से बोला, "जो किया, एस्टेट में मौजूद साहबान में से किसी ने किया..."

"ये नहीं हो सकता।" विनीत ने तीव्र विरोध किया।

"...किसी ऐसे शख़्स ने किया जिसको बम मुहैया था और जो चाबी बिना कार खोलना जानता था। मैं बाहरी आदमी हूँ, आप घर के लोग हैं, ख़ुद फ़ैसला कीजिए कि ऐसा साधनसंपन्न यहाँ कौन हो सकता था!"

"कोई नहीं! यहाँ ऐसा शख़्स कोई नहीं!"

"तो ज़रूर जो हुआ, जादू के ज़ोर से हुआ।"

"जादू भी तो" चेताली होंठों में बुदबुदाई, "किसी आदमज़ाद के किए ही होगा!"

"एग्ज़ैक्टली!"

"अब कैसे पता लगे कि..."

"पुलिस पता लगाएगी। ये पुलिस का काम है। ये बड़ी वारदात है, पुलिस की जानकारी में आनी चाहिए।"

"अभी वारदात का सबब तो समझ में आए!" अवस्थी बोला, "बाई दि वे, ड्राइव की तैयारी में कहीं तुम सिग्रेट तो नहीं पी रहे थे?"

"पी रहा था।" मैं बोला।

"शायद पेट्रोल लीक हो रहा हो और सिग्रेट की वजह से आग पकड़ गया हो!"

"पेट्रोल की मुश्क फ़ासले से पता लगती है, कार में बैठते न पता लगी मुझे?"

"किसी और ख़यालों में होगे! नहीं तवज्जो गई होगी!"

"पेट्रोल आग पकड़ते ही धमाका नहीं करता।"

"यार, तुम्हारी सब बातें क़ुबूल हैं। तुम डिटेक्टिव हो..."

तत्काल उसने होंठ काटे। दोनों भाइयों की संदिग्ध निगाहें कभी मेरे तो कभी अवस्थी के चेहरे पर पड़ीं।

"म–मेरा मतलब था" अवस्थी ने बात सँवारने की कोशिश की, "ज़्यादा जासूसी नावल पढ़ते होने की वजह से तुम्हारी सोच जासूसों जैसी हो गई हो सकती है।" आगे उसके स्वर में गहन आग्रह का पुट आया, "है न ये बात!"

"हाँ।" मेज़बान की लाज रखने की नीयत से मैं बोला।

दोनों भाइयों ने एक-दूसरे का मुँह देखा।

"जो हुआ, बुरा हुआ," अवस्थी जल्दी से बोला, "लेकिन शुक्र है कि तुम्हें कुछ न हुआ। तुम मुझे थोड़ा वक़्त दो, मैं ख़ुद मालूम करने की कोशिश करूँगा, करके रहूँगा, कि इस वारदात में क्या यहाँ के बाशिंदों में से किसी का हाथ हो सकता है!"

"बड़ा काम करोगे।" विनीत शुष्क स्वर में बोला, "बल्कि कर लोगे तो कमाल करोगे। करना, जो तुम्हारे बस का है, लेकिन पुलिस रिपोर्ट फिर भी ज़रूरी है।"

"क्यों?"

"तुम्हें नहीं पता क्यों? डियर ब्रो-इन-लॉ, यही बात अहम नहीं है कि ये वाहियात हरकत किसकी है–जिसका कि तुम कहते हो पता लगा लोगे–ये बात भी अहम है कि एक नई, हाई-एंड कार डैमेज़ हुई है और इंश्योरेंस से डैमेज़ क्लेम करने के लिए पुलिस रिपोर्ट ज़रूरी होती है। कार माँगे की है, मेहमान के किसी लोकल फ्रेंड की है, क्या जवाब देंगे ये फ्रेंड को?"

अवस्थी को जवाब न सूझा।

"वो मेरे और मेरे दोस्त के बीच की बात है।" मैं बोला, "मैं पहले उससे बात कर लूँ, फिर पुलिस रिपोर्ट की बाबत हम बाद में भी सोच सकते हैं।"

तत्काल अवस्थी के चेहरे पर रौनक़ आई।

"यस!" वो चमककर बोला, "यस!"

विनीत ने बुरा-सा मुँह बनाया, लेकिन फिर न बोला।

"लेकिन" चेताली बोली, "जो हुआ, वो हुआ क्यों? किसने किया? किस मक़सद को हासिल करने के लिए किया?"

सब एक-दूसरे का मुँह देखने लगे।

किसी ने जवाब न दिया तो सब धीरे-धीरे वहाँ से खिसकने लगे।

पीछे चेताली ठिठकी खड़ी रही, लेकिन शायद पति से उसे कोई गुप्त संदेश मिला कि वो भी वहाँ से रुख़सत हो गई।

पीछे मैं और मेरा क्लाइंट रह गए। मैंने एक सिग्रेट उसे दिया और एक ख़ुद सुलगाया। मैंने ख़ामोशी से सिग्रेट का एक लम्बा कश लगाया, फिर बोला, "लगता है यहाँ मेरा राज़ राज़ नहीं रहा है!"

अवस्थी की भवें उठीं।

"कोई यहाँ मेरी मौजूदगी नहीं चाहता। मुझे एस्टेट से ग़ैरहाज़िर करने के लिए किसी ने ये तरीक़ा अख़्तियार किया!"

"लेकिन कैसे किसी को तुम्हारी असलियत की ख़बर लग सकती है?"

"जैसे तुम्हारी ज़ुबान अभी सब के सामने बेक़ाबू हुई और तुमने मुझे डिटेक्टिव बता दिया–भले ही मेरी हामी से बात सँवार ली–वैसे पहले भी बेक़ाबू हुई हो सकती है!"

"नो!"

"बेध्यानी में!"

"नो!"

"तो कैसे भी सही, किसी को मालूम है बराबर कि मैं–तुम्हारा एस्टेट में मेहमान–असल में प्राइवेट डिटेक्टिव हूँ वर्ना इस वारदात का कोई मतलब नहीं, कोई मक़सद नहीं!"

अवस्थी के चेहरे पर गहन चिंता के भाव आए। कुछ क्षण हम दोनों ने ख़ामोशी से सिग्रेट के कश लगाए।

"कोहली!" फिर वो बोला, "मैं चाहता हूँ कि मौजूदा वारदात की पुलिस में रिपोर्ट न हो!"

"कमाल है! ये कोई मामूली वारदात थी! मेरी जान जा सकती थी!"

"शुक्र है ख़ुदा का कि गई नहीं। तुम ये समझो की मैं इस बात को कैश करना चाहता हूँ।"

"एक्सप्लेन!"

"पुलिस की दख़लअंदाजी बड़ा बखेड़ा खड़ा कर सकती है। पुलिस आई तो सब शक के दायरे में होंगे। नतीजतन वो मुद्दा बीच में ही ग़ायब हो जाएगा जिसके लिए मैंने तुम्हें एंगेज किया है, तुम्हारी फ़ीस भरी है। मैं ऐसा नहीं चाहता। मैं तुम्हारा फ़ोकस उसी काम पर चाहता हूँ जिसके लिए तुम यहाँ हो।"

"पुलिस रिपोर्ट कैसे टलेगी? क्या भूल गए कि विनीत का पुलिस रिपोर्ट पर कितना ज़ोर था?"

"तुम्हारे टाले टलेगी। तुम पुलिस रिपोर्ट नहीं चाहोगे तो क्या विनीत, क्या कोई दूसरा, इस बात पर ज़ोर देता नहीं रह सकेगा।"

"लेकिन डैमेज़..."

"कोई ज़्यादा नहीं है। बोनट डैमेज़ हुआ है और विंड स्क्रीन टूटी है। तुम कह सकते हो कार ख़ुद तुम से कहीं ठुकी थी, तब इंश्योरेंस क्लेम में तुम्हें कोई प्रॉब्लम नहीं होगी।"

"गैराज वाले नहीं जान पाएँगे कि असल में..."

"गैराज वालों ने पैसे कमाने होते हैं, कोहली! मुझे जाती तजुर्बा है इस मामले में, वो इंश्योरेंस होल्डर से कोऑपरेट करते हैं।"

"तुम ऐसा समझते हो तो..."

"मैं ऐसा जानता हूँ। मैं तेरा क्लाइंट हूँ। क्लाइंट का कहना मान, कोहली, और जैसा मैंने कहा है, वैसा कर!"

"अच्छा!"

"हाँ। तभी तू अपना फ़ोकस इस बात पर बनाए रख पाएगा कि चौथी अटेम्प्ट होने से पहले तूने उस कमीने का पता लगाना है जो मेरी जान के पीछे पड़ा हुआ है।"

"अच्छी बात है।"

"जैसे मैंने कहा, वैसे करेगा?"

"हाँ।"

"नो पुलिस?"

"हाँ।"

"शुक्रिया! अब बोल, तू जा कहाँ रहा था?"

"जहाँ जा रहा था, अब नहीं जा पाऊँगा। डैमेज़्ड कार की सूरत में सामने इतनी बड़ी लायबिलिटी खड़ी है, कैसे जा पाऊँगा?"

"ओह! मैं तो भूल ही गया था!"

"इंश्योरेंस वालों को ख़बर करनी होगी, डैमेज़ अप्रेज़ल के लिए उनके आदमी का यहाँ पहुँचने का इंतज़ार करना होगा। गाड़ी को टो करवा के गैराज में पहुँचाने का इंतज़ाम करना होगा।"

"हूँ! ऐसा करना, इंश्योरेंस वाले के आने तक रुकना, बाक़ी काम तेरी ग़ैरहाज़िरी में भी हो सकते हैं।"

"कौन करेगा?"

"हर्षदीप करेगी। ऐसे ही तो एस्टेट मैनेजर नहीं है!"

"आई सी!"

"मैंने कनॉट प्लेस किसी से मिलना है। बारह बजे निकलूँगा। तब तक अप्रेज़र आ जाए..."

"आ जाएगा। मेरा वाक़िफ़ है। नेहरू प्लेस में मेरे वाले कॉम्प्लेक्स में ही ऑफ़िस है इंश्योरेंस कम्पनी का।"

"...तो मेरे साथ चलना। मैं जहाँ कहेगा, तुझे ड्रॉप कर दूँगा। डाइवर्ज़न के लिए भी बोलेगा तो चलेगा।"

"नहीं बोलूँगा। मैंने भी कनॉट प्लेस ही जाना है।"

"अच्छा इत्तफ़ाक़ है। लेकिन लेट पहुँचेगा!"

"कोई फ़र्क़ नहीं पड़ता। मेरा काम टाइम बाउंड नहीं है।"

"ठीक है फिर। बारह बजे मिलते हैं।"

मैंने सहमति में सिर हिलाया।

वो चला गया।

पीछे मेरे ज़ेहन पर की-होल पर कान लगाए हर्षदीप कौर बाजवा का अक्स उभरा।

पीपिंग टॉम!

जासूस!

किसकी?

हालाँकि ऐसा मुमकिन नहीं जान पड़ता था, फिर भी सबसे पहले मेरी तवज्जो मेरे क्लाइंट की तरफ़ गई।

इसी वजह से–भले ही नाजायज़ वजह से–एक ख़ास तैयारी से लैस होकर मैंने अवस्थी के साथ चलने का फ़ैसला किया, भले ही मेरी तैयारी किसी काम न आती।

हम कनॉट प्लेस पहुँचे। आउटर सर्कल में–जो कि क्नॉट सर्कस कहलाता था–एन ब्लॉक की पार्किंग में उसने कार डाली। तब पौना एक बजने को था।

"मैंने" मैं बोला, "स्टेट्समैन के क़रीब आउटर सर्कल में ही जाना है इसलिए यहाँ उतरने में मुझे कोई प्रॉब्लम नहीं।"

"गुड!" वो बोला, उसने अपनी ओर का दरवाज़ा खोलने के लिए हाथ बढ़ाया।

"एक मिनट!" मैं जल्दी से बोला, "मैं ज़रा एक सिग्रेट सुलगा लूँ!"

सहमति में सिर हिलाते उसने डोर हैंडल पर से हाथ वापस खींच लिया। मैंने जेब से अपना डनहिल का पैकेट निकाला, उसका फ़्लैप खोला तो मेरे मुँह से निकला, "ओ, हैल!"

"क्या हुआ?" उसने पूछा।

मैंने खिड़की का शीशा नीचे गिराया, फ़्लैप वापस पैकेट में यथास्थान पहुँचाया और पैकेट बाहर फेंक दिया।

"ख़ाली था!" मैं बुरा-सा मुँह बनाता बोला, "पता नहीं ध्यान क्यों नहीं गया!"

उसने जेब से सिग्रेट का अपना पैकेट निकाला और उसे खोलकर मेरी तरफ़ बढ़ाया।

गोल्ड फ़्लेक!

सिग्रेट निकालने की जगह मैंने उसके हाथ से पैकेट ही ले लिया और उसे उलटने-पलटने लगा।

"तुम्हारा रेगुलर है?" मैंने पूछा।

"हाँ।"

पैकेट में आठ-नौ सिग्रेट थे। मैंने एक सिग्रेट निकाला, फ़्लैप बंद किया और पैकेट उसे लौटा दिया। अपने लाइटर से मैंने सिग्रेट सुलगाया और कश लगाता कार से बाहर निकला।

"फ़ोन ट्राई कर लेना।" वो भी बाहर निकलता बोला, "क्या पता वापसी में भी साथ बन जाए!"

"ठीक!"

वो बरामदे में आगे बढ़ चला।

उसके पीठ फेरते ही सबसे पहले मैंने कार से बाहर फेंका अपना डनहिल का पैकेट उठा के जेब में रखा, जिसमें अभी पंद्रह सिग्रेट बाक़ी थे, फिर ताज़ा सुलगाया सिग्रेट डस्टबिन में फेंका, जेब से मोटे फ्रेम और मोटे लेंसों वाला चश्मा निकालकर आँखों पर लगाया और मुँह पर पोल्यूशन मास्क चढ़ाया जो कि आजकल इलीट में ज़रूरत से ज़्यादा दिखावा बन गया था। सावधानी से मैं बरामदे में उसके पीछे चलने लगा।

वो मुश्किल से सौ गज चला और एक रेस्टोरेंट का दरवाज़ा खोलकर भीतर दाख़िल हो गया। रेस्टोरेंट का नाम 'गोल्ड स्टार' था।

उसके दरवाज़े के सामने के एक पिलर की ओट में मैं बाहर ठिठका खड़ा रहा। कुछ देर मैंने इंतज़ार किया, फिर उसे भीतर सेटल हो गया मानकर मैंने भी भीतर क़दम डाला। दरवाज़े पर से मेरी निगाह पैन होती आज़ू-बाज़ू घूमी तो मैंने पाया कि वो एक बार-कम-रेस्टोरेंट था। बाएँ कोने में एक लम्बा बार काउंटर था और बाक़ी हाल में चार-चार के बैठने की टेबल थीं। माहौल में नीमअँधेरा था और म्यूज़िक बज रहा था। बार पर उस घड़ी कोई ग्राहक मौजूद नहीं था और हाल की मेज़ें भी आधी से ज़्यादा ख़ाली थीं।

लंच के टाइम भी वहाँ लंच अभिलाषी पैट्रंस का रश न होना कोई बड़ी बात नहीं थी। कनॉट प्लेस में वैसे दो सौ रेस्टोरेंट थे, इतने कम्पीटीशन में मुमकिन नहीं था कि सब हाउसफ़ुल दिखाई देते।

अवस्थी मुझे दाईं ओर की टेबल्स में से एक पर बैठा दिखाई दिया। उसकी मेरी तरफ़ पीठ थी फिर भी फ़ासले से मैंने उसे साफ़ पहचाना था। उसके सामने मेरी तरफ़ मुँह किए एक अतिआधुनिक सुंदरी बाला बैठी थी जो उम्र में मुझे पच्चीस के क़रीब की जान पड़ी। मुझे उसका सिर्फ़ धड़ दिखाई दे रहा था फिर भी लो-नेक स्कीवी, उन्नत वक्ष और स्टाइल से कटे हुए, रंगे हुए बालों की वजह से मर्दाना तारीफ़ी निगाह को तृप्त करने के लिए बहुत चुस्त-दुरुस्त जान पड़ रही थी। दोनों के एक-दूसरे से पेश आने का स्टाइल स्थापित करता था कि मुलाक़ात पूर्वनियोजित थी।

एक स्टीवार्ड मेरे क़रीब पहुँचा।

“मे आई हेल्प यू, सर!” व्यवसायसुलभ मुस्कुराहट से मुझे नवाज़ता वो बोला।

“यस, प्लीज़!” मैं बोला, “डायरेक्ट मी टु वाशरूम!”

वाशरूम एक लकड़ी की जालीदार स्क्रीन के पीछे था, स्क्रीन तक उसने मुझे पहुँचाया। मेल वाशरूम उस घड़ी ख़ाली था। जब बाहर ग्राहकों का तोड़ा था, तो वाशरूम का ख़ाली मिलना क्या बड़ी बात थी!

मैं एक टॉयलेट स्टॉल में दाख़िल हुआ। मैंने फ़ेस मास्क मुँह पर से नीचे खींचकर गले में पहुँचाया और अंदाज़े से साथ लाई फ़्रेंच कट दाढ़ी-मूँछ चेहरे पर सेट की। मोबाइल के कैमरे के सेल्फ़ी मोड के ज़रिये मैंने तसदीक़ की कि दोनों ऐन दुरुस्त चस्पाँ हुई थीं और वहाँ से बाहर निकला।

सिंक्स के आगे वाल-टू-वाल मिरर था जिसमें मैंने दाढ़ी-मूँछ का फिर मुआयना किया और मास्क वापस मुँह पर चढ़ा लिया।

मैं वापस हाल में पहुँचा। स्टीवार्ड फिर मेरे क़रीब पहुँचा। उसे दिखाने के लिए मैंने मास्क चेहरे से नीचे सरकाया, क्योंकि वो ज़रूरी था–रेस्टोरेंट में मास्क वाले ग्राहक का क्या काम था! कैसे मास्क हटाए बिना वो कुछ खा-पी सकता था!

स्टीवार्ड ने मुझे जिस टेबल पर पहुँचाना चाहा, मैंने उसको रिजेक्ट कर दिया और ख़ुद ही एक ऐसी ख़ाली मेज़ पर बैठ गया जो अवस्थी और उसकी संगिनी की टेबल के क़रीब ऐसी पोज़ीशन में थी कि उसका रुख़ मेरी तरफ़ था, उनकी तीन-चौथाई टेबल मुझे वहाँ से दिखाई दे रही थी और अवस्थी की मेरी तरफ़ पीठ थी। अलबत्ता वो हिलता-डुलता था, पहलू बदलता था तो उसका प्रोफ़ाइल मैं देख सकता था।

मैंने क्लब सैंडविच और ड्रॉट बीयर का ऑर्डर दिया।

वेटर चला गया तो मैंने अपने चश्मे की तरफ़ तवज्जो दी। चश्मे का फ्रेम सींग का था इसलिए कमानियाँ मोटी थीं और फ्रंट के ओवल भी वैसे ही मोटे होने की वजह से डार्क लेंस बड़े-बड़े थे। आधी शक्ल ढँक लेने वाले उस चश्मे और दाढ़ी-मूँछ की वजह से मुझे सूरत पहचान लिए जाने का अंदेशा नहीं था और पोशाक मैं खड़े पैर नहीं बदल सकता था।

फिर जैसे वो एक-दूसरे में मग्न थे, मुझे उम्मीद नहीं थी कि अवस्थी की निगाह खोजी बनकर आस-पास भटकती।

साहबान, अब योर्स ट्रूली बयान करता है कि जब अपनी वर्तमान पोज़ीशन से मैं उन दोनों के बीच होती गुफ़्तगू नहीं सुन सकता था तो मेरी वहाँ मौजूदगी का क्या प्रयोजन था!

जवाब है कि सुन सकता था।

ख़ाकसार ने पीछे कार में जब सिग्रेट चुक गए होने का ड्रामा किया था और अवस्थी ने मुझे अपना पैकेट पेश किया था तो सिग्रेट खींचने की जगह मैंने पैकेट ही उसके हाथ से ले लिया था और ब्रांड का मुआयना करने लगा था। तब पैकेट लौटाते वक़्त मैंने उसके पैकेट में एक मिनियेचर ट्रांसमिटर–कमीज़ के बटन के साइज़ का–सरका दिया था और उसका मैचिंग वायरलेस रिसीवर, जो कि इनसाइड कनाल हियरिंग ऐड के साइज़ का था, मेरे कान में था। मेरे पहले से परखे, आज़माए उस इंतज़ाम के सदक़े मैं अपने क्लाइंट और उसके कम्पैनियन का वार्तालाप साफ़ सुन सकता था, जबकि वो बहुत धीमी आवाज़ में बोल रहे थे।

मेरा चश्मा भी ख़ास ख़ूबी वाला था। वक़्त-ज़रूरत पर वो दूरबीन का काम देता था। उसकी दोनों कमानियों में शीशों के क़रीब दो नॉब थीं जो फ्रेम की सजावट मालूम होती थीं, लेकिन असल में इमेज़ एन्लार्ज करती थीं और फ़ोकस एडजस्ट करती थीं।

मैंने उन दोनों नॉब्स को हरकत दी तो मुझे ऐसा लगने लगा जैसे मैं उन्हीं की टेबल पर उनके साथ बैठा हुआ था।

मैं दिखावे को सैंडविच चुभलाने लगा, बीयर चुसकने लगा, लेकिन मेरी मुकम्मल तवज्जो उनके बीच होता डायलॉग सुनने में थी।

"एक बात सुन लो!" युवती कह रही थी, "मैं आसानी से पीछा नहीं छोड़ने वाली..."

"अरे, मेरी जान!" मुझे अवस्थी की मीठी आवाज़ सुनाई दी, "जान-ओ-ईमान! पीछा छुड़ाना कौन चाहता है!"

"मुझे धोखा दोगे तो ख़ता खाओगे..."

"खा लूँगा। तू जो खिलाएगी खा लूँगा, भले ही ज़हर हो!"

"नौबत आई तो मैं बुरे के घर तक पहुँचकर दिखाऊँगी।"

"अव्वल तो नौबत आएगी ही नहीं, मेरी बुलबुल, आएगी तो बुरे के घर पहुँचकर क्यों दिखाएगी? भले के घर पहुँचकर दिखाना, जो कि मैं हूँ।"

"मेरी बात को मज़ाक़ में मत टालो। बहुत सताई जा चुकी हूँ मैं। जिसे तुम चंद महीनों की बात बता रहे थे, उसे अब डेढ़ साल हो गया है और अभी और पता नहीं कितना टाइम लगेगा!"

"चंद रोज़ और, मेरी जान, फ़क़त चंद ही रोज़!"

"बकवास मत करो! शायरी मत झाड़ो! आजिज़ हूँ मैं तुम से, तुम्हारी भारी शक उपजाऊ बातों से... हरकतों से!"

"अरे! मेरे से आजिज़ है! जिसके दिल-ओ-जान की तू ज़ीनत है, उससे आजिज़ है?"

"बोला न, बकवास मत करो! कान पक गए मेरे ये फ़ैंसी, फ़रेबी बातें सुनते..."

"फ़रेबी भी!"

"हाँ, फ़रेबी भी। बहुत हो चुका अब। सारी उम्र तुम्हारे हाथों उल्लू बनते रहने का मेरा कोई इरादा नहीं है।"

"तो क्या इरादा है?"

मुझे अवस्थी का स्वर तनिक शुष्क होता लगा।

"आर या पार का इरादा है।"

"वो कैसे..."

अवस्थी एकाएक ख़ामोश हो गया। मैंने उनकी टेबल की तरफ़ देखा तो ख़ामोशी की वजह नुमायाँ हुई। सर्विस ट्रे के साथ एक वेटर उनकी टेबल पर पहुँचा था।

"ड्रिंक!" मुझे अवस्थी की हैरान आवाज़ आई, "ड्रिंक का ऑर्डर कब दिया तूने?"

उसने जवाब न दिया, बेरुखी से मुँह फेर लिया।

"शायद मेरे पहुँचने से पहले" अवस्थी वेटर की ओर घूमा, "मैडम ने

ऑर्डर किया?"

"यस, सर!" वेटर अदब से बोला।

"क्या है?"

"ब्लैक लेबल, सर!"

"पहला है?"

"जी, तीस..."

युवती ने खा जाने वाली निगाह वेटर पर डाली। वेटर बौखलाया, सँभला, फिर बोला, "ज-जी... जी, हाँ... जी, हाँ... पहला है।"

"गो अवे!"

वेटर ड्रिंक सर्व करके यूँ वहाँ से खिसका जैसे पीछे से वापस खींच लिए जाने का अंदेशा हो।

"तो ये तीसरा है?" अवस्थी उसे घूरता बोला।

"पागल हो!" वो अप्रसन्न भाव से बोली, "सुना नहीं, वेटर ने क्या कहा!"

"पहला कहा। तीसरा कहने लगा था, चुप हो गया बीच में! फिर बोला, पहला था।"

"ठीक बोला।"

"ज़रा मुँह इधर कर!"

"क्यों?"

"कर!"

"लेकिन क्यों? किस करने का मूड बन गया?"

"मेरे को अपना मुँह सूँघने दे!"

"ख़बरदार, जो कोशिश भी की! देखने वाले किस की कोशिश ही समझेंगे।"

"अरे, फ़ासले से..."

"नो!"

"वॉट नो? साली बिल देगी कि नहीं! तब नहीं पता लगेगा?"

"किसे पता लगेगा?"

वो ख़ामोश हो गया।

"अभी दे बिल!" फिर बोला।

"अच्छा, अच्छा!"

"क्या अच्छा, अच्छा! बेवड़ी हो गई है साली!"

"तुम्हें क्या पता मैं कितनी टेंशन में हूँ!"

मुझे साफ़ उसका स्वर रूआँसा होता लगा।

"टेंशन में है तो शराब में ग़ोते लगाएगी? अभी घर से भी चढ़ाकर आई हो तो कोई बड़ी बात नहीं..."

"बेवफ़ाई की सताई औरत कुछ भी कर सकती है।"

"...अभी तीसरा क़ब्ज़ाए बैठी है। वेटर कहने लगा था तीसरा। उसे आँखें तरेरकर चुप करा दिया।"

"बेवफ़ाई की सताई, ख़ता खाई औरत कुछ भी कर सकती है।"

"एक ही बात बार-बार न भज! क्या कर सकती है? ख़ून कर सकती है किसी का?"

"या ख़ुद का!"

"जैसे कोई हँसी-खेल है! समझती है घूँट लगाने से दिलेरी आ जाती है। कितनी बार कहा, टुन्न होकर मेरे सामने न आया कर।"

'कितनी बार कहा' वो बोला! – मैंने मन-ही-मन सोचा– इसका मतलब था पुरानी वाक़फ़ियत थी, बल्कि पुरानी इंटीमेसी थी।

"क्यों कहा?" वो कह रही थी, "क्या दावा है तुम्हारा मेरे पर?"

"साली बेवड़ी!"

"तू साला भड़वा!"

ख़ामोशी छा गई। अवस्थी ने कुछ क्षण उसको घूरा, फिर एक अप्रत्याशित हरकत की।

हाथ बढ़ाया, ग्लास उससे छीना और एक ही साँस में व्हिस्की ख़ुद पी गया।

"ये क्या किया?" वो हकबकाई-सी बोली।

"तेरी ख़ातिर किया," वो बोला, "ताकि तू चैन से, होशमंद होकर बात

कर सके!"

"मैं और मँगा लूँगी।"

"मैं या तो छीन के वो भी पी जाऊँगा या..."

"या क्या?"

"उठ के चल दूँगा।"

उसने मुँह बाए अवस्थी की तरफ़ देखा। अवस्थी ने लापरवाही से कंधे उचकाए।

"गॉड!" असहाय भाव से गर्दन हिलाते उसने ठंडी साँस ली, "कैसा मर्द है!"

"पता है तेरे को!"

"कैसा दोगलापन है!" वो आहत भाव से बोली, "जिन बातों पर कभी बलिहार जाते थे, वही अब गवारा नहीं! कौन उकसाता था, कौन एनकरेज करता था मुझे ड्रिंक करने के लिए! कौन कहता था कि ड्रिंकिंग मॉडर्न, फ़ैशनेबल, इन-थिंग थी! कौन फ़ख़्र महसूस करता था दोस्तों के बीच कि उसकी गर्लफ्रेंड इतनी सपोर्टिंग थी कि ड्रिंक्स में उसे कम्पनी देती थी! वही बातें, जो पहले क़ाबिले-तारीफ़, काबिल-ए-फ़ख़्र जान पड़ती थीं; शादी कर ली, अपना मतलब निकल गया तो अब बेज़ार करने लगीं! नागवार गुज़रने लगीं! मेरे को बेवड़ी बोला, तुम ख़ुद क्या बला हो? अभी मेरा ड्रिंक छीनकर पी गए..."

"तेरी ख़ातिर!"

"क्या कहने मेरी ख़ातिर के! मैं तुम्हारे सामने ज़हर खाने की कोशिश करती तो क्या करते! छीन के ख़ुद खा जाते?"

"डोंट टॉक नॉनसेंस!"

"अभी बोलो, फिर मँगाऊँगी तो फिर पी जाओगे?"

"सेंसीबल बात ये है कि ड्रिंक से परहेज़ नहीं कर सकती, कंट्रोल नहीं कर सकती तो कम-से-कम दिन-दहाड़े पीना तो छोड़!"

"पहले तो कभी न दिया ये उपदेश!"

"अब छोड़ ये वाहियात बातें, वर्ना मैं सच में उठकर चला जाऊँगा।"

"जाना! न एस्टेट में तुम्हारे सिर पर आ के खड़ी हुई तुम्हारी बीवी के सामने तो बोलना!"

वो फिर ख़ामोश हो गया।

ज़रूर फ़िक्रमंद था! शक्ल दिखाई देती तो मालूम पड़ता!

"तू ऐसा नहीं करेगी।" वो बोला।

"मैं ज़रूर करूँगी।"

"करेगी तो अपना ही नुक़सान करेगी।"

"क्या बोला?"

"अक़्ल से काम ले और धीरज से सुन! मैं अपनी मंज़िल के बहुत क़रीब पहुँच चुका हूँ। जहाँ इतना इंतज़ार किया है, थोड़ा और कर!"

"कर सकती हूँ।" इस बार उसका लहजा संजीदा हुआ, "तुम्हारी ख़ातिर जब पहले ही इतना इंतज़ार किया तो और भी कर सकती हूँ। लेकिन अब मुझे तुम्हारे पर ऐतबार नहीं!"

"क्यों? अब क्या हो गया?"

"गुलमोहर वाली से तुम्हारे ताल्लुक़ात अभी भी बरक़रार हैं, ये हो गया।"

ख़ामोशी का दौरा मेरे क्लाइंट को फिर पड़ा। मैंने–शायद बेचैनी से, पशेमानी से–उसे पहलू बदलते देखा तो मुझे उसका मेरी ओर का प्रोफ़ाइल दिखाई दिया जो मुझे उसके मुँह बाए होने की चुगली करता लगा।

"कैसे मर्द हो!" वो तिरस्कारपूर्ण स्वर में बोली, "कैसी तलब है तुम्हारी औरत की कि एक से दिल नहीं भरता! बीवी के पहलू में ग़र्क़ होते हो, कंधे पर से माशूक़ को तसल्लियाँ देते हो और अभी तीसरी को पतंग की तरह डोर से अटकाए हो!"

"न–नहीं..."

"क्या पता अभी कोई चौथी भी हो, पाँचवीं भी हो!"

"अरे, नहीं!"

"बस करो भरमाना!" उसका लहजा फिर रुआँसा हुआ, "मैंने तुम्हारे पर, तुम्हारे प्यार पर ऐतबार किया। तुम्हारे मिशन पर ऐतबार किया जिसके तहत मैंने तुम्हें फ़ाइनांस किया। माँ-बाप को धोखा देकर तुम्हें लाखों रुपया

दिया, क्योंकि तुम मुझे—मुझ इश्क़ में अक़्ल से अंधी हुई को—विश्वास दिलाने में कामयाब हो गए कि तुम्हारी शादी महज़ चंद महीनों का मसला था, उसके बाद या तुम होंगे या मैं हूँगी। चंद महीने अट्ठारह महीनों में बदल गए, और तो कुछ हुआ नहीं, तुम्हारी मुहब्बत की दावेदार एक तीसरी और निकल आई!"

"देखो, उससे बहुत थोड़ी देर का अफ़ेयर था मेरा, लेकिन जब मेरा झुकाव पूरी तरह से तुम्हारी तरफ़ हो गया था तो मेरे उससे वैसे—एक दूसरे की अफ़ेक्शन के दावेदार—ताल्लुक़ात नहीं रहे थे। अब कभी-कभार की मुलाक़ात इसलिए है, क्योंकि फ्रेंडशिप अभी भी बाक़ी है। बस, इतनी-सी बात है।"

"मुझे ऐतबार नहीं! दाएँ-बाएँ मुँह मारते रहने की नामुराद लत के हवाले तुम मेरा विश्वास खो चुके हो। तुमने कहा कि तुम्हारी शादी एक मिशन के तहत थी जो हम दोनों के भले के किए था। मुझे भरमाया, मिशन अकम्पलिश होते ही बीवी से तुम्हारा पीछा अपने आप छूट जाएगा और ऐसा होने की देर होगी कि तुम आज़ाद हो जाओगे और मुझ से शादी करके हमेशा के लिए मेरे हो जाओगे। हक़ीक़तन कुछ भी न हुआ। न बीवी से पीछा छूटा, न मेरे से शादी की नौबत आई। कुछ हुआ तो ये हुआ कि वही झाँसा, जो तुमने मुझे दिया, अब मेरी पीठ पीछे सुंदर नगर पहुँचाना शुरू कर दिया; अब ज़रूर उसको विश्वास दिलाना शुरू कर दिया कि जल्दी ही बीवी से पीछा छुड़ाओगे और उससे शादी कर लोगे। गॉड!" उसने गहरी साँस ली और असहाय भाव से गर्दन हिलाई, "इश्क़ियाई हुई लड़कियों को उल्लू बनाना कितना आसान है!"

वो कुछ क्षण ख़ामोश रही, फिर बोली, "लेकिन मैं अब इश्क़ियाई हुई लड़की नहीं हूँ। मैं झूठे, फ़रेबी इश्क़ की नामुराद जकड़न से आज़ाद हो चुकी हूँ। तुम्हारे जैसे मतलबपरस्त, बेग़ैरत, बद्अख़लाक शख़्स से शादी करने की मेरी अब कोई ख़्वाहिश नहीं इसलिए ये पुड़िया सरकाना बंद करो कि बहुत जल्द तुम ऐसे हालात पैदा कर दोगे कि मेरे से शादी करने में कोई विघ्न-बाधा नहीं आएगी। आयें विघ्न-बाधाएँ, उनकी फ़िक्र अब कोई और करेगी, मैं नहीं!"

"अगर तुम्हारा ये मंसूबा था तो यहाँ मीटिंग फ़िक्स करने का क्या मक़सद था?"

"क्योंकि रूबरू मुलाक़ात से तुम मुझे कतराते जान पड़े थे..."

"अरे, नहीं!"

"...फ़ोन पर भी ऐसा मिज़ाज दिखाते थे जैसे मेरा फ़ोन करना तुम पर भारी गुज़र रहा हो। मुझे क़ुबूल है तुम्हारा मिज़ाज–जैसे तुम्हें क़ुबूल हुई ये एक मीटिंग। अब मीटिंग का मक़सद समझो! ग़ौर से सुनो मेरी बात! वो बात जो पिछले दो हफ़्तों में छः बार फ़ोन करने पर भी तुमने तवज्जो के क़ाबिल न समझी। मैंने अपना पैसा लौटाए जाने की माँग की तो तुमने कान से मक्खी उड़ाई। एक बार भी मेरी बात को संजीदगी से न लिया। लेकिन अब क्योंकि मेरे सामने बैठे हो इसलिए वो टालू मिज़ाज नहीं दिखा पाओगे जो तुमने हर बार फ़ोन पर दिखाया। अब जो मैं कहने जा रही हूँ, उसको पत्थर की लकीर समझना, मिस्टर व्हीलर डीलर! लौटाने का वादा करके अब तक तुम मेरे से बीस लाख रुपये झटक चुके हो। कल शाम तक मेरा पैसा मुझे वापस मिल जाए वरना..."

"पागल हुई है! मैं खड़े पैर इतना पैसा कहाँ से लाऊँगा?"

"बीवी से माँगना!"

"वो क्यों देगी?"

"सोचना कोई वजह!"

"नहीं देगी।"

"नहीं देगी तो ऐसे हालात बनाना कि उसका पैसा वैसे ही तुम्हारा हो जाए।"

"क्या मतलब?"

"पहले दिन से मेरे को तसल्लियाँ दे रहे हो न, कि बीवी से पीछा छुड़ा लोगे? छुड़ा तो न पाए! अब ऐसा क़दम उठाओ कि उसका पैसा वैसे ही तुम्हारा हो जाए।"

"कौन-सा क़दम?"

"जो तुम्हारे ज़ेहन में पहले से है, पहले दिन से है!"

"अरे, कौन-सा क़दम?"

"वो क़दम जिसका हिंट तुम मुझे देते ही रहते हो! वो क़दम जो तुम्हें

उसका वारिस बना दे!"

"क्या मतलब है, भई, तेरा?"

"जैसे तुम्हें मालूम नहीं! वारिस बोली मैं! उत्तराधिकारी! हायर! बेनीफ़िशियरी! कैसे बनते हैं?"

"तू... वही कह रही है जो मैं समझ रहा हूँ?"

"मैं वो कह रही हूँ जो तुम ख़ूब जानते-समझते हो।"

"बीवी का ख़ून कर दूँ?"

"क्या मुश्किल काम है! दुनिया बेच खाने जितनी सयानफ हो जिस में, उसके लिए क्या मुश्किल काम है!"

"और ख़ुद फाँसी चढ़ जाऊँ?"

"कैसे चढ़ जाओगे? जब सोचा-विचारा, तैयारशुदा क़दम उठाओगे तो कैसे चढ़ जाओगे?"

"अरे, क्यों खपा रही है? क्या सोचा-विचारा? क्या तैयारशुदा?"

"मेरा मुँह न खुलवाओ, बस!"

"कमाल है!"

"तब कहते कमाल है जब मैं तुम्हारे नापाक इरादों से वाक़िफ़ न होती– अलबत्ता इस बात का अफ़सोस है कि बहुत देर बाद वाक़िफ़ हुई।" वो एक क्षण ठिठकी, फिर बोली, "तुम अपनी बीवी के इकलौते वारिस हो और तुम्हारा ख़्वाब अपनी इस हैसियत को कैश करना है। जैसा मैंने तुम्हें अब समझा है, उससे लगता है कि कर भी लोगे। फिर मुझे लौटाने को बीस लाख रुपयों की क्या औक़ात होगी तुम्हारे लिए?"

वो चुप रहा। जैसे जो सुन रहा हो, उस पर यक़ीन न आ रहा हो।

"जिस पैसे की माँग कर रही है," फिर बोला, "उसका मैंने तुझे कोई आईओयू (I Owe You) लिख के दिया हुआ है?"

"नहीं! तुम्हें मालूम है।"

"तो कैसे वसूल करेगी?"

"कैसे वसूल करूँगी! तुम... मुकर जाओगे?"

"क्या प्रॉब्लम है?"

उसने जवाब न दिया, उसके चेहरे पर अनिश्चय के भाव आए।

"गले में ढोल लटका के बजाएगी कि मेरे सिर तेरी देनदारी है? कैसे साबित करेगी देनदारी?"

"तुम्हारी बीवी पर तुम्हारी पोल खोल दूँगी।"

"मेरी कोई पोल नहीं है। मेरी बीवी बहुत सयानी है। लव मैरिज की उसने मेरे से! वो ख़ूब समझती है कि मॉडर्न सोसाइटी में हर नौजवान की शादी से पहले थोड़ी-बहुत लीनिंग किसी दूसरी लड़की की तरफ़ होती ही है। बोलना उसको पुरज़ोर अंदाज़ से कि उससे शादी से पहले तू मेरी माशूक़ थी और शादी के बाद भी है। बोलना! चोंडा पकड़कर एस्टेट से बाहर धकियाएगी।"

"तुम समझते हो कि ये कह के तुम मेरे ऊपर अपनी कोई जीत दर्ज करा ली है तो ग़लत समझते हो।"

"तो?"

"तो अपनी मौत मेरे हाथों लिखी पाओगे। और ख़बरदार जो कहा कि फिर मेरा क्या होगा!"

"मैं यही कहने लगा था!"

"मेरा जो होगा, वो तुम्हारे मुर्दा जिस्म में प्राण नहीं फूँक देगा।"

"बहुत ड्रामाई डायलॉग बोल रही है—जैसे कोई घटिया फ़िल्म देखकर आई है। हँसी आ रही है मेरे को!"

"तो हँसो न! किसने रोका है! बेख़ौफ़ हँसो! फिर कब-कब हँसने का मौक़ा मिलेगा! फिर तो अन्यायी की लाश पर कुत्ते मिलेंगे गीत गाते!"

"शट अप, यू बिच!"

"इससे भी बुरा बोल बोल लो! मौक़ा है मुफ़ीद!"

"आज तू मेरी समझ से बाहर है।"

"ये भी एक बड़ी ट्रेजेडी है कि तुम्हारे जैसा बेशर्म आसानी से नहीं मरता। बिजली नहीं गिरती उस पर! सुनामी की चपेट में नहीं आता। ख़ुदा की बेआवाज़ लाठी भी उसका लिहाज़ करती है। फिर भी मैं कोशिश करूँगी।"

"कोशिश करेगी?"

"कल शाम तक जब तुम मेरा पैसा नहीं लौटाओगे तो कोशिश करूँगी

पूरी-पूरी कि तुम्हारा अर्थी-मुर्दा-कलश सब मेरे हाथों हो।"

एकाएक वो उठ खड़ी हुई। शायद उसने मेन्यू में जॉनी वाकर ब्लैक लेबल के एक लार्ज पेग की क़ीमत देखी थी, उसके मुताबिक़ वो मेज़ पर कुछ नोट उछालकर उठी और बिना अवस्थी पर दोबारा निगाह डाले वहाँ से रुख़सत हो गई।

मैं उस सडन मूव के लिए क़तई तैयार नहीं था। मैं उठकर बाहर लपका।

"सर, बिल!" स्टीवार्ड मेरे रास्ते में आ गया।

जवाब में मैंने भी वही किया जो उस युवती ने किया था। स्टीवार्ड की मुट्ठी में मैंने कुछ नोट ठूँसे और बाहर को लपका।

युवती मुझे दूर-दूर तक कहीं दिखाई न दी।

मैंने असहाय भाव से गर्दन हिलाई।

पीछे मेरी क्लब सैंडविच रो रही थी। बीयर तो जैसे-तैसे मैंने ख़त्म कर ली थी, लेकिन सैंडविच को तो मैंने बस चुभलाया था एक किनारे से एक बार।

मैं इस संयोग पर भी झुँझला रहा था कि पीछे जो लम्बा वार्तालाप मैंने सुना था, उसके दौरान मेरे क्लाइंट ने युवती को सम्बोधित करते हुए एक बार भी उसका नाम नहीं लिया था। लिया होता तो वो मेरे किस काम आता, वो जुदा मसला था जिस पर मैं बाद में ग़ौर कर सकता था।

युवती भड़की हुई थी इसलिए रेस्टोरेंट से बाहर निकलते ही जैसे हवा में विलीन हो गई थी। कोई गारंटी नहीं थी कि मैं उसके पीछे लग के कुछ जान ही लेता, लेकिन वो टिकती तो कम-से-कम सम्भावना तो बनी रहती!

अब पीछे रेस्टोरेंट में बैठा अवस्थी क्या कर रहा था!

मैं पार्किंग में वहाँ पहुँचा, जहाँ उसकी कार खड़ी थी। कार की ओट में उकड़ू होकर मैंने मुँह से दाढ़ी-मूँछ, कान पर से रिसीवर और आँखों पर से करामाती चश्मा उतारकर तमाम चीज़ें जेबों के हवाले कीं, फिर मोबाइल निकालकर अवस्थी को फ़ोन किया।

"कहाँ हो!" मैंने पूछा।

"तुम कहाँ हो?"

"तुम्हारी कार के पास! मेरा काम जल्दी हो गया था इसलिए सोचा, देखूँ

तुम्हारी कार अभी पार्किंग में ही है या निकल गई!"

"फ़ोन करते!"

"अभी किया न! कार को पार्किंग में मौजूद देखकर किया न! सोचा, कहीं क़रीब ही हो तो शायद वापसी में भी लिफ़्ट मिल जाए!"

"क़रीब ही हूँ। वहीं रुको, आता हूँ।"

मैंने फ़ोन वापस जेब के हवाले किया और इंतज़ार करने लगा। ज़्यादा देर इंतज़ार मुझे न करना पड़ा। वो आया तो हम दोनों कार में सवार हो गए। वो कार को पार्किंग से निकालकर सड़क पर लाया।

"वापस सूरजकुंड ही न!" उसने पूछा।

"नहीं!" मैं बोला, "मेरी ख़ातिर थोड़ा डाइवर्ज़न कर लोगे तो मेहरबानी होगी।"

"कहाँ के लिए?"

"नेहरू प्लेस के लिए।"

"ठीक है!"

वो ख़ामोशी से ड्राइव करने लगा।

"वो" मैं अपने स्वर में खेद का पुट लाता बोला, "सिग्रेट का पैकेट ख़रीदना भूल गया मैं!"

उसने स्टियरिंग पर से एक हाथ हटाया और बिना सड़क पर से निगाह हटाए पैकेट निकालकर मुझे सौंप दिया। मैंने पैकेट में से एक सिग्रेट निकाला और उसी प्रक्रिया में ट्रांसमिटर भी निकाल लिया। लाइटर निकालते वक़्त ट्रांसमिटर मैंने जेब के हवाले किया और सिग्रेट सुलगा लिया।

ट्रांसमिटर की, ज़ाहिर था कि, उसे ख़बर नहीं लगी थी, लेकिन लग भी जाती तो तबाही नहीं आने वाली थी। बटन जैसे उस उपकरण को देखकर उसकी समझ में नहीं आने वाला था कि वो क्या था, या वो क्योंकर सिग्रेट के पैकेट में मौजूद था। वो यही समझता कि फ़ैक्ट्री में पैकिंग के दौरान वो नन्हा-सा बटन पैकेट में पहुँचा था।

मैंने मोबाइल निकाला और चुपचाप मुकंदलाल को एसएमएस भेजा–
एक घंटे में नेहरू प्लेस पहुँच सकता है?

जवाब नदारद!

मैं नेहरू प्लेस पहुँच भी चुका था जबकि जवाब आया–*नहीं आ सकता। बहुत बिजी हूँ तेरे काम से। या आठ-नौ बजे तक इंतज़ार कर या कल सुबह आता हूँ।*

मैंने अपने ऑफ़िस में क़दम रखा।

रिसेप्शन डेस्क के पीछे बैठी रजनी मुझे नाख़ूनों को नेल पॉलिश लगाती मिली। मुझ पर निगाह पड़ते ही इतना अहम काम करता उसका हाथ थमा।

"सर आ गए!" वो हर्षित भाव से बोली, "कायनात स्टार्ट की जाए!"

मैं जानता था वो हर्षित भाव सरासर नक़ली था।

"क्या कर रही है?" उसके क़रीब आकर मैं बोला।

"नाख़ूनों को मस्का मार रही थी।" उसने नेल पॉलिश की शीशी बंद की।

"क्या?"

"पॉलिश लगा रही थी।"

"ये जो तू रेगुलर अपने मज्जा-सुसज्जा-खिड़की-दरवज्जा पार्लर जाती है हैंडीक्योर, फुटीक्योर कराने..."

"मैनीक्योर, पैडीक्योर कराने!"

"...तब ये काम नहीं होता?"

"होता है। लेकिन नाख़ूनों का कलर हर हफ़्ते चेंज करना होता है, इसलिए पहली बार वहाँ कराने के बाद ख़ुद करती हूँ।"

"हर हफ़्ते?"

"यस, सर्र!"

"कितने शेड हैं तेरे पास?"

उसने सोचा।

"पैंतीस तो होंगे मेरे ख़याल से!" फिर जवाब दिया।

"और लिपस्टिक के?"

"उसके कम हैं।"

"कितने?"

"चौंतीस!"

"तौबा! सारी तनख़्वाह इन्हीं चीज़ों में ख़र्च करती है?"

"सारी तो नहीं!"

"कसर भी क्या छोड़ती होगी?"

"वो तो है! तभी तो तनख़्वाह बढ़ाने की दरख़्वास्त अक्सर करती हूँ!"

"क्या फ़ायदा होगा? तू नेल पॉलिश हफ़्तावार की जगह रोज़ाना बदलने लगेगी!"

वो हँसी।

"ऐसी दुकान सजाने का क्या फ़ायदा जिस पर कोई ग्राहक न हो!"

तत्काल उसकी हँसी उड़न-छू हुई, उसके चेहरे पर गहन अप्रसन्नता के भाव आए।

"सॉरी!" मैंने तत्काल खेद प्रकाश किया, "ज़ुबान फिसल गई!"

"कोई पहली बार फिसली है?" वो भुनभुनाई।

"अब बोला न, सॉरी! अगर ख़फ़ा ही होना है तो उसके लिए और भी बात है!"

"क्या?"

"मेरे पीछे रैंबो आया था या घटोत्कच? या शक्तिमान?"

उसने जवाब न दिया। अप्रसन्नता अभी बरक़रार जो थी! सॉरी कहने पर रुख़सत हो गई होती तो यक़ीनन कोई करारा जवाब मिलता।

"कहाँ है?" ड्रामाई अंदाज़ से मैंने पूछा।

"कौन कहाँ है?"

"जो अभी यहाँ था?"

"कौन अभी यहाँ था?"

"बोला तो! जो बात तेरे को मालूम है, उसे मेरे से पूछती है। क्यों भला?"

"अरे, क्या मालूम है मेरे को? कौन आया था?"

"ये कोई नेल पॉलिश लगाने का वक़्त था..."

"वक़्त मुकर्रर है नेल पॉलिश लगाने का? सरकारी गजेट में छपा है?"

"...मैं मेन डोर से भीतर दाख़िल हुआ तो मुझे दिखाने को नेल पॉलिश लगाने लगी और उसे भगा दिया ?"

"अरे, किसे भगा दिया ?" वो कलपकर बोली, "किधर भगा दिया ? एक ही तो एग्ज़िट डोर है यहाँ जिस पर आप नमूदार हुए थे।"

"खिड़की खुली है ! खिड़की से निकल गया !"

"हाय रब्बा ! अरे, खिड़की चार मंज़िल ऊँची है !"

"फिर तो ज़रूर सुपरमैन था। उड़ गया कम्बख़्त !"

एकाएक वो उठी, उसने काउंटर पर पड़ी नेल पॉलिश जैसी कुछ पर्सनल चीज़ें अपने हैंडबैग में डालीं और दृढ़ता से दरवाज़े की ओर बढ़ी।

"कहाँ जा रही है ?" मैं जान-बूझकर अंजान बनता बोला।

"घर !" वो ग़ुस्से से बोली, "जब नशा उतर जाए, होश ठिकाने आते दिखाई देने लग जाएँ तो फ़ोन करना। गुड बाई टिल दैन !"

वो पाँव पटकती आगे बढ़ी।

"पागल हुई है !" उसका रास्ता रोकता मैं बोला, "इतना काम है यहाँ और तू जा रही है ?"

"काम ?" वो सकपकाई।

"ढेर ! तभी तो ऑफ़िस आया !"

उसके चेहरे पर अनिश्चय के भाव आए।

"सुबह मेरे साथ एक हादसा हुआ।" मैं संजीदा हुआ, "बड़ा हादसा !"

उसके चेहरे पर उत्कंठा के भाव आए।

"जान जाते-जाते बची !"

"क-क्या !"

"जिसकी वजह से अभी तक दिमाग़ हिला हुआ है।"

"इसीलिए... इसीलिए इतनी वाही-तवाही बकी... बोली !"

"हादसे की तरफ़ से तवज्जो हटाने के लिए !"

"कब हुआ ? कहाँ हुआ ?"

"मोरवाल एस्टेट में हुआ, जहाँ कि मैं मेहमान था। आज सुबह हुआ।"

"क्या हुआ ?"

“भीतर चल! बताता हूँ।”

मैं अपने निजी कक्ष की ओर बढ़ा।

उसने अपना हैंडबैग रिसेप्शन डेस्क पर उछाला और चेहरे पर सस्पेंस के भाव लिए मेरे पीछे हो ली।

भीतरी ऑफ़िस में हम दोनों आमने-सामने बैठे।

मैंने सुबह का क़िस्सा बयान किया।

ज्यों-ज्यों मैं आगे बढ़ता गया, उसके नेत्र फैलते गए।

आख़िर मैं ख़ामोश हुआ।

“हे भगवान!” उसके मुँह से निकला, “इतना बड़ा हादसा हुआ, आपकी जान जाते-जाते बची।” उसकी आवाज़ भर्रा गई, “मुझे ख़बर न की!”

“कर तो रहा हूँ!”

“सुबह न की!”

“क्योंकि,” मैं संजीदगी से बोला, “हादसा हौलनाक था, लेकिन जान का कोई ख़तरा नहीं था।”

उसने तमककर सिर उठाया।

“लगता है एस्टेट में किसी को मेरी असलियत की ख़बर लग गई थी, और कोई मेरी वहाँ मौजूदगी नहीं चाहता था। उस ‘कोई’ ने उस विस्फोट का इंतज़ाम किया। लेकिन विस्फोट, मुझे यक़ीन है, मेरी जान लेने के लिए नहीं था।”

“कैसे यक़ीन है?”

“विस्फोट के नतीजे की वजह से यक़ीन है। विस्फोट में मेरा बाल भी बाँका न हुआ। मेरी अक़्ल ने यही फ़ैसला किया कि जो हुआ था, उसका मक़सद मेरी जान लेना नहीं था, मुझे दहशत में डालना था कि मैं अपनी सलामती के लिए मुफ़ीद जानकर एस्टेट से क्विट कर जाता।”

“ओह!”

“वो बम यक़ीनन किसी एक्सपर्ट का बनाया हुआ था जिसने इस बात का ख़ास ख़याल रखा कि वो शोर ज़्यादा करता, डैमेज़ कम करता। इसी वजह से कार का बोनट उड़ गया, विंड स्क्रीन चूर-चूर होकर मेरी गोद में आ पड़ी,

लेकिन मुझे खरोंच भी न आई।"

"ईश्वर का शुक्र है! लेकिन ऐसा कोई एक्सप्लोसिव एक्सपर्ट एस्टेट में था?"

"ज़रूरी नहीं। ज़रूरत के, हिदायत के मुताबिक़ तैयारशुदा बम बाहर से भी अरेंज किया जा सकता है।"

"आई सी!"

"लेकिन अरेंजमेंट भी तो हर किसी के बस का नहीं न! एस्टेट के बाशिंदों जैसा कोई आम सलाहियत वाला शख़्स चाहे तो कैसे कहीं बाहर से ऐसे बम का इंतज़ाम कर सकता है?"

उसका सिर इनकार में हिला।

"लेकिन फिर कर भी सकता है!"

उसकी भवें उठीं।

"इस सिलसिले में एक कैंडीडेट है मेरी निगाह में!"

"एस्टेट में?"

"और कहाँ! मेरा इरादा कोई मुनासिब मौक़ा तलाश करके रूबरू उसे ललकारने का है। फिर देखूँगा क्या कहता है, मेरे चैलेंज का क्या उस पर रिएक्शन होता है!"

"कौन है वो?"

"बोलूँगा।"

"कार?"

"बाज़रिया इंश्योरेंस गैराज में!"

"कब तक?"

"पता नहीं! डैमेज़ की असेसमेंट हो चुकने के बाद ख़बर आएगी। फिर पता नहीं रिपेयर के बाद डिलीवरी में कितना टाइम लगेगा!"

"तब तक आप बेकार?"

मैंने अपलक उसे देखा।

उस बात पर इस बार उसके चेहरे पर कुटिल मुस्कुराहट न आई।

"हाँ!" मैं बोला, "बे कार! लेकिन कार बिना मेरी गति नहीं। क्लाइंट को

ही ऐसा पीडी क़ुबूल नहीं होगा जो मोबाइल न हो! तू कार रेंटल एजेंसी में फ़ोन कर... नम्बर कहीं नोट किया हुआ है न?"

"जी, हाँ!"

"और वार फ़ुटिंग पर एक कार वहाँ से यहाँ डिलीवरी के लिए बोल!"

"ड्राइवर समेत?"

"नहीं! सेल्फ़ड्रिवन। ऐसी कार होती हैं उनके पास जिनकी नम्बर प्लेट काली और उस पर कार रजिस्ट्रेशन नम्बर पीले रंग में दर्ज होता है। वो नम्बर प्लेट इस बात की शिनाख़्त होती है कि कार टैक्सी है, लेकिन सेल्फ़ड्रिवन टैक्सी है।"

"मुझे नहीं मालूम था। काली-पीली नम्बर प्लेट कभी-कभार ऑन रोड दिख तो जाती है, लेकिन उसका मतलब नहीं मालूम था। आज आपने बताया तो मालूम हुआ।" वो उठ खड़ी हुई, "फ़ोन करके आती हूँ।"

"यहीं से कर!"

"नम्बर बाहर है!"

"ओह! जा और लौट के आ! और भी काम हैं।"

वो चली गई। पीछे मैंने मोबाइल निकाला और मुकंदलाल को फिर एसएमएस लगाया–*ऑफ़िस में ही मिलूँगा। जब मर्ज़ी आना।*

फिर मैंने एक सिग्रेट सुलगा लिया और रिलैक्सेशन की अपनी फ़ेवरेट मुद्रा अख़्तियार कर ली।

बाक़ी दिन का मेरा एक एजेंडा था जिस पर अमल करने के हालात अगर पैदा हो जाते तो दिन वैसे ही गुज़र जाना था।

इत्मीनान से मैं सिग्रेट के कश लगाता रहा।

सिग्रेट ख़त्म हुआ होने को आया पाकर मैं दूसरा सुलगाने की तैयारी कर रहा था तो रजनी लौट आई।

"एक आई-10 आ रही है," वो बोली, "अगर आपकी... नाक के नीचे आए!"

"मिज़ाज में आए नहीं कह सकती थी?" मैं बोला।

"मुझे उर्दू नहीं आती।"

"वैसे शेर कहती है!"

वो हँसी।

शुकर!

जैसे बरसने को आए बादल बिना बरसे उड़ जाते हैं, उसकी नाराज़गी इतनी ही टिकाऊ होती थी।

"मॉडल कौन-सा?" मैं बोला।

"ये तो मैंने पूछा नहीं!"

"ख़ैर, बैठ! अगला काम सुन!"

वो मेरे सामने विराजी।

"ग़ौर से सुन! मैंने गूगल पर सर्च मारी थी दिल्ली, एनसीआर की आर्ट गैलरीज़ के बारे में जानने के लिए। मैंने सोचा था कनॉट प्लेस की धूमीमल आर्ट गैलरी जैसी चार-पाँच ही होंगी, लेकिन वो तो दर्जनों में निकलीं! आर्ट से रिलेटिड कंसल्टेंसी फ़र्म भी कई थीं। मैंने इस काग़ज़ पर" मैंने एक फ़ूलस्केप शीट उसके सामने रखी, "उन चंद आर्ट गैलरीज़ के नाम लिखे हैं जिनका पता और फ़ोन नम्बर भी उपलब्ध था। आर्टिस्ट लायज़न जैसी कुछ आर्ट कंसल्टेंसी फ़र्म्स के भी नाम लिखे हैं। तूने इन पर बारी-बारी तब तक फ़ोन करना है जब तक कहीं से मेरे मतलब की जानकारी हासिल नहीं हो जाती।"

"क्या जानकारी?"

"पहले वो कथा सुन जो तूने बहुत एफ़ीशियेंसी से, बहुत स्टाइल से फ़ोन पर करनी है। ऐसी दक्षता नहीं दिखाएगी तो कोई बड़ी बात नहीं दूसरी तरफ़ से पूरी बात सुने बिना ही फ़ोन बंद कर दिया जाए।"

"आप कथा सुनाइए," उसका स्वर उतावला हुआ, "मुझे मेरा काम न सिखाइए।"

"सुन! मैं एक आर्ट कलेक्टर हूँ–नाम कोई भी सजता-सा सोच लेना–अप्रवासी भारतीय हूँ, एक अरसे से पेरिस में सेटल्ड हूँ, पर अब वापस न जाने का इरादा बनाकर इंडिया लौट आया हूँ। अभी मैं टेम्परेरी तौर पर ग्रेटर कैलाश-2 में स्थापित हूँ। मेरे पास सारे वर्ल्ड में मशहूर, मक़बूल पेंटर्स का सेलेक्टेड आर्ट वर्क है जिनमें से तीन कैनवस ट्रैवल में मिसहैंडलिंग की

वजह से डैमेज़ हो गए हैं और उनको फ़ौरन रेस्टोरेशन की ज़रूरत है। तू आर्ट कलेक्टर की प्राइवेट सैक्रेट्री है जो अपने बॉस के हुक्म पर किसी ऐसे रेस्टोरेशन एक्सपर्ट की तलाश में है जो जीके-2 के आस-पास कहीं रहता हो। साथ में ये हिंट भी सरकाना कि ऐसा एक्सपर्ट अगर शेख़ सराय में मुक़ाम पाए निकल आए तो वो बॉस की प्रिफ्रेंस होगा।"

"क्यों?"

"मुझे उम्मीद नहीं कि कोई सवाल करेगा। फिर भी करे तो बोलना–किसी फ़ेलो कलेक्टर ने शेख़ सराय में स्थापित रेस्टोरेशन आर्टिस्ट रिकमेंड किया था। ओके?"

"नहीं ओके! रिकमेंडेड आर्टिस्ट की तो आपको ख़बर होनी चाहिए थी, तलाश क्यों है?"

"क्योंकि बॉस उम्रदराज़ है, सत्तर साल का है–उम्र कम जान पड़े तो पिचहत्तर कर लेना, अस्सी कर लेना–उसकी याददाश्त अब वैसी नहीं रही, जैसी कभी होती थी। आर्टिस्ट के बारे में एक काग़ज़ पर नोट किया था, काग़ज़ कहीं रखकर भूल गया, फिर ढूँढ़े न मिला। बॉस को काग़ज़ पर ख़ुद दर्ज किया न आर्टिस्ट का नाम याद रहा, न उसके स्टूडियो का नाम याद रहा, बस इतना याद रहा कि स्टूडियो शेख़ सराय में कहीं था," मैंने सवालिया निगाह उस पर डाली, "अब क्या कहती है?"

"शेख़ सराय बड़ी कॉलोनी है, दो फ़ेज़ में है! आपकी तलाश आर्टिस्ट वहाँ एक से ज़्यादा हो सकते हैं!"

"सब के पर्टिकुलर्स नोट करना!"

"किसी को इतना एक्स्टेंसिव कोऑपरेशन नाक़ुबूल हुआ तो?"

"अरे, किसी को तो क़ुबूल होगा! तूने एक ही जगह तो फ़ोन नहीं करना! उस पेपर पर एक दर्जन आर्ट गैलरीज़ के और आधी दर्जन आर्ट कंसल्टेंसी फ़र्म्स के नम्बर दर्ज हैं, कोई तो सुर में बोलेगा! तेरी मिश्री घुली आवाज़ से भरमाया, थर्राया कोई तो कुंडी खोलेगा!"

"फ़र्ज़ कीजिए, यूँ नहीं पता चलता शेख़ सराय में वाक़या किसी आर्ट रेस्टोरर के स्टूडियो का!"

"आस-पास भी तो बोला! कहीं तो पता लगेगा! जिसका पता लगेगा, मैं उसके सिर पर जा खड़ा होऊँगा और जैसे-तैसे शेख़ सराय के अपने वाले आर्टिस्ट की जानकारी निकाल के रहूँगा।"

"इस तमाम ड्रिल का मक़सद क्या है?"

"तू नहीं समझेगी।"

"समझाएँगे तो क्यों नहीं समझूँगी?"

उसके लहजे में इसरार था जो ज़ाहिर करता था कि मक़सद जाने बिना नहीं मानेगी। मैंने एस्टेट के दिवंगत मानकलाल मोरवाल के बंद पड़े बेडरूम के अपने क्लाइंट से हुए वार्तालाप की बाबत उसे सविस्तार बताया।

"तौबा!" मैं ख़ामोश हुआ तो वो बोली, "अरे, उस आर्टिस्ट के बारे में अवस्थी से ही पूछा होता! वो आपका क्लाइंट है, जब इतनी कथा की तो उससे ताल्लुक़ रखती इतनी मामूली बात आपको बताने से इनकार कर देता?"

"उससे न पूछने की वजह थी।"

"जो आप तारीख़ बदलने तक बयान कर ही देंगे!"

"परसों सुबह मेरे एस्टेट में पहुँचने के बाद हमारे क्लाइंट ने मुझे एस्टेट की सैर कराई थी तो ससुरे की लाइफ़ में उसके वहाँ मुक़ाम की बाबत कुछ नहीं बोला था। उस बाबत मैंने ही सवाल किया था तो मुझे पहली मंज़िल के एक बंद दरवाज़े पर लाया था जिस पर ताला लटक रहा था। जब मैंने उसे भीतर से देखने की ख़्वाहिश ज़ाहिर की थी तो उसने ये कह के मुझे टाल दिया था कि चाबी पता नहीं कहाँ थी, जबकि ख़ुद बताया था कि वो बेडरूम था जो की डस्टिंग, क्लीनिंग के लिए खुलता रहता था। बाद में मैंने घर की उस मेड के ज़रिये, जो कि हफ़्ते में दो बार मास्टर बेडरूम की डस्टिंग, क्लीनिंग करती थी, भीतर झाँकने की जुगत की तो ऊपर से हमारा क्लाइंट आ गया। उसकी इसी बात पर त्योरी चढ़ गई कि मैं भीतर था। फिर मेड पर बरसने लगा कि सुबह किया जाने वाला काम वो दोपहर को क्यों कर रही थी! फिर मेरी पाँच मिनट वहाँ रुकने की दरख़्वास्त पर भी उसने भुनभुनाकर दिखाया और मेरे वहाँ टिकने के मामले में मुझे डिस्करेज करने की कोशिश की। वहाँ बेड

के पीछे की दीवार पर दो बेशक़ीमती ऑयल पेंटिंग टँगी थीं जिनकी पोज़ीशन चुगली कर रही थी कि एक पेंटिंग वहाँ और होनी चाहिए थी। पूछने पर जवाब मिला कि रेस्टोरेशन के लिए गई हुई थी, एक महीने बाद लौटेगी। कहाँ गई हुई थी पूछा तो उसने शेख़ सराय का तो नाम लिया, लेकिन न रेस्टोरेशन आर्टिस्ट का नाम बताया और न उसके वर्क स्टेशन का कोई अता-पता बताया। बोला, पहली मुलाक़ात पर आर्टिस्ट ने अपना एक विज़िटिंग कार्ड दिया था जिस पर सब कुछ दर्ज था, कार्ड कहीं घर में ही होगा, मैं ज़िद करूँगा तो वो ढूँढ़ निकालेगा। अब तू ख़ुद फ़ैसला कर, जब उसकी मंशा उस बाबत कुछ न बताने की थी तो मैं ज़िद कर सकता था? करता तो कुछ हासिल होता?"

उसने इनकार में सिर हिलाया।

"मैं फिर भी ज़िद करता तो उलटे वो मेरे से सवाल करता कि उस पेंटिंग रेस्टोरेशन के काम से मेरा क्या लेना-देना था, तो मेरा कोई जवाब देना बनता था? मैं क्लाइंट के मुँह पर–अपने हैंडसमली पेइंग कस्टमर के मुँह पर–कह सकता था कि लेना-देना हो न हो, जो मैं पूछूँ, उसे बताना पड़ेगा?"

उसने फिर इनकार में सिर हिलाया।

"लेकिन पेंटिंग में कोई भेद तो था बराबर वर्ना इतनी ख़ुफ़ियापंती झाड़ने की क्या ज़रूरत थी? रेस्टोरेशन की कहानी करने की ही क्या ज़रूरत थी? कह देता एक पेंटिंग बेच दी गई थी! मुझे क्या ऐतराज़ होता, भले ही तीनों बेच दी गई होतीं!"

"लेकिन सर, अगर, जैसा कि आपने अभी बताया, वो मास्टर बेडरूम मानकलाल मोरवाल का मक़बरा था..."

"स्मारक! स्मारक था।"

"आप कहते हैं तो स्मारक सही! अगर वो स्वर्गवासी मोर का... मोरवाल का स्मारक था और बेटी की ज़िद थी कि हरगिज़-हरगिज़ भी वहाँ की किसी चीज़ के साथ कोई छेड़-खानी नहीं की जानी थी, वो उस बेडरूम को हमेशा उसी रूप में देखना चाहती थी जिसमें वो उसे स्वर्गवासी होते वक़्त छोड़ के गए थे तो एक पेंटिंग को रेस्टोरेशन की क्या ज़रूरत थी? वो जैसी थी वैसी मक़बरे में... स्मारक में टँगी रहती?"

"पते की बात कही!" मैं प्रशंसात्मक भाव से बोला, "वक़्त पर मेरे को सूझी होती तो मैं ये सवाल ज़रूर करता क्लाइंट से।"

"अब कीजिएगा।"

"उस सिलसिले में कभी फिर बात चली तो करूँगा।"

"आपको हैरानी नहीं होती कि रेस्टोरेशन का वो काम क्लाइंट को कराना सूझा, उसकी बीवी को नहीं, जो कि एस्टेट की, वहाँ की हर चीज़ की, मालकिन थी?"

"भई, उस एंटीक फ़र्नीचर की मालकिन भी तो बीवी थी जिसकी सेल को हमारे क्लाइंट ने हैंडल किया था!"

"ठीक! फिर तो रेस्टोरेशन वाली कहानी बीवी की रज़ामंदगी से ही सिरे चढ़ी होगी! हसबैंड ने कहा होगा कि उस एक पेंटिंग का रेस्टोरेशन वर्क अभी न कराया गया तो वो और बिगड़ जाएगी! मैं बोलूँ तो आपकी बातों से तो लगता है कि इस काम में हसबैंड का–हमारे क्लाइंट का–कोई पर्सनल इंटरेस्ट है।"

"सही लगता है, डॉक्टर वाटसन..."

"मैं डॉक्टर वाटसन! यानी आप शरलॉक होम्ज़!"

"उससे उन्नीस तो हरगिज़ नहीं!"

"यानी आप अपने मुँह मियाँ मिट्ठू!"

मैं हँसा।

"कुछ कह रहे थे आप?"

"हाँ, मैं कह रहा था कि रेस्टोरेशन की स्टोरी में–अब तो तेरी सुझाई बात से भी लगता है–कोई भेद है जो मेरी समझ में आना चाहिए, क्लाइंट की जानकारी में आए बिना मेरी समझ में आना चाहिए। उसी सिलसिले में वो सारी ड्रिल है जिसको तूने अंजाम देना है, लेकिन जिसकी बाबत तूने अभी उँगली भी नहीं हिलाई है।"

वो हड़बड़ाकर उठी।

"अभी करती हूँ।" फिर व्यस्त भाव से बोली।

"यहीं से कर!"

"नहीं! बाहर मैं ज़्यादा कम्फ़र्टेबल फ़ील करूँगी क्योंकि..."

"क्या क्योंकि ? रुक क्यों गई ?"

"...क्योंकि वहाँ आप मेरे एफ़ट्र्स की बाबत अपनी कोई रनिंग कमेंट्री नहीं जारी कर पाएँगे।"

कोई और वक़्त होता तो मैं उसके उसी कमेंट को तक़रार का मुद्दा बना लेता, लेकिन तब मैंने उसे पूरी तरह से नज़रअंदाज़ किया और बोला, "अगर ये काम कर पाए तो तेरे को तोप की सलामी!"

"तोप है आपके पास ?"

मुझे तत्काल कोई जवाब न सूझा।

"है तो सलामी रहने देना, तोप ही दे देना। आजकल लोहा बड़ा महँगा है। स्क्रैप भी चालीस-पचास रुपये किलो बिकता है।"

मैं हड़बड़ाया-सा उसका मुँह देखने लगा।

"सो देयर!" वो शान से बोली, फिर पेपर सँभाले वहाँ से रुख़सत हो गई।

रेस्टोरेशन आर्टिस्ट का नाम हाजी इम्तियाज़ अली वारसी था और शेख़ सराय फ़ेज़ टु में स्थित उसके स्टूडियो का नाम आलमगीर आर्ट हाउस था।

रजनी ने कमाल की दक्षता दिखाई थी, पंद्रह मिनट में वो सब जानकारी उसने हासिल कर ली थी। तोप की सलामी तो कहने की बात थी, लेकिन काम उसने ऐसा कर दिखाया था कि मुझे बाग़-बाग़ कर दिया था।

अब उसे बाग़-बाग़ करने की कोई जुगत मैंने सोचनी थी।

आलमगीर आर्ट हाउस पहुँचने में और आगे आर्टिस्ट के रूबरू होने में मुझे कोई दिक़्क़त पेश न आई।

आर्टिस्ट–हाजी साहब–पैंसठ के पेटे में पहुँचा झक सफ़ेद दाढ़ी और वैसे ही सफ़ेद, लम्बे बालों वाला बुज़ुर्ग था जो मेरे से मुलाक़ात के वक़्त भी विभिन्न रंगों से रंगा एक सफ़ेद ओवरआल पहने था और हाथ में कोई डेढ़ फ़ुट लम्बा ब्रश थामे था। उसने मुझे एक ऑफ़िसनुमा कमरे में बिठाया और ख़ुद मेज़ के पार मेरे सामने बैठने से पहले हाथ में थमा ब्रश मेज़ पर रखा

और ओवरआल उतारकर परे एक खूँटी पर टाँगा।

"हाँ तो, जनाब," आर्टिस्ट बोला, "आपने फ़रमाया कि आप मोरवाल एस्टेट से तशरीफ़ लाए हैं और आप एस्टेट के मुम्बई से आए मेहमान हैं! अवस्थी साहब के जिगरी हैं!"

"जी, हाँ।"

"नाम सुधीर कोहली?"

"जी, हाँ।"

"आमद उस पेंटिंग की बाबत जो एस्टेट से डुप्लीकेशन के लिए यहाँ आई है?"

"जी, रेस्टोरेशन के लिए!"

"यहाँ कई आर्ट्स स्टूडेंट्स आते हैं जो मेरे सुपरविज़न में प्रैक्टिस के लिए बड़े, मक़बूल पेंटरों के वर्क को डुप्लीकेट करते हैं..."

"जनाब, मैंने रेस्टोरेशन कहा!"

आर्टिस्ट सकपकाया, उसके माथे पर बल पड़े।

"रेस्टोरेशन कहा?" वो बोला।

"जी, हाँ।"

"हुसैन की उसी पेंटिंग की बात कर रहे हो न, जो मैं अभी हाल ही में मोरवाल एस्टेट से ख़ुद कलेक्ट करके लाया था?"

"जी, हाँ।"

"उस पेंटिंग को तो रेस्टोरेशन की कोई ज़रूरत नहीं है!"

"जी!"

"रेस्टोरेशन कौन बोला?"

"मेरा मेज़बान ही बोला!"

"अवस्थी साहब?"

"जी, हाँ!"

"ज़रूर उनसे कोई ग़लतबयानी हुई या सुनने में तुम्हें कोई मुग़ालता लगा। बात करो उनसे!"

"वो तो अभी मुमकिन नहीं!"

"वजह?"

"आज और कल वो अवेलेबल नहीं हैं। उनका कहीं बाहर का शेड्यूल है।"

"कहाँ का?" आर्टिस्ट की पेशानी पर बल पड़े।

बुड्ढा परख रहा था। ग़लत जवाब सुनकर उखड़ सकता था।

"मनेसर का।" मैंने चांस लिया।

उसकी त्योरी ढीली पड़ी।

"डुप्लीकेशन की बात हुई थी।" आर्टिस्ट सहज भाव से बोला, "लेकिन उसमें भी बड़ा फच्चर है।"

"जी!"

"इसीलिए मैं चाहता था कि अवस्थी साहब यहाँ तशरीफ़ लाते, लेकिन तुम कहते हो कि वो दो दिन बिजी हैं!"

"क्या बात करना चाहते थे? मैं जान सकता हूँ? मेरा मतलब है अगर आप बात को सीक्रेट न समझें..."

"नहीं, सीक्रेट वाली तो कोई बात नहीं! आख़िर तुम अवस्थी साहब के ख़ास हो और एस्टेट के मेहमान हो!"

"तो?"

"उस पेंटिंग से वाक़िफ़ हो?"

"जी, नहीं।"

"पहले देखने का इत्तफ़ाक़ न हुआ?"

"जनाब, मैं मंगलवार एस्टेट में पहुँचा था, तब तक–दो दिन पहले–आप वो पेंटिंग वहाँ से ले जा चुके थे। अवस्थी साहब ने ख़ुद मुझे ऐसा बोला था।"

"फिर तो मैं पहले तुम्हें पेंटिंग ही दिखाता हूँ। गफ़ूर!"

एक नौजवान दौड़ा हुआ वहाँ पहुँचा।

"मोरवाल एस्टेट से आया हुसैन का कैनवस यहाँ ले के आ!"

उलटे पाँव नौजवान वापस गया और डेढ़-गुना-दो फ़ुट साइज़ की एक पेंटिंग के साथ वहाँ लौटा। आर्टिस्ट के इशारे पर उसने पेंटिंग को हम दोनों के बीच की टेबल के पहलू में एक कुर्सी पर टिकाकर रखा और वहाँ से

चला गया।

"देखो!" आर्टिस्ट बोला, "ये है मक़बूल फ़िदा हुसैन की वो पेंटिंग जो अवस्थी साहब के ससुर मानकलाल मोरवाल ने अपनी ज़िंदगी में ख़रीदी थी।"

मैंने ग़ौर से पेंटिंग का मुआयना किया। हुसैन के टिपिकल स्टाइल में वो कमाल की पेंटिंग थी जिसमें किसी तरह का ऐसा कोई डैमेज मुझे न दिखाई दिया जिसकी वजह से उसे रेस्टोरेशन की–महीना लगने वाली रेस्टोरेशन की–ज़रूरत होती।

"कैसी है?" मेरे चेहरे पर निगाह टिकाए आर्टिस्ट मुझे तरह देता बोला।

"ग्रेट!"

"घोड़ों के मोटिफ की वजह से मील से पहचाना जा सकता है कि हुसैन का वर्क है।"

"सुपर!"

"फ़ेक है!"

मैं जैसे आसमान से गिरा।

"नक़ली है! डुप्लीकेट है!"

मैं भौंचक्का-सा आर्टिस्ट का मुँह देखने लगा।

"पक्की बात?" मेरे मुँह से निकला।

"सौ फ़ीसदी पक्की बात! वैसे तो मेरी ख़ुद की जाँच पर भी कोई सवालिया निशान नहीं था, फिर भी मैंने दिल्ली के टॉप के आर्ट एक्सपर्ट से जँचवाई। बहुत नफ़ीस, बहुत एफ़ीशिएंट, बहुत प्रोफ़ेशनल नक़ल है; थोड़े किए नहीं भाँपी जा सकती थी। लेकिन नक़ल है सौ फ़ीसदी, इस बारे में कोई दो राय मुमकिन नहीं।"

"जनाब, आला हज़रत, क्या मतलब हुआ इसका? ख़रीद में मानकलाल मोरवाल साहब के साथ ठगी हुई?"

"मुझे नहीं मालूम ये पेंटिंग उन्होंने कैसे हासिल की थी–शायद अवस्थी साहब को मालूम हो, इसीलिए मैं उन्हें यहाँ बुलाना चाहता था–लेकिन अगर नीलामी से हासिल की तो ठगी मुमकिन नहीं। बड़े ऑक्शनर गौरमेंट अप्रूव्ड

होते हैं जो साथ में आइटम के जेनुइन होने का सर्टिफ़िकेट देते हैं। फ़ेमस जेनुइन पोर्ट्रेट्स पूरी डिटेल्स के साथ आर्ट कैटेलॉग्स में लिस्टेड होती हैं, लिहाज़ा धोखे की कोई गुंजाइश नहीं होती। लेकिन पेंटिंग अनकन्फ़र्म्ड सोर्स से ख़रीदी गई हो तो कुछ भी हो सकता है। असल में क्या पता क्या हुआ, शायद अवस्थी साहब कोई रौशनी डालें!"

"एस्टेट में ऐसी, इसी साइज़ की दो पेंटिंग और हैं–एक तैयब मेहता की, दूसरी एस.एच. रज़ा की–फिर तो मुमकिन है वो भी फ़ेक हों!"

"अगर हुसैन की इस पेंटिंग के साथ ही ख़रीदीं तो बहुत मुमकिन है!"

"कैसे कन्फ़र्म होगा?"

"अप्रेज़ल से ही होगा।"

"आपकी निजी राय क्या है, कंसिडर्ड, क्वॉलिफ़ाइड ओपीनियन क्या है, मोरवाल साहब के साथ ठगी हुई?"

"हाँ! हालात का इशारा भी इसी तरफ़ है।"

"किसी ने फ़ेक कैनवस मोरवाल साहब के मत्थे मँढ़ दिए!"

"ज़ाहिर है।"

"कितने की थूक लगाई?"

"ये मैं कैसे कह सकता हूँ!"

"ये पोर्ट्रेट जेनुइन होती तो इसकी क्या क़ीमत होती?"

"मुझे नहीं पता मोरवाल साहब ने कब ख़रीदी, लेकिन आज की क़ीमत अस्सी लाख से कम न होगी।"

"आई सी! और इस फ़ेक की कोई क़ीमत नहीं?"

"ऐसा तो नहीं है! ऐसा तो नहीं है! किसी नौसिखिए ने तो नहीं की ये डुप्लीकेशन! हर स्ट्रोक से पता लगता है कि एक्सपर्ट का काम है!"

"एक्सपर्ट का काम है तो फ़ीस भी तो एक्सपर्ट की हैसियत के मुताबिक़ होगी?"

"ज़ाहिर है!"

"कितनी?"

"तीन... चार लाख!

"लिहाज़ा इस फ़ेक की भी क़ीमत तो हुई! टोटल राइट ऑफ़ तो नहीं कहा जा सकता इसे?"

"दुरुस्त!"

"अब आप क्या करेंगे?"

"क्या करूँगा?"

"जो असाइनमेंट आप को हासिल हुई, उसके बारे में सवाल किया?"

"क्या करूँगा! ये हुसैन फ़ेक है! फ़ेक का फ़ेक बनाने की क्या तुक है?"

"ठीक! सहयोग का शुक्रिया, जनाब!" पेशानी छूता मैं उठ खड़ा हुआ, "इजाज़त दीजिए!"

आर्टिस्ट ने सहमति में सिर हिलाया।

मुकंदलाल साढ़े नौ बजे मेरे ऑफ़िस में पहुँचा। तब तक उसके इंतज़ार से बोर होता मैं व्हिस्की के दो लार्ज पेग लगा चुका था। उसका इंतज़ार मेरे लिए ज़रूरी था। कल सुबह वहाँ आने से बेहतर था कि मैं आज ही इंतज़ार की सज़ा भुगत लेता।

"आ, बैठ, भई!" मैं अपनी कुर्सी पर सँभलकर बैठता बोला।

वो ख़ामोशी से मेरे सामने एक कुर्सी पर ढेर हुआ। संजीदगी से उसने हवा में नथुने फुलाए और दो गहरी साँस लीं।

"महक रहा है!" फिर बोला।

"सूँघ तीखी है तेरी!" मैं बोला।

"मुझे भी महका, यार।" वो फ़रियाद-सी करता बोला, "सुबह आठ बजे से भी पहले से घर से निकला हुआ हूँ।"

मैं हिचकिचाया। दराज़ में ग्लेनफ़िडिक की बोतल थी, उसके लिए रॉयल स्टैग और ग्लेनफ़िडिक एक ही बात थी। अहम बात ये थी कि दोनों शराब थीं, नशा करती थीं।

सूरज को सलाम था और चिराग़ को भी सलाम था; दोनों रौशनी देते थे।

मैंने बोतल निकालकर मेज़ पर रखी।

"बाहर से अपने लिए ग्लास ले के आ।" मैं बोला, "फ्रिज से पानी की बोतल भी निकाल के ला। और देखना, शायद वहाँ कोई नमकीन का पैकेट भी हो! कभी-कभार होता है।"

प्रत्याशा से दमकती सूरत के साथ वो उठकर बाहर को लपका।

उस वक़्त मैं उसके साथ ड्रिंक शेयर करने जा रहा था तो अपनी गरज से ऐसा कर रहा था। घूँट लगाकर मेरे काम के लिए उसकी ज़िम्मेदारी में इज़ाफ़ा होता था तो मौजूदा केस में ऐसा होना मुझे पसंद था, क्योंकि उसमें उसका ही नहीं, मेरा ख़ुद का शेड्यूल भी टाइमबाउंड था, वर्ना मैं कह सकता था कि ऑफ़िस में व्हिस्की उपलब्ध नहीं थी। वो अपनी करतबी सूँघ का हवाला देता तो मैं कह सकता था कि चालू बोतल में थोड़ी-सी ही थी जो मैंने पी ली थी। उस स्थिति में उसकी इतनी मजाल नहीं हो सकती थी कि ख़ाली बोतल दिखाने की या मेरी मेज़ के दराज़ों में झाँकने की माँग करने लगता। मजाल कभी हो न जाती, इसीलिए मैं उसे ज़्यादा मुँह नहीं लगाना चाहता था और इसीलिए सुबह अपनी कार के साथ हुए हादसे का ज़िक्र उससे साथ करने का मेरा कोई इरादा नहीं था। मैं उससे इतना वास्ता नहीं रखना चाहता था कि वो मुझे अपना राज़दाँ ही समझने लगता। मैं उसे यार कहता था तो वो यार बन ही नहीं गया था–वाक़िफ़कार था और कैज़ुअल हायर्ड हेल्प था, बस इतना ही वास्ता ठीक था। बाक़ी कार के साथ क्या बीती, मेरे साथ क्या बीती, उन बातों को–और ऐसी और बातों को–उसके साथ साँझा करने का मेरा कोई इरादा नहीं था।

ऑफ़िसर ऑन स्पेशल ड्यूटी 'जॉब अकम्पलिश्ड' के मिज़ाज के साथ वापस लौटा।

मैंने दो ड्रिंक्स तैयार किए, उसके साथ 'चियर्स' बोला।

मेज़ से मेरा डनहिल का पैकेट उसने ख़ुद उठा लिया।

"अब बोल!" मैं बोला, "और जल्दी बोल, मेरी मंज़िल खोटी हो रही है।"

"जैसे मेरी नहीं हो रही!" वो शिकायती लहजे से बोला।

“अब कह भी चुक!”

“कहता हूँ। लेकिन पहले मेरी बात सुन! मेरे जाने से पहले मुझे पाँच हज़ार रुपये देना। ऑन अकाउंट! पैसे-पैसे का हिसाब दूँगा, कोहली!”

मैंने अपलक उसे देखा।

“लिहाज़ कर, यार!” उसके स्वर में याचना का पुट आया, “आजकल हाथ बहुत तंग है।”

“हाथ तंग है तो तंगी दूर करने के लिए मुझे तंग करेगा?”

“ख़ुद ही तंग होऊँगा, खसम, तेरी उम्मीद से बाहरा तंग होऊँगा।”

“उम्मीद से बाहरा क्या मतलब?”

“बीवी–बच्चों को साथ लेकर मायके जा बैठेगी।”

अच्छी दलील थी।

“बुलाए से भी नहीं आएगी।”

“ओके! तेरी दरख़्वास्त मंज़ूर!”

“जीता रह!” उसने ख़ुश होकर दिखाया।

“वो तो मैं रहूँगा, अगरचे कि तू रहने देगा।”

“हा हा जोक मारा! ख़ैर, सुन! कोहली, मुझे पूरा एहसास था कि कम-से-कम युक्ता गौतम की फ़्लैटमेट की सूरत देखने की कोई जुगत मुझे ज़रूर करनी चाहिए थी इसलिए सुबह नौ बजे ही मैं सुंदर नगर पहुँच गया। आगे मैं ‘गुलमोहर’ पहुँचा तो नीचे केयरटेकर से ही मुझे मालूम हो गया कि फ़्लैटमेट तो जा चुकी थी। मुझे बहुत मायूसी हुई। सरकारी मुलाज़िम बताई जाती थी तो दस बजे का दफ़्तर होता, इतनी जल्दी तो नहीं निकल गई होनी चाहिए थी!”

“तेरी निगाह में वो जल्दी निकल गई, लेकिन क्या पता उसका यही टाइम हो निकलने का! तेरे को सुंदर नगर और उसकी वर्क प्लेस का फ़ासला तो नहीं मालूम! नहीं मालूम, क्योंकि तू नहीं जानता उसकी वर्क प्लेस, उसका सरकारी दफ़्तर कहाँ है! नहीं?”

“हाँ।”

“डेली कम्यूटिंग में क्या पता उसे कितना टाइम लगता था!”

“ठीक!”

"दूसरे, सरकारी दफ़्तरों का ओपनिंग टाइम साढ़े नौ भी होता है, नौ भी होता है। तीसरे, जॉब पर पहुँचने से पहले क्या पता किसी पर्सनल काम से आज उसे कहीं और जाना हो! चौथे..."

"तेरी हर बात ठीक है, यार!" वो झुँझलाया, "जो काम नहीं होना होता, उसके न होने की वजह तीन क्या, चार क्या, दस हो सकती हैं, बीस हो सकती हैं।"

"सयाना है। फिर क्या हुआ?"

"मुझे ख़याल आया कि जब पूछने भर से केयरटेकर ने बता दिया कि वो नौ से पहले जा चुकी थी तो कम-से-कम उसका नाम तो उसे मालूम ही होगा!"

"मालूम था?"

"हाँ! सुरभि दत्ता नाम है। लेकिन नाम के अलावा फ़्लैटमेट की बाबत उसे कुछ नहीं मालूम था–ये भी नहीं कि उसकी नौकरी क्या थी, कहाँ थी!"

"फिर?"

"मेरा इरादा तब हौज़ ख़ास विलेज जाकर मोरवाल भाइयों को टटोलने का था और उस सुरभि दत्ता की फ़िराक़ में शाम को फिर सुंदर नगर लौटने का था। मैंने अपने इरादे पर अमल किया, हौज़ ख़ास विलेज पहुँचा और काफ़ी अरसा दोनों भाइयों की बाबत और उनके गार्मेंट्स शोरूम की बाबत मालूमात करने में गुज़ारा। मालूम पड़ा की उनका बिजनेस बस, सो सो ही था, क्योंकि शोरूम के ओरिजिनल ओनर उनके पिता के इंतक़ाल के बाद से वहाँ वैसे गार्मेंट्स शोरूम कई खुल गए थे जिनकी वजह से उस कारोबार में कम्पीटीशन बहुत बढ़ गया था।"

"बिजनेस ज़्यादा व्यापारियों में बँट गया था?"

"हाँ।"

"कहना क्या चाहता है?"

"ये कि काम का रश न होने की वजह से छोटा भाई विनीत शोरूम से अक्सर ग़ायब रहता था।"

"वजह?"

"भई, नौजवान था, ग़ैरशादीशुदा था, यही काफ़ी वजह नहीं?"

"कोई लव अफ़ेयर?"

"आख़िर पता लगा।"

"गुड!"

"उनके शोरूम से चार इमारत आगे ग्राउंड फ़्लोर पर स्टेट बैंक है, दोपहरबाद ढाई बजने से ज़रा पहले मैंने उसे बैंक के बाहर सड़क पर खड़ा देखा। ठीक ढाई बजे एक नौजवान, बढ़िया बनी हुई–तेरी पसंद के गुणों वाली–लड़की बैंक से बाहर निकली और विनीत के साथ हो ली। दोनों का निशाना वहीं बाज़ार के सिरे पर की एक इमारत की पहली मंज़िल पर चलता 'मसाला जंक्शन' नाम का एक रेस्टोरेंट था। कोहली, जैसे उन्हें वहाँ रिसीव किया गया, उसी से जान पड़ता था कि दोनों वहाँ के रेगुलर थे।"

"दोनों में पुरानी वाक़फ़ियत थी?"

"पक्की यारी। लंच में वहाँ उनके लिए टेबल रिज़र्व रखी जाती थी और उनकी सर्विस ख़ास तवज्जो से की जाती थी।"

"क्या कहने!"

"एक घंटे से ज़्यादा वो वहाँ रुके। उस दौरान मैंने एक वेटर को पटाकर माशूक़ के बारे में उससे सवाल किया..."

"माशूक़!"

"और क्या? ऐसी रोज़ाना की घुल-मिल, उठक-बैठक तो माशूक़ के साथ ही होती है! नहीं तो तू बता, क्या लगती होगी वो उसकी?"

"छोड़! क्या बोला वेटर?"

"ख़ास कुछ न बोला। सिवाय इसके कि लड़की नज़दीकी बैंक में एकाउंट्स ऑफ़िसर थी और एक अरसे से वो अपने साथी के साथ लंच के लिए वहाँ आ रही थी।"

"डिनर के लिए कभी नहीं?"

"उसमें एक फच्चर था। उनका गार्मेंट्स शोरूम नौ बजे बंद होता था, बैंक छः बजे तक होता था।"

"विनीत अक्सर शोरूम से ग़ायब रहता था?"

"हाँ। ऐसी नौबत शाम को आती होगी तो छः बजने के इंतज़ार में बैंक के इर्द-गिर्द मँडराता होगा, फिर माशूक़ को साथ लेकर कहीं के लिए भी निकल पड़ता होगा।"

"कार है उसके पास?"

"एक वैगन-आर है जिसे दोनों भाई शेयर करते हैं, जिसे शाम को छोटा ले जाए तो बड़े को सूरजकुंड पहुँचने में लिए कैब बुलानी पड़ती है।"

"लड़की बैंक की मुलाज़मत में है तो लंच में एक घंटा बाहर कैसे रहती है? बैंकों में लंच तो आधे घंटे का होता है?"

"भई, अफ़सर है!"

"इसलिए लंच से लेट लौटे तो कोई नहीं टोकता!"

"यही बात होगी! कोई पव्वा फिट होगा उसका वहाँ जिसकी वजह से लंच एक घंटे तक एक्सटेंड कर लेने से उसे कोई नहीं टोकता होगा!"

"तूने लड़की को सरकारी मुलाज़िम बताया था!"

"क्या बात है, ध्यान किधर है? स्टेट बैंक सरकारी नहीं है?"

"ओह! दरअसल मेरा ध्यान सेंट्रल गौरमेंट की किसी जॉब की तरफ़ ही लगा हुआ था। राजधानी है न!" मैं एक क्षण ठिठका, फिर बोला, "तो विनीत मोरवाल की, छोटे भाई की, हौज़ ख़ास विलेज में शोरूम के पड़ोस में ही एक बैंक एम्प्लॉई–जिसे तू माशूक़ बोला–स्टेडी है जो हसीन है, नौजवान है, बढ़िया बनी हुई है, लिहाज़ा ख़ुशक़िस्मत है लड़का जो उसके साथ मौज-मेला कर रहा है, लेकिन इसमें मेरे मतलब का क्या है?"

"आगे आएगा न!"

"ओह! आगे आएगा। ठीक है फिर, आगे पहुँच!"

"शाम को उस लड़की की जब बैंक से छुट्टी हुई तो मैं उसके पीछे लगा। वो ऑटो पर बैठी, मैं ऑटो पर उसके पीछे। वो हौज़ ख़ास मेट्रो स्टेशन से मेट्रो पर सवार हुई, मैं मेट्रो में उसके पीछे। वो कनॉट प्लेस मेट्रो स्टेशन पर उतरी और वहाँ की बेशुमार भीड़ में मिलकर ग़ायब हो गई।"

"क्या!"

"अरे यार, इतनी बेतहाशा भीड़ थी कि पता ही न लगा कहाँ गई! पता

नहीं स्टेशन से बाहर निकली या भीतर से किसी और लाइन की मेट्रो पकड़ ली! लेकिन तू फ़िक्र न कर, कल फिर ट्राई करूँगा..."

"मुकंदलाल, अगर ये काम बढ़ाने का पैंतरा है तो इस बाबत मैंने तुझे पहले ही वार्न किया था कि..."

"नहीं है ऐसा, यार। क़सम उठवा ले!"

"छोड़! अपनी बात पूरी कर! यहाँ लौटने में साढ़े नौ क्यों बजे?"

"सुंदर नगर दोबारा गया न! बोल तो था मेरा इरादा फ़्लैटमेट की फ़िराक़ में शाम को सुंदर नगर वापस लौटने का था!"

"वो बैंक वाली लड़की कनॉट प्लेस के अंडरग्राउंड स्टेशन से ग़ायब हो गई तो तू सुंदर नगर गया। न ग़ायब होती तो तू उसके पीछे होता, ये जानने के लिए कि वो कौन थी, कहाँ रहती थी!"

"हाँ।"

"वो कनॉट प्लेस से आगे सुंदर नगर से किसी उलटे रास्ते पर कहीं चल दी होती तो तू सुंदर नगर कब को लौटता?"

"जब भी लौटता, ज़रूर लौटता।" वो तनिक झुँझलाया।

"भले ही आधी रात हो जाती?"

"ख़ामख़ाह!"

"जवाब दे!"

"आधी रात को तो वहाँ जाने की कोई तुक न होती!" वो असंतोषपूर्ण भाव से बड़बड़ाया, "फिर कल सुबह फाँसी लगता और आठ से भी पहले वहाँ होता।"

"बढ़िया!"

"लेकिन इतनी देर नहीं होने वाली थी। इतनी देर होती देखता तो तेरे को ख़बर करता मैं नेहरू प्लेस नहीं पहुँच सकता था। इतनी अक़्ल है मेरे में।"

"शाबाश! मुझे तेरी अक़्ल पर नाज़ है। इसीलिए तो मैं तेरा मुरीद हूँ!"

"तू? मेरा?"

"हाँ! आगे बढ़!"

"आगे बढ़ूँ? हाँ! वो क्या है कि कनॉट प्लेस से मुँह की खाकर मैं साढ़े

सात बजे तक सुंदर नगर पहुँच गया था और मैंने वहाँ 'गुलमोहर' में युक्ता गौतम के फ़्लैट में फिर दाख़िल पाया था।"

"इस बार क्या बहाना बनाया?"

"किसी नए बहाने की ज़रूरत ही न पड़ी! मैं युक्ता गौतम के रूबरू हुआ और उसको बताया कि एसएचओ ने वापस भेजा था जो कहता था कि फ़्लैटमेट को टेनेंट की फ़ैमिली नहीं मना जा सकता इसलिए फ़्लैटमेट की टेनेंट वेरीफ़िकेशन अलग से होना ज़रूरी था। और इसीलिए मुझे वापस आना पड़ा था और मैंने फ़्लैटमेट के उसकी जॉब से लौटने का इंतज़ार करना था। जवाब मिला, वो लौट चुकी थी, मैं अभी उससे मिल सकता था। फिर वो फ़्लैट के भीतर कहीं गई और फ़्लैटमेट के साथ ड्राइंगरूम में वापस लौटी। मेरी फ़्लैटमेट पर निगाह पड़ी तो सवाल करने को तैयार मेरा मुँह खुले का खुला रह गया।"

"क्यों भला?"

"कोहली, वो वही लड़की थी जो कनॉट प्लेस मेट्रो स्टेशन पर मेरी निगाहों से ओझल हो गई थी।"

"बैंक ऑफ़िसर? जिसके पीछे तू हौज़ ख़ास विलेज से लगा था?"

"वही!"

"छोटे भाई विनीत मोरवाल की माशूक़!"

"अरे, वही सौ टाँक! युक्ता गौतम ने ख़ुद तआरुफ़ करवाया कि वो सुरभि दत्ता थी, उसकी फ़्लैटमेट थी और स्टेट बैंक की हौज़ ख़ास विलेज ब्रांच में एकाउंट्स ऑफ़िसर थी।"

"तू मेरे होश उड़ा रहा है। मेरे को बात समझने दे–ग्लास परे रखकर बात समझने दे। सुंदर नगर में गुलमोहर नाम की इमारत की तीसरी मंज़िल के एक फ़्लैट में दो नौजवान लड़कियाँ मुक़ाम पाए हैं। एक फ़्लैट की लीज होल्डर है जिसका नाम युक्ता गौतम है, दूसरी फ़्लैटमेट है जिसका नाम सुरभि दत्ता है, ठीक?"

"हाँ"

"वो वही लड़की थी, हौज़ ख़ास विलेज में दिन में जिस पर तेरी निगाह

थी। तूने उसे बैंक में देखा, 'मसाला जंक्शन' में देखा, शाम को ऑटो में देखा, आगे मेट्रो में देखा, और कनॉट प्लेस में मेट्रो स्टेशन पर उतरते देखा, उसकी कभी तेरे पर निगाह न पड़ी? कभी एहसास न हुआ कि तू उसके पीछे लगा हुआ था?"

"नहीं, नहीं हुआ! इसे मेरी चतुराई समझ या उसकी लापरवाही, नहीं हुआ! हुआ होता तो सुंदर नगर फ़्लैट में मुझे अपने रूबरू पाकर ही उसने हल्ला कर दिया होता कि मैं हौज़ ख़ास विलेज से उसके पीछे लगा था।"

"हूँ!"

"कोहली, मैंने बेहद एहतियात बरती थी वर्ना..."

"ठीक! अभी मुझे कुछ कहने दे, अभी मेरी बात मुकम्मल नहीं हुई।"

"कह!"

"हाल में मुझे यक़ीनी तौर पर मालूम हुआ है कि 'गुलमोहर' की तीसरी मंज़िल के फ़्लैट में रहती उन दो लड़कियों में से एक मेरे क्लाइंट की माशूक़ है।"

"अरे, भई, इस बात का हिंट तो तेरे को मेरे से ही हासिल हो चुका है! कल मैंने तेरे को बताया तो था कि एजेंट धर्मेश ग्रोवर मेरे को क्या बोला था! दिमाग़ से सरक गया तो फिर सुन! ग्रोवर तेरे क्लाइंट की बाबत मेरे को बोला था कि मैं जाकर उससे–तेरे क्लाइंट से, कपिल अवस्थी से–पूछूँ कि 'गुलमोहर' की तीसरी मंज़िल के दाएँ बाज़ू के फ़्लैट में क्या उसकी अम्मा रहती थी जिसके सिर पर वो अभी भी बैठा था! तूने ख़ुद माना था कि ये इस बात की तरफ़ साफ़ इशारा था कि वहाँ तेरे क्लाइंट की कोई पुरानी माशूक़ आबाद थी!"

"मुझे एक-दूसरे तरीक़े से भी इस बात की कन्फ़र्मेशन हुई थी कि वहाँ अवस्थी की शादी से पहले की उसकी कोई माशूक़ रहती थी जिससे अभी भी अवस्थी के गहरे ताल्लुक़ात बरक़रार थे। दो जुदा साधनों से इस एक ही बात का ज़िक्र पेश हुआ, लेकिन दोनों ही बार न माशूक़ के नाम का ज़िक्र आ पाया और न किसी तरीक़े से ये हिंट मिला कि 'गुलमोहर' वाले पते पर वो अकेली नहीं रहती थी। वहाँ दो ख़ूबसूरत, हमउम्र लड़कियाँ रहती थीं,

जिनके नाम और कारोबार भी अब हमें मालूम हैं, लेकिन इस बात का कोई हिंट हमें नहीं है कि उन दोनों में से कौन–बैंक एम्प्लॉई सुरभि दत्ता या थिएटर एंथुज़ियास्ट युक्ता गौतम–मेरे क्लाइंट से फ़िट है।"

"दूसरी भी तो घर का ही सामान निकल आई!"

"क्या बोला?"

"अब जब ये तय है कि बैंक वाली विनीत मोरवाल की स्टेडी है तो जो दूसरी बची, वही तो तेरे क्लाइंट की माशूक़ हुई, जिसका तगड़ा, करारा हिंट पहले धर्मेश ग्रोवर ने ड्रॉप किया और दूसरा तू कहता है तुझे कहीं और से, किसी और सोर्स से मिला। अब देख, कैसे अचंभे की बात है कि दो माशूक़ हैं जो एक छत के नीचे रहती हैं और वैसे ही एक छत के नीचे रहते दो आशिक़ हैं। माशूक़ें सखियाँ हैं, फ़्लैटमेट हैं; आशिक़ रिश्तेदार हैं, जीजा-साला हैं। अब तू इस बात पर सिर खपा कि सब को एक-दूसरे की ख़बर है या नहीं!"

"मेरे ख़याल से तो नहीं है! विनीत को होती तो उसने तो अवस्थी की मिट्टी पलीत करने के लिए, उसे चेताली की नज़रों से गिराने के लिए, तूफ़ान खड़ा कर दिया होता। फिर अवस्थी के साथ जो होता, बहुत बुरा होता। ऑन दि अदर हैंड अगर अवस्थी को ख़बर होती कि दूसरी लड़की विनीत से फ़ुल फ़िट थी तो वो बड़ी आसानी से इस ज़हमत से निजात पा सकता था।"

"कैसे?"

"कैसे! अपनी माशूक़ को बोलता दूसरी लड़की को, फ़्लैटमेट को निकाल बाहर करे।"

"ठीक! लेकिन मेरी सुने तो मर्दों को तो मुमकिन है कि इस विकट स्थिति की ख़बर न हो, लेकिन लड़कियाँ ज़रूरी नहीं कि इस बड़े इत्तफ़ाक़ से बेख़बर हों!"

"क्यों ज़रूरी नहीं?"

"क्योंकि लड़कियाँ हैं। नौजवान लड़कियाँ–वो भी इकट्ठी रहती नौजवान लड़कियाँ, अभी और वो भी इश्क़ियाई हुई यारों से फ़ुल फ़िट लड़कियाँ–एक-दूसरे की राज़दाँ होती हैं, उनमें बहुत कुछ, बल्कि सब कुछ, साँझा होता है।"

"तेरी बात में दम है, लेकिन ये ज़रूरी नहीं–बल्कि मुमकिन ही नहीं–कि उन दोनों को मालूम हो कि दोनों के चाहने वाले एक-दूसरे के क़रीबी रिश्तेदार थे और एक ही घर में रहते थे।"

"ठीक!"

"यहाँ ये बात भी ग़ौरतलब है कि विनीत ग़ैरशादीशुदा है और आशिक़ी में कैसा भी खुल्लम-खुल्ला खेल खेलने के लिए आज़ाद है। लेकिन इस महकमे में मेरा क्लाइंट जो कुछ भी करेगा, टॉप सीक्रेसी से करेगा। उससे ये उम्मीद नहीं की जा सकती कि वो अपनी शादी के पहले की कैरीड ओवर माशूक़ से फ़्लैटमेट की मौजूदगी में मिलता हो। लिहाज़ा मेल-मुलाक़ात का उनका कोई अपना सीक्रेट ठिकाना होना चाहिए।"

"है न! फ़्लैटमेट सारा दिन सुंदर नगर से नौ किलोमीटर दूर हौज़ ख़ास विलेज में अपने बैंक में होती है। क्या प्रॉब्लम है?"

"ऐसे तो कोई नहीं!"

"तो?"

मैं ख़ामोश हो गया। जो बात उस घड़ी मेरे ज़ेहन में थी, मैं उसका ज़िक्र मुकंदलाल से नहीं करना चाहता था। चेताली का ख़याल था–शक था–कि उसका हसबैंड, जो अक्सर मनेसर जाता था और ओवरनाइट वहीं स्टे करता था, असल में मनेसर जाता कहीं और ही पहुँच जाता था। इस लिहाज़ से तो मेल-मुलाक़ात का अवस्थी का कोई अपना लोकल ठिकाना होना चाहिए था, कोई सीक्रेट लव नेस्ट होना चाहिए था जिसका सच में वजूद में होना कोई बड़ी बात न होती।

धर्मेश ग्रोवर ने जब अवस्थी की बाबत मुकंदलाल के सामने मुँह फाड़ा था तो अवस्थी की किसी माशूक़ के ज़िक्र के हवाले में उसने ये भी कहा था, 'जिसके सिर पर वो अभी भी बैठा था'। इसका क्या मतलब था? अगर कोई मतलब था तो यही हो सकता था कि अवस्थी की अपनी माशूक़ से मिलनस्थली–लव नेस्ट–'गुलमोहर' से कहीं क़रीब ही, सुंदर नगर में ही, थी।

मैंने नोट किया कि मेरी ख़ामोशी के मुख़्तसर वक़्फ़े के दौरान मुकंदलाल ने अपने लिए ख़ुद ही नया पेग बना लिया था। मेरी उसकी उस हरकत पर

निगाह पड़ी तो जैसे बात पलटने के लिए वो बोला, “तेरी ही कही एक बात के बारे में सोच रहा था।”

“कौन-सी बात?” मैंने पूछा।

“जिसका ज़िक्र तुझे कल ही मेरे से करना सूझना चाहिए था!”

“अरे, भई, कौन-सी बात?”

“कल एजेंट धर्मेश ग्रोवर ने इतना बड़ा बोल बोला कि वो अवस्थी की किसी पुरानी माशूक़ से वाक़िफ़ था जिस से आज भी अवस्थी के ताल्लुक़ात बरक़रार थे, इस हद तक बरक़रार थे कि शादी के डेढ़ साल बाद भी उनकी गिरह न खुली...”

“ढीली भी न पड़ी।”

“...एजेंट के हाथ में इतनी ख़ुफ़िया जानकारी अवस्थी के ख़िलाफ़ एक मारक हथियार था, ये हैरानी की बात नहीं कि अपनी कमीशन की रिकवरी के लिए उसने इसे अवस्थी के ख़िलाफ़ इस्तेमाल न किया!”

“है तो सही! इसका क्या जवाब है तेरे पास?”

“तूने मुझे इतना मान दिया कि मुझे कोई जवाब देने के क़ाबिल जाना तो सोचना पड़ेगा।”

उसने व्हिस्की का एक घूँट भरा और आँखें बंद कर लीं। उस ख़ामोशी का फ़ायदा उठाकर मैंने भी अपने जाम की तरफ़ तवज्जो दी।

“मेरे ख़याल से” आँखें खोलता मुकंदलाल आख़िर बोला, “ये विस्फोटक जानकारी उसे किसी इत्तफ़ाक़ के हवाले हासिल हुई और वो इत्तफ़ाक़ हाल ही में कभी हुआ। अब या तो वो उसके किसी कारआमद इस्तेमाल की बाबत कोई स्ट्रेटेजी बना रहा होगा या,” उसके स्वर में नाटकीयता का पुट आया, “स्ट्रेटेजी पर अमल कर भी चुका होगा।”

“अच्छा जा रहा है। उम्दा व्हिस्की ने दिमाग़ की मोम पिघला दी!”

“अगर ये तारीफ़ है तो शुक्रिया!”

“क्या अमल कर चुका होगा? अवस्थी से मिला होगा?”

“हाँ! और उससे अपनी फँसी हुई कमीशन की अदायगी का कोई–इस बार पक्का, सिक्केबंद–आश्वासन पा कर ख़ामोश हुआ होगा!”

"वजह अच्छी सोची तूने, लेकिन ये बात तर्क की कसौटी पर खरी नहीं उतरती।"

"क्यों भला?"

"ऐसा कुछ हुआ होता तो इतनी ख़ुफ़िया जानकारी का भेद–होश में या जोश में–उसने तेरे को न दिया होता!"

उसके माथे पर बल पड़े।

"तेरी इस बात से फिर भी मुझे इत्तफ़ाक़ है कि ज़रूर ये जानकारी हाल ही में–आजकल में ही–उसके हाथ लगी, तभी तू उससे मिला, पता नहीं किस मिज़ाज के हवाले उसने तेरे को मुँह लगाया और जोश में, माहौल की रवानगी में वो उस बाबत तेरे सामने मुँह फाड़ बैठा।"

"ठीक! यही हुआ होगा!"

"अभी कल तेरी ग्रोवर से बात हुई, मुझे नहीं लगता इतनी जल्दी उसने अवस्थी को गंभीर मुलाक़ात के लिए घेर भी लिया, उससे आर या पार जैसी बात भी कर ली और अपनी रक़म के भुगतान का कोई क़ाबिल-ए-ऐतबार आश्वासन भी पा लिया जिसने कि उसे वक़्ती तौर पर ख़ामोश कर दिया।"

"तुझे क्या लगता है?"

"मुझे लगता है कि जो जानकारी उसे हासिल है, उसकी मुकम्मल अहमियत उसकी समझ में आने में अभी टाइम है। लेकिन कभी तो अहमियत उसे सूझनी ही है और वो वक़्त यक़ीनन बहुत जल्दी आएगा। तब एक अरसे से उसका सताया ग्रोवर वो जानकारी अवस्थी के मुँह पर मारेगा और बाज़रिया अवस्थी की बीवी चेताली उसके मुस्तक़बिल की बर्बादी का ऐसा नक़्श उकेरेगा कि अवस्थी के होश उड़ जाएँगे।"

"ग्रोवर जबरिया वसूली करेगा?"

"क्यों नहीं? बीवी पर बमय सबूत उसकी पोल खोल देने की धमकी के ज़ेरे-साया क्यों नहीं?"

"भई, ये तो ब्लैकमेल करना हुआ!"

"किसको ब्लैकमेल करना हुआ? एक स्थापित बेईमान शख़्स को ब्लैकमेल करना हुआ? घटिया आदमी घटिया व्यवहार का ही मुस्तहक़

होता है।"

"जैसे रूह वैसे फ़रिश्ते!"

"बिल्कुल! कितनी रकम दबाए बैठा होगा अवस्थी अपने एजेंट की?"

"ये तो तेरे को पता करना चाहिए था! जब ग्रोवर ने तेरे को इतना मुँह लगाया तो क्या इस एक बात को छुपा के रखता?"

"यार, ज़िक्र ही न आया! ख़याल ही न आया पूछने का! लेकिन कोहली, रकम का बड़ा होना–लाखों में होना–लाज़मी है।"

"क्यों भला?"

"टाइम फ़ैक्टर की वजह से! दो साल होने को आए, कोई छोटी-मोटी रकम होती तो ग्रोवर अब तक उसका ग़म खा चुका होता।"

"बल्ले, भई, तेरे पास तो सच में दिमाग़ है! मैं तो समझा था कि पुलिस की नौकरी की दरकार हाथ-पाँव चलाना ही होती थी!"

"जैसी नौकरी का हुक्म होता था, वैसी ही तो करता था न! पुलिस में कॉन्स्टेबल, हवलदार को दिमाग़ लगाने को कौन बोलता है! वो तो अफ़सरान का काम होता है!"

मैं हँसा।

"वैसे तेरी बात में दम है।" फिर बोला, "रकम का बड़ी होना लाज़मी है। इससे एक और भी बात निकलती है, पहले जिसकी तरफ़ मेरी भी तवज्जो न गई! अगर एजेंट की कमीशन बीस पर्सेंट जमा हो होकर बड़ी रकम बनी तो एक्टर की अस्सी पर्सेंट कमाई भी तो बहुत बड़ी रकम हुई! एजेंट की आउटस्टैंडिंग से चार गुणा बड़ी!"

"क्या कहना चाहता है?"

"ये कि जब कमाया, मेरे क्लाइंट ने कोई कम पैसा न कमाया। फिर भी पैसे के लालच में पैसे वाली नौजवान लड़कियों के पीछे पड़ा रहता है, यहाँ तक कि शादी भी इसी मिशन के तहत की!"

"आदत से मजबूर!" मुकंदलाल ने गहरी साँस ली, "मुफ़्त के माल का मोह नहीं छूटता, भैया! रंडियाँ तो बेचारी नाहक़ बदनाम हैं, मर्द आजकल कौन से कम हैं–सिवाय इस फ़र्क़ के कि रंडी को सज़ा है, रंडे को सज़ा

नहीं है।"

"भई, ये कौन-सी ज़ुबान बोल रहा है?"

"चुभती, लेकिन सच्ची ज़ुबान बोल रहा हूँ। कोहली, इस मिज़ाज की नौजवान नस्ल के लिए मेरे मन में, यक़ीन जाने तो, नफ़रत है।"

"नमूना दिखाया तूने मेरे को!"

"मैं शायर नहीं," उसने व्हिस्की का घूँट भरा, "शायरमिज़ाज भी नहीं, शायरी की तरफ़ कभी तवज्जो भी नहीं दी अपनी ख़ुश्क, पंद्रह-सोलह घंटे रोज़ की नौकरी में, फिर भी न जाने कैसे, न जाने कब का पढ़ा एक शेर आज भी मुझे याद रह गया। सुने तो बोलूँ?"

"सुना!"

"इरशाद बोल!"

ग्लेनफ़िडिक अपने तेवर दिखा रही थी।

"इरशाद!"

"आज के दौर का इंसान बनाया जिसने, वही मेरा भी ख़ुदा हो मुझे मंज़ूर नहीं।"

कमाल! उस घड़ी रजनी और उसके ख़यालात में कितनी समानता दिखाई दे रही थी, जबकि दोनों में कुछ भी कॉमन नहीं था... न मूड, न मिज़ाज, न उम्र, न सोशल लाइफ़।

मैं हैरानी से बोला, "ये तू कह रहा है?"

"हाँ, मैं कह रहा हूँ!" वो संजीदगी से बोला, "क्योंकि मैं करप्ट हूँ अपनी मजबूरियों की सज़ा के तौर पर, बेग़ैरत नहीं हूँ। मेरी औलाद साली ऐसी निकले तो मैं नीला थोथा ख़ुद खिला दूँ कम्बख़्त को!"

मैं हैरानी से उसका मुँह देखने लगा।

"अभागे को!" उसकी आवाज़ भर्राई, "वर्ना औलाद के लिए कोई ऐसी ज़ुबान बोलता है! औलाद की तो हमेशा ख़ैर मनाई जाती है, दुआएँ माँगी जाती हैं कि उसकी बलाएँ माँ-बाप के सिर हों।"

उसकी आवाज़ और भर्रा गई। नशा ज़ोर मार रहा था। नशे के हवाले ही ऐसे जज़्बात कहीं भीतर से निकलकर परवाज़ लेते थे।

"मुकंदलाल," मैं धीरे से बोला, "आज तेरे में तेरा एक नया किरदार दिखाई दे रहा है मुझे!"

"यार, मैं हालात का मारा हूँ, मजबूरियों का सताया हूँ, वर्ना बहुत अच्छा आदमी हूँ।"

"अपनी तारीफ़ में ख़ुद क़सीदे पढ़ रहा है?"

"पता नहीं क्या कर रहा हूँ!"

"इस वक़्त तेरे से यही शिकायत है मेरे को।"

ग्लास के साथ मुँह की तरफ़ बढ़ता उसका हाथ आधे रास्ते ठिठक गया।

"क–क्या?" वो असमंजसपूर्ण भाव से बोला, "क्या शिकायत है?"

"अपने मौजूदा शगल के हवाले..." मैंने उसके हाथ में थमे जाम की तरफ़ इशारा किया, "तेरे को याद नहीं कि रात की इस घड़ी मैं तेरी वजह से, तेरे इंतज़ार की वजह से, गिरफ़्तार हूँ!"

"सॉरी!" शर्मिंदगी का इज़हार उसने खींसें निपोरकर किया।

"क्या सॉरी?"

"यार, 'गुलमोहर' के तमाम फ़्लैट्स के ऑक्यूपेंट्स का ज़िक्र मेरे को तेरे टोके बिना करना चाहिए था, ये सॉरी!"

"अब कर! कुछ जाना?"

"सौ फ़ीसदी तो न जान पाया, लेकिन तक़रीबन जाना।"

"कैसे किया?"

"तेरी सलाह पर अमल करके ही किया। नेपाल सिंह से यारी लगाई।"

"घूँट लगाता था?"

"हाँ! तभी तो फटाफट यार बना, बाटली में जोड़ीदार बना!"

"उसके साथ घूँट लगाया?"

"मजबूरी थी, भई, तभी तो उसकी वाणी मुखर हुई!"

"गॉड! तो पहले से पी के आया?'

"नाम मात्र को! दिखावे के लिए! उसी ने लालच किया, इस वजह से उसे पता ही न लगा कि मैंने उसे साथ बस, शुरुआती एक पेग लिया था।"

"मैं नहीं मानता!"

"दो लार्ज! इससे ज़्यादा पी हो तो मूत पिया हो!"

"दो लार्ज अद्धे में से या बोतल में से?"

"बोतल में से।"

"बोतल कौन-सी?"

"रॉयल स्टैग!"

मैंने पहले मेज़ पर हम दोनों के बीच रखी ग्लेनफ़िडिक की बोतल को, फिर उसकी शक्ल को देखा। उस घड़ी फिरंगियों की एक कहावत मुझे बड़ी शिद्दत से याद आई–*कास्टिंग पर्ल्स बिफ़ॉर ए स्वाइन!*

"बाक़ी बची?" मैंने पूछा।

"उसने रख ली। वैसे कोई ज़्यादा तो बाक़ी बची नहीं थी!"

"गुड बाई बोलने के लिए तो थोड़ी ली होगी! जिसे *वन फ़ॉर रोड* कहते हैं!"

उसके चेहरे पर एक धूर्त मुस्कुराहट आई और ग़ायब हुई।

"ख़ैर!" मैंने गहरी साँस ली, "बोल, क्या जाना?"

"पहले तो वो नई बात सुन जो मैंने अब दूसरे फेरे में जानी। उस बिल्डिंग के सारे फ़्लैट एक साइज़ के नहीं हैं। दाएँ विंग के फ़्लैट तीन बेडरूम वाले हैं और बाएँ विंग के चार बेडरूम वाले हैं। पहली और तीसरी मंज़िल के उन दो फ़्लैटों को छोड़कर, जो मदाम डेलीसिया कामा के हैं, बाक़ी के चार फ़्लैट्स में बाल-बच्चेदार फ़ैमिलीज़ रहती हैं जो कि अपने-अपने फ़्लैट की पुरानी ऑक्यूपेंट हैं और ओरिजिनल ओनर हैं। इस सेट अप के लिहाज़ से चौथी मंज़िल के दो फ़्लैट्स में थोड़ा फ़र्क़ है।"

"क्या?" मैं चौकन्ना हुआ, तमाम फ़्लैट्स का वो इकट्ठा ज़िक्र नहीं कर रहा था तो ज़रूर कोई वजह थी।

"चौथी मंज़िल के बाएँ विंग वाले फ़्लैट का मालिक पीलू सेठना नाम का एक पारसी है जो अपनी बीवी और तीन बेटियों के साथ वहाँ रहता है। ये पीलू सेठना नोएडा के होज़ियरी कॉम्प्लेक्स में एक होज़ियरी फ़ैक्ट्री में पार्टनर है। पता लगा है कि मूल रूप से गोवा का रहने वाला है और वहाँ भी उसका फ़्लैट है। फ़ैमिली हैड सेठना शॉर्ट विज़िट के लिए गोवा अक्सर जाता रहता

है, लेकिन सर्दियाँ पूरी फ़ैमिली की गोवा में गुज़रती हैं।"

"क्योंकि गोवा में दिल्ली जैसी–आजकल जैसी–कड़ाके की ठंड नहीं होती!"

"सही पकड़ा!"

"तो अब फ़ैमिली गोवा में है?"

"हाँ! और बकौल नेपाल सिंह, अभी डेढ़ महीना और वहीं रहने वाली है।"

"पीछे फ़्लैट को ताला या किसी रखवाले के हवाले!"

"दोनों ही बातें नहीं हैं। फ़्लैट आबाद है और रखवाला वजह नहीं है। मैंने बोला न, वो फ़ैमिली पारसी है! नीचे फ़र्स्ट फ़्लोर की मदाम डेलीसिया कामा भी पारसी है इसलिए दोनों में नेचुरल भाईचारा स्थापित है।"

"पारसी थोड़े हैं न, हिंदोस्तान में इसलिए जहाँ रहते हैं, हिल-मिल के रहते हैं।"

"मदाम कामा के पास सेठना फ़ैमिली के फ़्लैट की चाबी इस हिदायत के साथ है कि उनकी ग़ैरहाज़िरी में मदाम कामा डेली या वीकली रेंटल पर वो फ़्लैट किराये पर उठा सकती हैं।"

"आई सी! गोवा में तो ऐसा आम होता है, लगता है अब दिल्ली में भी ये रिवाज ज़ोर पकड़ने लगा है। टूरिस्ट फ़ैमिलीज़ होटल में रहने की जगह ऐसे फ़्लैट्स में रहना पसंद करती हैं, क्योंकि यूँ सेल्फ़ कुकिंग की सुविधा भी उपलब्ध होती है। लेकिन" मैं ठिठका, "मालिकान का कोई क़ीमती सामान भी तो फ़्लैट में होता है..."

"सब एक बेडरूम में बंद!"

"ठीक! अब क्या पोज़ीशन है फ़्लैट की? ऑक्यूपाइड है? किसी टूरिस्ट फ़ैमिली के हवाले है?"

"एक अकेली, नौजवान लड़की के हवाले है। माइनस वन रूम, रेंटल पर सारा ही लेना पड़ता है, इसलिए!"

"इतने बड़े फ़्लैट की प्रेजेंट ऑक्यूपेंट एक अकेली लड़की!"

"कोई वजह होगी! और फ़ैमिली मेम्बर आने वाले होंगे! या सुंदर नगर

ही मुक़ाम पाना ज़रूरी होगा। एक हफ़्ते के लिए उसने वो फ़्लैट किराये पर लिया है।"

"नाम क्या है ?"

"नहीं मालूम! केयरटेकर नेपाल सिंह को भी नहीं मालूम! मैंने पूछा तो बोला, कभी मेरी ज़रूरत उसे पड़ी हो तो मालूम हो न! फिर बोला, ज़्यादा टाइम फ़्लैट में टिकती भी नहीं!"

"कब से वहाँ है ?"

"शनिवार, इक्कीस तारीख़ से।"

"हूँ! मदाम कामा से कोई पूछताछ का इत्तफ़ाक़ न बना ?"

"किस ज़रूरत के तहत बनता ? मैंने क्या लेना-देना था उस कैज़ुअल टेनेंट से ? तूने क्या लेना था ?"

"अरे, भई, फिर इतना लम्बा ज़िक्र किस वास्ते ?"

"क्योंकि तू ही बोला कि तेरे को वहाँ के हर फ़्लैट के ऑक्यूपेंट की जानकारी दरकार थी!"

"ओके!"

"फिर भी ज़रूरी समझे तो मदाम कामा से ख़ुद जा के मिलना जिससे कि उस लड़की का डेली एक्सटेंशन की ऑप्शन के साथ एक हफ़्ते की टेनेंसी का डील हुआ। सुना है बहुत रिज़र्व्ड स्वभाव की औरत है, नाहक़ किसी को मुँह नहीं लगाती, तुझे शायद लगा ले!"

"अब आख़िरी फ़्लैट की बाबत बोल!"

"चौथी मंज़िल के दाएँ विंग के उस फ़्लैट का ऑक्यूपेंट भी कोई अकेला शख़्स है जो एक साल से वहाँ रहता बताया जाता है।"

"एक साल तो बड़ा लम्बा अरसा होता है! फिर तो केयरटेकर नेपाल सिंह उसके बारे में बहुत कुछ जानता होगा जो उसने तुझे ट्रांसफ़र किया होगा!"

"नाम के सिवाय कुछ नहीं जानता था। कहता था साहब बहुत बिजी रहते थे, इतना कि उनके आए-गए की ख़बर ही नहीं लगती थी।"

"शुक्र है नाम तो मालूम! वही बोल!"

"केके साहब!"

"पूरा नाम बोल, भई!"

"केयरटेकर को नहीं मालूम था। बोला, बड़े लोगों के नाम ऐसे ही होते हैं।"

"ओरिजिनल ऑक्यूपेंट है?"

"किरायेदार है। मालिक कानपुर में रहता है।"

"हूँ! कोई और बात?"

"कहने लायक़ कोई नहीं है, पूछने लायक़ है एक!"

"पूछ!"

"'गुलमोहर' के बाक़ी फ़्लैट ऑक्यूपेंट्स की जानकारी हासिल करके क्या हाथ आया तेरे?"

"मैं सोचूँगा इस बाबत! विचार करूँगा। फिर शायद कुछ हाथ लगे!"

"तेरी माया तू ही जाने!"

"मीटिंग क्लोज़ करें?"

"अभी नहीं, भई, अभी नहीं!"

"अब क्या रह गया?"

"मेरी दरख़्वास्त पर तेरा एक्शन रह गया।" उसने ग़ौर से मुझे देखा, "नहीं समझा?"

"नहीं!"

उसने अँगूठे से उँगलियों को घिसा, फिर सिक्का उछालने का एक्शन किया।

"आते ही बोला था, यार!" वो विनीत भाव से बोला।

"ओह! सॉरी!"

कोट की भीतरी जेब से मैंने अपना बटुवा बरामद किया और उसमें से नोट निकलता बोला, "अब ग़ौर से सुन! पाँच हज़ार बोनस तब था जब तू एक दिन में सब काम कर गुज़रता। दो दिन लगाता तो बोनस ढाई हज़ार था। दो से ज़्यादा दिन लगाता तो बोनस था ही नहीं! मुकंदलाल, मैं फिर भी तेरे को बोनस के मद में पाँच हज़ार दे रहा हूँ तीन दिहाड़ियों के साथ!

क़ुबूल कर!"

"क्या! फ़ाइनल हिसाब कर रहा है?"

"हाँ! क्योंकि आज के बाद मेरे काम का तेरे करने के लिए कुछ नहीं है। होगा तो ख़बर करूँगा। पकड़!"

अनमने भाव से उसने साढ़े बारह हज़ार रुपये थामे।

"अब तेरे को और भी ख़ुश करने के लिए मैं वो पाँच हज़ार रुपये भी नहीं काट रहा जो मैंने तुझे 'कोज़ी कॉर्नर' में दिए थे।"

"ये तो तू अच्छा कर रहा है! शुक्रिया, कोहली!"

फिर उसने तीन दिन की अपनी एक्सपेंस शीट पेश की जिसका बिना हर एंट्री चेक किए, बिना हुज्जत के मैंने भुगतान किया।

मेरे उस एक्शन पर उसकी सूरत पर क़दरन रौनक़ आई। रौनक़, जो अपने आप में सबूत थी कि एक्सपेंस शीट पैडेड थी।

"अब मीटिंग क्लोज़ करें?" मैं बोला, "बोतल उठाऊँ मैं?"

"नहीं, अभी नहीं!" वो हड़बड़ाया-सा बोला, "अभी रुक!"

उसने मेज़ पर से अपना ग्लास उठाया, एक साँस में ख़ाली किया, झपटकर बोतल उठाई और ग्लास व्हिस्की से आधा भर लिया।

"बाक़ी घर ले जा!" मैंने तंज़ कसा, जिस पर उसने ध्यान तक न दिया।

"मैं ले भी जाऊँगा!" वो बेशर्मी से बोला।

माल-ए-मुफ़्त दिल-ए-बेरहम!

मैंने बोतल उठाकर दराज़ के हवाले कर दी।

"अच्छा किया!" वो बोला, "मेट्रो में दारू की बोतल नहीं ले जाने देते।"

"तेरे को भी?"

"पता नहीं! कभी नौबत नहीं आई ले जाने की!"

"मैं बत्तियाँ बुझाता हूँ, तब तक तू फ़ारिग हो!"

उसने सहमति में सिर हिलाया और ग्लास के हवाले हुआ।

चौथा दिन : शुक्रवार, 24 जनवरी

अगले दिन ब्रेकफ़ास्ट के बाद सुमीत मुझे कैब पर एस्टेट से रवाना होता दिखाई दिया। चेताली ने ख़ुद मुझे बताया कि विनीत को घर में कुछ ज़रूरी काम थे जिनकी वजह से लंच तक उसने पीछे रुकना था और फिर शोरूम पर पहुँचना था। इसी वजह से सुमीत वैगन-आर भाई के लिए घर छोड़ गया था।

ज़ाहिर था कि वो घोषणा श्रोताओं के लिए थी। जमा, वो इस बात की तरफ़ इशारा था कि अवस्थी का उस रोज़ मनेसर का प्रोग्राम था। ख़ुद मेरा प्रोग्राम धर्मेश ग्रोवर से सम्पर्क साधने का था।

ब्रेकफ़ास्ट से फ़ारिग होने के बाद अपने कमरे से मैंने कई बार उसका फ़ोन बजाया, लेकिन सम्पर्क न हो सका। हर बार यही घोषणा सुनने को मिली की फ़ोन 'टेम्परेरिली स्विच्ड़ ऑफ़' था।

दोपहर के क़रीब मुझे तब सुनसान पड़े फ्रंट कॉरीडोर में चेताली दिखाई दी। मैं लपककर उसके क़रीब पहुँचा। मुझे देखकर वो ठिठकी, मुस्कुराई।

"विनीत घर है।" मैं बोला, "लगता है, अवस्थी साहब का मनेसर का प्रोग्राम कन्फ़र्म्ड है!"

"अभी नहीं।" वो बोली, "कहता है दिल्ली में कोई अर्जेंट काम है, अगर उसमें अटक गया तो नहीं जा पाएगा।"

"आई सी!"

"लंच के बाद कन्फ़र्म होगा उसका प्रोग्राम।"

"ओके!"

"और सुनाओ!"

"और सुनाना नहीं, सुनना है।"

"क्या ?"

"आपसे ताल्लुक़ रखती राज़ की बात है, पता नहीं जवाब देना क़ुबूल होगा या नहीं!"

"सुनूँगी तो पता लगेगा न!"

"आपकी वसीयत की क्या पोज़ीशन है ?"

"वसीयत!"

"हाँ!"

जवाब देने से पहले वो मुझे हिचकिचाती लगी।

"वसीयत को ओल्ड एज की ज़रूरत माना जाता है इसलिए नौजवान उसकी परवाह नहीं करते–सब को ऐतबार है सौ साल नहीं हिलने वाले, जबकि सब जानते हैं कि मौत और ग्राहक का कोई भरोसा नहीं, कभी भी आ सकते हैं। आप क्या कहती हैं इस बारे में ?"

"मैं भी यही कहती हूँ। वसीयत का तो मुझे कभी ख़याल भी नहीं आया था। पापा की वसीयत थी, ये मुझे उनकी मौत के बाद ही पता लगा था। मौत एकाएक न आ गई होती तो ज़रूर वसीयत के बारे में मुझे बताते।"

"कैसे ख़बर लगी ?"

"उनके वकील ने बताया जो कि उनका दोस्त था और फ़ाइनांशियल एडवाइज़र था। रजिस्टर्ड विल थी जो कि सेफ़ कीपिंग के लिए उसके पास थी।"

"बेनेफ़िशियरी आप ?"

"ज़ाहिर है! पापा के बाद एस्टेट की, उनके वर्ल्डली असेट्स की, मालकिन हूँ न मैं!"

"असल बात बीच में ही रह गई!"

"है मेरी वसीयत! पापा की वसीयत की तरह रजिस्टर्ड! पापा की मौत के बाद कपिल ने ही सुझाया था कि मेरी वसीयत होनी चाहिए थी और क्रॉस विल्ज़ की राय दी थी जो कि मुझे पसंद आई थी।"

"क्रॉस विल्ज़!"

"दोनों ने एक-दूसरे के हक़ में वसीयत की न! ख़ुदा न करे कपिल को

कुछ हो जाए तो मैं उसकी वारिस, मुझे कुछ हो जाए तो वो मेरा वारिस!"

"अच्छा इंतज़ाम है!"

"हाँ! कोई इंटेस्टेट मरे तो वारिस को विरसे पर अपना दावा खड़ा करने में बहुत बखेड़े झेलने पड़ते हैं। लम्बी कोर्ट-कचहरी होती है। कई बार तो सालों लग जाते हैं।"

"ये भी अवस्थी साहब ने बताया?"

"हाँ!"

"ओके, थैंक्यू!"

"वसीयत के बारे में क्यों पूछ रहे थे?"

"कोई ख़ास वजह नहीं थी। ऐसे ही ख़याल आया था जानने का कि आपने इस बारे में कोई एहतियात बरती थी या नहीं!"

"ओह! आज तुम्हारा क्या प्रोग्राम है?"

"अवस्थी साहब के एजेंट धर्मेश ग्रोवर से मुलाक़ात करने का इरादा है। उसका फ़ोन नहीं लग रहा, अप्वायंटमेंट फ़िक्स होते ही उससे मिलने जाऊँगा।"

"लंच पर मुलाक़ात होगी?"

"कोशिश तो पूरी है!"

"ओके! सी यू!"

लम्बे डग भरती वो गलियारे में आगे बढ़ गई।

लंच पर मैं डाइनिंग टेबल पर मौजूद था।

सहभागी मेरा क्लाइंट, चेताली, विनीत और हर्षदीप थे।

ख़ामोशी से सब लंच में शरीक हुए।

तब तक भी मेरी धर्मेश ग्रोवर को कॉल नहीं लग पाई थी, अब मेरा इरादा उसके ऑफ़िस का चक्कर लगाने का था।

लंच का समापन हुआ तो अवस्थी ने अपेक्षित घोषणा की।

"मैं आज मनेसर जाऊँगा।" वो बीवी से बोला।

"दिल्ली का अर्जेंट काम टल गया?" चेताली ने पूछा।

"नहीं, पहले वही करूँगा। मेरी कोशिश होगी कि उसमें मुझे ज़्यादा वक़्त न लगे। उसके बाद वहीं से मनेसर के लिए निकलूँगा।"

"वहीं से कहाँ से?"

"कनॉट प्लेस से।"

"काम क्या है?"

"किसी से मिलना है। उसी ने मुलाक़ात के लिए सीपी को चुना है।"

"ओके!"

लंच की मीटिंग बर्ख़ास्त हुई।

मैं अपने कमरे में पहुँचा। मैंने एक सिग्रेट सुलगाया और खिड़की के क़रीब एक कुर्सी घसीटकर बैठ गया। खिड़की की पोज़ीशन ऐसी थी कि वहाँ से तक़रीबन सारा फ्रंट यार्ड दिखाई देता था।

अपने क्लाइंट के पीछे लगने का–मनेसर क्या, कनॉट प्लेस भी–मेरा कोई इरादा नहीं था। जब विनीत ने वो काम करने की ठानी थी तो उस सिलसिले में मेरा कुछ करना एक तो डुप्लीकेशन होता; दूसरे, विनीत की तरह मेरी कामयाबी की भी कोई गारंटी नहीं थी। वो काम कार-बग के बिना नहीं होने वाला था और कार-बग के फ़ौरन इंतज़ाम का मेरे पास कोई ज़रिया नहीं था। विनीत कुछ कर पाता तो बाज़रिया चेताली उसकी कामयाबी की ख़बर मुझे लग ही जानी थी।

सिग्रेट के कश लगाता मैं प्रतीक्षा करता रहा। एक घंटे बाद पहले विनीत वैगन-आर ड्राइव करता वहाँ से निकला। पंद्रह मिनट बाद एस्टेट से 'स्विफ़्ट' पर मेरे क्लाइंट की रवानगी हुई।

लड़का सयाना था। अवस्थी के पीछे वहाँ से निकला होता तो वो विनीत के इरादे को चुटकियों में भाँप जाता। एस्टेट में आगे सड़क ऐसी थी कि दिल्ली लक्ष्य हो तो तीन-चार किलोमीटर तक कोई डाइवर्ज़न नहीं था और उस हिस्से में ट्रैफ़िक भी बहुत कम था। आगे महरौली-बदरपुर रोड थी जो बहुत रश वाली थी। विनीत वहीं कहीं ओट में छुपा अवस्थी का इंतज़ार करता और फिर वहाँ से उसके पीछे लगता तो अवस्थी के लिए ट्रैफ़िक में उसको

सिंगल आउट करना मुश्किल होता जबकि विनीत के लिए उसकी 'स्विफ़्ट' को निगाह में रखना क़दरन आसान होता।

फिर भी लड़के की कामयाबी पर मुझे पूरा-पूरा शक था। मनेसर तो दूर की बात थी, उसका मिशन दिल्ली की सड़कों पर ही फ़ेल हो सकता था।

मैं कनॉट प्लेस और आगे हनुमान रोड की उस सँकरी गली में पहुँचा जिसमें एजेंट धर्मेश ग्रोवर का ऑफ़िस था। ऑफ़िस में एक बीसेक साल का छोकरा मौजूद था जो वहाँ एक विज़िटर्स चेयर पर बैठा हुआ था। मुझे भीतर दाख़िल होता देखकर वो उछलकर खड़ा हुआ। बाहर दरवाज़े पर मैंने एक स्टूल पड़ा देखा था जिससे लगता था कि ग्रोवर की ऑफ़िस में मौजूदगी में वो बाहर स्टूल पर बैठता था। उसका आगंतुक के लिए खड़ा होकर तत्परता दिखाना भी इस बात की चुगली करता था कि ऑफ़िस ब्वॉय था, चपरासी था।

"ग्रोवर साहब से मिलना था!" मैं अधिकारपूर्ण स्वर में बोला।

"वो तो नहीं हैं!" वो अदब से बोला।

"कहाँ गए?"

"नोएडा! मरवाह स्टूडियो!"

"कब लौटेंगे?"

"कुछ पता नहीं, सर। वहाँ एक सीरियल की शूटिंग है जिसमें उनकी हाज़िरी है। पता नहीं शूटिंग कब ख़त्म होगी! ग्यारह बजे के गए हुए हैं।"

"लौटेंगे सही?"

"ज़रूरी नहीं, सर। कहीं लेट हो जाएँ तो सीधे घर भी चले जाते हैं।"

"तुम कब तक ठहरते हो?"

"छः बजे तक।"

"वो छः बजे के बाद लौटें तो?"

"तो ऑफ़िस ख़ुद खोल लेते हैं। या मुझे रुकने के लिए फ़ोन कर देते हैं।"

"हूँ! ठीक है, शुक्रिया!"

"सर, क्या बोलूँ, कौन आए थे?"

मैंने उसे अपना विज़िटिंग कार्ड दिया।

मरवाह स्टूडियो से मैं वाक़िफ़ था, वो नोएडा में सोलह-ए सेक्टर में था। लम्बी ड्राइव थी, मेरी मंशा ग्रोवर से आज ही मिलने की थी इसलिए मैंने नोएडा का रुख़ किया।

अपने क्लाइंट की बाबत मेरे ज़ेहन में एक खाका था जिसमें कोई प्रामाणिक रंग उसका एजेंट ही भर सकता था जिसने कि अवस्थी की किसी पुरानी, स्टेडी माशूक़ की बाबत बड़ा बोल बोला था कि वो अभी भी उसके सिर पर सवार थी।

नोएडा में स्टूडियो की एंट्री पर तो मुझे न रोका-टोका गया, लेकिन उस साउंड स्टेज पर मुझे किसी ने न जाने दिया जहाँ कि शूटिंग जारी थी। मुझे बताया गया कि शूटिंग में ब्रेक से पहले मुलाक़ात के लिए भीतर से किसी को बाहर नहीं बुलाया जा सकता था।

मैं इंतज़ार में फँसा लगा। टाइम पास के लिए सिग्रेट सुलगाना चाहा तो उससे भी टोक दिया गया कि वो 'नो स्मोकिंग' ज़ोन था।

डेढ़ घंटे बाद शूटिंग में ब्रेक आया तो ये नामुराद ख़बर मिली कि ग्रोवर साहब वहाँ से जा चुके थे।

"कब जा चुके थे?" मैं बोला।

"आधा घंटा पहले!"

"अरे, भई," मैं कलपकर बोला, "डेढ़ घंटे से तो मैं यहाँ 'एग्जिट' के सामने बैठा हूँ!"

"एग्जिट परली तरफ़ भी है।"

"तौबा! कोई ख़बर है कि आगे कहाँ गए थे?"

"घर ही गए होंगे।"

"गए होंगे!"

"पक्का नहीं मालूम। पर..."

"क्या पर?"

"...कभी यहाँ आएँ और शाम तक रुकें तो सीधे घर ही जाते हैं।"

"घर कहाँ है?"

"द्वारका!"

यानी वहाँ से दिल्ली के दूसरे सिरे पर।

"पता मालूम है?" मैंने पूछा।

"हाँ।"

"शुकर! लिख के दो!"

बिना हुज्जत उसने मुझे पता लिखकर दिया जबकि मैं तो सवालों की बौछार की उम्मीद कर रहा था।

"मोबाइल का जवाब क्यों नहीं देते थे?" मैंने पूछा।

"शूटिंग में मोबाइल ऑफ़ रखना पड़ता है।"

"ओह!"

मैंने मोबाइल बजाया तो फिर वही घोषणा सुनने को मिली कि स्विच्ड ऑफ़ था। मैंने वो बात आगे सरकाई।

"स्टूडियो से निकलने के बाद" जवाब मिला, "ऑन करना भूल गए होंगे!"

मुमकिन था।

शाम के ट्रैफ़िक में वहाँ से द्वारका की दो घंटे की ड्राइव थी।

बड़ी ज़हमत थी, लेकिन मौजूदा हालात में मुझे क़ुबूल थी–आख़िर मैंने क्लाइंट को उसकी अदा की फ़ीस का सिला देना था।

द्वारका पहुँचने पर बताया गया पता तलाश करने में आठ बज गए। मालूम हुआ ग्रोवर साहब घर नहीं लौटे थे, लेकिन सुबह बोल के गए थे रात को लेट आएँगे।

कितना लेट आएँगे!

कोई माकूल जवाब नहीं मिला।

'सुधीर कोहली!' मैंने ख़ुद को कोसा, 'द अनलक्की बास्टर्ड!'

ग्रोवर से उस रोज़ मुलाक़ात नामुमकिन मानकर मैं वापस लौटा।

अब मेरी मंज़िल सुंदर नगर थी। ग्रोवर से मुलाक़ात हो जाती तो जो काम मैं वहाँ गारंटीड करता, उसको अब मैंने अंदाज़न करने का फ़ैसला किया।

ट्रैफ़िक का सताया मैं ड्राइव कर रहा था कि आगे लेफ़्ट में ही मेरी 'मैक्डोनाल्ड' के साइन पर निगाह पड़ी। मैंने कार रोकी, वहाँ से एक चिकन बर्गर हासिल किया जिसे मैंने ड्राइव करते-करते खाया। दस बजे मैं सुंदर नगर जाकर लगा।

'गुलमोहर' के सामने दोहरी, टू-वे रोड थी जिसके बीच कोई डेढ़ फ़ुट ऊँचा डिवाइडर था। मेरा रास्ता ऐसा था कि मैं परली तरफ़ की रोड पर था। 'गुलमोहर' के सामने पहुँचने के लिए आगे से यू-टर्न लेकर आना पड़ता था, लिहाज़ा मैंने कार को परली तरफ़ की सड़क पर ही खड़ी करने का ख़याल किया, क्योंकि उतरकर डिवाइडर पार करता तो 'गुलमोहर' के सामने होता।

मैंने अभी कार रोकी ही थी कि अपने आप ही मेरी निगाह दोनों सड़कों के पार 'गुलमोहर' की तरफ़ उठी।

तत्काल मेरे नेत्र फैले।

'गुलमोहर' की स्टिल्ट्स पार्किंग में मुझे चेताली दिखाई दी। मेरे देखते-देखते भारी अफ़रा-तफ़री में वो वहाँ से निकलकर सड़क पर पहुँची।

ओ गॉड! चेताली! वहाँ! उस घड़ी!

फ़ासले से भी वो मुझे यूँ बद्हवास और हाँफती हुई दिखाई दी जैसे बहुत दूर से दौड़ती वहाँ पहुँची थी।

उसके क़रीब जाने के लिए उस वक़्त के ट्रैफ़िक में सड़क पार करना मुहाल था। मैंने उसे आवाज़ देने की कोशिश की, लेकिन पहले ही वो वहीं इंतज़ार करती खड़ी कैब में सवार हुई और पलक झपकते कैब ट्रैफ़िक में मिलकर मेरी निगाह से ओझल हो गई। मुझे उसका मोबाइल बजाना सूझा तो ख़याल आया कि नम्बर तो मुझे मालूम ही नहीं था, कभी साँझा करने का संयोग ही नहीं हुआ था।

चेताली को 'गुलमोहर' से कूच करते देखकर अब मुझे यक़ीन था कि मैं सही राह पर था, जबकि मैं वहाँ अंदाज़न आया था।

मैंने कार वहीं खड़ी रहने दी और जैसे-तैसे सड़क पार करके मैं 'गुलमोहर' पर पहुँचा। दोनों लिफ़्ट मैंने नीचे ही खड़ी पाईं। मैं एक में सवार हुआ और '4' पंच किया।

लिफ़्ट चौथी मंज़िल पर पहुँची। मैं लिफ़्ट से बाहर निकला तो मैंने पाया कि लेफ़्ट और राइट विंग के बीच की दालान जैसी जगह में नीमअँधेरा था। वहाँ ऐन छत के साथ लगा एक मरियल-सा बल्ब जब रहा था जो वहाँ की कोई आठ-गुना-छह फ़ुट जगह तो तरीक़े से रौशन करने के लिए नाकाफ़ी था।

ख़ामोशी से मैं दाएँ विंग के फ़्लैट के दरवाज़े पर पहुँचा।

बतौर किरायेदार जिसके ऑक्यूपेंट केके साहब थे।

केके! कपिल कुमार!

अब ये भी समझना आसान था कि धर्मेश ग्रोवर के ये कहने का क्या मतलब था कि अपनी पुरानी, शादी से भी पहले की, माशूक़ के सिर पर अभी भी बैठा था।

माशूक़ थर्ड फ़्लोर राइट विंग में!

तो उसके सिर पर ही तो बैठा हुआ!

अब बड़ा सवाल था–क्या भीतर होगा?

उस इमारत में मौजूद और किससे चेताली वाक़िफ़ हो सकती थी! होती भी तो ये कोई वक़्त था उससे मिलने आने का! ज़रूर उसकी विज़िट चौथी मंज़िल पर थी और उसकी बद्हवासी की वजह भी वही वाक़या था।

मैंने कॉलबैल का बटन दबाया।

कोई प्रतिक्रिया सामने न आई।

फ़्लैट का मेन डोर ऐसा था कि उसके ऊपर कोई रौशनदान नहीं था, जो कि अमूमन होता था, इसलिए बाहर से मालूम नहीं पड़ रहा था कि भीतर रौशनी थी या नहीं।

बटन मैंने फिर दबाया।

जवाब नदारद!

क्या माजरा था? क्या फ़्लैट में कोई नहीं था? क्या मेरा अंदाज़ा ग़लत था कि अभी चेताली का फेरा वहीं लगा था? या क्या चेताली को ही मैंने ग़लत पहचाना था!

एक आख़िरी बार और घंटी बजाने की नीयत से मैंने बटन की तरफ़ हाथ बढ़ाया ही था कि पीछे से आवाज़ आई, "घंटी ख़राब है।"

मैंने हाथ वापस खींचा और घूमकर पीछे देखा। परले फ़्लैट का दरवाज़ा खुला था और चौखट पर एक युवती खड़ी थी। उसके पीछे फ़्लैट में तीखी रौशनी थी, इस वजह से मैं उसकी सूरत ठीक से न देख पाया। कुछ दिखा तो ये कि नौजवान थी, रंग-बिरंगा पलाजो और घुटनों तक आने वाला खुला पुलोवर पहने थी और उसके बाएँ हाथ की उँगलियों में एक जलता सिग्रेट फँसा हुआ था और उसी हाथ में चौड़े रिम वाला ग्लास था।

"आगे-पीछे यहाँ कोई आता नहीं," वो बड़बड़ाती-सी बोली, "आज हर कोई चला आ रहा है। घंटी का जवाब नहीं मिलता तो दरवाज़ा खटखटाते हैं और खट-खट, ठाँ-ठाँ मेरी खोपड़ी में बजती है। आजिज़ आ गई मैं तो!"

"लेकिन, मैम" मैं विनम्र भाव से बोला, "मैंने तो दरवाज़ा खटखटाया ही नहीं!"

"जब डोरबैल का रिस्पांस न मिला तो और क्या करते?"

"ओके! सॉरी!"

"नॉक जेंटली। नो ठाँ-ठाँ।"

"येस, मैम!"

उसने दरवाज़ा बंद कर लिया।

उसके हाथ में थमे ग्लास में जो तरल पदार्थ था, उसकी बाबत नीमअँधेरे में फ़ासले से कुछ कहना मुहाल था, लेकिन सिग्रेट की संगत में जैसे वो ग्लास थामे थी, उससे मुझे व्हिस्की का ही ख़याल आया और उसकी आवाज़ की क़दरन थरथराहट ने जैसे मेरे ख़याल की तसदीक़ की।

मैं फिर दरवाज़े की तरफ़ घूमा और उस पर सँभलकर, अदब से दस्तक दी। दस्तक का जवाब तो मुझे न मिला, लेकिन दस्तक की वजह से दरवाज़ा हौले-से थरथराया तो मुझे एहसास हुआ कि पल्ला चौखट से लगा हुआ नहीं था।

मेरे ज़ेहन में फिर बद्हवास चेताली का अक्स उभरा।

क्या वो ही अपनी बद्हवासी में पीछे दरवाज़ा खुला छोड़ गई थी?

एक उँगली दरवाज़े के साथ लगाकर मैंने दबाव डाला तो वो खुलता चला गया। जब वो मेरे दाख़िले लायक़ खुल गया तो मैंने भीतर क़दम रखा।

भीतर अँधेरा था। दाएँ बाज़ू एक बंद ग्लास डोर था–जिसके पीछे शायद किचन थी–और वो भीतर जलती किसी लाइट से रौशन था। डोर ओपेक ग्लास का था इसलिए वही रौशन था, उससे आगे ड्रॉइंगरूम में दो-तीन फ़ुट तक ही मद्धम-सी रौशनी पहुँच रही थी जो सिर्फ़ डोर के सामने के फ़र्श को ही रौशन करने में सक्षम थी।

मेरी निगाह पैन होती ख़ाली ड्रॉइंगरूम में बाएँ से दाएँ फिरी। फिर मिडल में ही ठिठक गई, आगे न बढ़ सकी।

जान के ख़तरे से आशंकित, आतंकित मेरे क्लाइंट को अब कोई ख़तरा नहीं था, तमाम ख़तरों से वो मुक्त हो चुका था।

उसकी लाश सेंटर टेबल के सामने बिछे आठ-गुना-आठ फ़ुट के मोटे कार्पेट पर यूँ लुढ़की पड़ी थी कि शरीर तो पेट के बल था, लेकिन गर्दन यूँ घूमी हुई थी कि उसका एक गाल कार्पेट पर टिका था और ट्यूबलाइट की रौशनी में उसकी पथराई हुई आँखें मुझे दरवाज़े पर से ही दिखाई दे रही थीं।

मैं दो क़दम आगे बढ़ा। मेरी निगाह जिस्म से बाहर को फैले उसके दाएँ हाथ पर टिकी जिसकी खुली हथेली की उँगलियों से ज़रा ही परे एक भारी पेंदे और चौड़े रिम वाला ग्लास कार्पेट पर लुढ़का पड़ा था। मैंने झुककर ग्लास का मुआयना किया तो पाया कि उसके रिम के क़रीब कार्पेट नम था और रिम से ज़रा परे छिटके दो आइसक्यूब धीरे-धीरे पिघल रहे थे। मैं नम कार्पेट तक नीचे झुका तो मेरे नथुनों से स्कॉच व्हिस्की की मुश्क टकराई। नम कार्पेट पर हल्के-हल्के पानी के बुलबुले भी मुझे दिखाई दिए जो ठंड का मौसम न होता तो कार्पेट ने सोख लिए होते। मौसम की वजह से ही आइसक्यूब अभी तक नहीं पिघले थे।

और थोड़ी देर में पिघल सकते थे, बुलबुले ग़ायब हो सकते थे इसलिए मैंने मोबाइल कैमरे के फ़ोन से वहाँ के दो-तीन क्लोज़-अप लिए और उठकर, पीछे हटकर लॉन्ग शॉट में लाश की तस्वीर खींची।

ये जानने के लिए कोई अतिरिक्त मुआयना करने की ज़रूरत नहीं थी कि अवस्थी मर चुका था, फिर भी टेम्परेचर जाँचने के लिए मैंने उसके जिस्म को छुआ तो मैंने उसे गर्म पाया। यानी मेरी आमद से थोड़ी देर पहले

ही वो जन्नतनशीन हुआ था। इस बात की तसदीक़ कार्पेट पर लुढ़के पड़े आइसक्यूब भी करते थे जो कि मुकम्मल तौर से अभी नहीं पिघले थे, जो एक तरह से घड़ी का काम कर रहे थे।

मेन डोर भीतर से बंद न होने की भी प्रत्यक्षतः यही वजह थी कि क़ातिल अपनी रवानगी के वक़्त उसे खुला छोड़ गया था और फ़्लैट ऑक्यूपेंट को पीछे दरवाज़ा बंद करने के नाक़ाबिल छोड़कर गया था।

कौन?

चेताली?

जिसका मंसूबा बेवफ़ा ख़ाविंद को रंगे हाथों पकड़ने का था और ठौर मार देने का था!

ख़ाविंद की मौत की वजह जानने का मेरे पास कोई ज़रिया नहीं था, उसके लिए कार्पेट पर औंधी पड़ी लाश को सीधा करना पड़ता, जो मेरी नादानी होता, अपनी हालत आ बैल मुझे मार जैसी करना होता।

मैं उठकर सीधा हुआ, मेरी निगाह लाश से हटकर और आगे भटकी तो सेंटर टेबल पर टिकी। वहाँ ड्रिंक्स का साज़-ओ-सामान मौजूद था जो इस बात की चुगली करता था कि थोड़ी देर पहले वहाँ दो जनों में ड्रिंकिंग सेशन जारी था।

लाश से परे रहकर सावधानी से मैं टेबल के क़रीब पहुँचा, मैंने वहाँ पड़ी एक-एक चीज़ का मुआयना किया।

शिवाज रीगाल की तीन-चौथाई भरी बोतल।

चिल्ड वाटर का जग।

पोटैटो चिप्स और भुने हुए काजुओं से भरे दो बाउल।

एक गोल्ड फ़्लेक का पैकेट और उस पर रखा सिग्रेट लाइटर।

पेपर टिशूज़ का एक बॉक्स।

सोफ़े के सामने मेज़ पर कोई डेढ़ फ़ुट के फ़ासले पर आज़ू-बाज़ू रखे दो व्हिस्की-ग्लास। दोनों में एक उँगल ड्रिंक मौजूद। एक के रिम पर लिपस्टिक का दाग़, जो ज़ाहिर करता था कि ड्रिंकिंग सेशन में मरने वाले की सहभागी कोई स्त्री थी।

वहाँ का सारा सेटअप अपनी कहानी ख़ुद कह रहा था।

रंगे हाथों पकड़ा! ठौर मार दिया!

कैसे! कैसे उस काम को उसने अंजाम दिया?

जोड़ीदार युवती को क्यों बख्श दिया?

अब मेरे सामने बड़ा सवाल ये भी था कि मैं क्या करूँ! पुलिस को ख़बर करूँ या चुपचाप खिसक जाऊँ!

बग़ल के फ़्लैट वाली औरत मेरी वहाँ हाज़िरी की गवाह थी। भले ही वो मुझे जानती पहचानती नहीं थी, लेकिन पुलिस की तफ़तीश जब आगे बढ़ती तो छुपा न रहता कि हत्प्राण मेरा क्लाइंट था। तब पुलिस की सलाहियात को कम करके आँकना मेरी नादानी होता। क्या पता बग़ल के फ़्लैट वाली औरत का मेरे से आमना-सामना कराए जाने की नौबत आ जाती!

मैंने पुलिस को फ़ोन करने का फ़ैसला किया।

लेकिन पहले मैंने एस्टेट की लैंडलाइन बजाई।

थोड़ी देर घंटी बजती रही, फिर कॉल रिसीव की गई।

"हम एस्टेट से घुँघरू बोलत हैं।" आवाज़ आई, "आप कौन?"

"घुँघरू, मैं मेहमान बोल रहा हूँ।" मैं दबे स्वर में बोला, "*लिहाज़* वाला!"

"हम सुनत है आदरफ़ुली, मेहमान जी!"

"पास कौन है?"

"कोई नहीं!"

"विनीत भैया वापस आ गए?"

"हाँ, जी, मेहमान जी, बहुत बखत हो गया।"

"मैडम?"

"अभी नहीं आईं।"

"ओह! मैं दोबारा फ़ोन करूँगा। कौन सुनेगा?"

"हमई सुनेंगे न! हम किचन में सोवत हैं। इस वास्ते हमका हुकम है तार वाला फ़ोन बजे तो सुनने का।"

"हूँ! सोई नहीं अभी?"

"मैडम की वेटनिंग है न!"

वेटनिंग!

"ठीक है। बंद करता हूँ।"

"हम भी बंद करत हैं, मेहमान जी!"

सम्बंध-विच्छेद हो गया। कम्बख़्त को मेहमान जी की वेटनिंग नहीं थी, मालकिन की वेटनिंग थी।

मैंने इंस्पेक्टर देवेंद्र यादव का मोबाइल खड़काया।

इंस्पेक्टर देवेंद्र यादव फ़्लाइंग स्क्वॉयड के इस स्पेशल दस्ते से सम्बद्ध था जो केवल क़त्ल के केसों की तफ़्तीश के लिए भेजा जाता था। मेरी उससे अच्छी वाक़फ़ियत थी, लेकिन ऐसी थी कि उसमें आत्मीयता का कोई रोल नहीं था। ख़फ़ा होता था तो खाने को दौड़ता था, जेल की हवा खिलाने की धमकी देता था; होली, दीवाली राज़ी हो तो तरीक़े से पेश आता था।

आख़िर कॉल लगी।

पंद्रह मिनट में इंस्पेक्टर यादव अपने स्क्वॉयड के मेम्बरान के साथ वहाँ पहुँच गया। उसका ऑफ़िस पुलिस हेडक्वॉर्टर में ही था और वहाँ से सुंदर नगर कोई ज़्यादा दूर नहीं था। उसके आगमन से पहले अपनी रेंटल कार को मैं परली सड़क से हटाकर 'गुलमोहर' वाली साइड में ले आया था और उसी में बैठा इंतज़ार कर रहा था जबकि यादव का स्क्वॉयड वहाँ पहुँचा था।

इंस्पेक्टर देवेंद्र सिंह यादव छः फ़ुट से निकलते क़द वाला, हट्टा-कट्टा हरियाणवी था जो जब सब-इंस्पेक्टर था तो आदतन लट्ठमार हरियाणवी बोलता था, लेकिन आउट ऑफ़ वे प्रमोशन पाकर इंस्पेक्टर बनने के बाद से उसके लहजे में वो सलीक़ा और संतुलन आ गया था जिसकी उसने बड़ी मेहनत से ख़ुद को आदत डाली थी। उम्र में अभी चालीस का ही था, लिहाज़ा ख़ुशक़िस्मत था कि जल्दी इंस्पेक्टर बन गया था।

पुलिस के सायरन की आवाज़ सुनकर सबसे पहले नेपाल सिंह ही बाहर निकलकर, बढ़-बढ़कर पुलिसवालों को बताने लगा कि वो वहाँ केयरटेकर था।

किसी ने उसकी तरफ़ तवज्जो न दी।

कार से निकलकर मैंने यादव का अभिवादन किया।

यादव ने सिर को खम देकर अभिवादन क़ुबूल किया और बोला, "लीड!"

मैं सबको चौथी मंज़िल पर लेकर आया और मौक़ा-ए-वारदात की शिनाख़्त करवाई।

मैंने देखा कि पुलिस का आगमन होते ही बाएँ विंग के फ़्लैट का मेन डोर खुल गया और घुटनों तक पुलोवर वाली युवती तब भी अपनी सजावट–बिलौरी व्हिस्की-ग्लास, सिग्रेट–के साथ चौखट पर प्रकट हुई।

दाएँ फ़्लैट की ट्यूबलाइट जलती छोड़कर मैं नीचे गया था जिसकी वजह से जब एक हवलदार ने आगे बढ़कर दरवाज़ा पूरा खोला तो ट्यूबलाइट की रौशनी बाहर लिफ़्टों के सामने के दालान में भी पसरी, जो वहाँ से प्रतिबिम्बित होकर बाईं ओर के फ़्लैट पर भी पड़ी।

और चौखट पर खड़ी युवती की सूरत पर भी पड़ी।

मेरे नेत्र फैले, मैंने आँखें मिचमिचाकर दोबारा उधर देखा।

फिर युवती चौखट से एक क़दम पीछे हटी और उसने दरवाज़ा बंद कर लिया।

ट्यूबलाइट की रौशनी के सदक़े मुझे उसकी एक ही झलक मिली थी, फिर भी मैंने उसे साफ़ पहचाना था।

वो वही युवती थी जिसे कल दोपहरबाद कनॉट प्लेस के गोल्ड स्टार रेस्टोरेंट में मैंने अपने क्लाइंट–अब मरहूम–के साथ लम्बी चिख-चिख में मसरूफ़ देखा था, जिसने बड़ी रक़म के हवाले से मरहूम के लिए आज शाम तक का अल्टीमेटम जारी किया था!

जिसकी डे ड्रिंकिंग पर अवस्थी ने ख़फ़ा होकर दिखाया था–उसे 'बेवड़ी' बोला था!

वो सामने के फ़्लैट की टेम्परेरी किरायेदार थी, कैज़ुअल ऑक्यूपेंट थी।

अब मैं यक़ीनी तौर पर कह सकता था कि सिग्रेट के साथ उसके हाथ में जो ग्लास था, वो जाम था।

मैं तत्काल लिफ़्ट पर वापस सवार हुआ और नीचे पहुँचा।

केयरटेकर नेपाल सिंह अभी पार्किंग में ही था।

मैं उसके पास पहुँचा और रौब से बोला, "बड़ी वारदात हो गई है। चौथी मंज़िल के केके साहब दूसरी दुनिया के मुसाफ़िर बन गए हैं।"

"अरे!" वो बौखलाया-सा बोला, "क्या हुआ एकाएक?"

"पुलिस को मर्डर का शक है।"

"हरिओम!"

"इमारत के सारे फ़्लैट्स के मालिकान के लिए पुलिस का हुक्म है कि कोई भी, इजाज़त बिना बाहर क़दम न रखे।"

"क–क्यों भला?"

"सब के बयान होंगे। तेरा भी।"

"म–मेरा भी! मेरा किसलिए?"

"मालूम पड़ेगा। ये हुक्म चौथी मंज़िल की मेम साहब के लिए ख़ास तौर पर है। ध्यान रखना!"

"ख़ास तौर पर क्यों?"

"क्योंकि वो मरने वाले के ऐन सामने रहती थीं।"

"ओह... साहब, आप कौन?"

"मैं वो शख़्स हूँ जिसने तेरे को इंस्पेक्टर साहब का हुक्म सुनाया। ख़बरदार रहना। जब तक पुलिस की कार्यवाही पूरी न हो जाए, सो न जाना!"

आगे मैंने उसे मुँह न खोलने दिया। लिफ़्ट पर सवार होकर मैं वापस चौथी मंज़िल पर पहुँचा। लिफ़्ट से बाहर क़दम रखते ही स्वयमेव मेरी निगाह बाईं ओर उठी।

उधर के फ़्लैट का दरवाज़ा बंद था। मैंने दूसरे फ़्लैट में दाख़िल होने की कोशिश की तो एक सिपाही ने मेरा रास्ता रोक लिया।

"पागल हुआ है!" मैं झल्लाया, "यादव साहब ने मेरे से बात करनी है।"

"आने दो!" यादव की आवाज़ आई।

सिपाही रास्ते से हट गया।

इससे पहले कि फ़्लैट के भीतर मैं आगे बढ़ता, यादव मेरे पास पहुँच

गया।

"ब्रीफ़ में" वो बोला, "बिल्कुल ब्रीफ़ में बोलो, क्या माजरा है?"

मैंने हत्प्राण का परिचय दिया और बोला, वो मेरा क्लाइंट था, उसने फ़ोन करके मुझे वहाँ बुलाया था, जब मैं पहुँचा था तो मैंने यहाँ का मेन डोर खुला पाया था और उसे भीतर मर पड़ा पाया था।

"किसी चीज़ से कोई छेड़खानी की?" सवाल हुआ।

"क़तई नहीं!"

"लाश को देखा, परखा होगा?"

"नहीं।"

"तो कैसे जाना, लाश थी?"

"पथराई आँखें फ़ासले से ही दिखाई दे रही थीं।"

"यूँ मौत का अंदाज़ा हुआ, क़त्ल कैसे जाना, जो मुझे फ़ोन किया?"

"अब... क्या बोलूँ! मेरे को तो क़त्ल ही लगा था!"

"किसी और लीड की वजह से?"

मैं ख़ामोश रहा।

"नेचुरल डेथ क्यों नहीं? ख़ुदकुशी क्यों नहीं?"

"अब क्या बोलूँ! क़त्ल का ही ख़याल आया।"

"क्योंकि क़त्ल की तरफ़ इशारा करने वाली कोई लीड पहले से निगाह में थी! क्लाइंट का क़त्ल हो सकता था, ऐसा कोई अंदेशा पहले से था!"

मैं फिर ख़ामोश हो गया।

"बाहर जाकर इंतज़ार करो!" हाकिम का हुक्म हुआ।

"कहाँ बाहर जाकर!" मैं बोला, "बाहर कोई वेटिंग रूम है?"

"पुलिस की आमद का कहाँ इंतज़ार कर रहे थे?"

"नीचे सड़क पर! अपनी कार में!"

"वहीं पहुँचो!"

"अरे क्या ग़ज़ब कर रहे हो, यादव साहब! मक़तूल मेरा क्लाइंट था, मैं उसकी मौत के बाद भी उसका एंगेज्ड़ पीडी हूँ!"

"ख़ामख़ाह!"

"मैं एक हफ़्ते के लिए एंगेज्ड़ हूँ, अभी चौथा ही दिन है! मुझे यहाँ रुकने दो, मेहरबानी होगी!"

"नो!"

"जनाब, आपको शिवेंद्र सिंह यादव का सदक़ा!"

वो ठिठका। छः बेटियों के बाद हाल ही में यादव के बेटा हुआ था जिसका नाम उसने शादी के वक़्त से रखा हुआ था, लेकिन हर बार बेटी हो जाती थी।

"अब तो भोलेनाथ के आशीर्वाद से छः महीने का हो गया होगा!"

"पाँच का!" वो बरबस मुस्कुराया और अरमान से बोला।

"उम्रदराज़ करें बाबा बर्फानी छोटे इंस्पेक्टर को!"

"डीसीपी बोल! देख लेना, सीधा डीसीपी लगेगा!"

"जनाब, आपको घर के रौशन चिराग़ भावी डीसीपी एसएस यादव का सदक़ा, मुझे यहाँ..."

"कोहली," हाकिम का लहजा वापस सख़्त हुआ, "ये ब्लैकमेल है!"

"हरगिज़ नहीं! दोस्त की दोस्ती पर मान है।"

"मैं! दोस्त!"

"क्या नहीं हो?"

"होता हूँ कभी-कभार होली-दीवाली।"

"सर, समझ लो दीवाली अभी जारी है।"

"एक तरफ़ चुपचाप खड़े हो जाओ। ज़ुबान नहीं खोलनी। कोई सलाह नहीं देनी। तफ़्तीश में कोई दख़ल नहीं देना, भले ही कितना ही करामाती ख़याल आए। समझ गए?"

"यस, सर!" मैं तत्पर स्वर में बोला।

"हिलो!" उसने लाश से विपरीत दिशा की तरफ़ इशारा किया।

हाकिम के हुक्म से बँधा मैं वहाँ जाकर दीवार से लगकर खड़ा हो गया। मेरा बहुत जी चाहा मैं सिग्रेट सुलगा लूँ, लेकिन ऐसी कोशिश मैंने न की। मैं किसी भी हाल में हाकिम को ख़फ़ा नहीं करना चाहता था।

मेरे सामने पुलिस का डॉक्टर और लैब के टेक्नीशियन पहुँचे जिनकी

मौजूदगी में लाश को पलटकर पीठ के बल किया गया और फिर डॉक्टर, फ़ोटोग्राफ़र, फ़ोरेंसिक एक्सपर्ट लाश के हवाले हुए।

काफ़ी देर ख़ामोश पड़ताल चली।

"मौत की वजह ज़हर है!" आख़िर डॉक्टर ने घोषणा की।

यादव ने एक उड़ती निगाह मेरे पर डाली, फिर डॉक्टर के और क़रीब सरक आया। तदुपरांत दोनों में इतनी धीमी आवाज़ में वार्तालाप हुआ कि मेरे लिए कुछ भी सुन पाना मुहाल था। मैंने कान खड़े करके एक क़दम आगे बढ़ाने की कोशिश की तो यादव ने यूँ मुझ पर आँखें तरेरीं कि दीवार पर से हटी मेरी पीठ वापस उस पर पोस्टर की तरह चिपक गई।

फिर डॉक्टर और फ़ोटोग्राफ़र दोनों विदा हो गए।

लैब वालों ने लाश के क़रीब लुढ़के पड़े ग्लास को पॉलीथिन के बैग में महफ़ूज़ किया, फिर लाश को कार्पेट पर से परे सरकाकर कार्पेट को रोल करके एक सिपाही के हवाले किया गया। आख़िर में लाश को उठवाकर पोस्टमॉर्टम के लिए रवाना किया गया।

अब मौक़ा-ए-वारदात लोकल थाने से आए एक सब-इंस्पेक्टर के हवाले था।

यादव ने मुझे इशारा किया और बाहर की ओर बढ़ा। मैं तत्काल उसके पीछे लपका। हम दोनों ख़ामोशी से लिफ़्ट में सवार हुए और नीचे पहुँचे।

तब तक रात का एक बज चुका था।

सड़क पर जीप के क़रीब पहुँचकर यादव मेरे रूबरू हुआ। उसने दो उँगलियों को होंठों के क़रीब ले जाकर कश लगाने का अभिनय किया।

"तलब लग रही होगी!" फिर बोला।

मशकूर शक्ल बनाकर मैंने एक सिग्रेट सुलगाया।

"ऊपर मेरे को" यादव बोला, "मेरी औलाद का सदक़ा दे रहा था; अब बोल, क्या जानना चाहता है?"

"क़त्ल का केस है?" मैंने दबे स्वर में पूछा।

"हाँ! ज़हर से हुआ। ज़हर उस जाम में था जो मक़तूल के हाथ से निकलकर कार्पेट पर लुढ़का पड़ा था। ग्लास के रिम के गिर्द कार्पेट गीला था

जो ज़ाहिर करता था कि बिलौरी व्हिस्की-ग्लास में काफ़ी सारा लिक्विड था जो कार्पेट पर बहा था तो उसमें जज़्ब हो गया था। लिक्विड का एनालिसिस लैब में होगा इसलिए कार्पेट को महफ़ूज़ कर लिया गया है।"

"एनालिसिस अभी होना है तो आपने ये कैसे बोला कि क़त्ल ज़हर से हुआ?"

"डॉक्टर ने बोला जिसको वो ख़ास ज़हर पहचानने का तजुर्बा है। मक़तूल के हाथ से निकलकर जब व्हिस्की का ग्लास कार्पेट पर लुढ़का था तो उसमें से लिक्विड मुकम्मल तौर से नहीं बह गया था और लुढ़का पड़ा ग्लास सूख ही नहीं पाया था। ग्लास भीतर की तरफ़ से गीला था, पेंदा ज़्यादा गीला था और डॉक्टर की परख के लिए इतना काफ़ी था। ग्लास में व्हिस्की थी और व्हिस्की में आरसेनिक ट्राईऑक्साइड (Arsenic Trioxide) नाम का केमिकल था जो डीलर्स के पास आम मिलता है और उन बड़े, ख़तरनाक चूहों को मारने के काम आता है जो रोडेंट कहलाते हैं और जो फ़सल बर्बाद कर देते हैं। आसान ज़ुबान में इस केमिकल को ख़ाली आरसेनिक कहते हैं।"

"शिनाख़्त कैसे हुई?"

"बकौल डॉक्टर, बॉडी में आरसेनिक हो तो नाख़ूनों से पता लग जाता है, बदरंग हुई चमड़ी से पता लग जाता है और अगर डॉक्टर बहुत ही तजुर्बेकार हो तो–जो कि वो था, जो अभी गया–ग्लास को सूँघने से पता लग जाता है। डॉक्टर ने ग्लास में से और कार्पेट पर बिखरकर जज़्ब हुए लिक्विड से लहसुन की बहुत ही मामूली, बहुत ही कमज़ोर मुश्क आती महसूस की थी जो कि पारखी डॉक्टर के लिए आरसेनिक की तरफ़ इशारे के लिए काफ़ी थी।"

"किसी ने धोखे से ज़हर दिया?"

"हाँ!"

"क़त्ल के इरादे से?"

"और क्या!"

"किसने?"

"फ़्लैट में मक़तूल के साथ किसी औरत की मौजूदगी के सबूत मिले

हैं। मसलन एक बंद बेडरूम में जनाना सेंट की मुश्क पुलिस के आने तक भी बसी हुई थी।"

"कैसे मालूम? आप तो ड्रॉइंगरूम से हिले ही नहीं थे!"

"ये जो मेरे साथ पुलिस का इतना अमला था, वो भी नहीं हिला था? उनमें से भी हर एक पर तेरी निगाह थी?"

"सॉरी!"

"सारे काम स्क्वॉयड के इंचार्ज ने ही करने होते तो स्क्वॉयड की क्या ज़रूरत थी!"

"सर, आई एम सॉरी ऑलरेडी।"

"अब बोल, क्या केस था मक़तूल का? कैसे बना क्लाइंट? क्या प्रॉब्लम थी उसकी?"

"उसे अंदेशा था कि कोई उसकी जान लेने की कोशिश कर रहा था।"

"क्यों अंदेशा था? ख़बर कैसे लगी?"

मैंने उसे मोरवाल एस्टेट में अवस्थी के क़त्ल की तीन कोशिशों के बारे में बताया।

"हूँ!" यादव ने गंभीर हुँकार भरी, "लिहाज़ा चौथी कोशिश कामयाब हुई!"

"ऐसा ही जान पड़ता है।"

"यानी बड़ा जासूस क्लाइंट के लिए कोई हथेली न लगा सका!"

"जी!"

"क्लाइंट के बचाव के लिए कुछ न कर सका!"

"कैसे करता! पहली ही कोशिश के बाद उसने मुझे अप्रोच किया होता तो कुछ करता... कर दिखाता। एस्टेट में जो तीन कोशिशें हुईं, उनके दौरान वो मेरा क्लाइंट नहीं था।"

"जब था–कहते हो चार दिन से एस्टेट में हो–तो तब भी तो कोई करतब न कर सके! वो तो ऊपर मरा पड़ा है!"

"क्योंकि कभी भी उसने मुकम्मल तौर से मुझे अपना राज़दाँ न बनाया। कई बातें मेरे से छुपाकर रखीं। कुछ की मुझे भनक न लगने दी और कुछ

की बाबत पूछने पर भी मुझे कुछ न बताया। या टाल दिया या गोल-मोल जवाब दिया, जो किसी काम का नहीं था। यादव साहब, जो क्लाइंट अपने पीडी से ही सीक्रेटिव होता है वो ख़ुद अपने काज़ को नुक़सान पहुँचाता है। आप दर्ज़ी को कपड़ा दें और कहें इसकी कमीज़-सी दे तो वो सी देगा? नाप लेने को बोलेगा न?"

"वो तो है!"

"ग्राहक कहे नाप की कोई ज़रूरत नहीं, दर्ज़ी ऐसे ही सी दे तो वो कर पाएगा ऐसा?"

यादव का सिर इनकार में हिला।

"अपने धंधे में मेरा हमेशा इस बात पर ज़ोर रहा है कि क्लाइंट और पीडी का रिश्ता मरीज़ और डॉक्टर जैसा होता है; जैसे माकूल इलाज के लिए मरीज़ का डॉक्टर को अपनी अलामत की बाबत पूरी जानकारी देना ज़रूरी होता है, वैसे ही क्लाइंट का अपने केस की बाबत अपने पीडी से कुछ न छुपाना ज़रूरी होता है। कोई मरीज़ किसी के हाथ अपने डॉक्टर के पास अपना यूरिन स्पेसिमेन भेज दे और कहे कि इसे देखकर मेरे फ़लाँ मर्ज़ की दवा दे दो तो डॉक्टर दे देगा?"

"डाँट के भगा देगा।"

"मौजूदा केस में ऐसा ही कुछ सिलसिला मेरे साथ था। हाथ तो मेरे मक़तूल ने मेरा क्लाइंट बनने से पहले ही बाँध दिए! तीन बार क़त्ल की कोशिश हुई बताते शख़्स ने एक बार भी पुलिस का रुख़ न किया। एस्टेट में मेरी कार में बम विस्फोट हुआ, जबकि मैं कार में सवार था, क्लाइंट की ज़िद थी मैं पुलिस में रिपोर्ट न करूँ। बीवी को लगता था कि ख़ाविंद का, क्लाइंट का, कोई लव अफ़ेयर था–अब ज़ाहिर हो रहा है कि था–फिर भी अपनी ज़ुबानी मेरे से कुछ न बोला। मुझे ही भटकाने की कोशिश की। अफ़ेयर की बाबत बोलता! बोलता कि इस इमारत में माशूक़ से मिलने के लिए वो अपना प्रेम घरौंदा मेनटेन किए था तो क्या मैं उसका राज़ राज़ न रखता! जहाँ इतनी बेऐतबारी हो, वहाँ पीडी कामयाब हो के दिखाए तो कैसे दिखाए?"

"ऐसे क्लाइंट से किनारा करना था!"

"कैसे मुमकिन था! पेइंग कस्टमर से, हैंडसमली पेइंग कस्टमर से कोई किनारा करता है! मैं ये रुख़ अख़्तियार करूँगा तो इंडिया गेट पर आइसक्रीम बेचता दिखाई दूँगा।"

"माशूक़ इसी इमारत में!"

"हाँ।"

"कौन? कहाँ?"

"मक़तूल के फ़्लैट के ऐन नीचे की तीसरी मंज़िल के फ़्लैट में दो नौजवान लड़कियाँ मुक़ाम पाए हैं, उनमें से एक!"

"कौन-सी एक?"

"जो क़त्ल के वक़्त मक़तूल के साथ थी!"

"अरे, कौन-सी?"

"क्या पता कौन-सी! मैंने तो कोई लड़की वहाँ देखी नहीं थी!"

"फिर क्या बात बनी?"

"बनेगी न! पुलिस उनसे मुख़ातिब होगी, क़त्ल के वक़्त के आस-पास वो कहाँ थीं, इस बाबत सवाल करेगी तो बनेगी न बात! आप देख लीजिएगा, पुलिस के रौब से थर्राई एक जनी दूसरी जनी की मुखबिरी करने लग जाएगी। आख़िर क़त्ल का मामला है, कौन इनवॉल्वमेंट चाहेगी! जो ऊपर मक़तूल की सोहबत में नहीं थी, वो ख़ुद पुलिस को यक़ीन दिलाएगी कि वो नहीं थी!"

"हूँ!"

"आप मुझे कल तक का टाइम दीजिए, मैं एकमुश्त सब कुछ बोलूँगा। कुछ कन्फ़्यूज़न मेरे ज़ेहन में है, मैं उनसे निजात पा लूँ तो कल जब हुक्म करोगे, पुलिस हेडक्वॉर्टर में आपके दरबार में हाज़िरी भरूँगा। तब तक हो सकता है ऊपर काम करती आप की टीम ही बहुत कुछ जान जाए और मेरी जानकारी की आपको ज़रूरत ही न रहे!"

"नोट्स एक्सचेंज करेंगे।" अपने स्वभाव के विपरीत वो सहयोग के मिज़ाज से बोला, "फ़ोन करके आना!"

"ज़रूर! लेकिन एक बात मैं अभी आपकी तवज्जो में लाना चाहता हूँ वरना आप कहेंगे–इलज़ाम लगाएँगे–कि मैंने कुछ छुपा लिया!"

"बोलो!"

"आप ने कहा ही है कि ऊपर फ़्लैट में मक़तूल के साथ कोई लड़की थी। ड्रॉइंगरूम में जो ड्रिंकिंग सेशन सेट था, वो भी मक़तूल के साथ फ़ीमेल कम्पैनियन होने की चुगली करता था। टेबल पर दो व्हिस्की-ग्लास थे, एक के रिम पर लिपस्टिक के दाग़ थे। नहीं?"

"आगे बढ़ो!"

"मैं उम्मीद करता हूँ कि वहाँ आपने ये बात नोट की होगी कि सेंटर टेबल पर दो जनों के लिए दो व्हिस्की-ग्लास थे, व्हिस्की की बोतल थी, नमकीन के बाउल थे, चिल्ड वाटर का एक जग था, लेकिन वहाँ कस्टमरी आइस बकेट नहीं थी। क्यों भला?"

"क्योंकि जब टेबल पर चिल्ड वाटर मौजूद था तो बर्फ़ की ज़रूरत नहीं थी।"

"आपकी बात से मुझे मुकम्मल इत्तफ़ाक़ है। लेकिन बर्फ़ की हाज़िरी वहाँ फिर भी थी।"

"कहाँ थी?"

"कार्पेट पर थी। कार्पेट पर मक़तूल के जिस्म से परे फैले दाएँ हाथ के क़रीब लुढ़के पड़े ग्लास में से छिटककर दो आइसक्यूब बाहर जा पड़े थे।"

"कोई आइसक्यूब वहाँ नहीं थे।"

"क्योंकि आपके मौक़ा-ए-वारदात पर पहुँचने तक पिघल गए थे।"

यादव सकपकाया, उसने घूरकर मुझे देखा। मैंने लापरवाही से सिग्रेट का आख़िरी कश लगाया और उससे किनारा किया।

"तुम्हें कैसे मालूम?" अब उसका लहजा सख़्त था, नाख़ुश था, पुलिसिया था।

"मैं पुलिस से बहुत पहले वहाँ पहुँचा था–तब जबकि वारदात हुए कोई ज़्यादा वक़्त नहीं हुआ था–तब मैंने अपनी आँखों से कार्पेट पर लुढ़के आइसक्यूब देखे थे। वो पिघलते आइसक्यूब घड़ी का भी काम कर रहे थे; साबित कर रहे थे कि क़त्ल हालिया वाक़या था, मेरे पहुँचने के बाद बस, थोड़ी ही देर पहले वजूद में आया था। पहले से हुआ होता तो कार्पेट पर

पिघलते आइसक्यूब हरगिज़ न दिखाई देते।"

यादव ख़ामोश रहा।

"आजकल जैसे सर्दियों के मौसम में रूम टेम्परेचर पर मोटे कार्पेट पर पड़े एक इंच घन के आइसक्यूब को पूरी तरह पिघलने में बीस मिनट तक का वक़्त लग सकता है। ऊपर पिघलते आइसक्यूब पिघलने की जिस स्टेज में मैंने देखे थे, उससे ज़ाहिर होता था कि पूरी तरह से पिघलने में अभी आठ-दस मिनट और लगने वाले थे। इसका साफ़ मतलब था कि क़त्ल मेरे वहाँ पहुँचने से बस, दसेक मिनट पहले ही हुआ था।"

"यानी," यादव बोला, "अगर तुम क़ातिल नहीं..."

"क्या ग़ज़ब करते हो, जनाब!"

"...तो यूँ समझो कि क़ातिल गया और तुम आए!"

"ऐसा ही जान पड़ता था।"

"चार मंज़िल तय करनी थी, रास्ते में टकराव न हुआ?"

"मेरे साथ तो ऐसा नहीं हुआ था! यहाँ दो लिफ़्ट हैं, हो सकता है एक में मैं ऊपर आ रहा था और ऐन उस घड़ी दूसरी में क़ातिल नीचे जा रहा था।"

"जा रही थी।"

"मुमकिन है! कुछ भी मुमकिन है! अभी तो तफ़्तीश बस शुरू हुई है, आप आख़िर तो असलियत जान ही लेंगे!"

"और क्या कह रहे थे? बर्फ़ घड़ी के अलावा?"

"सर, मैंने अर्ज़ किया ही है कि वो फ़्लैट मक़तूल का प्रेम घरौंदा था जहाँ उसकी हाज़िरी कभी-कभार की थी। किचन में रेफ़्रिजरेटर था..."

"तुम्हें कैसे मालूम?" यादव मुझे घूरता बोला, "तुम तो कहते थे कि ड्रॉइंगरूम के अलावा तुम फ़्लैट में कहीं नहीं गए थे?"

"सर जी, हाई-फ़ाई लिविंग वाले फ़्लैट्स की किचन में रेफ़्रिजरेटर होता ही है!"

"यानी देखा नहीं, अंदाज़ा लगाया! किचन में रेफ़्रिजरेटर का होना फ़ॉर ग्रांटेड लिया?"

"हाँ!"

"न होता तो?"

"तो रेफ्रिजरेटर की बाबत मेरी बात, जो मैं कहने जा रहा हूँ, कच्ची पड़ जाती।"

"क्या कहना चाहते हो रेफ्रिजरेटर के बारे में? ये मान के बोलो कि रेफ्रिजरेटर किचन में था!"

"ये कहना चाहता हूँ कि मुझे नहीं मालूम था कि रेफ्रिजरेटर ऑन था या नहीं था!"

"जब विज़िट कभी-कभार की थी तो रेफ्रिजरेटर ऑन छोड़ने का क्या मतलब हुआ?"

"दुरुस्त! रेफ्रिजरेटर ऑफ़ था तो चिल्ड वाटर का जग कहाँ से आया?"

"बाहर से आया! माशूक़ लाई!"

"आइसक्यूब्स भी?"

"क्या प्रॉब्लम है?"

"बकेट कहाँ गई? बाक़ी आइसक्यूब्स कहाँ गए?"

उसने उस बात पर विचार किया।

"दो जवाब मुमकिन हैं।" फिर बोला, "एक तो ये कि आइस बकेट के मामले में मौक़ा-ए-वारदात के साथ कोई छेड़छाड़ हुई..."

"कब को हुई? मैं नहीं समझता कि क़ातिल के पास छेड़छाड़ के लायक़ वहाँ ठहरने का टाइम था। पिघलते आइसक्यूब उसकी मौक़ा-ए-वारदात पर बहुत ही मुख़्तसर हाज़िरी की गवाही देते हैं।"

"क़ातिल की! तेरी नहीं?"

"क्या कहा?"

"तू अक्सर अपनी ज़ुबानी दावा करता है कि हैंडसमली पेइंग क्लाइंट की ख़ातिर, तेरी उम्मीद से ज़्यादा पे करने वाले क्लाइंट की ख़ातिर, तू कुछ भी कर सकता है।"

"क़सम उठवा लीजिए, यादव साहब, आउट ऑफ़ दि वे मैंने कभी कुछ नहीं किया।"

"क्या तू और क्या तेरी क़सम! सौ हरामी मरे होंगे तो एक सुधीर कोहली

पैदा हुआ होगा!"

"हज़ार!"

"मैंने तारीफ़ नहीं की तेरी!"

"मेरे को लगी न! बहरहाल आप दूसरी वजह पर आइए!"

"दूसरी वजह ये है कि आइसक्यूब्स पानी के जग में थे जो पेग बनाते वक़्त पानी के साथ ग्लास में आ गए। कम्पैनियन ने आइसक्यूब्स से परहेज़ रखा। बाक़ी जग में पिघल गए। इसीलिए जग का पानी चिल्ड था।"

"आपने फ्रिज को चेक न किया?"

"मातहतों ने किया होगा! मालूम करूँगा।"

"ठीक!"

"कोहली, मौक़ा-ए-वारदात पर पुलिस से पहले तेरी मौजूदगी से मैं आजिज़ हूँ..."

"जैसे" मेरा स्वर शुष्क हुआ, "एनसीआर में हुए हर क़त्ल की वारदात में मेरी मौजूदगी होती है!"

"बकवास न कर! हर मर्डर सस्पेक्ट तेरा क्लाइंट नहीं होता।"

"मेरा हर क्लाइंट भी मर्डर सस्पेक्ट नहीं होता!"

"बहस भी न कर!"

"तो क्या करूँ?"

"क़ुबूल कर कि और कुछ नहीं तो तेरी... तेरी दख़लअंदाज़ी से वो वजुहात पैदा होती हैं जो मुझे तेरे ख़िलाफ़ करती हैं। जो अक्सर मुझे तेरे को पुलिस की कार्यवाही में कैसे न कैसे, कहीं न कहीं अपनी टाँग अड़ाए देखना पड़ता है जो बतौर मर्डर इंवेस्टिगेटिंग ऑफ़िसर मैं बर्दाश्त नहीं कर सकता।"

"सर, गुस्ताख़ी माफ़, इस बार ये बात लागू नहीं, इस बार जो हुआ, इंवेस्टिगेटिंग ऑफ़िसर साहब के हित में हुआ।"

"क्या हुआ?"

"ऐसे हित में हुआ जिसके लिए मुझे आपकी शाबाशी मिलनी चाहिए।"

"अरे, हुआ क्या?"

मैंने मोबाइल पर महफ़ूज़ मौक़ा-ए-वारदात की अपनी तस्वीरें यादव को

दिखाईं। यादव ने यूँ मुझे देखा कि मैं समझ न पाया कि हैरान ज़्यादा था या नाराज़ ज़्यादा था।

"मेरे को फ़ॉरवर्ड कर!" वो सख़्ती से बोला, "अभी!"

मैंने आदेश का पालन किया।

"जनाब," फिर बोला, "बर्फ़ का जवाब तो जैसा-तैसा आप ने दिया, लेकिन तवज्जो की तालिब ये बात भी तो है कि जब वहाँ चलता ड्रिंकिंग सेशन दो जनो के बीच था तो एक तीसरा, बिलौरी, भारी पेंदे वाला व्हिस्की-ग्लास वहाँ क्या कर रहा था!"

उसने तत्काल उत्तर न दिया।

"क्या कर रहा था?" फिर यूँ बोला, जैसे ख़ुद से सवाल कर रहा हो।

"आप बताइए क्या कर रहा था! गिव मी योर कंसिडर्ड प्रोफ़ेशनल ओपीनियन!"

उसकी पेशानी पर बल पड़े।

हाकिम सोच रहा था, दिमाग़ पर ज़ोर दे रहा था।

धीरज से मैं उसके बोलने की प्रतीक्षा करता रहा।

"ड्रिंकिंग सेशन तीन जनो में था!" आख़िर वो निर्णायक भाव से बोला।

"क्योंकि मौक़ा-ए-वारदात पर तीन व्हिस्की-ग्लासेज़ की हाज़िरी थी–दो सेंटर टेबल पर, एक कार्पेट पर लुढ़का पड़ा!"

"हाँ।"

"यादव साहब, मैंने पहले भी आपको हिंट दिया कि वो चौथी मंज़िल का फ़्लैट मक़तूल का प्रेम घरौंदा था। प्रेम घरौंदा–लव नेस्ट–दो जनों के लिए होता है, वहाँ तीसरे का क्या काम?"

"जो दो लड़कियाँ तीसरी मंज़िल पर रहती हैं–जिनमें से एक को तू मक़तूल की माशूक़ बताता है–क्या पता वो दोनों ऊपर इनवाइटेड हों और एक सिर्फ़ ड्रिंक्स-डिनर के लिए ठहरने वाली हो!"

"हो सकता है, आजकल अर्बन सोसाइटी बहुत परमिसिव हो गई है, इसलिए हो सकता है। तो ऊपर मक़तूल के साथ दो लड़कियाँ?"

"हाँ।"

"दोनों मेज़बान के साथ ड्रिंकिंग सेशन में मशगूल?"

"क्यों नहीं?"

"लिपस्टिक का दाग़ एक ही व्हिस्की-ग्लास के रिम पर क्यों?"

"दूसरी लिपस्टिक नहीं लगाए होगी!"

"क्यों भला?"

"एक मंज़िल ऊपर ही तो जाना था! क्या ज़रूरत थी सज-धज की! मेक-अप की!"

"ये बात दूसरी पर क्यों नहीं लागू थी?"

"अब नहीं थी तो नहीं थी। एक अपीयरेंस कांशस थी, दूसरी इस मामले में पर्टिकुलर नहीं थी।"

"या दूसरी माशूक़ थी इसलिए क़दरन सज-धज के आई थी और सज-धज में लिपस्टिक का भी शुमार था!"

"ये भी हो सकता है!"

"जो पर्टिकुलर थी, वो बेडरूम में क्या कर रही थी? वहाँ बसी जनाना परफ़्यूम की मुश्क की वजह से बोला।"

"वाशरूम विज़िट कर रही थी जो कि बेडरूम में था।"

"आपके पास हर बात का जवाब है।"

"आगे बोल!"

"मक़तूल फ़्लैट के मेन डोर और ड्रॉइंगरूम की सेंटर टेबल के बीच में कार्पेट पर लुढ़का पड़ा था। उसका जाम भी सेंटर टेबल पर रखा होने की जगह उसके हाथ में था। ऐसा क्यों?"

"मेन डोर से परे किचन है, वहाँ गया होगा किसी वजह से!"

"जाम हाथ में लेकर?"

"क्या हर्ज है?"

"आपके पास तो वाक़ई हर बात का जवाब है।"

"कलप रहा है इसलिए तेरे को अकामोडेट करने के लिए एक थ्योरी मैं जोड़ता हूँ।"

"जोड़िए!"

"थ्योरी है, कोहली, ग़ौरतलब थ्योरी है, ज़रूरी नहीं हक़ीक़त हो, अलबत्ता हक़ीक़त के क़रीब हो सकती है। मर्डर केस एक बड़ा वाक़या होता है, पुलिस को उससे ताल्लुक़ रखती कोई दूर-दराज़ की भी बात दिखाई दे तो उसे उस पर ग़ौर करना पड़ता है, भले ही हाथ कुछ न आए।"

"आई अंडरस्टैंड, सर!"

"सुन! मक़तूल कॉलबैल का जवाब देने के लिए उठा था... सॉरी, कॉलबैल ख़राब थी! नॉक का, दस्तक का जवाब देने के लिए उठा था। उसे उम्मीद थी कि जो कोई भी डोर नॉक कर रहा था, वो वहीं से टल जाने वाला था, लेकिन जब मैजिक आई में से उसने आगंतुक की शक्ल देखी तो लड़कियों को उसने बेडरूम में जाने के लिए बोल दिया। ये उनकी नालायक़ी थी कि अपने-अपने जाम वो साथ न ले गईं। मक़तूल ने दरवाज़ा खोलकर आगंतुक को रिसीव किया, उससे कोई मुख़्तसर बात की और उसे रुख़सत कर दिया। क़िस्सा ख़त्म! तब ये भी स्थापित हो गया कि बेडरूम में परफ़्यूम की मुश्क कैसे बसी थी।"

"उसके जाम में ज़हर कैसे और कब पहुँचा?"

"उसकी जानकारी के बिना एक लड़की ने दूसरी की निगाह बचाकर मक़तूल के पीछे टेबल पर पड़े जाम में ज़हर मिला दिया।"

"दरवाज़े पर पड़ी दस्तक से पहले या बाद में?"

"पहले! पहले किसी वक़्त! जबकि अभी उसने अपने जाम की तरफ़ तवज्जो नहीं दी थी।"

"आई सी।"

"कोई भी वजह हो सकती है।" इस बार हाकिम तनिक झुँझलाया, "जब ड्रिंकिंग सेशन शुरू होता है तो तब चियर्स बोला जाता है और रसमिया तौर पर जाम फ़ौरन होंठों तक पहुँचाया जाता है, दूसरे पेग पर ऐसा ज़रूरी नहीं होता।"

"वो दूसरा पेग था जिसमें कभी ज़हर मिलाया गया?"

"हाँ!"

"कब मुँह को लगाया गया?"

"क्यों पूछ रहा है?"

"आपने उसे घातक ज़हर बताया..."

"मैं तेरे ऐतराज़ को समझ रहा हूँ। ज़हर के बारे में मैंने वही दोहराया था जो मैंने डॉक्टर से सुना था। अभी हमें ज़हर की मिकदार की कोई ख़बर नहीं है। यानी नहीं मालूम कि मिकदार कितनी हो तो जान फ़ौरन जाती है। हो सकता है जाम में ज़हर की मिकदार क़दरन कम हो, या ग्लास के लिक्विड में शामिल होने से, कम मिकदार में होने से उसके असर की फ़ितरत फौरी न हो, ज़हर अंदर दम बाहर जैसी न हो। उसने जाम अभी थामा ही हो तो दरवाज़े पर दस्तक पड़ी हो। जाम उठाए वो दरवाज़े पर पहुँचा हो, वापसी में उसने जाम से घूँट भरा होगा और ज़हर के असर में ढेर हो गया होगा। अब इसमें एक बात ये भी जोड़ कि ज़हर को जानलेवा बताया गया है, लेकिन उसका असर मैन टु मैन डिफ़र भी कर सकता है। कोई सख़्त जान थोड़ी देर उसके असर को झेल सकता है।" उसने ठिठककर मेरी सूरत पर निगाह डाली, वहाँ आश्वासन के भाव न पाए तो बोला, "मैं पोस्टमॉर्टम रिपोर्ट आने से पहले फ़ॉरेंसिक लैब में बात करूँगा। किसी विष विशेषज्ञ से बात करूँगा जिसे शायद टैक्सीकॉलोजिस्ट कहते हैं।"

"लड़कियाँ?"

"उठ के चल दीं! कोई उन्हें वहाँ आते-जाते देखने वाला तो था नहीं! क्या प्रॉब्लम थी?"

मेरे ज़ेहन में पड़ोस वाली युवती का अक्स उभरा जो मक़्तूल के मेन डोर का दरवाज़ा खटखटाया जाने से परेशान थी। लेकिन मुमकिन था कि वहाँ मक़्तूल के फ़्लैट में पहुँचते वक़्त लड़कियों ने दरवाज़ा खटखटाया ही न हो, उन्हें मालूम हो कि घंटी ख़राब थी इसलिए वो उन्हें अनलॉक्ड मिला हो।

"यानी," प्रत्यक्षतः मैं बोला, "तीसरी मंज़िल की दो लड़कियों में से एक क़ातिल?"

"थ्योरी है, भई, जो थ्योरी-थ्योरी खेलने के लिए तेरी नज़र की।"

"क्या कहने! तो अब मेरी बारी?"

"यही समझ ले!"

"तो सुनिए! मैं इस बात से बिल्कुल मुतमईन नहीं कि ऊपर मक़तूल के फ़्लैट में दोनों लड़कियाँ थीं। वो आशिक़ का लव नेस्ट था जो वो माशूक़ की सोहबत के लिए मेनटेन किए था। क्यों भला वो कबाब में हड्डी मंज़ूर करता?"

"तो?"

"मेरी थ्योरी कहती है कि मक़तूल के फ़्लैट में कोई लड़की थी ही नहीं। मक़तूल का तब का मेहमान कोई मर्द था!"

"अरे, भई, ग्लासों की वजह से अभी तो तू तीन जनों की हाज़िरी पास करके हटा है, फिर अकेला मर्द..."

"शातिर मर्द! चालाक मर्द! इल्यूज़न पैदा करने में महारत हासिल लिए मर्द! जिसने क़त्ल के बाद वहाँ एक अतिरिक्त व्हिस्की-ग्लास सेट किया। और एक अन्य ग्लास के रिम पर लिपस्टिक के दाग़ छोड़े। मैंने उसे शातिर मर्द बोला इसलिए कोई बड़ी बात नहीं कि माहौल को औरत की मौजूदगी के लिहाज़ से प्रामाणिक बनाने के लिए लिपस्टिक उसने ख़ुद अपने होंठों पर लगाई हो और फिर एक व्हिस्की-ग्लास के रिम पर लिपस्टिक के होंठों के आकार के दाग़ बनाए हों। फिर उसी ने बेडरूम में जनाना परफ़्यूम की मुश्क फैलाई हो, ताकि फ़्लैट में जनाना हाज़िरी और अच्छी तरह से स्थापित हो जाती!"

"मर्द के पास लिपस्टिक का क्या काम! जानना परफ़्यूम का क्या काम!"

"दोनों आइटम वहाँ फ़्लैट में ही उपलब्ध होंगी। आख़िर वो लव नेस्ट था जहाँ माशूक़ की हाज़िरी रेगुलर थी। ऐसे सौंदर्य प्रसाधन तो क्या, मुझे कोई हैरानी नहीं होगी अगरचे कि कैज़ुअल यूज के लिए वहाँ माशूक़ के कुछ कपड़े भी मौजूद हों। हमबिस्तर होने के लिए चेंज ऑफ़ ड्रेस की ज़रूरत होती है।"

"क़ातिल कोई मर्द! शातिर, चालाक मर्द!"

"क्यों नहीं? मेरी काउंटरथ्योरी के हिसाब से क्यों नहीं?"

"है कोई ऐसा शख़्स नज़र में?"

"है तो सही!"

"कौन?"

मैंने उसे मक़तूल के एजेंट धर्मेश ग्रोवर के बारे में बताया, ये भी एक्सप्लेन किया कि क्योंकर मक़तूल एक मोटी रक़म का उसका क़र्ज़ाई था जिसकी वसूली के सिलसिले में वो मक़तूल को जान से मार देने की धमकी दे चुका था।

"मैं उसकी तलाश में था," मैंने आगे बताया, "दोपहरबाद से मैंने उसकी तलाश में कोई जगह नहीं छोड़ी थी जहाँ वो हो सकता था। मैं ऑल दि वे द्वारका उसके घर तक गया था, लेकिन वो मुझे नहीं मिला था। क्यों नहीं मिला था? क्योंकि वो यहाँ था और अपने क़र्ज़ाई के क़त्ल को अंजाम दे रहा था..."

"क़त्ल को अंजाम देने में इतना टाइम लगता है?"

"घात लगाने में टाइम लगता है; यूँ घात लगाने में टाइम लगता है कि ख़ुद क़ातिल पर कोई आँच न आए। सेफ़ गेम अरेंज करने में टाइम लगता है।"

"आगे?"

"...वो अपने क़र्ज़ाई के क़त्ल को अंजाम दे रहा था और क़त्ल के बाद यहाँ ऐसी स्टेज सेट कर रहा था कि लगता कि क़त्ल की नौबत आने से पहले मक़तूल ने दो मेहमानों को रिसीव किया था जिनमें एक कोई औरत थी। क्या कहते हैं?"

"थ्योरी है! एक थ्योरी का मुक़ाबला करने के लिए एक और थ्योरी है! फिर भी इस धर्मेश ग्रोवर को मैं तलब करूँगा। उसके सारे पर्टिकुलर्स बोल!"

मैंने सब बोला जो उसने मोबाइल पर नोट किया।

"अब मुझे एक फ़ाइनल बात कहने की इजाज़त दीजिए।" मैं बोला, "जो मुझे लगता है आप की तवज्जो में नहीं आई, आपके लैब एक्सपर्ट्स की तवज्जो में नहीं आई जबकि उसका दर्जा अहम हो सकता है, अहमतरीन हो सकता है।"

"ऐसी कौन-सी बात है?"

"ग़ौर से सुनिए! मौक़ा-ए-वारदात पर तीन व्हिस्की-ग्लासेज़ की हाज़िरी है। तीनों एक जैसे क्यों नहीं?"

"क्या बोला?" यादव सजग हुआ।

"जो दो व्हिस्की-ग्लास मेज़ पर हैं, वो जुदा क़िस्म के हैं, जो एक कार्पेट पर लुढ़का पड़ा पाया गया था, वो जुदा क़िस्म का है। मेज़ वाले दोनों ग्लास आपस में ऐन मिलते हैं, नीचे लुढ़का पड़ा ग्लास मेज़ वाले ग्लासेज़ से नहीं मिलता। कन्फ़र्मेशन उन तस्वीरों से भी हो सकती है जो मैंने आप को फ़ॉरवर्ड की है!"

यादव ने अपने मोबाइल की स्क्रीन पर लेकर तस्वीरों का मुआयना किया।

"ये कोई बड़ी बात नहीं।" फिर बोला, "वो रेगुलर लिविंग वाला फ़्लैट नहीं है। ज़रूरी नहीं है उसमें ढेर मैचिंग क्रॉकरी हो!"

"इसलिए तीन ग्लास दो क़िस्म के?"

"और क्या वजह हो सकती है?"

"इस बाबत ऊपर का फेरा लगाते तो बेहतर होता!"

"कोई जल्दी नहीं। जब तक पुलिस मौक़ा-ए-वारदात पर मौजूद है, तब तक कोई जल्दी नहीं।"

"आपने ऊपर रेफ्रिजरेटर भी चेक करना है!"

"और भी बता दे मैंने क्या-क्या करना है, मेहरबानी होगी।"

"सॉरी! तो मैं अब रुख़सत पाऊँ? दो बजने को हैं..."

"जैसे मेरे लिए नहीं हैं!"

मैं ख़ामोश रहा।

"जैसी मैंने ताकीद की," यादव सख़्ती से बोला, "कल हाज़िरी भरना। जो कहना हो, दाख़िलदफ़्तर करना हो, उसको पॉलिश करके, फुल्ली एंड फ़ाइनली सजाने-सँवारने का टाइम है तेरे पास! कल छूटे न कोई बात! कोहली," हाकिम का लहजा और सख़्त हुआ, "कोताही न हो!"

"नहीं होगी। जय हिंद!"

जवाब में उसने सहमति में सिर हिलाया, हिंद की जय तस्लीम की।

मैं मोरवाल एस्टेट पहुँचा।

रात की उस घड़ी सड़कें सुनसान पड़ी थीं इसलिए एक घंटे से कम में मैं वहाँ पहुँच गया।

मैंने विनीत को सोते से जगाया।

उसने पहले घड़ी में टाइम देखा–तीन बजे थे–फिर भुनभुनाया, "क्या आफ़त आ गई?"

"आफ़त ही आ गई है!" मैं सख़्ती से बोला, "होश में आ जाओ, छोटे भैया। मुँह-आँख पर कोई छींटा-वींटा मारना हो तो मार लो!"

वो संजीदा हुआ, फिर ख़ामोशी से बाथरूम में दाख़िल हुआ। थका-माँदा मैं पीछे एक कुर्सी पर ढेर हुआ। कुर्सी पर ही नींद के क़ब्ज़े में आ जाने का अंदेशा था इसलिए मैंने एक सिग्रेट सुलगा लिया। मेरे पहला कश लगाने तक वो वापस लौट आया।

सच में ही मुँह धोकर आया था।

वो मेरे सामने एक कुर्सी पर बैठ गया और सस्पेंस में लबरेज लहजे से बोला, "क्या बात है? क्या हुआ?"

"तुम्हारे जीजा दूसरी दुनिया के मुसाफ़िर बन गए, ये हुआ।"

"क्या!" वो बुरी तरह से चौंका।

"अवस्थी साहब का क़त्ल हो गया है।"

"हे भगवान! कब? कहाँ? कैसे?"

"पुलिस यहाँ आती ही होगी, सब बोलेगी..."

"पुलिस! यहाँ क्यों?"

"अभी भी नींद में हो क्या? एस्टेट के एक बाशिंदे का मर्डर हो गया, पुलिस उसके होतों-सोतों को ख़बर करेगी या नहीं?"

"ओह! लेकिन तुम्हें कैसे मालूम?"

"तुम्हें मालूम है कैसे मालूम! अब एस्टेट में ये बात किसी से छुपी नहीं है कि मैं तुम्हारे जीजा का एंगेज किया हुआ प्राइवेट डिटेक्टिव हूँ। तुम्हारी बहन को तो ये बात ख़ास तौर से मालूम है जिसने कल तुम्हें अवस्थी साहब के पीछे लगाया था इसलिए नहीं हो सकता कि तुम्हें न मालूम हो! या हो सकता है?"

उसने जवाब न दिया।

"पुलिस यहाँ आती ही होगी। उनके पहुँचने से पहले मैं तुमसे बात करना चाहता था इसलिए जो मैं पूछूँ, उसका बिना किसी टाल-मटोल के सीधा और सच्चा जवाब देना है और जल्दी देना है। समझ गए?"

उसके बिना हुज्जत किए हामी भरी।

"कल अवस्थी साहब ने लंच पर घोषणा की थी कि उनका मनेसर जाने का प्रोग्राम था, लेकिन पहले उन्हें कनॉट प्लेस में कोई काम था। बहन के हुक्म पर तुम जीजा के पीछे लगे थे। इससे आगे बोलो!"

"मैंने कनॉट प्लेस तक ठीक-ठाक कपिल का पीछा किया था। मैंने हर एहतियात बरती थी कि कपिल को पता न लग पाए कि मैं उसको टेल कर रहा था। निर्विघ्न मैं उसके पीछे एम ब्लॉक तक पहुँचा था जहाँ की पार्किंग में उसने 'स्विफ़्ट' पार्क की थी। कार से निकलकर वो थोड़ी ही दूर गोल्ड स्टार नाम के एक रेस्टोरेंट में गया था जहाँ उसके पीछे जाना मैंने ज़रूरी नहीं समझा था। जब तक 'स्विफ़्ट' मेरी निगाह में थी, तब तक पैदल उसके पीछे लगना बेमानी था। यूँ उसको मेरी ख़बर लग सकती थी और वो ख़बरदार होकर अपना आइंदा प्रोग्राम ड्रॉप कर सकता था। इसलिए स्विफ़्ट पर निगाह रखना सेफ़ बैट था जहाँ कि उसका लौट के आना लाज़मी था।

"ओके!"

"लेकिन कपिल बहुत चालाक निकला। ज़रूर उसे ख़बर लग गई थी कि मैं उसके पीछे लगा था।"

"वापस न लौटा?"

"हाँ। घंटों इंतज़ार किया। काफ़ी अरसा तो मैं उम्मीद करता रहा कि वो रेस्टोरेंट में किसी के साथ मीटिंग में था, क्योंकि लंच का टाइम तो वो था ही! इंतज़ार करते दो घंटे गुज़र गए तो मैं 'गोल्ड स्टार' पर पहुँचा और हिम्मत करके मैंने भीतर झाँका। रेस्टोरेंट मुझे तक़रीबन ख़ाली पड़ा मिला। एक वेटर को पटाकर मैंने उसे मेल वाशरूम में झाँककर आने को बोला तो वो ख़बर लाया कि वाशरूम ख़ाली पड़ा था। मैंने यही समझा कि कनॉट प्लेस में नज़दीक ही कहीं और भी उसकी हाज़िरी थी जहाँ के लिए वो पैदल

निकल गया था। लिहाज़ा मैं वापस 'स्विफ़्ट' की विजिल पर पहुँचा। दो घंटे और बर्बाद किए, लेकिन वो न लौटा। तब जाकर मेरी समझ में आया कि क्या हुआ था!"

"जहाँ जाना था, कैब पर चला गया था, 'स्विफ़्ट' तुम्हें गुमराह करने के लिए, तुम्हारे से पीछा छुड़ाने के लिए, पार्किंग में छोड़ गया था?"

"एग्ज़ैक्टली! कपिल मनेसर गया था या कहीं और, कैब पकड़ने में क्या प्रॉब्लम थी?"

"ओला, उबर के होते कोई प्रॉब्लम नहीं थी। ख़ैर, तुम्हारी टेलिंग का सब्जेक्ट तो हाथ से निकाल गया, फिर तुमने क्या किया?"

"ठगा-सा मैं कनॉट प्लेस में मौजूद था जबकि सूरजकुंड लौटने की जगह मुझे अपनी गर्लफ्रेंड का ख़याल आया जो जॉब करती थी, लेकिन सात-साढ़े सात बजे तक घर वापस पहुँच जाती थी।

"जॉब स्टेट बैंक, हौज़ ख़ास विलेज में। गर्लफ्रेंड स्टेडी। तुम्हारे शोरूम के पड़ोस की वजह से रोज़ की मुलाक़ात। रिहायश सुंदर नगर 'गुलमोहर' में। नाम सुरभि दत्ता। इससे आगे बढ़ो!"

उसके नेत्र फैले।

"तुम्हें कैसे मालूम?" वो हैरान होता बोला।

"आई एम ए डिटेक्टिव। यू नाओ अब आगे बढ़ो! गर्लफ्रेंड मिली?"

"फ़ोन पर बात हुई। उसे डिनर डेट बाख़ुशी क़ुबूल थी। बोली, आधे घंटे बाद मैं उसे 'गुलमोहर' के सामने से पिक कर सकता था।"

"कभी घर न बुलाया?"

"ऐसे बुलावे की कभी नौबत न आई। मेरी अप्रोच 'गुलमोहर' के बाहर सड़क तक ही रही।"

"फ़्लैटमेट को अफ़ेयर की ख़बर है?"

"तुम ख़ुद अपनी हिदायत भूल रहे हो कि मैंने जल्दी जवाब देना है, क्योंकि पुलिस कभी भी पहुँच सकती है! ये बातें बाद में भी हो सकती हैं।"

"सर्व्ड मी राइट! नींद के झोंके दिमाग़ हिला रहे हैं। सॉरी!"

"नेवर माइंड!"

"तो तुम 'गुलमोहर' पहुँचे ?"

"हाँ! मैं अपनी कार में बैठा 'गुलमोहर' के सामने उसकी आमद का इंतज़ार कर रहा था तो मुझे एक हैरान कर देने वाला मंज़र दिखाई दिया। इमेजिन कर सकते हो, क्या दिखाई दिया ?"

"अब कर सकता हूँ, क्योंकि मैं 'गुलमोहर' में हुए क़त्ल का जामिन हूँ। कपिल आता दिखाई दिया!"

"हाँ! मेरे सामने कैब से उतरा और भीतर गया।"

"वैगन-आर न पहचानी ?"

"ज़ाहिर है कि न पहचानी। भीतर बैठा मैं भी न दिखाई दिया। कैब से उतरकर उसने आज़ू-बाज़ू तो देखा ही नहीं था; बस, बाहर निकला और सीधा भीतर दाख़िल हो गया। सस्पेंस का मारा मैं अपनी कार से निकलकर सावधानी से उसके पीछे लपका। मेरे सामने वो लिफ़्ट में दाख़िल हुआ। दरवाज़ा बंद हुआ तो कॉल बटन पर के इंडीकेटर पर मैंने '4' चमकता देखा। बगूले की तरह मैं सीढ़ियों पर पहुँचा और आनन-फानन ऊपर को लपका।"

"दूसरी लिफ़्ट पर सवार होना न सूझा ?"

"वो नीचे नहीं थी। सेकंड फ़्लोर पर खड़ी थी। उसका इंतज़ार करता तो कपिल मुझे दोबारा नहीं दिखाई देना था।"

"दोबारा चौथी मंज़िल पर दिखाई दिया ?"

"हाँ! दाईं ओर के फ़्लैट के मेन डोर पर! चाबी लगाकर मेन डोर का ताला खोलता!"

"तुम्हारी मौजूदगी का एहसास उसे न हुआ ?"

"दूसरी लिफ़्ट से ऊपर गया होता तो ज़रूर होता। लिफ़्ट के सामने जो अल्कोव-सी थी, उसमें थोड़ी-सी तो जगह थी! फिर लिफ़्ट के मुक़ाम पर पहुँचने पर छोटी-मोटी आवाज़ होती है। दरवाज़ा खुलता है, भीतर की रौशनी बाहर फ़र्श पर पड़ती है। मैं ऊपरले फ़्लोर से दो सीढ़ियाँ नीचे था और दीवार की ओट से दाएँ फ़्लैट की तरफ़ झाँक सकता था। कपिल की मेरी तरफ़ पीठ थी। दरवाज़ा खुलते ही वो अँधेरे फ़्लैट में दाख़िल हो गया था और उसने पीछे दरवाज़ा बंद कर लिया था।"

"मतलब ये हुआ कि तुम्हारे जीजा का सीक्रेट लव नेस्ट आख़िर तुम्हारी जानकारी में आ गया था!"

"अगर वो लव नेस्ट था!"

"और क्या होता?"

"कोई लड़की तो वहाँ नहीं थी! वो तो फ़्लैट के भीतर मेन डोर का ताला खोलकर दाख़िल हुआ था!"

"नहीं थी तो आ जाती!"

"अगर तुम्हारा मतलब है मुझे इंतज़ार करना चाहिए था तो ये... ये वाहियात बात थी। लड़की पता नहीं कब आती! फिर लड़की अहम नहीं थी, ये बात अहम थी कि चेताली को कपिल की वहाँ इतनी सीक्रेट मौजूदगी की ख़बर होनी चाहिए थी। मनेसर जाने का ऐलान करके गया वो शख़्स कहीं और ही पहुँच गया था। और सहज, स्वाभाविक ढंग से भी नहीं पहुँच गया था; मुझे बाक़ायदा डॉज देकर, छकाकर जिस ख़ुफ़िया तरीक़े से वो वहाँ पहुँचा था, वो अपनी कहानी ख़ुद कहता था। लिहाज़ा उस घड़ी मेरी अक़्ल ने मुझे यही सुझाया कि उस बाबत मुझे फ़ौरन से पेशतर चेताली को ख़बर करनी चाहिए थी।"

"की?"

"हाँ!"

"तफ़सील से?"

"तफ़सील से बयान करने का वक़्त नहीं था। बस, यही बोला कि मनेसर का मुसाफ़िर कपिल सुंदर नगर के उस फ़्लैट में पहुँचा हुआ था जो कि उसका प्रेम घरौंदा जान पड़ता था।"

"चेताली क्या बोली?"

"मुझे फ़ौरन लौट आने को बोली।"

"क्यों?"

"हैरान होने की कोई बात नहीं। ज़ाहिर था वो ख़ुद वहाँ पहुँचना चाहती थी और कपिल को उसकी माशूक़ के साथ रँगे हाथों पकड़ना चाहती थी।"

"ऐसी ख़्वाहिश उसने ज़ाहिर तो की थी! सम्भावित फ़ौजदारी की तरफ़

भी इशारा किया था।"

"ज़रूर इसीलिए मुझे वापस बुलाया था, क्योंकि मेरी इनवॉल्वमेंट नहीं चाहती थी।"

"तुम्हें वापस बुलाकर ख़ुद वहाँ गई?"

"रात को और कहाँ जाती! फिर एस्टेट में वो थी भी तो नहीं!"

"कब लौटी?"

"आधी रात के क़रीब!"

"लौटती ख़ुद देखा या किसी ने ख़बर की?"

"घुँघरू ने ख़बर की।"

"फिर?"

"फिर क्या! मैंने चैन की साँस ली और बेड के हवाले हुआ।"

"जाकर बात न की?"

"क्या जल्दी थी? जल्दी वाली कोई बात होती तो उसी ने की होती। मैंने यही सोचा कि इतनी रात गए उसे डिस्टर्ब करने की कोई तुक नहीं थी। ये तक भी सोचा कि पता नहीं कपिल वहाँ था भी या नहीं!"

"था, बराबर था। फ़्लैट में मरा पड़ा था।"

"मुझे तो नहीं मालूम था न! मुझे तो अभी तुम्हारे बताए ही मालूम पड़ा!"

"और कुछ?"

उसने कुछ क्षण सोचा, फिर इनकार में सिर हिलाया।

"गुड! अब मेरी सुनो! बहुत अहम बात है, इसलिए ग़ौर से सुनो!"

"सुन रहा हूँ।"

"अपनी गर्लफ्रेंड की फ़िराक़ में 'गुलमोहर' गए होने का तुमने ज़िक्र नहीं करना।"

"किससे?"

"किसी से भी, भई, किसी से भी! इतनी-सी बात नहीं समझ रहे हो?"

"सॉरी!"

"गुलमोहर गए होने का ज़िक्र नहीं करना तो वहाँ कपिल को पहुँचता देखा होने के ज़िक्र का तो कोई मक़सद ही नहीं! उस इक्वेशन में तुम्हारी

गर्लफ्रेंड प्रॉब्लम एरिया है जिससे कि तुम 'गुलमोहर' के सामने सड़क पर मिलने वाले थे और आगे ड्रिंक्स-डिनर के लिए निकलने वाले थे। कितनी पक्की गर्लफ्रेंड है?"

"बहुत! जितनी कोई हो सकती है!"

"सुख-दुख की साथी?"

"वन हंड्रेड पर्सेंट!"

"यानी तुम्हारे कहने पर तुम्हारी 'गुलमोहर' के आगे उससे शाम की मुलाक़ात को भूल जाएगी?"

"वो तो यक़ीनन भूल जाएगी, लेकिन उसने ऐसा करना क्यों है?"

"ये बताने का टाइम नहीं। पहली फ़ुरसत में उसे फ़ोन करके मालूम करो कि वो पहले ही तो पुलिस को बयान नहीं दे चुकी! अगर ऐसा न हुआ हो तो उसको मनाओ, ख़बरदार करो कि वो अपने बयान के दौरान तुम्हारा, तुम्हारे से शाम की अप्वायंटमेंट का, उसे पिक करने के लिए 'गुलमोहर' पर तुम्हारी मौजूदगी का कोई ज़िक्र न करे। कर लोगे?"

"हाँ!"

"वो कोऑपरेट करेगी?"

"हाँ!"

"ये भी याद रखना कि पूछे जाने की नौबत आए तो तुमने यही कहना है कि तुम शाम से ही एस्टेट में अपनी बहन के साथ थे। यही चेताली अपनी बाबत कहेगी।"

"क्या? कि वो शाम से ही एस्टेट में थी और मेरे साथ थी?"

"हाँ!"

"लेकिन..."

"सवाल नहीं! सवाल नहीं! अभी जो कहा है, वही करना है वरना तुम्हारे लिए कोई प्रॉब्लम हो न हो, तुम्हारी बहन के लिए गंभीर प्रॉब्लम होगी।"

उसके नेत्र फैले, सूरत से लगा कि वो फिर कोई सवाल करने लगा था, लेकिन मैंने सख़्त निगाह से उसे देखा तो उसने होंठ भींच लिए।

"दैट्स लाइक एन इंटेलीजेंट ब्वॉय!" मैं बोला, "अब सुनो! मैं चेताली

से अभी बात करना चाहता हूँ। इतनी रात गए मैं उसके बेडरूम में नहीं जाना चाहता। तुम साथ चलो और मेरे लिए उसे जगाओ। पुलिस के आने से पहले मेरा उससे बात करना ज़रूरी है।"

वो हिचकिचाया।

"टाइम वेस्ट न करो!" मैं शुष्क स्वर में बोला, "वक़्त की नज़ाकत समझो! मुलाक़ात की अर्जेंसी समझो!" मैं उठ खड़ा हुआ, "आओ, चलें!"

तत्काल वो मेरे साथ हो लिया।

आगे उसने बहन को जगाया और मेरी बाबत बोला।

चेताली मुझे दरवाज़े पर मिली। उसकी सूरत से मुझे न लगा कि वो सोते से उठी थी। उसके चेहरे पर थकान थी, निगाह वीरान थी।

मैंने उसे उसके ख़ाविंद के अंजाम की बाबत बताया तो वो न चौंकी, न हैरान हुई, ख़ाली एक बार ऊपर-नीचे सिर हिला दिया।

"बात करनी है।" मैं धीरे से बोला, "ज़रूरी! अभी!"

"आओ।" वो दरवाज़े पर से हटी।

मैंने चौखट के भीतर क़दम डाला तो विनीत ने मेरे पीछे आने की कोशिश की।

"ज़रूरत नहीं!" मैं बोला, "जा सकते हो।"

विनीत ने बहन की तरफ़ देखा। चेताली ने सहमति में सिर हिलाया। अनिच्छापूर्ण भाव से विनीत विदा हो गया तो चेताली ने पीछे दरवाज़ा भिड़का दिया। उसने मुझे इशारा किया तो हम भीतर जाकर एक सोफ़े पर अगल-बग़ल बैठे।

उससे इजाज़त माँगे बिना मैंने सिग्रेट सुलगाया फिर हौले-से बोला, "मेरा ख़बर देना बेमानी था। कपिल के अंजाम की बाबत आप को तो पहले ही मालूम था बल्कि सबसे पहले मालूम था–क्योंकि क़त्ल की सबसे पहले ख़बर क़ातिल को ही होती है।"

"मुझे क़ातिल कह रहे हो!" वो भावहीन ढंग से बोली।

"अभी आप ख़ुद भी कहेंगी। ऐन वारदात के वक़्त मैंने अपनी आँखों से आपको बद्हवास हालत में 'गुलमोहर' से निकलते देखा था। लगता था जैसे

पीछे प्रेत देख लिया था। लगता था बोला। प्रेत कभी देखा तो न होगा! क़त्ल भी तो कभी नहीं देखा होगा!" मैं एक क्षण ठिठका, "किया होगा!"

वो ख़ामोश रही।

"आप को ख़ाविंद की जगह वहाँ उसकी लाश मिली होती तो आप वहाँ से भाग न खड़ी हुई होतीं! अभी भी वहीं होतीं और बेवा होने का मातम मना रही होतीं। लेकिन जब ख़ाविंद को लाश ही आपने बनाया हो..."

"चुप करो!" वो पूर्ववत् भावहीन स्वर में बोली, "थोड़ी देर के लिए चुप करो!"

मैंने आदेश का पालन किया–आख़िर एस्टेट की मालकिन का आदेश था!

वो उठकर परे टेलीविज़न के क़रीब गई जिसके नीचे एक ग्लास डोर्स वाली कैबिनेट थी। मेरी तरफ़ पीठ करके उसने एक ग्लास निकाला, एक बोतल निकाली और थोड़ी देर दोनों चीज़ों के हवाले रही। फिर ग्लास के साथ कमरे के दूसरे सिरे पर बेड के क़रीब पहुँची और साइड टेबल पर से पानी की बोतल उठाकर उसने ग्लास में पानी डाला। यूँ तैयार हुए जाम के साथ वो वापस लौटी और सोफ़े पर यथास्थान बैठी।

"बिफ़ॉर वुई प्रोसीड फ़रदर" इस बार वो संजीदा लहज़े से बोली, "परमिट मी टु हैव दिस वन ड्रिंक!"

"ऐट थ्री फ़िफ़्टीन इन दि मॉर्निंग!" मेरी भवें उठीं।

"जस्ट वन..."

"आप का हसबैंड मर गया, आप विधवा हो गईं, आप उसकी मौत का जश्न मना रही हैं?"

उसको जैसे बिजली का झटका लगा।

"ज़िंदगी में दो ही तमन्नाएँ थीं। एक ताजमहल देखने की और दूसरी ऐसी बेवा देखने की जो सोगवार होने की जगह जश्न मानती हो! ताजमहल मैं पिछले हफ़्ते देख आया था, दूसरी तमन्ना आज पूरी हो गई। शुक्रिया!"

"मैं" वो कातर भाव से बोली, "शर्मिंदा हूँ"

"मुझे मौक़ा दीजिए शर्मिंदगी दूर करने का!"

मैंने हाथ बढ़ाकर उसके हाथ से ग्लास निकाला और एक ही साँस में उसे ख़ाली कर दिया।

उस घड़ी मुझे बरबस याद आया ऐसी नाजायज़, बद्अख़लाक़ हरकत करने वाला मैं अकेला नहीं था।

"क्या था ग्लास में?" उम्दा लिकर की तत्काल तरंग महसूस करते मैंने उत्सुक भाव से पूछा।

"कोनियाक!" अभी भी शर्मिंदगी का एहसास लिए वो दबे स्वर में बोली, "रेमी मार्टिन!"

"ओह! सॉरी, मैंने आपको इतने उम्दा ड्रिंक से महरूम किया!"

"ठीक किया! मेरी मति मारी गई थी जो मैंने ये... बेजा हरकत की।"

"जो हुआ वो हुआ। अब बोलिए, 'गुलमोहर' में क्या हुआ था? अवस्थी साहब की वहाँ मौजूदगी की बाबत आपको विनीत का फ़ोन आया। आपने विनीत को वापस बुला लिया और ख़ुद वहाँ पहुँचीं। इससे आगे बोलिए!"

"मैं 'गुलमोहर' पहुँची और उसकी चौथी मंज़िल पर पहुँचकर दाएँ विंग के उस इकलौते फ़्लैट की कॉलबैल बजाई जिसकी बाबत विनीत ने मुझे बताया था। कॉलबैल का जवाब न मिला, फिर बजाई तो भी जवाब न मिला, अभी फिर बजाने लगी थी कि उस फ़्लोर के इकलौते दूसरे फ़्लैट का दरवाज़ा खुला और चौखट पर एक नौजवान लड़की प्रकट हुई..."

"रंग-बिरंगा पलाजो और घुटनों तक आने वाला लाल, गोल गले का पुलोवर पहने! हाथ में ड्रिंक! सिग्रेट!"

"हाँ वही! उसने मेरे को बताया कि घंटी ख़राब थी, मैं डोर नॉक करूँ, लेकिन जेंटली नॉक करूँ, कम नॉक करूँ, क्योंकि रात की उस घड़ी लम्बी और लाउड नॉक से उसके मग़ज़ को कुछ होता था। इसके अलावा वो कुछ न बोली और दरवाज़ा बंद कर लिया। हिदायत के मुताबिक़ मैंने दरवाज़ा खटखटाया तो जवाब फिर भी न मिला। मुझे शक हुआ कि भीतर कोई था ही नहीं, मेरे को वहाँ पहुँचने में सवा घंटा लगा था—पंद्रह मिनट तो एस्टेट पर कैब के पहुँचने में ही लग गए थे—इसलिए हो तो सकता था कि कपिल वहाँ लम्बा न रुका होता। दरवाज़े से मालूम नहीं पड़ रहा था कि भीतर रौशनी

थी भी या नहीं! तब मैंने दूसरे फ़्लैट पर पहुँचकर उसकी कॉलबैल बजाई। उस लड़की ने दरवाज़ा न खोला, बंद दरवाज़े के पार से ही पूछा मैं क्या चाहती थी!"

"मैजिक आई से आप को देख लिया होगा न!"

"मैंने फ़्लैट में ऑक्यूपेंसी की बाबत पूछा तो वो बोली शाम से ही वहाँ काफ़ी आवाजाही थी, फ़्लैट उस घड़ी ख़ाली नहीं हो सकता था। उस सिलसिले में उसने मुझे केयरटेकर को बुलाने की राय दी। उस बात से एनकरेज होकर मैंने दाएँ विंग वाला दरवाज़ा फिर खटखटाया और उच्च स्वर में कहा–'अगर भीतर मरे पड़े हो तो मैं पुलिस को ख़बर करूँ?' तब दरवाज़ा खुला और मुझे चौखट पर कपिल दिखाई दिया। मैंने उसको एक बाज़ू किया और भीतर क़दम रखा। उसने मेरे पीछे दरवाज़ा बंद किया और बिना पूछे सफ़ाई देने लगा कि वहाँ एक दोस्त से मिलने आया था। दोस्त कहाँ था? कहीं गया था–बोल के गया था कि उसके लौटने में मैं देर हो जाती पाऊँ तो बेशक चला जाऊँ। हँसता हुआ बोला, वो बस जाने की तैयारी ही कर रहा था कि मैं आ गई थी, अब दोनों इकट्ठे चलते थे। वो सच में ही मेरी बाँह पकड़कर मुझे बाहर को चलाने लगा तो मैंने उसका हाथ झटक दिया और पूछा, दरवाज़ा इतनी देर से क्यों खोला! घंटी ख़राब थी तो क्या नॉक भी सुनाई नहीं दी थी! बोला, टॉयलेट में था। मैंने कमरे में निगाह फिराई तो मुझे नीमअँधेरे का एहसास हुआ। उस बाबत पूछा तो बोला बस जा ही रहा था इसलिए सिर्फ़ परे कोने का एक टेबल लैम्प जलता रहने दिया था। मैंने और रौशनी करने को बोला तो वो फिर चल देने का इसरार करने लगा। उसकी बात को नज़रअंदाज़ करके मैंने ख़ुद स्विच बोर्ड तलाश किया और एक ट्यूबलाइट ऑन की। ट्यूबलाइट इलेक्ट्रॉनिक थी इसलिए एक ही से वहाँ जगमग हो गई। तब मुझे परे सेंटर टेबल पर पड़ी व्हिस्की की बोतल और दो ग्लास दिखाई दिए। दोनों ग्लासों में सुनहरी लिक्विड अभी था और एक के रिम पर लिपस्टिक का दाग़ था जो साफ़ होंठों से बना जान पड़ता था। उसने मेरी तवज्जो उस ग्लास पर अटकी देखी तो ख़ुद ही सफ़ाई देने लगा कि दोस्त का ग्लास था, उससे ग्लास पर लाल रंग लग गया था। मिस्टर

कोहली, मैं ख़ुद औरत हूँ और औरत लिपस्टिक और लाल रंग में फ़र्क़ न कर सके, क्या ये मुमकिन है ?"

मेरा सिर इनकार में हिला।

"और दाग़ होंठों के आकार का ?"

मैंने फिर इनकार में सिर हिलाया।

"बाई दि वे" फिर मैं बोला, "वहाँ टेबल पर या आस-पास कहीं कोई तीसरा व्हिस्की-ग्लास भी था ?"

"नहीं ! दो ही ग्लास थे जो सेंटर टेबल पर अगल-बग़ल पड़े थे, जो अपनी ज़ुबानी उनके सामने दो जनों के अगल-बग़ल बैठ होने की तसदीक़ कर रहे थे, और एक जना यक़ीनी तौर पर कोई औरत थी, मेरी आमद पर कपिल ने जिसे फ़्लैट में कहीं छुपा दिया था और इसीलिए मेरे लिए दरवाज़ा खोलने में देर लगी थी। मैंने उससे पूछा कि वो दोस्त की ग़ैरहाज़िरी में ही वहाँ से जा रहा था तो अपना ड्रिंक बॉटम्स अप करके जाता ! बोला, ज़्यादा हो गई थी। कैसे ज़्यादा हो गई थी ? बोतल में व्हिस्की का लैवल तो 'ज़्यादा हो गई थी' वाला नहीं था। बोला, वो दूसरी बोतल थी, पहली लगभग आधी भरी थी जो उन दोनों ने ख़ाली कर दी थी।"

"तो ग्लास में मौजूद मुश्किल से एक इंच और क्या कहती थी ?"

"एग्ज़ैक्टली ! फिर इतनी पी चुका वो लग भी तो नहीं रहा था !"

"फिर ?"

"फिर क्या ! वैसे तो उसकी वहाँ मौजूदगी ही अपनी कहानी ख़ुद कह रही थी। क्यों मनेसर का मुसाफ़िर 'गुलमोहर' पहुँच गया था ? न सिर्फ़ पहुँच गया था, रात उसने वहीं खोटी करनी थी, क्योंकि रिकॉर्ड था कि मनेसर गया वो कभी सेम डे घर वापस नहीं आता था। जमा, वो लिपस्टिक लगा व्हिस्की-ग्लास उसके नापाक इरादों की चुगली कर रहा था, उसके एक बेवफ़ा ख़ाविंद होने की तसदीक़ कर रहा था। मुझे पूरा यक़ीन था कि फ़्लैट में कोई लड़की थी, बेडरूम-गेम्स की तैयारी में जिसके साथ वो ड्रिंक्स एंजॉय कर रहा था। वहाँ तीन बंद दरवाज़े थे जो वहाँ तीन बेडरूम होने की चुगली करते थे। दो बंद दरवाज़े एक छोटे-से पैसेज में आमने-सामने थे, तीसरा ड्रॉइंगरूम

में ही किचन के बाज़ू में था। मिस्टर कोहली, तलाशना तो मैंने पूरे फ़्लैट का हर कोना ख़ुदरा था, लेकिन पहले मैंने सबसे क़रीबी, किचन के बाज़ू के, बंद दरवाज़े को अपनी तलाश का मरकज़ बनाया और उसकी तरफ़ क़दम बढ़ाया। मेरा अभी एक ही क़दम उठा था कि वो झपटकर मेरे रास्ते में तनकर खड़ा हो गया और फिर वहाँ से चल देने की ज़िद दोहराने लगा। मैंने उसे जबरन रास्ते से हटाने की कोशिश की तो कामयाब न हो सकी। ग़ुस्से में मैंने उसे वार्न किया कि वो मेरे रास्ते से हट जाए वर्ना अंजाम बुरा होगा। उसने जैसे कान से मक्खी उड़ाई और मुझे वहाँ से बाहर घसीट ले चलने में कसर न छोड़ी। उसके चोरी और सीनाजोरी जैसे उस अंदाज़ पर तब मैं भी भड़क उठी। मैंने गन निकाल ली..."

"मेरी गन! जो मेरी एस्टेट में हाज़िरी के पहले दिन से ही–मंगलवार से ही–मेरे बैगेज से ग़ायब थी?"

"हाँ!"

"किसने निकाली?"

"मैंने!"

"आपका मतलब है आप के कहने पर किसी और ने? हर्षदीप ने?"

"नहीं! ऐसे मामलों में हर्षदीप मेरे कॉन्फ़िडेंस में नहीं है।"

"मेरी ग़ैरहाज़िरी में मेरा बैग टटोलते मैंने उसे रँगे हाथों पकड़ा था।"

"अच्छा! क्या बोली?"

"बोली, बतौर एस्टेट मैनेजर वो मेरे मेहमान बनकर वहाँ आने से और अभी टिकने के इरादे से सस्पेंस में थी। बोली, जैसे मैं वहाँ पहुँचा था, वैसे यहाँ–किसी के भी बुलाए–कभी कोई मेहमान नहीं आया था; और मेहमान भी ऐसा जो कई दिन रुकने वाला था जबकि एस्टेट में कोई मेहमान कभी ओवरनाइट नहीं रुका था। मेहमान मुम्बई से आया बताया जाता था, लेकिन उसके पास दिल्ली के नम्बर प्लेट वाली कार थी। इन तमाम शक उपजाऊ बातों से एनकरेज होकर उसने मेरी असलियत जाननी चाही और अपने इस मिशन के तहत मेरी ग़ैरहाज़िरी में मेरे बैग को टटोला।"

"क्या जाना?'

"बोली, कुछ न जाना, क्योंकि उसकी उम्मीद से बहुत जल्दी मैं ऊपर से आ गया था।"

"ओह!"

"अब आप अपनी हरकत की वजह बताइए!"

"वजह मोटे तौर पर वही है जो अभी तुमने कहा कि हर्षदीप ने बयान की!"

"आप मेरी बाबत सस्पेंस में थीं?"

"हाँ!"

"क्यों? हर्षदीप ने तो इस बाबत अपनी एस्टेट मैनेजर की नौकरी का हवाला दिया, आप क्यों?"

"क्योंकि मेरे क़त्ल की तीन कोशिशें हो चुकी थीं, जिनकी एस्टेट में किसी को कोई ख़बर नहीं थी और–पहले नहीं कहा, अब पुरइसरार कहती हूँ–मुझे कपिल पर इस सिलसिले में पूरा-पूरा शक था। ऐसे में एस्टेट में जैसे तुम आसमान से टपके। न जाने क्यों मुझे लगा कि तुम्हारी एस्टेट में यूँ हाज़िरी भी मेरे ख़िलाफ़ कोई साज़िश थी। तुम्हारी आमद के पहले ही दिन मुझे लगा कि अगर मैं तुम्हारा बैग टटोल पाती तो तुम्हारी असलियत का–या तुम्हारी किसी पर्दादारी का–मुझे कोई हिंट लग सकता था।"

"लगा?"

"हिंट तो न लगा, लेकिन बैग में लोडेड गन देखकर हैरानी हुई। अकेली गन ही मेरे मन में तुम्हारी बाबत कोई शक खड़ा करने के लिए काफ़ी थी। मैंने तो यहाँ तक सोचा कि मेरे क़त्ल की चौथी कोशिश में किसी-न-किसी तरीक़े से एस्टेट में गोली चलने वाली थी। कैसे कोई आम मेहमान, जो ख़ुद को मुम्बई का व्यापारी बताता था, गन लिए दिल्ली तक फिरता हो सकता था!"

"मेहमान और क्या हो सकता था?"

"हायर्ड असासिन हो सकता था।"

"बहुत वाइल्ड गेस है। असासिन को कोई घर बुलाता है?"

उसने जवाब न दिया।

"मेरे पास गन का लाइसेंस है।" मैं बोला।

"मुझे क्या मालूम था?"

"मेरे पीडी के लाइसेंस के तहत मुझे गन रखने की इजाज़त है।"

"भई, मुझे क्या मालूम था!"

"मालूम था, तो क्या मालूम था? मैं सुल्ताना डाकू था जो मेहमान के भेष में एस्टेट को लूटने आया था!"

"मिस्टर कोहली, डोंट टॉक नॉनसेंस! प्लीज़!"

"तो मेरे बैग में से मेरी गन आपने निकाली?"

"हाँ, लेकिन रख ही नहीं लेनी थी, वापसी में लौटा देनी थी।"

"जब आपको अपनी ख़ुद की रिसर्च से–जो आपको मेरी तलाशी लेने से पहले न सूझी–मालूम पड़ गया कि मैं पीडी था, तब तो लौटातीं!"

"तब मेरे मन में गिल्ट कॉम्प्लेक्स था। मैंने सोचा था तुम्हारी विज़िट के सिरे पर गन तुम्हें वापस करूँगी तो मुझे कम एम्बैरेसमेंट होगी।"

"या जैसे चुपचाप निकाली थी, मेरी विज़िट के समापन पर वैसे ही चुपचाप वापस रख देतीं!"

"ये भी सूझा था मुझे, लेकिन मुझे लगता था कि तुम्हारी विज़िट के आख़िर में पहले जैसा मौक़ा मुझे नहीं मिलने वाला था। एक बार खता खाया शख़्स स्वाभाविक तौर पर होशियार हो जाता है, ख़बरदार हो जाता है।"

"लिहाज़ा विद अपॉलोजी गन लौटा देने का इरादा था, लेकिन आख़िर में!"

"हाँ।"

"गन महँगी आइटम थी, पौने दो लाख की आती थी..."

"इतनी महँगी! मुझे नहीं मालूम था।"

"...उसका ग़ायब हो जाना मेरा बड़ा नुक़सान था। उस बाबत अगर मैं उसी वक़्त हल्ला करता तो?"

"तो अपनी नालायक़ी तसलीम करती, भारी शर्मिंदगी के एहसास के साथ मैं गन लौटा देती। लेकिन तब एस्टेट में तुम्हारी मेहमानी जारी न रह पाती।"

"एस्टेट की मालकिन एस्टेट से इमीडिएट डिसमिसल का हुक्म सुना

देती?"

"बिलाशक!"

"हसबैंड ऐतराज़ करता..."

"उसका ऐतराज़ फ़ौरन खारिज होता।"

"हर्षदीप को आपकी कोई हिदायत नहीं थी मेरा बैग टटोलने की?"

"नहीं, भई! मुझे तो इस घड़ी से पहले उसकी इस हरकत की ख़बर तक नहीं थी!"

"न जाने क्यों मुझे ये बात नहीं कनविंस करती कि हर्षदीप ने जो किया था, अपनी मर्ज़ी से किया था। मुझे अभी भी लगता है कि वो किसी का हुक्म मान रही थी। इस मद में पहले आपकी बाबत ही सोचा था, लेकिन जब तलाशी के काम को आपने ख़ुद अंजाम दिया था तो इस बाबत हर्षदीप को हुक्म देने का तो कोई मतलब ही न हुआ!"

"ठीक!"

"कोई और कैंडीडेट, जिसका हुक्म हर्षदीप बजा रही हो!"

"आम हालात में मेरी तवज्जो कपिल की तरफ़ ही जाती, लेकिन जब तुम्हें एंगेज करने वाला ही कपिल था तो तुम्हारी तलाशी में उसकी भला क्या रुचि होती! एक ही तो शख़्स था एस्टेट में जो तुम्हारी असलियत से वाक़िफ़ था, वो क्या ख़ुद अपने पीडी की तलाशी का प्रबंध करता!"

"हम विषय से भटक गए हैं। मैं ही भूल गया हूँ कि पुलिस किसी भी वक़्त यहाँ पहुँच सकती है। 'गुलमोहर' में वापस लौटिए। वहाँ कपिल ने आपका बेडरूम का रास्ता रोका तो आपने गन निकाल ली। फिर?"

"मैंने उस पर गन तानी और धमकाते हुए कहा कि वो मेरे रास्ते से हट जाए। उसने मुझे सीरियसली न लिया। इस बात पर भी उसने कोई हैरानी न दिखाई–हैरानी न दिखाकर उलटे मुझे हैरान कर दिया–कि मेरे पास गन थी! वो तो मेरे से हाथापाई करने लगा, मेरे गन वाले हाथ पर झपट पड़ा। न जाने क्यों तब मुझे उसकी मुकम्मल तवज्जो इस बात की तरफ़ लगी कि गन मेरे हाथ से निकल जाए और उसके क़ब्ज़े में आ जाए। मिस्टर कोहली, मेरा गोली चलाने का क़तई कोई इरादा नहीं था। मुझे तो मालूम ही नहीं था कि

गोली कैसे चलाई जाती थी, गन कैसे हैंडल की जाती थी! तब से पहले मैंने कभी असली गन की सूरत तक नहीं देखी थी। मैं गन से उसे सिर्फ़ डराना चाहती थी, उसे अपना रास्ता रोकने से बाज आया देखना चाहती थी।"

"गन साथ लेकर क्यों गईं?"

"अब क्या बोलूँ? विनीत की कॉल ने भड़का दिया–भड़का क्या दिया, दिमाग़ हिला दिया। भेजे में हथौड़े की तरह ये बात बजने लगी कि मैंने कपिल को रँगे हाथों पकड़ना था..."

"और ठौर मार देना था!"

"कहने की बात थी!"

"गन हासिल थी, इसलिए साथ लेकर गईं?"

"जोश में आदमज़ाद ऐसा बहुत कुछ करता है जो होश में हो तो नहीं करता।"

"आपका गोली चलाने का कोई इरादा नहीं था?"

"क़तई कोई इरादा नहीं था। फिर पूछोगे–फिर, फिर और फिर पूछोगे–तो फिर भी यही जवाब होगा। गन दिखाकर मैं तो उसका जोश ठंडा करना चाहती थी, उसकी करतूत पर उसे शर्मिंदा करना चाहती थी, अपनी आँखों के सामने उसे घुटनों पर देखना चाहती थी।"

"माफ़ कर देतीं?"

"पता नहीं।"

"कर देतीं तो वो सुधर जाता? रँगे हाथों पकड़ा जाने के बाद एक आदर्श पति बन जाता?"

"पहले वो नौबत तो आती!" वो खीजकर बोली, "फ़्लैट में कोई लड़की थी या नहीं, मैं तो ये भी न देख पाई!"

"वजह?"

"उसके साथ हाथापाई, छीनाझपटी में जैसे सारा सिनेरियो ही बदल गया। मैं वो सब अभी भुगत ही रही थी कि एकाएक बत्ती चली गई। बत्ती जाने के साथ ही पता नहीं कैसे गोली चल गई! अँधेरे में कुछ नीचे गिरने की ज़ोर की आवाज़ आई। मैंने अँधेरे में अपने सामने, आज़ू-बाज़ू हाथ फैलाया तो

अब तक मेरे से गुत्थमगुत्था कपिल से मेरा हाथ न छुआ। अँधेरा इतना घना था कि आँखें फाड़-फाड़कर देखने पर भी कुछ दिखाई न दिया। सिर्फ़ पाँव कहीं टकराया तो मुझे एहसास हुआ कि वो फ़र्श पर ढेर था। मेरे प्राण काम्प गए। अब एक सेकंड भी और वहाँ टिकना मुझे मुहाल लगने लगा। जी चाहने लगा कि मैं आँखें बंद करूँ तो ख़ुद को एस्टेट में पहुँची पाऊँ। लेकिन ऐसा हो नहीं सकता था। जो हो सकता था, वो मैंने किया।"

"क्या?"

"भाग निकली। यूँ कि जैसे पैरों को पंख लग गए। बिजली नहीं थी, इसलिए लिफ़्ट में सवार नहीं हो सकती थी। बगूले की तरह मैं सीढ़ियाँ ही फाँदती चली गई। दूसरी और पहली मंज़िल के बीच में थी तो बिजली आ गई। मैं नीचे सड़क पर पहुँची और वेट करती कैब में बैठी। मिस्टर कोहली, कैब भोगल पहुँचने को थी जब मुझे एहसास हुआ था कि गन तब भी मेरे हाथ में थी। ग़नीमत थी कि कैब इतना फ़ासला तय कर चुकी थी फिर भी ड्राइवर को इस बात की ख़बर नहीं लगी थी।"

"एक ही गोली चली?"

"हाँ!"

"किसी ने आवाज़ न सुनी?'

"मुझे क्या पता सुनी या न सुनी! मैं तो यूँ समझो कि अभी वहाँ थी, अभी नहीं थी।"

"ये देखने के लिए भी रुकना न सूझा कि पति किस हालत में था?"

"कुछ न सूझा! क़तई कुछ न सूझा! सिवाय निकल भागने के!"

"आई सी!"

"कुछ सूझता भी तो कैसे उस पर अमल करती? निपट अँधेरे में मुझे क्या दिखाई देता? और बत्ती का कोई पता था कि कब आती!"

"मोबाइल में टॉर्च होती है!"

"ये सब अक़्ल की बातें हैं, ठहराव की बातें हैं, दहशत के उस आलम में मुझे ये सब सूझता?"

"हूँ!"

"कुछ सूझा तो बस, ये सूझा कि इधर मेरे हाथ से गोली चली, उधर वो धड़ाम से गिरा और हाहाकार के हवाले मैं फ़्लैट से बाहर!"

"गोली इमारत के टॉप फ़्लोर पर चली थी, लिहाज़ा कोई बड़ी बात नहीं थी कि आवाज़ का सफ़र नीचे की तरफ़ न हुआ होता!"

"सामने के दूसरे फ़्लैट की तरफ़?"

"हो सकता है वहाँ वाली वो लड़की तब तक सो गई हो! या आवाज़ सुनी हो तो उसे कार जैसे किसी वाहन के बैकफ़ायर करने की आवाज़ समझा हो!"

"अच्छा!"

"यही मुमकिन लगता है। क्योंकि आवाज़ की उस पर कोई प्रतिक्रिया तो हुई नहीं थी! उसने सुनी आवाज़ को गोली की आवाज़ जाना होता तो और कुछ भले ही न किया होता, केयरटेकर को ज़रूर ख़बर की होती!"

"ओह!"

"फिर आप को इमारत से निकलकर हवा होते देखने के थोड़ी देर बाद ही तो मैं ऊपर पहुँच गया था, फ़्लैट का दरवाज़ा खुला जानकर–आप खुला छोड़ गई थीं–भीतर दाख़िल हुआ था और मैंने आपके हसबैंड को फ़र्श पर मरा पड़ा पाया था।"

"श–श्योर!"

"यस, मैम!"

"म–मैं... मैं... क़–क़ातिल!"

"आपने लव मैरिज की। प्रेम विवाह किया। मुहब्बत की तो शादी की। नहीं?"

"हँ-हाँ।"

"जैसे मुहब्बत की इंतहा शादी होती है, वैसे नफ़रत की इंतहा क़त्ल होता है। और नफ़रत मुहब्बत से ज़्यादा शदीद जज़्बा है।"

"क्यों कह रहे हो?" वो तल्ख़ लहजे से बोली, "मुझे उससे शिकायतें बहुत थीं, लेकिन इतनी अहम नहीं थीं कि ख़ून कर देती!"

"आपने बोला था 'रँगे हाथों पकड़ूँगी, ठौर मार दूँगी'!"

"हसबैंड की बेवफ़ाई की शिकार हर औरत ऐसे ही रिऐक्ट करती है।"

"आप ख़ूनी इरादा साथ लेकर गईं, गन साथ लेकर गईं..."

"मिस्टर कोहली, डोंट रब इट इन! मेरा ख़ुदा गवाह है कि मेरा क़त्ल का कोई इरादा नहीं था। अब तो इत्तफ़ाक़ से गन मेरे क़ब्ज़े में थी, न होती तो क्या करती? क़त्ल के लिए कैसे गन मुहैया करती? मेरा यक़ीन करो, फ़ॉर गॉड सेक, मेरा यक़ीन करो, मेरा इरादा सिर्फ़ उसे रँगे हाथों पकड़ने का था और शर्मिंदा करने का था। फिर चाहे मैं तलाक़ की तालिब होती, रिश्तों के समापन में क़त्ल का कोई दख़ल न होता। प्लीज़, मेरा यक़ीन करो कि..."

"किया।"

"क-क्या... क्या बोला?"

"मुझे यक़ीन है आपका क़त्ल का कोई इरादा नहीं था।"

"क-कैसे यक़ीन है?"

"क़त्ल आपने नहीं किया, क़ातिल आप नहीं हैं, ऐसे यक़ीन है।"

"क्या!"

"क़त्ल गोली से नहीं हुआ। मैम, योर हसबैंड वाज़ प्वॉयज़ंड, नाट शॉट!"

कई क्षण उसके मुँह से आवाज़ न निकली। वो अवाक् मुझे देखती रही।

"कपिल को गोली न लगी!" फिर यूँ बोली जैसे किसी सम्मोहन के हवाले हो, "मैं क़ातिल नहीं!"

"नहीं!"

"मेरे पीछे वो ज़िंदा था? मैं उसे पीछे सही-सलामत छोड़कर भागी थी?"

"हाँ!"

"तो वो...फ़र्श पर ढेर क्यों था?"

"अंदाज़ा ही बता सकता हूँ।"

"वही बताओ!"

"या तो गोली चली होने की दहशत में अँधेरे में ठोकर खा गया था या फिर ज़्यादा ही होशियार, ख़बरदार था। एक गोली उसे न लगी तो ज़रूर उसने सोच लिया था कि आप फिर गोली चलाएँगी इसलिए उसने यूँ धराशायी

होने का पाखंड किया जैसे गोली खा गया हो, ताकि आप फिर गोली न चलातीं... ज़रूरत ही न समझतीं।"

"हो... हो सकता है। लेकिन ज़हर! ज़हर किसने... कैसे..."

वो ख़ामोश हो गई।

घुँघरू वहाँ पहुँची थी।

"क्या है?" चेताली अप्रसन्न भाव से बोली, "डोर नॉक करना नहीं सीखी?"

"मैडम जी, पुलिस आई है न!" मेड भयभीत भाव से बोली, "हम को अफ्रेडनिंग हो गई, इस वास्ते..."

"अच्छा, अच्छा! कहाँ है पुलिस?"

"बैठक रूम में! बड़े भैया बिठाए रहे!"

"और कौन है वहाँ?"

"सब हैं। आप को भी उधर होने को बोला! यही बोलने आए हम अतिशीघ्रली!"

"बोल, मैडम चेंज करके आती हैं।"

'चेंज करके आती हैं' दोहराती मेड वापस दौड़ गई।

"अब मेरी बात ग़ौर से सुनिए!" पीछे मैं व्यग्र भाव से बोला, "एक ही बार में सुनिए, मुझे कोई बात दोहरानी न पड़े। ओके?"

उसने सहमति में सिर हिलाया।

"मैं नहीं समझता कि रात की इस घड़ी पुलिस तफ़्तीश के लिए आई होगी। क़त्ल दिल्ली में हुआ है और उसकी तफ़्तीश दिल्ली पुलिस के हाथ में है। मेरे ख़याल से लोकल पुलिस को वारदात की सिर्फ़ ख़बर पहुँचाने के लिए अप्रोच किया गया है। फिर भी क़त्ल की बाबत कोई छोटी-मोटी जवाबतलबी की नौबत न आ जाए इसलिए आप का तैयार होना ज़रूरी है। फ़ॉलोड?"

"यस!"

"आपने अपनी ज़ुबानी भूल के भी नहीं कहना है कि आप 'गुलमोहर' गई थीं। ताकीद है कि किसी ने आपको वहाँ न पहुँचते देखा था, न लौटते देखा था..."

"कैब ड्राइवर?"

"उसे नहीं पता आप कौन हैं! उसे नहीं पता 'गुलमोहर' के भीतर क्या हुआ था! उसे बस ये पता होगा कि वो एक पैसेंजर को 'गुलमोहर' लाया था और पैसेंजर के वहाँ शॉर्ट स्टे के बाद उसे वापस पहुँचा के आया था।"

"बग़ल के फ़्लैट वाली लड़की?"

"उसने आपको नीमअँधेरे में परे दूसरे फ़्लैट के मेन डोर पर देखा था जबकि आपको डोर नॉक करने की राय दी थी और अपना दरवाज़ा बंद कर लिया था। दूसरी बार उसने आपको दरवाज़ा खोला ही नहीं था, बंद दरवाज़े के आर-पार से ही आपसे मुख़्तसर-सी बात की थी। उतने से वो आपको हरगिज़ नहीं पहचान सकती। पूछे जाने पर उसका एक ही–सीधा और सच्चा–जवाब होगा कि वो नहीं जानती थी आप कौन थीं!"

"गोली की आवाज़!"

"उसने न सुनी। मैंने पहले ही अर्ज़ किया, सुनी होती तो केयरटेकर को ख़बर करती। फिर करता तो केयरटेकर पुलिस को फ़ोन करता। दूसरे, वो टुन्न थी। क्या पता गोली चलने के वक़्त तक वो इतनी गहरी नींद सोई पड़ी हो कि कान के पास ढोल बजता न सुन पाती!"

"ओह!"

"तफ़्तीश पर पहुँची पुलिस को अभी–या यूँ कहिए कि मेरी वहाँ मौजूदगी के वक़्त तक–वहाँ गोली चलने की कोई ख़बर नहीं है। वो ज़हर से हुई वारदात थी इसलिए वहाँ गोली चली होने का कोई सबूत तलाश करने का कोई प्रयोजन ही नहीं था। फिर ये बात भी आपके हक़ में है कि आप क़ातिल हैं ही नहीं और क़ातिल बहुत जल्दी पकड़ा जाने वाला है। लिहाज़ा आपका बयान अब हो या बाद में, भूल के भी अपनी 'गुलमोहर' विज़िट का या गन का ज़िक्र न करना। पूछे जाने पर यही जवाब देना कि आप एस्टेट में थीं और पुलिस की आमद के बाद ही आपको अपने पति के हौलनाक अंजाम की ख़बर लगी थी।"

"विनीत..."

"उसकी 'गुलमोहर' की हाज़िरी का तो बिल्कुल ही नाम न लेना। उसे

इस बाबत समझा के रखना। कहना मानेगा आपका?"

"बेझिझक! बिना कोई सवाल किए! मुझे सगी बहन से ज़्यादा मानता है।"

"ख़ुशक़िस्मत हैं आप! उसको समझा के रखिएगा कि वो भी एस्टेट में ही था। यूँ आप दोनों एक-दूसरे की एलीबाई होंगे। विनीत आपका गवाह होगा कि कल आप हर घड़ी एस्टेट में थीं, अपने बेडरूम में थीं, क्योंकि तबीयत ख़राब थी, रेस्ट कर रही थीं। ऐसी एलीबाई की यही ख़ूबसूरती होती है कि दोतरफ़ा काम करती है। बकौल उसके आप एस्टेट में थीं तो बकौल आपके वो एस्टेट में था। अंडरस्टैंड?"

"आई डू नाओ।"

"पुलिस का रुख़ करने से पहले उसे थामिए और उसे ये बात समझाइए। कर लेंगीं?"

"हाँ।"

"गन कहाँ है?"

"यहीं है।"

"मेरे को दो!"

वो उठकर एक वार्डरोब तक गई और गन के साथ वापस लौटी।

मैंने गन उसके हाथ से लेकर तसदीक़ की कि उसमें से एक ही गोली चली थी, फिर उसे पतलून की बेल्ट में खोंस लिया।

"अब आपको," मैं उठने का उपक्रम करता बोला, "चेंज के लिए मेरी ग़ैरहाज़िरी की ज़रूरत होगी!"

"नहीं! मैं ऐसे ही ठीक हूँ। चेंज का ख़याल बदल गया है।"

"गुड! अब एक आख़िरी बात सुनिए! आपने देखा होगा कि अभी मैंने उठ के खड़ा होने की कोशिश की थी तो मेरे से उठा नहीं गया था। वजह यही है कि लगातार बीस घंटे से मैं वर्टिकल हूँ। अगर इजाज़त दें तो मैं थोड़ी देर–बस, आप के लौटने तक–इस सोफ़े पर हॉरिज़ॉन्टल हो जाऊँ!"

"आराम से बेड पर सोना!" वो आग्रहपूर्ण स्वर में बोली, "मैं ऊपर चली जाऊँगी जहाँ मुझ अकेली का बेडरूम है। लेकिन," वो एक क्षण ठिठकी,

फिर बोली, "पुलिस ने तुम्हें भी तलब किया तो?"

"नहीं करेगी। फ़िलहाल उनका सरोकार मक़तूल की फ़ैमिली से होगा, और किसी से नहीं!"

"ठीक है फिर। जाती हूँ।"

वो चली गई। पीछे मुझे रेमी मार्टिन के साथ अकेला छोड़कर।

मेरी पहुँच में कोनियाक! जैसे चील के घोंसले में माँस!

सुधीर कोहली!–मैंने ख़ुद अपनी पीठ थपथपाई, दि लकी बास्टर्ड!

लेकिन उस जुगलबंदी से पहले मैंने हाजी इम्तियाज़ अली वारसी की बाबत रजनी को एसएमएस भेजा।

पाँचवाँ दिन : शनिवार, 25 जनवरी

ग्यारह बजे मैं सोकर उठा।

रात को मैं वहाँ उपलब्ध कुर्ता-पाजामा पहनकर सोया था। मैंने अपने ख़ुद के कपड़े समेटे, जूते हाथ में थामे और उसी हाल में मैं ख़ुद को अलॉट हुए कमरे में पहुँचा।

घुंघरू मेरे पीछे-पीछे वहाँ पहुँची।

"हमने नोटनिंग की थी," वो बोली, "कि आप ब्रेकफ़ास्ट नहीं किए थे। उस वास्ते आए!"

"मेरे लिए ब्रेकफ़ास्ट का इंतज़ाम करने?" मैं बोला।

"हाँ, मेहमान जी!"

"कौन बोला?"

"कोई नहीं बोला। हम स्वयमली आए। आप मेहमान हैं, सोचा आपको हमारी सेवा की ज़रूरत होगी!"

"है ज़रूरत। ब्रेकफ़ास्ट यहाँ ला सकती है?"

"हाँ, साब जी! बोलो, का लाएँ?"

"स्पेशल कुछ नहीं! जो भी ब्रेकफ़ास्ट में बाक़ियों के लिए बना हो! आधे घंटे बाद! उससे पहले नहीं। क्योंकि मुझे तैयार होने में आधा घंटा लगेगा।"

"ओके बोलत हैं। जात हैं।"

"अभी सुन! कल पुलिस कब गई, मालूम?"

"मालूम। दस-बारह मिनट ठहरी, बस! आई और गई। मैडम को ख़ाली बोलना था कि सर की डेथनिंग हो गई थी। मैडम बैठक रूम में आईं, उन लोगों ने बोला और चले गए। बोल के गए, ख़ाली ख़बर करने आए, बयान

लेने दूसरी पुलिस आएगी।"

"कितने जने थे?'

"दो! एक सिपाही और एक-दो सितारे वाला अफ़सर!"

"सब-इंस्पेक्टर।"

"एक तीसरा जीप में था। उसे चलाने के लिए। पर वो उधर ही टिका।"

"मैडम के अलावा पुलिस ने किसी और से कोई बात न की?"

"की न! सबका बारी-बारी परिचय प्राप्त किया।"

"बस! किसी से कोई सवाल न किया?"

"न!"

"ख़ास तौर से विनीत से?"

"न!"

"ओके! अब जा!"

वो चली गई।

मैंने बाथरूम का रुख़ किया। नित्यकर्म से निवृत्त होकर, तैयार होकर जब तक मैं बाहर निकला, ब्रेकफ़ास्ट की ट्रे के साथ तुहिना वहाँ पहुँची। उसने ख़ामोशी से ब्रेकफ़ास्ट एक टेबल पर लगाया।

"बरामदे में ही हूँ।" फिर बोली, "किसी चीज़ की ज़रूरत हो तो आवाज़ देना। किसी चीज़ से कोई शिकायत हो, तो भी!"

"शिकायत क्यों होगी?" मैं मुस्कुराया।

"मालूम, नहीं होगी। आप मेहमान हैं, इसलिए पूछना ज़रूरी!"

सा...रे ही चतुर सुजान!

"ओके, थैंक्यू!"

वो चली गई।

मैंने टेबल पर बैठकर इत्मीनान से ब्रेकफ़ास्ट किया। टी-पॉट को टी-कोज़ी से ढँककर लाई थी, यूँ चाय देर तक गर्म रहने वाली थी, इसलिए तृप्ति के साथ मैंने दो कप पी।

मैं बाहर निकला।

तुहिना बाहर मौजूद थी। अपने फ़ेवरेट स्टाइल से वो टाँगें नीचे लटकाए

फ़र्श पर बैठी थी और उन्हें यूँ रिदम में हिला रही थी जैसे डांस के किन्हीं स्टेप्स की प्रैक्टिस कर रही थी या... अभिसाररत थी। मुझे देखकर वो तत्काल उठ खड़ी हुई।

"बर्तन ले जाऊँ?" वो बोली।

"हाँ, प्लीज़!"

"सब ठीक था?"

"पर्फ़ेक्ट था। कुक को थैंक्स बोलना!"

"ब्रेकफ़ास्ट मैंने बनाया। फ़ौजी लंच की तैयारी में बिजी थे।"

"पापा को फ़ौजी कहती हो?"

"उनकी ग़ैरहाज़िरी में।"

"ओह! ब्रेकफ़ास्ट तुमने बनाया तो, भई, तुम्हारा शुक्रिया!"

"वो बग़ीचे में है।"

"कौन! कौन बग़ीचे में है?"

"घुँघरू!"

"मुझे क्यों बता रही हो?"

उसके होंठों पर फ़र्ज़ी मुस्कुराहट आई, आँखें धूर्त भाव से चमकीं।

"जवाब दो, भई!" मैंने ज़िद की।

"ताकि आपको तलाश न करना पड़े।" वो एक क्षण ठिठकी, फिर बोली, "कुंज में ही है। फूलों को पानी दे रही है।"

"होगी! मुझे उससे कोई काम नहीं।"

"कमाल है! मंगल को तो काम ही काम थे। *काम* के शौक़ीन जान पड़ते हैं!"

"हूँ तो सही ऐसा!"

"तो पहुँचिए!"

"पहुँचता हूँ। पीछे न आना।"

"सोच लीजिए! शायद रखवाली की ज़रूरत पड़े!"

"वैरी स्मार्ट! वैरी स्मार्ट इनडीड!"

वो हँसी।

"एक बात बोलो! इस घर में मातम है या बारात आई है?"

उसकी हँसी को ब्रेक लगी।

"घर का मालिक मर गया, तुम्हें ठिठोली सूझ रही है मेहमान के साथ!"

उसका सिर झुक गया, फिर बिना एक शब्द बोले भारी क़दमों से बरामदे में आगे बढ़ चली।

तभी एक कार वहाँ पहुँची और मैंशन की मेन एंट्रेंस की सीढ़ियों के सामने पोर्टिको में आकर रुकी। वो उबर की टैक्सी थी, मैंने अपेक्षा से उधर देखा।

कैब के पिछले दो दरवाज़े खुले और रजनी और पेंटर हाजी इम्तियाज़ अली वारसी ने बाहर क़दम रखा। रजनी वहाँ की मिल्कियत हुसैन की वो ऑयल पेंटिंग उठाए थी जो बाज़रिया मक़तूल पेंटर के हवाले थी।

मैंने लपककर बरामदा पार किया और सीढ़ियाँ उतरा।

"ख़ुशामदीद, जनाब आला हज़रत!" मैं झुककर आदाब बजाता बोला, "आमद का शुक्रिया!"

"मुझे आने से ऐतराज़ नहीं था," पेंटर बोला, "लेकिन दोपहर की इस घड़ी मेरी वर्कशॉप से मेरी ग़ैरमौजूदगी मुनासिब नहीं होती।"

"मैं मशकूर हूँ, जनाब!"

"जल्दी फ़ारिग करना।"

"एक प्याली चाय तो पिएँगे?"

"कोई मुज़ायक़ा नहीं, लेकिन जिस काम आया हूँ, उसके हो जाने के बाद!"

"ओके! आइए!"

सहमति में सिर हिलाता पेंटर मेरे साथ सीढ़ियाँ चढ़ने लगा।

मैंने क्षण भर को घूमकर आँखों से ही पीछे आती रजनी का शुक्रिया अदा किया। उसने मुस्कुराते हुए ख़ामोशी से सिर नवाकर शुक्रिया क़ुबूल किया।

"अवस्थी साहब की बाबत ख़बर लगी, जनाब?" रास्ते में मैंने सवाल किया।

"हाँ।" पेंटर संजीदगी से बोला, "मोहतरमा ने बताया। दिली अफ़सोस हुआ कि इतना नौजवान शख़्स यूँ एकाएक मौत के आगोश में सिमट गया!

क्या मिसेज़ अवस्थी से हमदर्दी ज़ाहिर करने का मौक़ा मिलेगा?"

"सारी रात जागीं, जनाब, सोई पड़ी हैं।"

"ओह!"

"दोनों भाई दिल्ली इरविन अस्पताल की मोर्ग में पोस्टमॉर्टम की और लाश की सुपुर्दगी की बाबत पता करने गए हैं।"

"'ओह! तो मेरी कंडोलेंसेज़ मैडम तक तुम पहुँचाना।"

"जी हाँ, ज़रूर!"

बरामदे में एक क्षण ठिठककर मैंने कुंज की तरफ़ मुँह करके घुंघरू को आवाज़ दी।

वो दौड़ी आई।

"मास्टर बेडरूम की चाबी लेकर आ।" मैं बोला, "हमारे से पहले ऊपर पहुँच और दरवाज़ा खोल!"

"जी, साब जी!"

हिरनी की तरह वो हम से आगे बरामदे में दौड़ चली।

हमारे ऊपर पहुँचने से पहले मास्टर बेडरूम का दरवाज़ा खुला था और भीतर रौशनी थी। सब भीतर दाख़िल हुए। रजनी ने हाथ में थमी पेंटिंग घुंघरू को थमा दी जो मेरे इशारे पर उसने मास्टर बेड के क़रीब की दीवार के साथ टिकाकर खड़ी कर दी।

"किचन में बोल के आ" मैंने घुंघरू को आदेश दिया, "दो मेहमान आए हैं, चाय-पानी का इंतज़ाम करें और मेहमानों की वहाँ आमद पर ड्रॉइंगरूम में सर्व करें।"

"जी, साब जी।"

अपनी ट्रेडमार्क रफ़्तार पर अमल करती वो चली गई।

मैंने बेड के पीछे की दीवार पर लगी तैयब मेहता और एस.एच. रज़ा की पेंटिंग्स की तरफ़ बुज़ुर्गवार का ध्यान आकर्षित किया।

"उतारो!" पेंटर ने आदेश दिया।

तत्काल आदेश का पालन हुआ।

अब तीनों पेंटिंग्स अगल-बग़ल दीवार के सहारे खड़ी थीं। पेंटर तत्काल

उनके हवाले हुआ, मैंने कुर्सी लाने की कोशिश की तो उसने मना कर दिया। उसके काम में विघ्न न आए, इसलिए मैं और रजनी उससे परे हट गए।

"ध्यान रखना" मैं दबे स्वर में बोला, "बुज़ुर्गवार को वापस शेख़ सराय इनके स्टूडियो ड्रॉप करना है और भाड़ा तुमने देना है।"

"क्या बात है, सर्र" वो भी वैसे ही दबे, लेकिन व्यंग्यपूर्ण स्वर में बोली, "पाँच दिन यहाँ क्या टिके, बच्चे पढ़ाना सीख गए!"

"अरे, मुझे पता था तुझे किसी सबक की ज़रूरत नहीं, फिर भी बोला!"

वो हँसी, संजीदा हुई।

"पैसे हैं या दूँ?"

"हैं। बाद में रीइम्बर्स करना!"

"अब अपनी अक़्ल लगाकर और जवाब दे, सिग्रेट सुलगाना ठीक होगा?"

"नहीं ठीक होगा। हाजी साहब के हवाले बहुत स्पेशियलाइज़्ड काम है जिसे वो हंड्रेड पर्सेंट अटेंशन के साथ कर रहे हैं। तम्बाकू की महक से, धुएँ से उन्हें डिस्टर्बेंस होगी।"

"अच्छा!"

"भले ही न हो, लेकिन एहतियात बरतने में क्या हर्ज है?"

"ठीक!"

"अलबत्ता सिग्रेट की फौरी सोहबत के बिना बेहोशी आ जाने का अंदेशा हो तो बेशक सुलगा लीजिए।"

मैं ख़ामोश हो गया।

बातों में क्या कभी मैं उससे जीता था!

हम परे दो कुर्सियों पर बैठ गए और पेंटर के फ़ारिग होने का इंतज़ार करने लगे।

अपने काम के दौरान कितनी ही देर उसने कोई आठ इंच व्यास के एक आतशी शीशे का इस्तेमाल किया, जिसके हैंडल में टॉर्च जैसी रौशनी का भी प्रबंध था, फिर आतिशी शीशा उसने बाएँ हाथ में शिफ़्ट किया और दाएँ में अब एक चिमटी दिखाई दी जिसकी मदद से पहले की दो पेंटिंग्स में से वो

कहीं-कहीं कुछ खरोंचता रहा, कुछ उखाड़ता रहा।

वो सिलसिला आधा घंटा चला।

आख़िर आतिशी शीशा और चिमटी अपनी जेब के हवाले करता वो सीधा हुआ और हमारी तरफ़ बढ़ा।

तत्काल हम उठकर उसके क़रीब पहुँचे। सवालिया निगाह से मैंने उसकी तरफ़ देखा।

"फ़ेक!" उसने संजीदगी से फ़ैसला सुनाया, "दोनों! रज़ा भी और मेहता भी! हुसैन तो फ़ेक है ही!"

"पक्की बात!" मैं बोला।

"हाँ, भई। और क्या मैं कच्ची बात कहने के लिए यहाँ आया हूँ? आप लोगों को गुमराह करने के लिए यहाँ आया हूँ?"

"सॉरी!"

"हर पेंटिंग के बाटम में दाएँ पेंटर के साइन हैं और उनके नीचे वो तारीख़ है जबकि पेंटिंग मुकम्मल हुई और वजूद में आई। तीनों तारीख़ें पच्चीस से तीस साल पहले की हैं जबकि इस्तेमाल हुए पेंट्स, पिगमेंट्स का मुआयना साफ़ ज़ाहिर करता है कि वो दो-ढाई साल से ज़्यादा पुराने नहीं हैं। यानी ये पेंटिंग्स दो-ढाई साल से पहले की पेंटिड नहीं हैं; तीनों पेंटर मुर्दा से ज़िंदा होकर इनको पेंट नहीं कर गए।"

"ओह!"

"तीनों पेंटिंग्स का एक साथ मुआयना करने पर अब ये बात भी दिन की तरह साफ़ है कि तीनों फ़ेक पेंटिंग्स एक ही आर्टिस्ट का कारनामा हैं–यानी मेहता भी वो, रज़ा भी वो, हुसैन भी वो–इतने इंटरनेशनल फ़ेम एंड अक्लेम के तीनों आर्टिस्ट्स के वर्क को, स्टाइल को इतनी पर्फ़ेक्शन से डुप्लीकेट करना हर किसी के बस का काम नहीं। मुझे काफ़ी हद तक अंदाज़ा है कि डुप्लीकेशन किसका कारनामा है, लेकिन यक़ीन से अभी नहीं कह सकता। यहाँ के बाशिंदे आइंदा कभी चाहेंगे तो मैं उस आर्टिस्ट का अता-पता निकलवाने का काम कर सकता हूँ।"

"क्या फ़ायदा होगा? यूँ यही तो शिद्दत से साबित होगा कि तीनों पेंटिंग्स

फ़ेक हैं, हाल ही में तैयार की गई थीं, और ये बात आप ही की नवाज़िश से अब ज़ाहिर है। लेकिन मुझे बताया गया था कि ये पेंटिंग्स कई सालों से एस्टेट में हैं और कई सालों से इस मास्टर बेडरूम की शोभा हैं जो कि मानकलाल मोरवाल मरहूम की ख़्वाबगाह थी। इस बात को तवज्जो में रखकर जो नतीजा निकलता है, वो तो... वो तो... अब क्या बोलूँ?"

"न ही बोलो, बरखुरदार! गड़े मुर्दे उखाड़ने से हाथ तो कभी किसी के कुछ आया नहीं!"

"सही फ़रमाया। जनाब, आप की विज़िट की पेमेंट करनी होगी!"

"कोई पेमेंट नहीं! अवस्थी साहब ज़िंदा होते तो ज़रूर क़ुबूल करता, लेकिन उनके इंतक़ाल के ज़ेरे-साया... कोई फ़ीस नहीं, बरखुरदार। अब अपनी एक प्याली चाय की पेशकश पर अमल करके दिखाओ ताकि मैं रुख़सत पाऊँ!"

"जी, अभी! फ़ौरन! आइए!"

बाद में वहाँ ताला लगाने को घुँघरू गलियारे में मौजूद थी।

पेंटर के साथ रजनी के रुख़सत हो जाने के बाद मैं एस्टेट मैनेजर हर्षदीप कौर बाजवा की तलाश में निकला। वो मुझे अपने कमरे में मिली। मुझ पर निगाह पड़ते ही उसकी त्योरी चढ़ गई।

"अब क्यों आए?" वो अप्रसन्न भाव से बोली, "क्या चाहते हो?"

"तुमसे बात करनी है।" मैं संजीदगी से बोला।

"मैंने तुमसे कोई बात नहीं करनी। मंगल को इतनी इंसल्ट की मेरी!"

"क्या कहने! उलटा चोर कोतवाल को डाँटे!"

"बतौर एस्टेट मैनेजर मैं अपनी ज़िम्मेदारी निभा रही थी।"

"मेहमान का निजी सामान टटोल के?"

"वाटएवर!"

"मेहमान को 'सन ऑफ़ ए बिच', 'सन ऑफ़ ए व्होर' जैसे अलंकरणों से नवाज़ के!"

"तुमने भड़काया मुझे! यू इंस्टिगेटिड मी!"

"नहीं भड़कना था! मेहमान की इज़्ज़त रखनी थी! तुम तो तमाम अदब भूल गईं! इस बात पर भी भड़ककर दिखाया कि मैं तुम पर फ़िदा होकर क्यों नहीं दिखा रहा था! मुझे गे तक बोला! वो सब भी बोला तो बोला, लेकिन जब आख़िर में सब सुलह-सफ़ाई हो गई, तुमने माफ़ी माँग ली, मैंने माफ़ी क़ुबूल कर ली तो अब क्यों कलप रही हो?"

उसने जवाब न दिया।

"जो तुम जानना चाहती थीं, वो जान चुकी हो। अब यहाँ हर किसी को मालूम है कि मैं प्राइवेट डिटेक्टिव हूँ और मुझे कपिल अवस्थी मरहूम ने एंगेज किया था। मेरी पीडी की हैसियत के ज़ेरे-साया वो अगर ज़िंदा होता तो वो ही तुम्हें हुक्म दे रहा होता कि तुम मेरे हर सवाल का जवाब दो। आख़िर वो तुम्हारा एम्प्लॉयर था!"

"मेरे एम्प्लॉयर मानकलाल मोरवाल थे!"

"तुम्हारा पे चेक जन्नतनशीन मोरवाल साहब साइन करते हैं?"

"तुम्हारा इन बातों से कोई मतलब नहीं!"

"मंज़ूर! लेकिन जिन बातों से तुम्हारा मतलब है, कम-से-कम वो तो सुन लो! ढिठाई छोड़कर, अपना मतलब समझकर तो सुन लो!"

"कौन-सी बात? बोलो!"

"तुम्हारी यहाँ की नौकरी ख़त्म है।"

"क्या बोला?"

"अब तुम्हें कोई नई नौकरी तलाश करनी होगी, और वो वक़्त बहुत जल्द आने वाला है–इतना जल्द कि बस, आया ही समझो!"

"नॉनसेंस! मुझे यहाँ से कोई नहीं निकाल सकता। मोरवाल साहब मेरी बाबत अपनी वसीयत में लिखकर गए थे कि मैं जब तक चाहूँ, एस्टेट की मुलाज़िम रह सकती हूँ।"

"कहाँ की मुलाज़िम रह सकती हो?"

"यहाँ की! मोरवाल एस्टेट की!"

"जब न राजा रहे, न राज रहे तो रियाया की क्या औक़ात रह जाती है?"

"क्या मतलब है तुम्हारा?

"एस्टेट गिरवी है।"

"क्या!"

"चंद ही दिनों में क्या मालिकान, क्या मुलाज़िम, सब यहाँ से बाहर होंगे। फिर जो नया मालिक होगा, तुम्हें मुलाज़मत में रखने की उस पर कोई बंदिश नहीं होगी।"

वो मुँह बाए मुझे देखने लगी।

"बहुत फूली-फूली चुग ली, बहन जी..."

"डोंट कॉल मी बहन जी!"

"फ़िगर ऑफ़ स्पीच है, बहन जी। 'बहन जी' और 'भाभी जी' उन रंगों के कपड़े हैं जिनका पैबंद और किसी भी कपड़े पर लग सकता है।"

"नो फ़ैंसी टॉक! आयम नॉट योर बहन जी।"

"कहने से बन जाओगी? राखी बाँधनी पड़ेगी?"

"आई वांट नो फ़ैंसी टॉक! कम टु दि प्वायंट!"

"दि प्वायंट इज़ बह... माई डियर, यहाँ बहुत फूली-फूली चुग ली। बहुत शाह बनकर दिखा दिया पराए दम से। बहुत फूँ-फाँ आज़माई हर इसी पर। समझ लो, अब आया है आख़िर ऊँट पहाड़ के नीचे। अब तुम्हारी यहाँ मुलाज़मत उतनी ही सेफ़ है जितना सेफ़ पंक्चर्ड कंडोम होता है।"

उसके चेहरे पर स्पष्ट चिंता के भाव आए।

"इतना कुछ कहने के पीछे" फिर क़दरन नम्र स्वर में बोली, "असल मक़सद क्या है तुम्हारा?"

"तुम्हें एहसास दिलाना कि यहाँ अब तुम कोई प्रिविलेज़्ड पर्सन नहीं हो। जिसकी तुम मुँहलगी थीं, जिसकी तुम राज़दाँ थीं, वो अब इस दुनिया में नहीं है।"

"मैं बड़े मोरवाल साहब की राज़दाँ नहीं थी।"

"मैं कपिल अवस्थी की बात कर रहा था।"

"मैं किसी की राज़दाँ नहीं थी।"

"की-होल से कान लगाकर मेरी और चेताली की बातें सुनने की कोशिश

कर रही थीं, ये कोई मानने की बात है कि किसी की हिदायत पर अमल नहीं कर रही थीं!"

"किसकी हिदायत पर?"

"स्वर्गवासी अवस्थी की हिदायत पर! इनकार करके दिखाओ!"

"वही क्यों?"

"और कौन है यहाँ पर जिसका मेरे चेताली से बात करने से कुछ लेना-देना था?"

"अवस्थी जी ही क्यों?"

"क्योंकि तुम्हारी उनसे एक जुगलबंदी पहले से उजागर है। उनका क्लेम था कि पिछले दो-तीन हफ़्तों में यहाँ उनके क़त्ल की तीन कोशिशें हुई थीं। तीसरी कोशिश की तुम गवाह थीं, अवस्थी ने ख़ुद ऐसा बोला।"

"क्या बोला?"

"मेरे से ही सुनना चाहती हो तो सुनो! तीसरी कोशिश के तहत उसका दावा था कि उसने यहाँ की पानी की टंकियों वाली छत पर जाने की कोशिश की थी तो वहाँ छत से लगी रहने वाली बाँस की सीढ़ी का टॉप के क़रीब का एक डंडा उसके वज़न से टूट गया था और सीढ़ी अपनी जगह छोड़कर फ़र्श पर आ गिरी थी। अवस्थी के हाथों में छत के फ़र्श का किनारा आ गया था वर्ना इतनी ऊँचाई से गिरकर वो जान से हाथ धो बैठा होता! वो छत से लटका मदद की दुहाई दे रहा था तो तुमने आकर सीढ़ी को वापस छत से लगाया था तो उसकी जान बची थी।"

"कैसे जाना?"

"ख़ुद अवस्थी ने बताया जिसने सोमवार मेरे ऑफ़िस में आकर बतौर पीडी मुझे ये पता लगाने के लिए एंगेज किया था कि कौन उसके क़त्ल की कोशिश कर रहा था!"

"क्या जाना पीडी साहब ने?"

"बहुत कुछ जाना, लेकिन तमाम जाने की बाबत तुम्हें ब्रीफ़ करना ज़रूरी नहीं! तुम्हारी हाज़िरी सिर्फ़ क़त्ल की तीसरी कोशिश में है जिसका कि अभी मैंने ज़िक्र किया। बकौल अवस्थी, तुम उसकी गवाह हो, क्योंकि सिर्फ़ और

सिर्फ़ तुमने अवस्थी की हाल-दुहाई सुनी थी और आकर उसको रेस्क्यू किया था। ठीक?"

"हाँ।"

"अब मैं अपनी कहूँ?"

"जैसे कहने से बाज़ आ जाओगे!"

"ऐसा कोई हादसा अवस्थी के साथ नहीं हुआ था।"

"वॉट नॉनसेंस! सीढ़ी का ऊपरी डंडा नहीं टूटा था?"

"टूटा था। लेकिन अवस्थी की वजह से नहीं टूटा था, वो हादसा किसी और के साथ गुज़रा था जिसने उस बाबत ख़ामोश रहने को तरजीह दी थी। इसी वजह से अवस्थी को वो हादसा ख़ुद के साथ गुज़रा होने का दावा करना सेफ़ बेट लगा था..."

"लेकिन असल में जिसके साथ हादसा गुज़रा, अगर वो उस बाबत ख़ामोश रहा तो कैसे किसी को उसकी बाबत ख़बर लग सकती थी?"

"ऐसा एक ही शख़्स था जिसको बिना किसी के बताए उस हादसे की ख़बर लग सकती थी।"

"कौन?"

"कपिल अवस्थी!"

"नॉनसेंस! उन्हें कैसे ख़बर लग सकती थी?"

"क्योंकि उस हादसे का आर्किटेक्ट ही अवस्थी था!"

"क्या!"

"उसने सीढ़ी का ऊपरी डंडा काटकर किसी की मौत का सामान किया था, लेकिन जब सम्भावित शिकार को उसने राज़ी ख़ुशी मैंशन में विचारते देखा था तो वो समझ गया था कि हादसा तो उसके नियोजित तरीक़े से हुआ था, लेकिन शिकार किसी तरीक़े से बच गया था। कैसे बच गया था, जबकि सीढ़ी का डंडा तो बराबर टूटा था, इसकी उसे कोई ख़बर नहीं थी। उसका ऑर्गेनाइज़्ड वो तीसरा हादसा था जो फ़ेल हुआ। अब हर बार तक़दीर उसका साथ नहीं देने वाली थी, वो जानता था कि इलज़ाम लगाती उँगली बस, उसकी तरफ़ उठने ही वाली थी। तब उसने वो गेम खेला जिसके तहत

उसने ख़ुद को शिकार प्रोजेक्ट किया और तीसरे हादसे का गवाह बनने के लिए तुम्हें तैयार किया। पूछे जाने पर तुमने उसका झूठा गवाह बनना था कि कैसे ऐन मौक़े पर सीढ़ी वापस दीवार के साथ लगाकर तुमने अवस्थी को गिर के मरने से बचाया था जबकि असल में न सीढ़ी नीचे गिरी थी, न तुमने अवस्थी को छत के किनारे से लटका पाया था। अब क़ुबूल करो कि अवस्थी के मुलाहजे में तुम परजुरी के लिए तैयार हुई थीं। क़ुबूल करो कि कोई हादसा तुमने नहीं देखा था, तुम्हें बाक़ायदा कोच किया गया था कि बावक़्त-ए-ज़रूरत उस हादसे की बाबत–जो अवस्थी के साथ हुआ ही नहीं था–तुमने क्या कहना था!"

"तुम कहते हो–रिपीट, तुम... तुम कहते हो–कि असल में वो सब किसी दूसरे के साथ हुआ। कौन दूसरा? नाम लो उसका? ये भी बोलो कि वो ख़ामोश क्यों रहा?"

"वो तुम्हारे स्कोप से परे की बातें हैं। तुम अपनी झूठी, फ़र्ज़ी गवाही की बाबत हाँ या न बोलो!"

"न बोलूँ तो?"

"तो मैं ही बोलने के लिए तुम से दोबारा इसरार नहीं करूँगा।"

"अच्छा! इतनी आसानी से पीछा छोड़ दोगे!"

"नहीं!"

"तो क्या करोगे?"

"तुम्हारे पीछे यमदूत लगा दूँगा।"

"कौन यमदूत?"

"पुलिस! तुम भूल रही हो कि कपिल अवस्थी के क़त्ल के केस में उसके सारे क़रीबी पुलिस के राडार पर हैं और तब तक रहेंगे जब तक कि केस हल नहीं हो जाता।"

"मेरा क़त्ल से क्या वास्ता?"

"किसी का भी क़त्ल से क्या वास्ता! हर कोई यही बोलेगा। मुमकिन है पुलिस हर किसी का बोला क़ुबूल भी कर ले, लेकिन तुम्हारे पर उनकी नज़र-ए-इनायत जुदा तरीक़े से होगी, क्योंकि तुम्हारी बाबत उन्हें ख़ास तौर

से ब्रीफ़ किया जाएगा।"

"कौन करेगा?"

"ख़ाकसार! योर्स टूली!"

"तुम... मेरी मुखबिरी करोगे?"

"क्यों नहीं करूँगा? सच में तो भाई नहीं बना लिया तुमने मुझे!"

वो बेचैन दिखाई देने लगी। उसने बोलने के लिए मुँह खोला, फिर होंठ भींच लिए।

"की-होल वाली हरकत की रू में मैंने तुम्हें बड़ी फ़ेयर वॉर्निंग दी थी कि हमारी एक मुलाक़ात अभी और होगी। ये है वो मुलाक़ात!"

वो फिर भी ख़ामोश रही।

"जवाब न देना भी जवाब ही होता है।" मैं उठ खड़ा हुआ, "चलता हूँ। आगे तुम जानो, पुलिस जाने। लेकिन एक बात, एक आख़िरी बात, फिर भी कहता हूँ।"

उसकी भवें उठीं।

"अवस्थी ज़िंदा होता तो उसके लिए वफ़ादारी के तहत तुम्हारा ख़ामोश रहना बनता था। अब जबकि तुम किन्हीं जाती ताल्लुक़ात के मुलाहजे से आज़ाद हो तो ख़ामोशी बेमानी है। मौजूदा हालात में ख़ामोशी मक़तूल का कुछ सुधार नहीं सकती, लेकिन तुम्हारा कुछ–या बहुत कुछ–बिगाड़ ज़रूर सकती है। नहीं?"

उसने बेचैनी से पहलू बदला।

"पुलिस के पास हल करने के लिए एक क़त्ल का केस है जिसके हल हो जाने के बाद आज़ू-बाज़ू की बहुत-सी बातें ऐसी होंगी जिन से पुलिस का कोई सरोकार नहीं होगा। क़त्ल भुस के ढेर में सुई तलाश करने की तरह होता है, पुलिस जब सुई तलाश कर लेती है तो भुस की उनके लिए कोई अहमियत नहीं होती। दिस अगेन इज़ ए वर्ड टु दि वाइज़! सोचना इस बाबत। जय हिंद!"

"रुको!" वो व्यग्र भाव से बोली।

मैं ठिठका, घूमा, मेरी सवालिया निगाह वापस उस पर पड़ी।

"मैंने अवस्थी जी के हुक्म की तामील की," वो सिर झुकाए दबे स्वर में बोली, "जो उन्होंने कहा, वो मैंने..."

मैं किचन में पहुँचा। कुक जगत सिंह वहाँ लंच की तैयारी में मसरूफ़ था।

"हल्लो!" उसके ध्यानाकर्षण की ख़ातिर मैं बोला।

वो मेरी तरफ़ घूमा। उसके दाएँ हाथ में कड़छी थी, बायाँ हाथ उठाकर उसने मेरा अभिवादन किया।

"बिज़ी हो?" मैं बोला।

"हाँ, सर।" तनिक उलझनपूर्ण भाव से उसने जवाब दिया।

"हैल्पिंग हैंड बेटी नहीं दिखाई दे रही!"

"कुछ ज़रूरी सामान ख़रीदने के लिए मार्केट गई है।"

"तुम्हें फ़ौजी कहती है!"

"मुँह पर नहीं। पीठ पीछे। पीठ पीछे और लोग भी कहते हैं।"

"फ़ौजी!"

"जी, हाँ।"

"सूरत से तो मवाली लगते हो!"

उसके चेहरे पर से अदब फ़ौरन ग़ायब हुआ। बड़ी सख़्त निगाह से उसने मुझे देखा।

"कड़छी रखो, गैस बंद करो," वैसी ही सख़्ती मेरे लहजे में दाख़िल हुई, "और मेरी तरफ़ देखो, तुमसे कुछ बात करनी है।"

उसने जैसे सुना ही नहीं।

"बहरे हो?" मैं कड़ककर बोला।

"सर, आप मेहमान हैं," वो अपने स्वर को भरसक संतुलित रखता बोला, "मेहमान ही रहिए। आपका कोई मतलब नहीं मेरे पर हुक्म चलाने का।"

"किसका मतलब है, नाम बोलो, मैं उसे यहाँ बुलाता हूँ। जिसके ज़्यादा हुक्मबरदार हो, वो तो इस दुनिया में अब है नहीं, किसी और का नाम

बोलो!"

"ज़्यादा हुक्मबरदार!" वो होंठों में बुदबुदाया।

"क्या नहीं थे अवस्थी साहब की ज़िंदगी में उनके?"

"म–मेरे लिए स–सब बराबर हैं।"

"वो ज़्यादा बराबर थे। उनकी वजह से यहाँ तुम्हारी मुलाज़मत थी। तुम उनके हुक्म के इतने पाबंद थे कि उनके कहने पर तुमने मेरी कार में बम लगाया..."

उसने चौंककर दिखाया।

"...या अपनी जाती हैसियत में वो काम किया! ऐसा था तो बयान करो, क्या दुश्मनी थी तुम्हारी मेरे से, ताकि तुम्हारी करतूत मेरी समझ में आए!"

उसने बेचैनी से पहलू बदला।

"तुम ख़ामोश नहीं रह सकते? ख़ामोश रहकर मुझे मिज़ाज दिखाओगे तो पुलिस आ के मिज़ाज दुरुस्त कर देगी।"

"पु–पुलिस!"

"क्या नहीं आएगी? इतना बड़ा कांड किया..."

"मैंने नहीं किया।"

"और किसने किया? नाम लो उसका जो ये काम कर सकता था। यही कहो कि बाहर से आया!

"लेकिन मैं..."

"हाँ, तुम! क्योंकि तुम्हीं एक यहाँ अवस्थी साहब के ख़ास फ़र्माबरदार थे, जो उनके हुक्म पर कुछ भी करने को तैयार थे। फिर सिविल सोसायटीज़ में बमबारी भाईगिरी का काम है। 'भाई' वाली औक़ात तो अभी तुम्हारी नहीं है, इसलिए बोला मवाली हो।"

"मैं फ़ौजी हूँ। फ़ौज से नायाब सूबेदार रिटायर हुआ था।"

"भाई मेरे, अपनी औक़ात इतनी कम करके क्यों आँकते हो? बोलो मेजर रिटायर हुआ था, कर्नल रिटायर हुआ था। तुम्हें यहाँ रिकमेंड करने वाला मर गया, पीछे तुम्हारा बोला कुछ भी चलेगा।"

तब उसने हाथ से कड़छी रखी, गैस बंद की और दृढ़ता से लम्बे डग

भरता बाहर की ओर बढ़ा।

"अरे, कहाँ जा रहे हो?"

उसने जवाब न दिया।

मैं अनिश्चित-सा किचन में खड़ा रहा और सोचता रहा कि शायद किसी दूसरे जने को–हिमायत के लिए या कांड के ऑल्टरनेट कैंडीडेट के तौर पर–बुलाने जा रहा था।

थोड़ी देर बाद वो अकेला लौटा। उसके हाथ में एक लम्बा खाकी लिफ़ाफ़ा था और एक एलबम थी। एलबम को उसने बग़ल में दबाया और लिफ़ाफ़े में से एक फ़ूलस्केप, टाइपशुदा पेपर निकालकर जबरन मुझे थमाया।

"क्या है ये?" मैं सकपकाया-सा बोला।

"देखिए!" वो पुरइसरार लहजे से बोला।

मैंने पेपर का मुआयना किया। वो हेडक्वॉर्टर इलेवंथ कॉर्प्स के लेटरहैड पर छपा नायाब सूबेदार जगत सिंह का डिस्चार्ज लेटर था जिस पर कोई सवा दो साल पहले की उसके फ़ौज से डिस्चार्ज की तारीख़ थी।

"अब ये देखिए!" पेपर की तरह ही जबरन उसने मुझे एलबम थमाई।

मैंने बारी-बारी एलबम के पन्ने पलटे। तमाम एलबम उसकी फ़ौज की नौकरी के वक़्त की तस्वीरों से भरी हुई थी। कुछ तस्वीरें इलेवंथ कॉर्प्स के आला अफ़सरों के साथ थीं तो कुछ ग्रुप फ़ोटोज़ थीं जिनमें उसे पहचानना मुहाल नहीं था। तक़रीबन तस्वीरों में वो बावर्दी था। मैंने एलबम बंद करके उसे लौटाई।

"अब क्या कहते हैं?" वो भरे कंठ से बोला।

"ओके! मैं निर्णायक भाव से बोला, "तुम मवाली नहीं हो–इस बाबत मैं अपने अलफ़ाज़ वापस लेता हूँ–वही हो जो ख़ुद को बताते हो। फ़ौजी! ओके?"

उसने कठिन भाव से सहमति में सिर हिलाया।

"लेकिन इससे तुम उस हरकत की ज़िम्मेदारी से बरी नहीं हो जाते जो परसों सुबह तुमने एस्टेट के अहाते में मेरी कार के साथ की थी। भले ही

विस्फोट में मेरी जान जाने से बच गई थी, वो इरादा-ए-क़त्ल की वारदात फिर भी थी। तुम अभी, इसी वक़्त आईपीसी दफ़ा 307 के तहत गिरफ़्तार हो सकते हो जो कि फ़ौजदारी की ग़ैरज़मानती दफ़ा है। फिर पड़े दुहाई देते रहना अपनी बेगुनाही की! पीछे जवान बेटी को सँभालने वाला कोई है न!"

उसने अत्यंत चिंतित भाव से इनकार में सिर हिलाया।

"च च च! मुझे हमदर्दी है तुमसे... आज का खाना तो बना ही लो, तब तक मैं पुलिस को फ़ोन लगाता हूँ।"

मैं वापस जाने को घूमा।

"रुकिए!" वो आतुर भाव से बोला, "प्लीज़!"

मैं ठिठका, वापस उसकी तरफ़ घूमा।

"सर," उसके स्वर में याचना का पुट आया, "जब अवस्थी साहब के इसरार पर पहले उस बात को न उछाला तो अब क्यों उछालते हैं?"

"इस बात का जवाब मैं बाद में दूँगा, पहले क़ुबूल करो कि परसों सुबह मेरी कार के साथ हुई वारदात के आर्किटेक्ट तुम थे!"

"मैंने मालिक का हुक्म बजाया था। मैं फ़ौजी हूँ, फ़ौज में बेहिचक, बिना कोई मीन-मेख निकाले, हुक्म की तामील करना सिखाया जाता है। यहाँ एस्टेट में मेरी नौकरी और मेरी बेटी को आश्रय अवस्थी साहब की वजह से था जिसके लिए मैं उनका दिल से एहसान मानता था और फ़ौजी कभी एहसान-फ़रामोश नहीं होता। मेरे को मालिक ने एक काम को अंजाम देने का हुक्म दिया, मैंने उसे करना क़ुबूल किया..."

"मालिक यानी अवस्थी साहब!"

"जी, हाँ!"

"क्या बोले? मेहमान की कार उड़ा दो! साथ में मेहमान उड़ा दो!"

"हरगिज़ नहीं! अपनी असल मंशा ज़ाहिर करने से पहले ही उन्होंने मुझे ख़ास हिदायत दी थी–हिदायत क्या दी थी, वॉर्न किया था–कि मेहमान का हरगिज़-हरगिज़ बाल भी बाँका न हो। मैं मेहमान की कार में महज़ एक धमाके का इंतज़ाम करूँ जिससे सिर्फ़ कार को थोड़ा-बहुत नुक़सान पहुँचे जो इस बात की तरफ़ मज़बूत इशारा हो कि मालिक इत्तफ़ाक़न बच गया

वर्ना टूट-फूट का शिकार वो भी हो सकता था।"

"मक़सद क्या था?"

"अवस्थी साहब बोले तो थे! आपको बताना ठीक होगा?"

"हाँ। इसलिए, क्योंकि वो अब इस दुनिया में नहीं हैं। सलामत होते तो ख़ुद बताते। बोलो अब?"

"वो एस्टेट में ये स्थापित करना चाहते थे कि कोई मेहमान की एस्टेट में लम्बी मौजूदगी से राज़ी नहीं था। लिहाज़ा मेहमान को यहाँ बना रहने से डिस्करेज करने के लिए किसी ने इस ख़ामोश वॉर्निंग के साथ वो वारदात की थी कि मेहमान टिका रहता तो ऐसी वारदात फिर हो सकती थी। अब आप ही सोचिए, कौन जान जोखिम में डालता!"

"लेकिन ये... ये नहीं हो सकता। अवस्थी ने बतौर पीडी ख़ुद ही तो मुझे एंगेज किया था! वो भला ऐसा ड्रामा क्यों स्टेज करवाता जिसके तहत मुझे एस्टेट से बाहर की राह दिखाई जाती!"

"सर, छोटा मुँह बड़ी बात होगी..."

"बेहिचक बोलो!"

"वो क्या है कि यहाँ हर किसी को आपकी एस्टेट में मौजूदगी और लम्बा ठहरने की घोषणा शक में डाल रही थी। हर कोई अपने-अपने तरीक़े से आपकी असलियत जानना चाहता था, कोई बड़ी बात नहीं थी कि कोई जान भी गया होता कि आप असल में प्राइवेट डिटेक्टिव थे। यहाँ अजीब-अजीब वारदातें हो रही थीं जिनकी बाबत कानाफूसी बहुत थी, लेकिन साफ़ कोई कुछ नहीं बोलता था। एक वारदात की तो मुझे ही ख़बर थी जिसमें कि बाँस की सीढ़ी का टॉप के क़रीब का एक डंडा टूटा था और मैंने टूटा डंडा सीढ़ी पर तब्दील किया था। परसों वाले वाक़ये की वजह से, आप ख़ुद सोचिए कि, कैसे कोई कह सकता था कि उसे अवस्थी साहब ने अंजाम दिया था! वो तो आपको यहाँ ले के आए थे तफ़्तीश के लिए! वो आप को एस्टेट से बाहर करने का सामान भला क्यों करते? इस सोच के तहत हर किसी ने यही सोचा कि मेहमान के एस्टेट से कूच कर जाने जैसा, फ़ौजदारी जैसा इशारा करने वाला कोई और था। कोई और नहीं चाहता था कि मेहमान यहाँ टिकता।"

"काफ़ी दूर की कौड़ी लाए अवस्थी साहब!"

वो ख़ामोश रहा।

"बम का इंतज़ाम कैसे किया?"

"मैंने ख़ुद बनाया।"

"क्या! भई तुम कुक थे अपनी फ़ौज की नौकरी में! तुम्हारा गोला-बारूद से क्या मतलब! वो भी प्रोडक्शन से!"

"दो साल मेरी पोस्टिंग ग्रेनेडियर सेंटर में भी थी।"

"वहाँ एक्सप्लोसिव एक्सपर्ट बन गए!"

"एक्सपर्ट बनने की ज़रूरत नहीं थी, सर! छोटी-मोटी बात तवज्जो में आ जाती थी तो ज़ेहन में घर कर लेती थी।"

"अभी भी घर किए थी?"

"हाँ, जी।"

"क्या छोटी-मोटी बात? मसलन जानते थे कि ऐसा बम कैसे बनता था जो जान को नुक़सान क़तई न करे, कार को कोई नुक़सान करते वक़्त धमाका ढेर करे?"

"हाँ, जी। वो क्या है कि बम के लिए अमोनियम नाइट्रेट नाम के केमिकल की ज़रूरत होती है जो कि फ़र्टिलाइज़र्स में–खाद में–पाया जाता है। उसमें डीज़ल और हाइड्रोजन परऑक्साइड मिला दिया जाए तो गुज़ारे लायक़ बम बन जाता है। अमोनियम नाइट्रेट वाली खाद यहाँ एस्टेट में ही बग़ीचे में इस्तेमाल के लिए मौजूद होती है, डीजल मैंने 'स्विफ़्ट' में से निकाल लिया था। ख़ाली हाइड्रोजन परऑक्साइड बाहर से लाना पड़ा था जो कि लेडीज़ के लिए सैलून में बाल रंगने के काम आता है इसलिए आम मिल जाता है। डिटोनेटर के लिए बल्ब या क्लॉक की ज़रूरत होती है, लेकिन तब नहीं थी, क्योंकि कार के इग्निशन ने ही डिटोनेटर का काम करना था।"

"गुड! इसी बम को जानलेवा बनाना हो तो?"

"तो उसने मेटल के टुकड़े, पाइप, कील, बॉल बियरिंग वग़ैरह डाले जाते हैं जो जब विस्फोट होता है तो इतनी ताक़त से चौतरफ़ा फैलते हैं कि जिस्म के आर-पार हो जाते हैं।"

"तौबा!"

"जो बम मैंने बनाया था, उसकी बाबत मुझे यक़ीन था कि फटने पर धमाका करने और कार का हुड उड़ा देने के अलावा उसने कुछ नहीं करना था लेकिन," उसने अवसादपूर्ण भाव से गर्दन हिलाई, "पता नहीं कैसे विंड स्क्रीन भी चकनाचूर हो गई!"

"धमाका बहुत बड़ा हो तो वाईब्रेशंस भी बहुत ज़्यादा पैदा करता है। उन्हीं की वजह से शीशा चटका। चूर-चूर हुआ।"

"यही हुआ होगा!"

"कार कैसे खोली?"

जवाब देने से पहले उसके होंठों पर क्षीण-सी मुस्कुराहट आई और ग़ायब हुई।

"नाबालिग छोकरे खोल लेते हैं।" फिर बोला, "वायर हैंगर से! स्टील के फुटे से! या तीन-चार कार कीज़ ट्राई करो तो एक लग जाती है।"

"तुमने कैसे खोली?"

"फुटे से। एक बार दरवाज़ा खुल जाए तो हुड के लिए तो भीतर से लिवर ही खींचना था!"

"बढ़िया! अच्छा सिला दिया मालिक को वफ़ादारी का!"

"मुझे अवस्थी साहब की मौत का" उसकी आवाज़ भर्रा गई, "दिली अफ़सोस है।"

"अब क्या करोगे?"

"मैंने क्या करना है, सर! अब जबकि मेरा गुनाह उजागर है, जो करना है, आपने करना है।"

"जो किया, ग़लत किया, नाजायज़ किया, लेकिन जिन हालात में किया, उनमें मैं तुम्हारे किए को नज़रअंदाज़ करने को तैयार हूँ।"

"विस्फोट की पुलिस को रिपोर्ट नहीं?" उसके स्वर में आशा का पुट आया।

"नहीं!"

उसने चैन की लम्बी साँस ली।

"लेकिन," फिर बोला, "अगर किसी और ने..."

"काहे को! जिसका नुक़सान हुआ, जब वो रिपोर्ट नहीं करेगा तो काहे को?"

"विस्फोट एस्टेट में हुआ!"

"तो एस्टेट का क्या डैमेज़ हुआ? कोई दीवार ढह गई? कोई छत उड़ गई?"

इनकार में सिर हिलाता वो चुप हो गया।

"दो दिन हो गए वारदात को! किसी ने विस्फोट की बाबत कुछ करने का जोश खाया होता तो अब तक कुछ कर चुका होता! फिर भी कोई कुछ करने का ख़याल करेगा तो मैडम है न, उसको सेट करने के लिए!"

"ओह!"

"क़त्ल का केस है। बयान सबके होंगे। इसलिए वैसे भी सबको ख़बरदार करके रखना होगा कि परसों सुबह यहाँ हुए विस्फोट का पुलिस से कोई ज़िक्र न करे।"

"कौन करेगा ख़बरदार?"

"मैडम करेंगी। मुमकिन है कर भी चुकी हों।"

"ओह!"

"लंच में अभी देर जान पड़ती है!"

"जी, हाँ, लेकिन आज ही ऐसा है।"

"वजह?"

"दोनों भैया सुबह से ही पुलिस की हाज़िरी भरने गए हुए हैं। पोस्टमॉर्टम में पता नहीं कितना टाइम लगेगा, फिर लाश की सुपुर्दगी पता नहीं कब होगी! मैडम ने तो ब्रेकफ़ास्ट भी नहीं किया। अभी तक नीचे नहीं उतरीं। लंच की किसको जल्दी थी? बना के रख ही तो देना था! इसलिए कोई जल्दी न की..."

कुक की प्रायर्टी के लिहाज़ से मेहमान कम्बख़्तमारा तो किसी गिनती में ही नहीं था।

"...अब जल्दी भी करूँगा तो आधा-पौना घंटा तो लग ही जाएगा!"

"फ्रिज में सलामी है?"

"जी हाँ, है।"

"कॉफ़ी बनाओ और एक सलामी सैंडविच सेट करो, मैंने निकलना है।"

"दस मिनट, सर!" वो तत्पर स्वर में बोला।

मैं पुलिस हैडक्वॉर्टर पहुँचा।

देवेंद्र सिंह यादव, इंस्पेक्टर स्पेशल स्क्वॉयड का ऑफ़िस वहाँ नौवीं मंज़िल पर था। वो अपने ऑफ़िस में मौजूद था। मैंने मुस्तैद हाज़िरी भरी।

यादव ने अर्थपूर्ण भाव से वॉल क्लॉक की तरफ़ देखा।

ढाई बजे थे।

"सवेरा होने को था," मैं खेदपूर्ण स्वर में बोला, "जबकि सोना नसीब हुआ! फिर ऑल दि वे सूरजकुंड से आना था। फिर दिन के इस वक़्त का भारी ट्रैफ़िक..."

"ठीक है, ठीक है। बैठो!"

"शुक्रिया!" मैंने एक विज़िटर्स चेयर क़ाबू में की, "केस की क्या प्रॉग्रेस है?"

"क्या प्रॉग्रेस होनी है! तफ़्तीश तो बस, अभी शुरू हुई है!"

"रिश्तेदारों के बयान नहीं हुए?"

"बेवा के दो कज़न ब्रदर हैं, सुबह ही यहाँ पहुँच गए थे। उनसे बात की थी मैंने। दोनों कहते हैं कि वो क़त्ल की बाबत कुछ नहीं जानते थे। उन्हें तो तभी ख़बर लगी थी जब देर रात गए लोकल पुलिस एस्टेट में पहुँची थी।"

"बेवा! चेताली! एस्टेट की मालकिन!"

"भाइयों से ही ख़बर लगी कि शॉक में है। नर्वस ब्रेक डाउन के हवाले है। अभी बात करने के क़ाबिल नहीं।"

"दोनों भाई अब कहाँ हैं?"

"इरविन अस्पताल की मोर्ग में हैं। अभी आधा घंटा पहले पोस्टमॉर्टम हुआ है। लाश की सुपुर्दगी के इंतज़ार में वहाँ हैं। सुपुर्दगी की कार्यवाही में

टाइम लगता है।"

"जनाब, परेशान हैं दोनों! पीछे बहन की भी ख़बर लेनी है! इस सिलसिले में आप कोई हिदायत जारी कर देते तो..."

"पहले ही बोला है। लेकिन सुपुर्दगी की कार्यवाही मुकम्मल करते-करते शाम फिर भी हो जाएगी। न बोला होने की सूरत में अगली शाम हो जाना भी कोई बड़ी बात नहीं!"

"शुक्रगुज़ार होंगे वो आपके।"

"बेवा के बयान के लिए मेरा ख़ुद जाने का इरादा है। नर्वस ब्रेक डाउन की ख़बर न आई होती तो यहाँ तलब करता!"

"आई सी! पोस्टमॉर्टम की रिपोर्ट आपके पास पहुँच गई?"

"मेल से पहुँच गई है। डॉक्टर की फ़िज़ीकली साइंड कॉपी आने में अभी टाइम लगेगा।"

"क्या है रिपोर्ट में?"

"क्यों जानना चाहते हो?"

"मालिक हो, यादव साहब! आपकी मर्ज़ी नहीं होगी तो मेरा चाहना क्या, न चाहना क्या!"

वो मुस्कुराया, कुछ क्षण अपलक उसने मुझे देखा।

"क़त्ल ज़हर से हुआ है।" फिर बोला, "आरसेनिक के नाम से जाने जाने वाले घातक ज़हर से हुआ है, इस बात की पुष्टि हुई है।"

"ज़हर व्हिस्की में?"

"और उस व्हिस्की-ग्लास में जो उसके हाथ से फिसलकर कार्पेट पर गिरा था। अब तसदीक़शुदा बात है कि एकाध घूँट से ज़्यादा न पी सका। दूसरा घूँट पी सकने से पहले ही मौत आ गई।"

"उसके हाथ से निकला ग्लास टेबल के दो ग्लासों से जुदा?"

"तुम्हारे 'गुलमोहर' से जाने के बाद मैं ख़ुद ऊपर गया था और किचन को चैक किया था। सिवाय एक रेफ्रिजरेटर की और थोड़ी-सी क्रॉकरी की मौजूदगी के, वो वर्किंग किचन नहीं थी।"

"क्योंकि फ़्लैट किसी का स्थायी आवास नहीं था, दो प्रेमियों का लव

नेस्ट था जिनकी असल और मुकम्मल ज़रूरत तो बस, एक बेडरूम था!"

"गोली लगे साले दो प्रेमियों को! विषय-वासना तो लगता है आज की नस्ल का धर्म-ईमान बन गया है। जिस्मानी ऐशपरस्ती के आगे सारी दुनिया हेच है कम्बख़्तों के लिए!"

"सब के लिए नहीं!"

"पता लगता है किसके लिए है, किसके लिए नहीं है! जब तक साला ख़ून-ख़राब न हो!"

"सर, सेक्स इज़ ए बॉर्न इंस्टिंक्ट!"

"तू तो तरफ़दारी करेगा ही! क्योंकि तू ख़ुद ऐसा है।"

"आप ऐसे नहीं हैं?"

"मैं तेरी तरह बिना डोर के हवा में उड़ता गुड्डा नहीं हूँ। मैं एकपत्नीव्रतधारी भगवान श्री कृष्ण का वंशज हूँ।"

"तभी तो सात बच्चे पैदा कर लिए!" बड़ी मुश्किल से मैंने ज़ुबान पर क़ाबू पाया। हाकिम उखड़ सकता था, अभी तक मुझे अच्छा-अच्छा रिसीव करता होस्टाइल हो सकता था, "आप किचन के बारे में कुछ कह रहे थे!"

"हाँ! वहाँ मौजूद क्रॉकरी के बारे में कह रहा था। कोहली, जैसे दो व्हिस्की-ग्लास मौक़ा-ए-वारदात पर सेंटर टेबल पर रखे पाए गए थे, वैसे चार और थे वहाँ।"

"क्योंकि ऐसे व्हिस्की-ग्लास सेट में बिकते हैं और एक सेट छः ग्लासों का होता है!"

"हाँ। और कार्पेट पर लुढ़के तीसरे ग्लास जैसा और कोई ग्लास वहाँ नहीं था। बल्कि उन चार ग़ैरइस्तेमालशुदा लगने वाले ग्लासों के अलावा किचन में–फ़्लैट में–कोई ग्लास था ही नहीं!"

"तो वो भारी पेंदे वाला बिलौरी ग्लास कहाँ से आया?"

"तू बता!"

"मैं ही बताऊँगा। आज ही बताऊँगा। आप अभी आगे बढ़िए। फ्रिज की बाबत बोलिए!"

"फ्रिज वहाँ था, चालू था, लेकिन भीतर के कूलिंग स्टेटस से साफ़ पता

लगता था कि हाल ही में–कोई तीस-चालीस मिनट पहले–चालू किया गया था। फ़्रीज़र में जो आइस ट्रे होती हैं, वो वहाँ थीं, लेकिन ख़ाली थीं, किसी ने उसमें पानी भरने की ज़हमत नहीं की थी। चिल्ड वाटर वाले जग से भी यही जान पड़ता था कि किसी ने फ्रिज ऑन करते ही जग को पानी से भरा था और उसको–जग को ही–फ्रीजर में रख दिया था।"

"इसी वजह से मेहमान की आमद के वक़्त जग का पानी चिल्ड था!"

"हाँ। इतना कि और थोड़ी देर जग फ्रिज में पड़ा रहता तो उसी में बर्फ़ जम जाती।"

"फिर किचन में, या मौक़ा-ए-वारदात पर, ड्रिंक्स की असेसरी के मद में आइसक्यूब्स की तो कोई हाज़िरी न हुई! फिर आपका कल का ये कयास तो दुरुस्त न हुआ कि आइसक्यूब पानी के जग में थे, उसमें से मक़तूल के पेग में आ गए थे, बाक़ी जग में पिघल गए थे, इसलिए जग का पानी चिल्ड था! अभी आप कहके हटे हैं कि मक़तूल ने पानी से भरा जग फ्रीज़र में रख दिया था, पानी इसलिए चिल्ड था! यादव साहब, आपको दोनों में से एक बात पर टिकना होगा।"

वो सोच में पड़ गया।

"ये बात ग़ौरतलब है कि जब बिलौरी, हैवी बॉटम व्हिस्की-ग्लास के दो आइसक्यूब देर तक मुकम्मल तौर पर न पिघले, काफ़ी देर तक पिघलने की प्रक्रिया में अभी कार्पेट पर पड़े दिखाई देते रहे तो जग के ढेर आइसक्यूब पहले ही कैसे पिघल गए!"

उसके माथे पर बल पड़े।

"फिर सौ बातों की एक बात, जब चलते फ्रिज की आइस ट्रेज़ ख़ाली थीं, उनमें पानी भरा ही नहीं गया था तो इतने आइसक्यूब कहाँ से आए!"

"तू बता!"

"इस बाबत कुछ है तो सही मेरे ज़ेहन में, लेकिन उसे तसदीक़ की ज़रूरत है। जनाब, ज़्यादा नहीं, मुझे दो घंटे का टाइम दीजिए। उसके बाद शर्मिंदगी और हार के एहसास के साथ या तो मैं क़ुबूल करूँगा कि जो इस बारे में मेरे ज़ेहन में था वो ज़ेहन का फ़ितूर था या आइसक्यूब्स वाली घुंडी

खोल के दिखाऊँगा।"

"आज मैं देर रात तक यहाँ हूँ। घुंडी खुल जाए तो फ़ौरन इधर का रुख़ करना।"

"ज़रूर! आपने थर्ड फ़्लोर वाली फ़्लैटमेट लड़कियों से बात की?"

"मातहत सब-इंस्पेक्टर ने की थी। दोनों का दावा था कि वो शाम से ही घर में थीं और एक बार भी घर से बाहर नहीं निकली थीं।"

"यानी दोनों एक-दूसरे को एलीबाई दे रही थीं?"

"शुरुआती पूछताछ में लोग ऐसी पैंतरेबाज़ी आज़माते हैं–'ए' 'बी' का गवाह, 'बी' 'ए' का गवाह–लेकिन सख़्त पूछताछ के आगे नहीं टिक पाते। कल इतवार है, कल मैं दोनों लड़कियों से ख़ुद बात करूँगा।"

"फ़िंगर प्रिंट्स में बारे में क्या कहते हैं?"

"भई, सारे फ़्लैट से उठाए गए थे।"

"मेरा ख़ास इशारा मेज़ पर पड़े व्हिस्की-ग्लासेज़ की तरफ़ था जो मेज़ के बाक़ी सामान के साथ मेरे सामने लैब एक्सपर्ट ने महफ़ूज़ किए थे!"

"फ़िंगर प्रिंट्स एक्सपर्ट की रिपोर्ट आना अभी बाक़ी है। बहुत प्रिंट्स हैं, क्लासीफ़ाई करने में टाइम लगता है।"

"कम्पेयर करने के लिए फ़्लैटमेट लड़कियों के फ़िंगर प्रिंट्स तो लिए ही होंगे!"

"हाँ, भई। उन्हीं से तो दोनों की–या किसी एक की–मौक़ा-ए-वारदात पर हाज़िरी कन्फ़र्म होगी या अनकन्फ़र्म होगी।"

"बिना हुज्जत के?"

"कहाँ! औरत बिना हुज्जत किए कोई कहा मानती है? एसआई ने हिरासत में लेकर थाने ले जाने की धमकी दी तो क़ाबू में आईं।"

"रिपोर्ट कब तक आने की उम्मीद है?"

"भई, मैं उसी के इंतज़ार में देर रात तक बैठूँगा। नौ बजे तक न आई तो फिर... कल देखेंगे।"

"उम्मीद से जल्दी आ जाए तो एक कृपा करना!"

"क्या?"

"मेरे मोबाइल पर मिस्ड कॉल छोड़ना!"

"ठीक है।"

"आप की मक़तूल के फ़िल्म एजेंट धर्मेश ग्रोवर पर नज़र-ए-इनायत होने वाली थी जिसकी बाबत मैंने अर्ज़ किया था कि क्योंकर वो मर्डर सस्पेक्ट हो सकता था!"

"हो चुकी। क़त्ल के वक़्त की उसके पास पर्फ़ेक्ट, न हिलाई जा सकने वाली एलीबाई है।"

"कहाँ था?"

"एयरपोर्ट पर। मुम्बई से उसका क्लाइंट एक एक्टर आ रहा था, उसे रिसीव करने के लिए। फ़्लाइट लेट थी इसलिए दस बजे तक अभी वो एयरपोर्ट पर ही था। उसको होटल पहुँचाकर, चेक इन कराकर आधी रात को वो अपने घर पहुँचा था।"

"ओह! और?"

"और बस! लेकिन अब तू मुझे सारी कहानी तफ़सील से सुना। इस केस को स्टेप वन से लेकर अब तक सब बयान कर। बिना कोई बात छोड़े बयान कर, भले ही वो पहले तूने मुझे बताई हो।"

"ज़रूर!" मैं उठ खड़ा हुआ, "लेकिन दो घंटे बाद! जैसी तफ़सील आप चाहते हैं, अगर मैंने अब वो आप के हुज़ूर में पेश करनी शुरू की तो अलॉटिड आधा टाइम तो मुझे यहीं लग जाएगा! अब बताइए, क्या ये मुनासिब होगा?"

"ठीक है, जा!"

"थैंक्यू!"

"लेकिन एक बात सुन के जा, कोहली!"

"फ़रमाइए!"

"लौट के न आया, मुझे कोई गोली सरकाने की कोशिश की तो गिरफ़्तार करके यहाँ मँगवाऊँगा।"

"किस चार्ज में?"

"आठ-दस दिन बंद रखने लायक़ बहुत चार्ज हैं मेरे पास तेरे लिए। ऐन ताज़ा क़त्ल के मौक़ा-ए-वारदात पर पाया गया, बहुत मुमकिन है क़त्ल तूने

किया हो!"

"ये बहुत ही हार्श चार्ज होगा!"

"तो थोड़ा नर्म कर देता हूँ। मैटीरियल विटनेस के तौर पर तुझे हिरासत में लिया जाएगा, क्योंकि तूने क़ातिल को देखा हो सकता है।"

"जब मुझे मैटीरियल विटनेस क़रार देंगे तो हिरासत किसलिए?"

"विटनेस की सेफ़्टी के लिए! तेरी हिफ़ाज़त के लिए! क़ातिल को तेरी ख़बर हो सकती है। उसको फ़ौरन तेरा मुँह बंद करना ज़रूरी लग सकता है। गवाह कौन छोड़ता है!"

"तौबा! भगवान बचाए ऐसे बेमुरव्वत हाकिम से!"

"नादान है तू! पुलिसवालों की एक ही क़िस्म होती है। बेमुरव्वत! इसीलिए सयाने सलाह देते हैं कि पुलिस से यारी नहीं करनी चाहिए। हुस्नवालों की तरह पुलिसवाले भी किसी के यार नहीं होते हैं।"

"यार हो भी जाएँ तो वफ़ादार नहीं होते हैं।"

"अब आई बात समझ में! जा अब। तेरी मंज़िल खोटी हो रही है।"

"यस, सर!"

मैं सुंदर नगर और आगे 'गुलमोहर' पहुँचा।

तीसरी मंज़िल की दोनों युवतियाँ घर थीं; ड्रॉइंगरूम में मौजूद लम्बे ग्लासों में कोई तरल पदार्थ–मुझे कोल्ड कॉफ़ी लगी–चुसक रही थीं। सामने टीवी चल रहा था, लेकिन उस तरफ़ उनमें से किसी की तवज्जो नहीं जान पड़ती थी। बैंक अधिकारी फ़्लैटमेट ज़रूर इसीलिए घर थी, क्योंकि उस रोज़ चौथा शनिवार था जो कि बैंक हॉलीडे होता था।

अलबत्ता यक़ीनी तौर पर मैं अब भी नहीं जानता था कि उनमें से लीज़ होल्डर कौन थी और फ़्लैटमेट कौन थी!

मेन डोर खुला था जिसकी वजह मुझे जल्दी ही समझ में आ गई।

हाथ में प्लम्बिंग के औज़ार लिए किचन से केयरटेकर नेपाल सिंह बाहर निकला।

"हो गया?" एक ने उठते हुए पूछा।

"हाँ, जी!" केयरटेकर बोला।

"अब दोनों नल टपक नहीं रहे न?"

"नहीं टपक रहे। जा के देख लीजिए।"

"ज़रूरत नहीं। शुक्रिया! और शुक्रिया नीचे आ के बोलूँगी।"

"कोई बात नहीं, जी।"

मुझे वो ही लीज़ होल्डर लगी।

उसके पीछे दरवाज़ा बंद करने के लिए वो मेन डोर की ओर उसके साथ बढ़ी। फिर ठिठकी। तब पहली बार उसे एहसास हुआ कि चौखट पर मैं भी खड़ा था।

केयरटेकर को भी। क्योंकि उसने मुझे अभिवादन किया।

"यस!" वो मेरे से मुख़ातिब हुई।

"आप फ़ारिग हो लें," मैं फ़रमायशी मुस्कुराया, "फिर बोलता हूँ।"

मेरे पर ठिठकी उसकी निगाह केयरटेकर की तरफ़ घूमी।

"सलाम किया! लगता है, जानते हो!"

"हाँ, जी।" केयरटेकर बोला, "कल रात जो पुलिस आई थी, ये उनके साथ थे।"

युवती के नेत्र फैले।

"इन्होंने ही नीचे आ के मुझे पुलिस का हुक्म सुनाया था कि जब तक ऊपर चलती तफ़्तीश मुकम्मल न हो जाए, पुलिस की इजाज़त के बिना कोई यहाँ से बाहर क़दम न रखे।"

इसके नेत्र–अगर मुमकिन था तो–और फैले।

केयरटेकर चला गया।

"मे आई कम इन?" पीछे मैं बोला।

"वेट! वेट! फ़र्स्ट टेल मी वाई यू वांट टु कम इन?"

"आपसे बात करनी है।"

"कल रात एक पुलिस सब-इंस्पेक्टर यहाँ आया था, उसने कर तो ली थी बात!"

"वो बात काफ़ी नहीं थी। शुरुआती बातचीत कभी भी काफ़ी नहीं होती।"

"क्यों भला?"

"बोलूँगा न!"

"हो कौन तुम?"

"वो भी बोलूँगा।"

"चिपकू हो!"

मैं ख़ामोश रहा।

"आओ!" दरवाज़े पर से हटती वो बोली।

"थैंक्यू!" मैंने भीतर क़दम रखा, "आप... मेरे ख़याल से युक्ता गौतम हैं!"

"कैसे जाना?"

"अंदाज़ा लगाया। हैं तो तसदीक़ करें, नहीं तो पीछे सोफ़े पर बैठी मैडम युक्ता गौतम हैं।"

"मैं युक्ता गौतम हूँ।"

"तो फिर वो" मैंने फिर सोफ़े की तरफ़ इशारा किया, "आपकी फ़्लैटमेट सुरभि दत्ता हैं!"

"दूर से देखा, इसलिए मुग़ालता लगा। वो तापसी पन्नू है!"

"नहीं हो सकता। उसे तो मैं अभी पीछे एयरपोर्ट पर छोड़कर आया हूँ वापस हैदराबाद की फ़्लाइट पकड़ने के लिए!"

उसने अपलक मुझे देखा।

मैं निर्दोष, समर्पित भाव से मुस्कुराया।

"वैरी स्मार्ट!" वो बोली, "तुम पुलिसवाले नहीं हो सकते।"

"क्यों?"

"पुलिसवाले ऐसी बातें कर सकने जितने क़ाबिल नहीं होते। हों भी तो किसी गवाह से, किसी सस्पेक्ट से ऐसी बातें नहीं करते।"

"मैं आपकी सूझ-बूझ की दाद देता हूँ।"

"अब बोलो, कौन हो?"

"सॉरी! मैं तो अंदर आ गया! चौखट पर से बोलता हूँ न!"

"बैठो!"

थैंक्यू वाली शक्ल बनाकर मैं एक सोफ़ाचेयर पर बैठा। मेरी निगाह मेज़ पर पड़े लम्बे ग्लासों पर पड़ी और उचटी।

"कोल्ड कॉफ़ी है!" वो बोली, "पियोगे?"

"नहीं, शुक्रिया!"

"तकल्लुफ़ की कोई बात नहीं! कहीं से मँगानी नहीं है, यहीं बनानी है।"

"आप ज़हमत न करें। दरअसल, कर्टसी तापसी मैडम, मैं कॉफ़ी से कहीं बेहतर... क–हीं बेहतर चीज़ पीकर आया हूँ जिसका स्वाद अभी भी मेरी ज़ुबान पर है।"

उसके चेहरे ने रंग बदला। दूसरी मुँह पर हाथ रखकर हँसी।

औरत ज़ात की ये भी ख़ूबी होती है। फ़ाश इशारा फ़ौरन, गोली की तरह समझती है। मर्द इस मामले में इतने चतुर सुजान नहीं होते, क्योंकि बावक़्त-ए-ज़रूरत उन्होंने तो पहले से सीखा-समझा इशारा महज़ आगे सरकाना होता है।

"अब बोलो," उसका स्वर शुष्क हुआ, "कौन हो?"

"डिटेक्टिव हूँ!" मैं भी संजीदा हुआ, "नाम सुधीर कोहली।"

"कोई सोर्स ऑफ़ आइडेंटीफ़िकेशन है?"

"आई-कार्ड है।"

"दिखाओ!"

अपने स्थापित स्टाइल से–'प्राइवेट' पर उँगली रखकर–मैंने आई-कार्ड उसके सामने किया।

आई-कार्ड को ग़ौर से देखने के इरादे से वो आगे को झुकी, फिर बड़ी सफ़ाई से आई-कार्ड उसने मेरी उँगलियों में से निकाल लिया और पीछे हटकर उसका मुआयना किया।

"इस पर तो" फिर बोली, "प्राइवेट डिटेक्टिव लिखा है!"

"दुरुस्त लिखा है।" मैं सहज भाव से बोला।

"तो तुम प्राइवेट डिटेक्टिव हो?"

"हाँ!"

"पहले सिर्फ़ डिटेक्टिव क्यों बोला?"

"क्योंकि मौजूदा हालात में आपके लिए दोनों एक ही बात थी।"

"ख़ामख़ाह!"

"अभी आपने सुना नहीं था, केयरटेकर ने क्या कहा था!"

"क्या कहा था?"

"कल रात जो पुलिस ऊपर आई थी, मैं उसके साथ था।"

"प्राइवेट डिटेक्टिव की हैसियत से!"

"मैडम जी, जब पुलिस को ऐतराज़ न हुआ तो आपको क्यों ऐतराज़ है!"

"हूँ!" उसने एक लम्बी हुँकार भरी, फिर बोली, "मुझे नहीं मालूम था प्राइवेट डिटेक्टिव इंडिया में भी होते थे!"

"अब होते हैं। आम की फ़सल है न! फल देते-देते देती है।"

"प्राइवेट डिटेक्टिव का..."

"यू कैन कॉल मी पीडी फ़ॉर शॉर्ट!"

"पीडी का यहाँ क्या काम?"

"इस पीडी का है..."

"क्योंकि पुलिस का लाडला है!"

"...क्योंकि मौजूदा केस में ख़ाकसार पुलिस की एसोसिएशन में काम कर रहा है।"

"इसलिए रात पुलिस के साथ थे?"

"हाँ!"

"मुझे नहीं मालूम था कि किसी केस की तफ़्तीश में पुलिस को बाहरी मदद की ज़रूरत होती थी!"

"क्या बड़ी बात है! हर कोई हर बात कैसे जान सकता है! मसलन आप बता सकती हैं आदमज़ाद के मुँह में बत्तीस दाँत क्यों होते हैं, चौबीस क्यों नहीं होते, चालीस क्यों नहीं होते?"

वो सकपकाई।

"आपकी सखी बता सकती है कि खड्डा खोदने पर मिट्टी बाहर इधर-उधर क्यों फेंक देते हैं, उसको ठिकाने लगाने के लिए दूसरा खड्डा क्यों

नहीं खोदते?"

दोनों एक-दूसरे का मुँह देखने लगीं।

"सो देयर!" मैं बोला।

"मिस्टर कोहली," युक्ता बोली, "कैन यू प्लीज़ टॉक सेंसीबली?"

"आई कैन! लिसन! कल रात की ऊपर की वारदात से ताल्लुक़ रखती कुछ ऐसी बातें हैं जिन्हें अभी पुलिस नहीं जानती, मैं जानता हूँ। इसी वजह से मौजूदा केस में पुलिस को मेरी एसोसिएशन क़ुबूल है।"

"कैसी बातें?'

"नमूना पेश करता हूँ।"

"करो!"

"इनके" मैंने फ़्लैटमेट की तरफ़ देखा, "सामने करूँ?"

"करो! सुरभि मेरी बहन जैसी है। मेरा इससे सब साँझा है।"

"जैसे लोग पगड़ी बदल भाई होते हैं, अंगि... दुपट्टा बदल बहनें हैं?"

"डोंट टॉक नॉनसेंस!" वो खीजकर बोली, "कम टु दि प्वायंट! तुमने कहा कोई ऐसी बातें हैं जिन्हें पुलिस नहीं जानती, तुम जानते हो। इसी प्वायंट पर रहो! मिसाल दो कोई!"

"मक़तूल आपका ठोकू था।"

"तमीज़ से बात करो!"

"उसके शादीशुदा होने के बावजूद आप दोनों स्टेडी रिलेशनशिप में थे और इसी वजह से आप की रज़ामंदगी से वो आपके," मैंने एक उँगली से छत की तरफ़ इशारा किया, "सिर पर बैठा था!"

"क्या मतलब?"

"ऐन ऊपरले फ़्लैट में रहता था।"

"कौन ऊपरले फ़्लैट में रहता था? उसमें तो कोई केके साहब रहते हैं! मेरा उनसे क्या मतलब?"

"कपिल कुमार रहते... थे! कपिल कुमार अवस्थी साहब रहते थे! अब कहिए, आपका उनसे कोई मतलब नहीं था! अब कहिए कि पिछले एक साल से ऊपरला फ़्लैट आपका लव नेस्ट नहीं था!"

उत्तर देने की जगह उसने बेचैनी से पहलू बदला।

"आज के दौर में हिंदोस्तान में भी फ़ॉरेंसिक साइंस ने बहुत तरक़्क़ी कर ली है। एक साल से ऊपरले फ़्लैट में आप का कौड़ी-फेरा था। अब ख़ुद सोचिए कि कब-कब, कितनी-कितनी जगह आपके फ़िंगर प्रिंट्स छूटे होंगे। फ़िंगर प्रिंट्स झूठ नहीं बोलते। कल रात पुलिस लैब वालों ने ऊपर के फ़्लैट की, मौक़ा-ए-वारदात की, हर जगह से फ़िंगर प्रिंट्स उठाए थे, जो इस वक़्त पुलिस की फ़ॉरेंसिक लैब में एनालिसिस के लिए स्पेशलिस्ट के हवाले हैं। वो देर-सबेर निर्विवाद रूप से साबित करेंगे कि आपका ऊपरले फ़्लैट में आम आना-जाना था। कैसे मुकरेंगी?"

"फ़िंगर प्रिंट्स पर घड़ी भी फिट होती है और कैलेंडर भी?"

"बहुत इंटैलीजेंट सवाल किया! यानी आप का जवाब होगा, आप कल ऊपर नहीं गई थीं... उससे पहले अक्सर जाती थीं!"

"मुझे ज़ुबान देने की कोशिश न करो। मैंने ऐसा कुछ नहीं कहा। मैंने महज़ एक मिसाल दी कि फ़िंगर प्रिंट्स स्टडी से नहीं जाना जा सकता कि कोई कब, कहाँ था!"

"आप के केस में पुलिस के लिए इतना ही काफ़ी है। जब आपका दावा होगा कि आप ऊपर चौथी मंज़िल के ऑक्यूपेंट के बारे में कुछ नहीं जानती थीं तो कभी भी क्यों आपके फ़िंगर प्रिंट्स उस फ़्लैट में मिले?"

"वो व्हिस्की-ग्लास वहाँ किसी ने प्लांट किया होगा..."

मेरी हँसी निकल गई। तत्काल उसने होंठ भींचे।

"आपकी ऊपर हाज़िरी के बारे में अभी कुछ और कहने की ज़रूरत है?"

वो निगाह चुराने लगी।

"झूठ बोलना बहुत तजुर्बे का काम होता है। और तजुर्बा कोई ओवरनाइट नहीं आ जाता। दूसरे, सच बोलना हौसले का काम होता है। और वो हौसला भी ओवरनाइट नहीं आ जाता। अब क्या करेंगी आप?"

उसने जवाब न दिया।

"फ़िंगर प्रिंट्स कम्पैरिजन से आपकी मौक़ा-ए-वारदात पर हाज़िरी

साबित होना महज़ वक़्त की बात है। आपकी ये भोली बात बिल्कुल नहीं चलने वाली कि व्हिस्की-ग्लास की सूरत में आप के फ़िंगर प्रिंट्स ऊपर किसी ने प्लांट किए। अगर आपका ऊपरले फ़्लैट के ऑक्यूपेंट से अफ़ेयर था तो आप के फ़िंगर प्रिंट्स ऊपरले फ़्लैट में कई जगहों से बरामद होंगे। कहीं दीवार पर, कहीं फ़र्नीचर पर, कहीं किसी डोर नॉब पर, कहीं... कहीं भी; उनके बारे में कैसे दावा करेंगी कि वो किसी ने प्लांट किए? डोर नॉब बदल दी, फ़र्नीचर रिप्लेस कर दिया, ये दावे तो जैसे-तैसे चला लेंगी, दीवार के बारे में क्या कहेंगी?"

मुझे लगा वो कुछ कहने जा रही थी, लेकिन तुरंत उसने होंठ भींच लिए।

"यहाँ आपकी और मक़तूल की एक साल की एसोसिएशन थी जिसके तहत आपका अक्सर ऊपर नाइट स्टे होता था। इस लिहाज़ से वहाँ आपकी कोई निजी इस्तेमाल की चीज़ें हो सकती थीं–कोई नाइटी जैसी ड्रेस, कोई कॉस्मेटिक्स, अगली सुबह इस्तेमाल के लिए कोई साबुन-शैंपू, कोई कंडीशनर, कोई टूथ ब्रश, कोई बेदिंग रोब, वग़ैरह। आख़िर जब ऐसी चीज़ें पुलिस की ख़ास तवज्जो में आएँगी तो किसी लांड्री मार्क के या ऐसी की किसी और ख़ास शिनाख़्त के ज़रिये पुलिस के लिए उनके ओनर की तलाश कर लेना कोई बहुत मुश्किल काम नहीं होगा। वो तलाश कामयाब होते ही ऊपर आपकी पक्की, पुरानी हाज़िरी स्थापित होगी। क्या कहती हैं इस बारे में?"

वो पड़े देखने लगी।

"फिर नेक्स्ट डोर नेबर एक कैज़ुअल किरायेदार है जो कल रात की क़दरन आवाजाही से परेशान थी, क्योंकि लव नेस्ट की घंटी ख़राब थी। क्या पता उसने अपने सामने के फ़्लैट में आपको आते या जाते देखा हो!"

पशेमान तो वो पहले से ही थी, अब मुझे वो साफ़ हिली हुई दिखाई दी। पनाह माँगती निगाह से उसने अपनी फ़्लैटमेट को देखा।

"स्पीक ट्रुथ!" फ़्लैटमेट दबे स्वर में बोली, "जब तुमने कुछ किया ही नहीं तो डर कैसा!"

उसके माथे पर बल पड़े।

"और फिर ये न समझो" मैंने तपते लोहे पर चोट की, "तुम्हारे इतने

पुराने लव अफ़ेयर की, ऊपर के लव नेस्ट की, किसी को ख़बर नहीं! और तो और, मक़तूल की बीवी को ही ख़बर थी..."

वो चौंकी। मुझे उसका चौंकना साफ़ फ़र्ज़ी लगा।

"...और तुम्हारे जैसी एक एक्स फ़्लेम को भी ख़बर थी..."

उसने मुँह बाए मेरी तरफ़ देखा।

"...और ट्रेजेडी ये कि वो शमा भी अभी रौशन थी!"

उसके चेहरे पर गहन अविश्वास के भाव आए।

"इस में हैरान होने की क्या बात है! जो शख़्स माशूक़ की ख़ातिर बीवी को धोखा दे सकता था, वो क्या एक माशूक़ की ख़ातिर दूसरी माशूक़ को धोखा नहीं दे सकता था!"

"दूसरी!" वो होंठों में बुदबुदाई।

"किसी ऐसे भँवरे का तसव्वुर कर सकती हो जो एक ही फूल पर मँडराता हो!"

उसका सिर स्वयमेव इनकार में हिला।

"ऐसी ही फ़ितरत होती है भँवरे जैसे मर्द की! आप बात को यूँ समझिए कि अगर एक ही मोमबत्ती ताज़िंदगी जल सकती है तो यक़ीनन मर्द ताज़िंदगी एक ही औरत से प्यार करता रह सकता है।"

"मैंने उस पर इतना भरोसा किया।" वो पूर्ववत् होंठों में बुदबुदाई, "उसने शादी कर ली और शादी को वक़्ती बताया, मैंने तो भी उस पर ऐतबार न खोया। हमेशा उसकी हर बात मानी। जो उसने चाहा, किया; जो उसने माँगा, दिया। फिर भी अभी एक अफ़ेयर और! ये सिला दिया उसने मुझे मेरी अंधी मुहब्बत का!"

"ख़ास ख़ूबी क्या पाई उसमें जिसकी वजह से आपको उसके साथ अफ़ेयर से तब भी ऐतराज़ न हुआ जबकि उसने शादी कर ली? आपसे आशिक़ी बरक़रार रखते शादी कर ली?"

वो ख़ामोश रही, यूँ जैसे ख़ास कुछ सोच रही हो।

"ख़ूबी के खाते में अच्छी सूरत का, फ़िल्म स्टार्स जैसी पर्सनैलिटी का ज़िक्र न करना, प्लीज़!"

"ख़ूबी बताने लायक़ नहीं है।"

"अब क्या फ़र्क़ पड़ता है! अब तो न इश्क़ है, न आशिक़ है!"

"परफ़ॉर्म बहुत अच्छा करता था।"

वो शब्द उचरते ही मुझे वो आत्ममुग्ध होती लगी।

"बतौर टीवी सीरियल्स एक्टर?" मैंने पूछा।

"उसकी मुझे कोई ख़बर नहीं!"

मैंने हैरानी से उसकी तरफ़ देखा।

उसके मिज़ाज में फ़र्क़ न आया।

मैंने एक गहरी साँस ली, फिर बोला, "कोई हालिया बड़ी रकम दी?"

"हाँ।" वो सहज भाव से बोली।

"कितनी बड़ी?"

"क्यों जानना चाहते हो?"

"ऐसा ही टॉप सीक्रेट है तो न बताइए।"

"साढ़े तीन लाख रुपये।"

"कुछ बोला कि किसलिए ज़रूरत थी?"

"कुछ कहना चाहता तो था, लेकिन मैंने ही सुनना न चाहा। कुछ हिंट फिर भी छोड़ा कि बीवी से पीछा छुड़ाने के अपने प्रोजेक्ट के लिए-जो कि अब कन्क्लूज़न पर पहुँचने ही वाला था-दरकार थी।"

"आपके पास खड़े पैर इतनी रकम होती थी?"

"नहीं! माँ को इलेक्ट्रॉनिक ट्रांस्फ़र के लिए इस निवेदन के साथ बोला कि पापा को ख़बर न लगे। मम्मी हर बार डाँटती थी, हर बार कहती थी कि मैंने अपनी वाहियात हरकतों को लगाम दूँ। हर बार ख़बरदार करती थी कि वो आख़िरी बार थी, फिर जब, जितनी रकम मैं चाहती थी, वो ट्रांस्फ़र कर देती थी।"

"'इसका तो ये मतलब हुआ कि ये साढ़े तीन लाख वाला पहला मौक़ा नहीं था जबकि उसने यूँ आपको थूक लगाई थी!"

"अब क्या कहूँ! अब तो यही सूझता है कि थूक लगाई, लेकिन तब तो मैं उसे ऐसे शख़्स के लिए माली इमदाद ही समझती थी जो मेरे दिल के

क़रीब था।"

"आपका ठो... स्टेडी था?"

"हाँ।"

"बावजूद इसके कि शादीशुदा था!"

"हाँ, भई!" वो झुँझलाई, "मैं क्या प्लैनेट अर्थ की पहली लड़की हूँ जिसने शादीशुदा मर्द को दिल दिया!"

"नहीं!"

"फिर जब दिल दिया था, तब वो शादीशुदा नहीं था।"

"उसने आपसे बेवफ़ाई की! जो आपको क़ुबूल थी! आज तक क़ुबूल थी!"

"अब थी न!" वो और झुँझलाई।

"ऐसा प्यार सोसायटी में पाप माना जाता है!"

"फक सोसायटी!"

मैंने हैरानी से उसकी तरफ़ देखा।

"दीज़ आर स्ट्रॉन्ग वर्ड्स!" फिर बोला।

"ऐज़ इफ़ आई डोंट नो!" वो चिढ़कर बोली।

"युक्ता जी, प्यार वैसे ही बड़ा पाप है! इतना बड़ा कि दो जनों को लगना पड़ता है..."

"तुम मज़ाक़ कर रहे हो।" उसका ग़ुस्सा बरक़रार रहा, "बल्कि मुझे बनाने की कोशिश कर रहे हो..."

"नो! नैवर!"

"आई विल हैव नन ऑफ़ दैट। चेंज दि टॉपिक!"

"येस, मैम! माली इमदाद के लिए जो शख़्स आपका मोहताज था, वो बतौर लव नेस्ट ऊपर वाला फ़्लैट मेनटेन करना कैसे अफ़ोर्ड करता था?"

"वो कुछ नहीं करता था। जब ऊपरला फ़्लैट ख़ाली हुआ था तो उसने सिर्फ़ एक मेल-मिलाप की ख़ुफ़िया जगह की ज़रूरत ज़ाहिर की थी। फिर जो किया था, मैंने किया था। फ़्लैट के मालिक कानपुर के थे, मेरे डैडी के दोस्त थे, मेरे कहने पर, मेरी ज़िम्मेदारी पर उन्होंने फ़्लैट, यूँ समझो कि,

कपिल की ख़्वाहिश के तहत, मुझे किराये पर दिया था।"

"कहीं किराया भी आप ही तो नहीं भरती थी?"

उसके चेहरे पर फ़ीकी, खेदपूर्ण मुस्कुराहट आई और ग़ायब हुई।

"यानी उसने आपको अपनी दिल-ओ-जान की ज़ीनत, अपनी प्रियतमा न समझा, खूँटे से बँधी दुधारू गाय समझा जिसका वो जब चाहता था, दूध निकाल लेता था!"

उसका सिर झुक गया।

"लव नेस्ट की मंशा से अलग फ़्लैट लेने की क्या ज़रूरत थी? आप फ़्लैटमेट को" नथिंग पर्सनल, माई डियर सुरभि पर उड़ती निगाह डालता मैंने बोला, "डिसमिस करतीं तो यही फ़्लैट अलग फ़्लैट हो जाता!"

"मैंने इस बाबत कभी ख़याल नहीं किया था।" युक्ता बोली।

"आप बाईसेक्सुअल तो नहीं?"

"क्या बोला?"

"वही बोला गुस्ताख़ी की माफ़ी के साथ, जो आपने सुना!"

"बेहूदा बात करने में, वलगर ज़ुबान बोलने में माहिर मालूम होते हो! पहले ठोकू, अब बाईसेक्सुअल, अभी आगे पता नहीं ज़ुबान से क्या फूल झरेंगे! तुम्हारी यहाँ मौजूदगी में पुलिस का हवाला न होता तो..."

"क्या तो? बेहिचक कहिए!"

"ज़लील करके बाहर निकालती!"

"ओह नो!"

"ओह येस!"

"मैं आइंदा ज़ुबान पर..."

"काली ज़ुबान पर।"

"...क़ाबू रखने का वादा करूँ तो ख़ता माफ़ फ़रमाएँगी?"

"छोड़ो! आइंदा इस बाबत कोई सवाल न हो!"

"ओके! लेकिन वो सवाल तो कर सकता हूँ जो आपके ख़फ़ा होने से पहले मेरे ज़ेहन में थे?"

"कर सकते हो। प्रोवाइडेड यू कीप ए सिविल टंग इन योर माउथ!"

“आई विल, मैम, आई विल।”

“गो अहेड!”

“मैंने अभी अर्ज़ किया कि मक़तूल आपको क्या समझता था–दुधारू गाय समझता था–आप क्या उम्मीद करती थीं उससे? उसने क्या सब्ज़-बाग़ दिखाए आपको?”

“कहता था बीवी से पीछा छुड़ाकर मेरे से शादी कर लेगा।”

“डेढ़ साल हो गया उसकी शादी को! अब तक तो न छुड़ा पाया! तलाक़ तो ज़रिया हो नहीं सकता था! तलाक़ देना होता तो शादी ही क्यों करता! फिर तलाक के केस में तो औरत के पल्ले ही कुछ पड़ना होता है तो पड़ता है, मर्द के पल्ले क्या पड़ता है!”

“बोला, अब और बहुत थोड़े अरसे की बात थी।”

“उस थोड़े अरसे में क्या हो जाता?”

“वो बीवी का क़ानूनी वारिस बन जाता।”

“क़ानूनी वारिस बोला! वो क्या नजूमी था जो जानता था कि बस, और थोड़े ही अरसे में बीवी मर जाने वाली थी?”

“नहीं!”

“बीवी सुइसिडल कॉम्प्लेक्स के हवाले थी? ख़ुदकुशी कर लेने वाली थी, और उसके इस मंसूबे से ख़ाविंद–मक़तूल–वाक़िफ़ था?”

“नहीं!”

“तो फिर कैसे... ओ माई गॉड! बीवी का क़त्ल कर देता?”

“तीन ढँकी-छुपी कोशिश कर चुका था।”

“तीन नाकाम कोशिश!”

“हाँ।”

“जिनमें से कोई भी कामयाब हो जाती तो हादसा जान पड़ती! इत्तफ़ाक़ जान पड़ती!”

“हाँ।”

“अब क्या कहता था? चौथी बार नाकाम नहीं होगा?”

“हाँ।”

"कैसे इतना यक़ीन था?"

"तुम्हारी वजह से! तुम्हें उसने एंगेज ही ढँके-छुपे ढंग से ये ज़ाहिर करने के लिए किया था कि एस्टेट में तीन बार उसकी जान लेने की कोशिश की जा चुकी थी..."

"उसकी? *उसकी?*"

"उसने यही ज़ाहिर करना था।"

"जबकि तीन बार कोशिश बीवी की जान लेने की हुई थी और उस बाबत जो किया था, उसने किया था!"

"हाँ।"

"आगे बढ़िए!"

"मैं कह रही थी कि वक़्त आने पर कपिल ने ज़ाहिर करना था कि एस्टेट में तीन बार उसकी जान लेने की कोशिश की जा चुकी थी और तुम्हारा काम आइंदा कुछ दिनों के लिए एस्टेट में रहकर उसे प्रोटेक्ट करना था। फिर तुम्हें मोहरा बनाकर यूँ स्टेज सेट करनी थी कि लगता कि कोशिश तो कपिल की जान लेने की हुई थी, लेकिन किसी कन्फ़्यूज़न में शिकार बीवी हो गई थी।"

"गॉड! इतना पहुँचा हुआ शख़्स था मक़तूल!"

वो ख़ामोश रही।

"हर सीक्रेट आपसे शेयर करता था?"

"हर सीक्रेट नहीं!"

"छोड़ा भी क्या?"

वो फिर ख़ामोश हो गई।

मैं भी कुछ क्षण ख़ामोश रहा फिर आवेश से बोला, "बीवी अपने मरहूम पिता मानकलाल मोरवाल की वारिस थी, वो हसबैंड की साज़िश के तहत, फ़र्ज़ करो, मर गई और हसबैंड को अपने विरसे का मालिक बना गई। पिता न मरता, सालों न मरता तो कैसे बेटी वारिस बनती और कैसे अवस्थी की साज़िश कामयाब होती!" मैंने ग़ौर से उसकी सूरत देखी, वो तत्काल मेरे से निगाह चुराने लगी, "मुझे कुछ शुबह हो रहा है।" मैं उसे घूरता बोला, "लगता है मानकलाल मोरवाल स्वाभाविक मौत न मरा, अवस्थी की ही

किसी साज़िश का शिकार होकर जन्नतनशीन हुआ। क्योंकि ऐसा कुछ हुए बिना तो अवस्थी का प्रोजेक्ट–जो परोक्ष में आप का भी प्रोजेक्ट था–स्क्वॉयर 'ए' से आगे नहीं बढ़ सकता था। नहीं?"

उसने जवाब न दिया, वो पूर्ववत् निगाह चुराती रही।

"आपका मिज़ाज ज़ाहिर कर रहा है," उसे घूरता मैं फिर बोला, "कि इस बाबत आप कुछ जानती हैं। क्या जानती हैं? इन स्टिक्ट कॉन्फ़िडेंस मेरे को बताइए! आपका कुछ जानते होना कोई बड़ी बात नहीं है। आख़िर स्टेडी की राज़दाँ थीं, उससे शादी करने वाली थीं। बोलिए, क्या जानती हैं?"

वो परे देखने लगी।

"और नहीं तो कोई हिंट ही दो!"

वो ख़ामोश रही।

"आपकी ख़ामोशी मेरी समझ में आती है। ज़रूर आपको अंदेशा है कि अगर आपने असलियत का कोई हिंट भी दिया तो आपको भी मानकलाल मोरवाल की दूसरी दुनिया में जबरन रवानगी में शरीक समझ लिया जाएगा। मैं आपके अंदेशे को जायज़ क़रार देता हूँ। अब मैं आपसे ये नहीं पूछूँगा कि बाज़रिया अवस्थी, उसके ससुरे की मौत की बाबत आप क्या जानती थीं, कुछ पूछने की जगह मैं आपको इस बाबत अपना अंदाज़ा बताऊँगा। आप ख़ाली हाँ, न कहना। इतना तो करोगी?"

उसने हिचकते हुए सहमति में सिर हिलाया।

"बताया जाता है कि बड़े मोरवाल साहब–जो कि हैवीली डायबिटिक थे–शूगर लो हो जाने की वजह से मरे थे। मेरा अंदाज़ा है कि शूगर लो हुई नहीं थी, लो कर दी गई थी और यूँ उन्हें इरादतन उस अंजाम तक धकेला गया था जिस तक सब समझते थे कि उन्हें उनकी क़िस्मत ने पहुँचाया था, क्योंकि सब जानते थे कि हैवीली डायबिटिक शख़्स, अगर बस के नीचे न आ जाए तो, आख़िर में डायबटीज़ से ही मरता है इसलिए एक तरह से उसकी मौत के लिए उसके क़रीबी तैयार होते हैं। अब बोलो, शूगर लो हुई नहीं थी, जिस्म में इंसुलिन की मिकदार साज़िशन ज़रूरत से कहीं ज़्यादा बढ़ाकर लो की गई थी–निल की गई थी–और यूँ उनकी मौत का सामान किया गया था।

बोलो हाँ, या न?"

उसने सिर्फ़ एक बार ऊपर से नीचे सिर हिलाया।

"गुड! आई एम ग्रेटफ़ुल! अब ख़ुशक़िस्मत समझिए अपने आप को कि जीवन डोर ऐसे शख़्स के साथ बाँधने से बच गईं। जो शख़्स दौलत की ख़ातिर बीवी की मौत का सामान करके आपका बनने का दम भर सकता है, वो आइंदा कभी दौलत की ख़ातिर आपका ख़ून करके किसी और का दामन थाम लेता तो क्या बड़ी बात होती?"

उसकी गर्दन अपने आप ऊपर-नीचे हिली।

"गुड! अब बोलो, कल रात ऊपर क्या हुआ था? ये तो अब क़ुबूल करती हो न, कि कल मक़तूल के साथ ऊपर आपका वैसा ऑल नाइट सेशन शेड्यूल्ड था?"

"हाँ!" आख़िर वो निर्णायक भाव से बोली, "लेकिन क़त्ल से मेरा कोई वास्ता नहीं। कपिल से मेरा जैसा भी रिलेशन था, जायज़ था या नाजायज़ था, बहुत तसल्लीबख़्श था, मुझे किसी तरह की कोई शिकायत नहीं थी। मैं उस रिलेशन से–भले ही उस पर गुनाह का ठप्पा लगा था–राज़ी थी। क़त्ल की बाबत तो मेरे मन में कभी दूर-दराज़ का ख़याल भी नहीं आया था। मुझे यक़ीन था, दिल से ऐतबार था, कि अब बहुत जल्द हम पति-पत्नी बन जाने वाले थे। जानते हो मेरे से पहला जाम टकराते वक़्त कपिल क्या बोला था!"

"क्या बोला था?"

"बोला था–'टु अवर वेरी नियर फ़्यूचर मैरिज! टु माई वुड बी लविंग वाइफ़!'।"

"क्या कहने!"

"अब मुझे मालूम है कि वो सब फ़रेब था, एक शातिर खिलाड़ी का मायाजाल था। लेकिन तब तो नहीं मालूम था!"

"ठीक!"

"अब बोलो, कैसे मैं उस शख़्स की मौत का ख़याल भी कर सकती थी!"

"नहीं कर सकती थीं। मुझे आपकी बात पर ऐतबार है। चियर्स बोलते

वक़्त ऊपर उसके साथ बस, आप ही थीं, और कोई नहीं था?"

"और कौन होता! बल्कि क्यों होता!"

"आपने सुरभि को अपनी बहन जैसा बताया, कभी ऐसा इत्तफ़ाक़ न हुआ–कल की तरह–कि ड्रिंक्स में सुरभि शामिल हो, लेकिन थोड़ी देर ठहरकर चली गई हो!"

"न, कभी नहीं! मेरा कहना तो दूर की बात है, सुरभि को ही ऐसा इनवाइट क़ुबूल नहीं था।" वो अपने दाएँ घूमी, "क्यों, सुरभि!"

"आई हैव माई ओन स्टेडी ब्वॉयफ्रेंड!" वो निश्चिंत भाव से बोली।

"आई सी!" मैं बोला।

"लेकिन," युक्ता बोली, "इसको मेरे अफ़ेयर की ख़बर थी, जबकि अपने ब्वॉयफ्रेंड से इसने बातरतीब मुझे कभी नहीं मिलवाया।"

"इत्तफ़ाक़ न हुआ!" सुरभि सहज भाव से बोली।

"आपको," मैं सुरभि से सम्बोधित हुआ, "युक्ता के अफ़ेयर की ख़बर थी तो किस हद तक ख़बर थी?"

"ज़्यादा हद तक नहीं थी। बस, यही मालूम था कि ऊपरले फ़्लैट में कोई केके साहब आन बसे थे, फिर ऐसा हो चुकने के कोई तीन महीने बाद युक्ता ने क़ुबूल किया था कि केके साहब उसके स्टेडी थे, शादीशुदा थे, लेकिन जल्दी ही ऐसे हालात पैदा होने वाले थे जबकि ये और केके साहब विवाह के बंधन में बँध जाते।"

"केके साहब की कभी सूरत देखी?"

"न! इत्तफ़ाक़ ही न हुआ! युक्ता कभी तआरुफ़ कराती तो बात जुदा होती!"

"तूने कभी मिलवाया मुझे अपने ब्वॉयफ्रेंड से?" युक्ता शिकायती लहजे से बोली।

"इसका भी यही जवाब है।" सुरभि लापरवाही से बोली, "कभी इत्तफ़ाक़ ही न हुआ।"

"मेरी सुनिए! प्लीज़!" मैं वार्तालाप में दख़लअंदाज़ हुआ, "ये सखियों की आपसी बातें हैं, बाद में भी हो सकती हैं। आप" मैं सुरभि की तरफ़

घूमा, "एक बात का जवाब दीजिए! आपने कहा युक्ता के ब्वॉयफ्रेंड की बाबत आप उसके ऊपर मुक़ाम के तीन महीने बाद जान पाईं! तीन महीने क्यों लगे?"

"वजह तो युक्ता ही बताएगी!" सुरभि बोली, "जो चाहती तो अपनी ज़ुबानी तीन महीने बाद भी न बताती!"

मैंने युक्ता की तरफ़ देखा।

वो परे देखने लगी।

तब तक मैं जान चुका था कि किसी बात को टालने का वो उसका स्थापित तरीक़ा था–परे देखने लगती थी, आई कॉन्टेक्ट से बचने लगती थी।

"ओके!" मैं बोला, "मुझे कल की ही बात आगे बढ़ाने दीजिए। तो कल" मैं युक्ता से सम्बोधित हुआ, "आपके और कपिल के अलावा ऊपर कोई नहीं था!"

"हाँ।" युक्ता बोली।

"वहाँ पहुँचते आपको किसी ने देखा था?"

"नहीं! कौन देखता!"

"पड़ोस के फ़्लैट की कैज़ुअल टेनेंट?"

"नहीं! मुझे पता था कि उस फ़्लैट के पारसी मालिकान कैसे जब गोवा गए होते थे तो बाज़रिया मदाम डेलीसिया कामा, पीछे अपना फ़र्निश्ड फ़्लैट वीकली रेंटल पर देते रहते थे, लेकिन मौजूदा ऑक्यूपेंट लड़की की क्या, ऐसे किसी दूसरे टेनेंट को भी मैंने कभी नहीं देखा था।"

"आप नहीं जानतीं वो लड़की कौन है?"

"न! हिंट भी नहीं है! न मैं जानना चाहती हूँ। मैंने क्या करना है उसके बारे में जान के जो अभी 'गुलमोहर' में होती, अभी नहीं होती!"

"उत्सुकता हुई हो!"

"काहे को! जब तक फ़्लैट के पारसी मालिकान गोवा में थे, कैज़ुअल रेज़िडेंट्स का ऐसा आना-जाना तो लगा ही रहता था! किस-किस के लिए उत्सुकता दिखाती! हाँ, कोई फ़िल्म स्टार आ जाता तो ख़याल करती शक्ल देखने का।"

"ऊपर की घंटी ख़राब थी, आपको ख़बर थी?'

"हाँ, लेकिन शाम को ही, कपिल के ऊपर पहुँच चुका होने के बाद उसका फ़ोन आने पर ही, पता लगा था।"

"तो आपने वहाँ पहुँचकर मेन डोर नॉक किया!"

"काहे को! कपिल ने अनलॉक्ड छोड़ा न, दरवाज़ा मेरे लिए!"

"इसलिए आपका दरवाज़े पर दस्तक देने का कोई मतलब ही नहीं था!"

"और क्या!"

"फिर क्या हुआ?"

"फिर ड्रिंकिंग सेशन शुरू हुआ। कपिल ने 'शीवाज़' की नई बोतल खोली और हम दोनों के लिए ड्रिंक्स बनाए।"

"व्हिस्की-ग्लास किचन से? वाटर-जग फ्रिज से?"

"हाँ।"

"आइस?"

"नो आइस। ज़रूरत ही नहीं थी। जग का पानी चिल्ड था।"

"आई सी!"

"वो ऊपर पहुँचकर फ्रिज को ऑन करता था, तब तक उससे एक्सपेक्टेड होता था कि वो आइस ट्रेज़ भी पानी से भर दे, लेकिन उसे तो–ख़ास तौर से सर्दियों में–जग पानी से भरकर फ्रीज़र में रख देना आसान लगता था, काफ़ी लगता था।"

"आप रेगुलर ड्रिंक करती हैं?"

उसके चेहरे पर हिचकिचाहट के भाव आए।

"आजकल तो आम बात है!" मैंने उसे प्रोत्साहित किया, "सोशल एटीकेट्स में शुमार है! कौन परहेज़ करता है! कौन ऐतराज़ करता है! नहीं?"

"भई, सच पूछो तो मैं ड्रिंक्स की इतनी शौक़ीन नहीं हूँ, लेकिन जब कपिल के साथ ऊपर सेशन होता था तो रैकलेस हो जाती थी। ही वाज़ वेरी फ़ॉन्ड ऑफ़ ड्रिंक्स। मेरे से हमेशा ज़िद करता था कम्पनी के लिए!"

"कल भी की?"

"काहे को! वो तो शुरुआत की बात थी! अब तो अंडरस्टुड था कि मिलन की रात की शुरुआत जाम टकराकर ही होनी थी।"

"कल कितने जाम चले?"

"पहला ही दौर कम्प्लीट न हुआ! विघ्न आ गया!"

"क्या? क्या विघ्न आया?"

"एकाएक दरवाज़े पर दस्तक पड़ी। हमने इग्नोर किया तो फिर पड़ी। तब कपिल को उठना पड़ा। वो दरवाज़े पर पहुँचा..."

"अपना ड्रिंक साथ ले के?"

"नहीं, मेज़ पर रख के।"

"आगे?"

"दरवाज़े पर पहुँचकर उसने मैजिक आई से बाहर झाँका तो मुझे उसके होश उड़ते लगे। लपककर वापस आया और फुसफुसाता हुआ बोला कि उसकी बीवी वहाँ पहुँच गई थी, दरवाज़ा खुलने के इंतज़ार में बाहर खड़ी थी। उस बात ने मेरा भी दम निकाल दिया। जाम को दरकिनार करके मैं उछलकर खड़ी हुई और मैंने आतंकित भाव से पूछा, 'अब क्या होगा'। बोला, विचार का वक़्त नहीं, फ़िलहाल मैं जाकर बेडरूम में छुप जाऊँ। ख़ुद बोला, दरवाज़ा खुलने में देर होती पाकर बीवी टलने वाली नहीं थी। इतने अनएक्सपेक्टेड ढंग से ऑल दि वे फ़्रॉम सूरजकुंड वहाँ पहुँची थी तो उसे उसके बारे में कोई पक्की जानकारी थी। यानी ये बहाना नहीं किया जा सकता था कि उस घड़ी फ़्लैट ख़ाली था, भीतर कोई नहीं था।"

"आख़िर खोला?"

"हाँ। मैं जाकर बेडरूम में बंद हो गई तो खोला। बाहर उनके शुरुआती डायलॉग से ही मुझे अंदाज़ा हो गया कि बीवी तो आग का गोला बनी वहाँ पहुँची थी..."

"आपको बेडरूम में आवाज़ें सुनाई दे रही थीं?"

"हाँ। न सिर्फ़ आवाज़ें सुनाई दे रही थीं, बल्कि जो बोला जा रहा था, वो साफ़ मेरी समझ में आ रहा था।"

"आई सी! तो उन दोनों में ढेर तक़रार हुई। कपिल ने सफ़ाइयाँ दीं, जो

बीवी को क़ुबूल न हुईं। बीवी ने इलज़ाम लगाया कि फ़्लैट में कोई औरत थी जो उसके साथ ड्रिंक शेयर कर रही थी और बाक़ी रात की रंगरलियों में शरीक होने वाली थी। उसने फ़्लैट की तलाशी लेने का अपना मंसूबा ज़ाहिर किया और क़रीबी बेडरूम के बंद दरवाज़े की ओर बढ़ी। कपिल ने उसे जबरन रोकने की कोशिश की तो दोनों में हाथापाई होने लगी। इससे आगे बोलिए!"

"इससे आगे तो... बस, मुझे पहले बीवी की सख़्त धमकी की आवाज़ आई कि कपिल उसके रास्ते से हट जाए वरना उसका अंजाम बुरा होगा। कैसे बुरा होगा, वो क्या करेगी, कुछ समझना मुहाल था..."

"क्योंकि आपको ख़बर नहीं थी कि बीवी के पास गन थी!"

"कैसे होती! बेडरूम के बंद दरवाज़े के पीछे से मैं सुन सकती थी, देख तो नहीं सकती थी!"

"ठीक! फिर?"

"फिर जैसे दो काम इकट्ठे हुए।"

"क्या दो काम?"

"बिजली चली गई। गोली चलने की आवाज़ आई।"

"कौन-सा काम पहले हुआ? पहले बिजली गई या पहले गोली चली?"

वो सोचने लगी। काफ़ी देर मैं उसकी विचारपूर्ण मुद्रा निहारता रहा।

"कह नहीं सकती।" आख़िर बोली।

"अपना ख़याल ही ज़ाहिर कीजिए!"

"मैं जो भी ख़याल ज़ाहिर करूँगी, ग़लत होगा। उस वक़्त मेरी कोई इंद्रिय मुकम्मल काम कर सकती थी तो वो श्रवण शक्ति थी। उस घड़ी और किसी बात की तरफ़ मेरी वैसी तवज्जो नहीं थी।"

"बत्ती पहले गई थी, गोली अँधेरे में चली थी।"

"हो सकता है। तुम कहोगे गोली पहले चली थी, बत्ती बाद में गई थी तो भी मेरा यही जवाब होगा–'हो सकता है'।"

"आप गोली चलने की आवाज़ पहचानती हैं?"

"नहीं! सिर्फ़ फ़िल्मों में सुनी, रियल लाइफ़ में कभी नहीं सुनी।"

"फिर कैसे जाना कि जो आवाज़ आपने सुनी थी, वो गोली चलने की

थी?"

"क्योंकि बीवी के आते ही बाहर जो महाभारत छिड़ा था, मुझे तो उसी से अंदाज़ा हो गया था कि कोई फ़ौजदारी हो के रहनी थी। बीवी को शांत करने में वो पूरी तरह नाकाम था, कोई कोशिश करता था तो वो और भड़कती थी। फिर वो धमकी कि कपिल उसके रास्ते से हट जाए वर्ना अंजाम बुरा होगा। न हटता तो बीवी कैसे करती अंजाम बुरा? अभी मैं इस बाबत सोच ही रही थी कि बाहर से मुझे गोली चलने की आवाज़ जैसी 'धाँय' की आवाज़ आई और साथ ही बत्ती चली गई। फिर किसी भारी चीज़ के धम्म से गिरने की आवाज़ आई और उस के फ़ौरन बाद फ़्लैट में मरघट का-सा सन्नाटा छा गया। उस माहौल में मेरे पर ऐसी दहशत सवार हुई कि लगता था मैं खड़े-खड़े मर जाऊँगी। सन्नाटा बता रहा था कि अब बीवी फ़्लैट में कहीं भी जाने को आज़ाद थी, पलक झपकते वो मेरे सिर पर आन खड़ी हो सकती थी, फिर यक़ीनन और गोली चलती और मेरी ईह लीला समाप्त होती। लेकिन बीवी न आई बेडरूम में और भरपूर सन्नाटा बरक़रार रहा। तब मैंने किसी तरह अपने हवास क़ाबू में किए और बाल-बाल सरकाकर बेडरूम का दरवाज़ा खोला। अँधेरे में मैं देख नहीं सकती थी, लेकिन मुझे एहसास हो रहा था कि बाहर कोई नहीं था। दरवाज़ा एकाएक खोलते हुए मुझे दहशत हो रही थी, लेकिन हालात के तकाज़े में मैंने हिम्मत की, बेडरूम का दरवाज़ा खोला और बाहर को लपकी और फिर अपने फ़्लोर पर पहुँचकर ही साँस ली। फिर उसी वक़्त बत्ती आ गई।"

"तब ये ख़याल न आया कि वापस जा के देखतीं कि पीछे कपिल किस हाल में था?"

"गोली की आवाज़ सुनी होने की वजह से पीछे के हाल का अंदाज़ा तो मेरे प्राण कँपा रहा था! मेरी हिम्मत न हुई! मैं तो तब फ़ैसला कर भी चुकी थी कि हर हाल में मैंने यही कहना था कि मैंने तो कल शाम फ़्लैट से बाहर भी क़दम नहीं रखा था। मैंने सुरभि को इस बात के लिए तैयार किया कि कोई पूछताछ होने की नौबत आए तो वो मेरी गवाह बने कि कल शाम हर घड़ी मैं उसकी आँखों के सामने यहाँ थी।"

"मौजूदा हालात में आपकी ये कहानी टिकने वाली तो नहीं थी, लेकिन मैं नहीं समझता कि आपको–आप दोनों को–इस बात की ख़बर थी। आप समझती हैं कि कोई चश्मदीद गवाह ही उपलब्ध हो तो स्थापित किया जा सकता था कि कौन कहाँ था! मौक़ा-ए-वारदात पर से मिले फ़िंगर प्रिंट्स की वाणी कितनी मुखर होती है, ज़ाहिर है कि आपको इस बाबत कोई ख़बर नहीं थी। लिहाज़ा पुलिस की व्यापक पूछताछ के दौरान भी अभी आप इसी बात पर अड़ी रहतीं कि कल शाम हर वक़्त आप अपने फ़्लैट में थीं तो आपका हिरासत में लिया जाना महज़ वक़्त की बात होता।"

युक्ता के शरीर में स्पष्ट सिहरन दौड़ती दिखाई दी।

"आपने," मैं सुरभि की तरफ़ घूमा, "बड़ा काम किया, लेकिन परजुरी भी–वो भी क़त्ल के केस में–कोई मामूली अपराध नहीं है। फिर आप भी हिरासत में होतीं और आपसे सच क़बूल करवाने के लिए पुलिस जो आपसे व्यवहार करती, वो आपके लिए ऐसा बुरा सपना होता जिसे आप ज़िंदगी भर न भूल पातीं।"

"अब," सुरभि के स्वर में उत्कंठा का पुट था, "क्या होगा?"

"अब तो आप सच बोल चुकी हैं! सच पर टिकी रहेंगी तो कुछ नहीं होगा।"

"ओह!"

"लेकिन क़त्ल!" युक्ता बोली, "वो तो हुआ न! बीवी ने किया न!"

"नहीं किया।"

"नहीं किया!" वो आवेश से बोली, "उसने मेरी मौजूदगी में गोली चलाई..."

"चलाई नहीं, हाथापाई में इत्तफ़ाक़न चल गई। बीवी ने भी यही समझा था कि कपिल को गोली लगी थी, लेकिन हक़ीक़तन ऐसा नहीं हुआ था। बीवी के चलाए चली गोली अभी भी पता नहीं है, कहाँ जा के लगी!"

"ओह!"

"लगता है आप घर से न निकलीं! टीवी भी ऑन न किया!"

"कैसे करती! दहशत से दम निकला हुआ था। खाना खाने तक का

ख़याल न आया!"

"अब खाना! जी भर के! टीवी पर कोई न्यूज़ चैनल लगा के! लेकिन जब इतना सच बोला है तो जो रह गया है, उसकी बाबत भी कुछ उचरिए!"

"क्या पूछना चाहते हो?"

"सुरभि को आपके अफ़ेयर की ख़बर तीन महीने बाद क्यों लगी?"

"मैं तो अभी भी नहीं लगने देना चाहती थी–तीन महीने इस बाबत कामयाबी से एहतियात बरती ही थी–लेकिन फिर गड़बड़ हो गई।"

"क्या हुआ?"

युक्ता ने सुरभि की तरफ़ देखा। सुरभि ने आँखों में आश्वासन का भाव लिए सहमति में सिर हिलाया।

"बात ये है," युक्ता दबे स्वर में बोली, "कि मेरे मन में चोर था कि मेरा एक शादीशुदा मर्द से अफ़ेयर था। सुरभि से मेरा सब कुछ साँझा था, कोई राज़ नहीं थे, लेकिन ये अफ़ेयर वाली बात मैं चाहती थी कि इससे छुपी रहती। जो तरकीब मैंने की, वो इसके साथ धोखा था, लेकिन निर्दोष धोखा था इसलिए मैंने तरकीब पर अमल किया।"

"क्या किया?"

"इसे रात को दूध पीकर सोने की आदत है, जिसको ये कभी मिस नहीं करती। जिस शाम मेरा ऊपर कपिल के साथ सेशन होता था, मैं इसके दूध में नींद की गोली मिला देती थी। नतीजतन ये रात भर घोड़े बेचकर सोती थी और इसके जागने से पहले मैं फ़्लैट में वापस पहुँची होती थी। तीन महीने ये सिलसिला ऐन पर्फ़ेक्ट चला, फिर एक बार इसने मुझे दूध में गोली मिलाते देख लिया। तब इसने बहाना किया कि दूध पी लिया, असल में सिंक में बहा दिया। उस रात इसने मुझे चोरों की तरह फ़्लैट से निकलते भी देखा और लौटते भी देखा। जो ड्रेस मैं पहन के निकली थी, वो इस क़ाबिल नहीं थी कि उसमें किसी आउटिंग के लिए निकला जाता। मेरे जाते बार तो इसने ये भी ज़ाहिर किया कि घनघोर नींद के हवाले थी, लेकिन अगली सुबह लौटती बार ये न सिर्फ़ फ़्लैट से बाहर थी, तब तक बाहर रही जब तक इसने मुझे लिफ़्ट से निकलते न देख लिया। इसकी चौकस निगाह ने नोट किया कि

लिफ़्ट नीचे से ऊपर नहीं, ऊपर से नीचे आई थी। अब चौथी मंज़िल पर दो ही फ़्लैट थे जिन में बाएँ वाला पारसी फ़ैमिली का था, जो उन दिनों दिल्ली में नहीं थी। दूसरा फ़्लैट किन्हीं केके साहब का था, केयरटेकर से जरा-सी पूछताछ करने से इसे मालूम हो गया कि न वहाँ दूध आता था, न अख़बार आता था, न गारबेज क्लैक्टर आता था और, बकौल केयरटेकर, केके साहब की फ़्लैट में कभी-कभार की हाज़िरी थी। तब इसने साफ़, दो टूक मेरे को बोला–माइंड इट, बोला! पूछा नहीं!–कि मेरा केके से, जो कोई भी वो था, सीरियस लव अफ़ेयर था। मेरा इनकार का मुँह न बना।"

"क्या कहने!" मैं बोला, "सुरभि जी, आपको बैंक ऑफ़िसर नहीं, डिटेक्टिव होना चाहिए था!"

सुरभि ने हैरानी से मेरी तरफ़ देखा।

"कैसे मालूम ?" फिर बोली।

"क्या कैसे मालूम ? कि आपको डिटेक्टिव होना चाहिए था ?"

"कि मैं बैंक ऑफ़िसर हूँ!"

"आई एम ए डिटेक्टिव।" मैं उठ खड़ा हुआ, "आपको होना चाहिए था, मैं हूँ। सो देयर!"

उसने अवाक् मेरी तरफ़ देखा।

"सी यू, लेडीज़!"

मैं दरवाज़े की तरफ़ बढ़ा।

रुको!" युक्ता उठकर मेरे पीछे लपकी, "रुको!"

मैं ठिठका, घूमा।

"एक बात बता के जाओ! क़त्ल गोली से नहीं हुआ तो कैसे हुआ ? अब ये न कहना कि टीवी देखूँ!"

"ज़हर से! ज़हर की बाबत सवाल होगा। जवाब सोचकर रखना वरना अभी भी आप पर इलज़ाम आ सकता है कि आपको कल ही मालूम हुआ कि ब्वॉयफ्रेंड शादीशुदा था और इस रहस्योद्‌घाटन से आग-बगूला होकर उसकी बीवी के जाते ही इतने बड़े धोखे का बदला लेने के लिए आपने उसे ज़हर दे दिया। जय हिंद!"

पीछे हकबकाई हुई युक्ता को छोड़कर मैं फ़्लैट से रुख़सत हुआ।

मेरे पीछे दरवाज़ा बंद होते ही मेरे मोबाइल पर सिग्नल आया। मैंने मोबाइल निकालकर हाथ में लिया और स्क्रीन पर निगाह डाली।

मिस्ड काल! हाकिम की मिस्ड काल!

यानी फ़िंगरप्रिंट्स की बाबत रिपोर्ट उस तक पहुँच चुकी थी।

मैंने यादव को एसएमएस लगाया–

लिपस्टिक-स्टेंड व्हिस्की-ग्लास

हैज़ युक्ता गौतम्ज़ फ़िंगरप्रिंट्स ऑन इट?

वॉच दिस स्पेस फ़ॉर फ़रदर डेवलपमेंट्स

मेरा अगला पड़ाव दूर नहीं था; बस, एक ही मंज़िल ऊपर था।

मैं ऊपर पहुँचा तो मैंने बाएँ विंग के फ़्लैट का दरवाज़ा अधखुला पाया। मैंने उससे पार भीतर निगाह दौड़ाई। ड्रॉइंगरूम ख़ाली था, लेकिन उससे आगे एक दरवाज़ा खुला था जिसके भीतर का रख-रखाव दिखाता था कि बेडरूम था। वहाँ बेड पर एक ढक्कन उठा सूटकेस था जिसके सामने झुकी वो कपड़े फ़ोल्ड कर करके और सँभाल के भीतर रखने में मसरूफ़ थी।

मैंने अदब से अधखुले डोर पर दस्तक दी।

सूटकेस पर से सिर उठाकर उसने दरवाज़े की तरफ़ निगाह दौड़ाई, फिर बेडरूम के निकलकर बीच का खुला दरवाज़ा बंद किया और ड्रॉइंगरूम क्रॉस करके अधखुले मेन डोर पर पहुँची।

"यस!" वो भावहीन ढंग से बोली।

"हल्लो!" मैं जबरन मुस्कुराया, "रवानगी की तैयारी जान पड़ती है!"

उसने संदिग्ध भाव से मेरी तरफ़ देखा, जैसे याद करने की कोशिश कर रही हो कि मैं कैसे वाक़िफ़ था।

"हू आर यू?" फिर रूखे स्वर में बोली।

"वो पूछते हैं कि सुधीर कौन है" मैं पूर्ववत् मुस्कुराता बोला, "कोई बतलाए कि हम बताएँ क्या!"

उसके चेहरे पर अप्रसन्नता के भाव आए, उसने दरवाज़ा बंद करने की कोशिश की, लेकिन मैंने पल्ले और चौखट के बीच पाँव डाल दिया।

"नॉट सो फ़ास्ट, नॉट सो फ़ास्ट, माई डियर, यू हैव ए लॉट टु एक्सप्लेन!"

"मुझे नहीं पता कौन हो तुम! गो अवे!"

"अभी नाम बताया न!"

"मैंने नहीं सुना। गेट लॉस्ट!"

"घर आए से कोई ऐसे तो पेश नहीं आता!"

"अरे, मेरे को पता तो लगे कौन है घर आया जो दरवाज़े पर खड़ा क्विज़ प्रोग्राम कंडक्ट करता है, लेकिन कहता कुछ नहीं!"

"अगर ये शिकायत है तो मैं अभी दूर कर देता हूँ। ज़रा दरवाज़े पर से पकड़ ढीली कीजिए, मुझे पाँव निकालने दीजिए।"

हिचकिचाते हुए उसने दरवाज़े को वापस खोला। मैंने अपना आई-कार्ड निकाला और हमेशा की तरह यूँ उसके सामने किया कि उस पर दर्ज 'प्राइवेट' मेरी तर्जनी उँगली के नीचे आ गया।

"सुधीर कोहली!" उसने तनिक आगे झुककर कार्ड पर पढ़ा, "डिटेक्टिव... *डिटेक्टिव!*"

तत्काल मैंने कार्ड जेब के हवाले किया।

"यहाँ क्यों आए?" वो सशंक भाव से बोली।

"बोलूँगा न! लम्बी बात है, करने के लिए ये तो मुनासिब जगह नहीं! या है?"

"कम इन!" वो दरवाज़े से पीछे हटी।

"थैंक्यू!"

मैं भीतर दाख़िल हुआ तो उसने मेरे पीछे दरवाज़ा बंद कर दिया।

"केयरटेकर के लिए खुला छोड़ा था।" वो बोली।

"जी!"

"मदाम डेलीसिया कामा की तरफ़ से इनवेंट्री लेगा न, कि मैं यहाँ की कोई चीज़ चुरा के नहीं ले जा रही।"

"ओह!"

“बैठो!”

“थैंक्यू!”

ड्राइंगरूम के मिडल में पहुँचकर हम दोनों आमने-सामने बैठे।

“अब बोलो!” वो बोली, “लेकिन इस बात का ख़याल रखना, मैंने दूर जाना है।”

“मैं आपका बहुत कम वक़्त लूँगा।” मैं बोला, “आगे बढ़ने से पहले मैं आपका नाम जान सकता हूँ?”

“पहले से नहीं जानते हो?”

“जी, नहीं! जानता होता तो पूछता!”

“रात पुलिस मेरे सिर पर सवार थी। सोते से उठाया। इतना कुछ पूछा। नाम भी पूछा ही। कैसे डिटेक्टिव हो जो मेरा नाम नहीं जानते!”

“जिस का काम पुलिस की एडवांस टीम के बाद शुरू होता है, वैसा डिटेक्टिव हूँ।”

“निधि! निधि सुनेजा नाम है मेरा!”

“नाइस मीटिंग यू, मैम। आप इजाज़त दें तो मैं आपकी बाबत अपनी एक ऑब्ज़र्वेशन बयान करूँ?”

“बोलो!”

“कल रात मैंने जब आपको यहाँ मेन डोर पर खड़ा देखा था तो आप बहुत ढीली-ढाली, सैक लाइक ड्रेस पहने थीं, लेकिन इस घड़ी तो ऐसी टाइट, ऐसी स्किन फ़िट ड्रेस पहने हैं कि मेरे से साँस नहीं ली जा रही!”

“वॉट्स दैट! टाइट ड्रेस मैं पहने हूँ, साँस तुमसे नहीं ली जा रही!”

“अब्ब... है तो ऐसा ही!”

“तो क्या करूँ? उतार दूँ तुम्हारी सहूलियत के लिए? ताकि तुम्हें साँस आ सके!”

“नो! नेवर! मेरी साँस का क्या है; आए, आए; न आए, न आए!”

“यही बातें करने के लिए यहाँ हो?”

“सॉरी, मैम! वो क्या है कि जज़्बात की रौ में मैं ज़रा जल्दी बह जाता हूँ। बात तो कोई और ही करनी थी इम्पोर्टेंट करके!”

"करो! पहले करो! आई एम गेटिंग लेट!"

"अर्ज़ है कि कल रात यहाँ, इस फ़्लोर के इकलौते दूसरे फ़्लैट में इतनी बड़ी वारदात हो गई, तफ़्तीश के मद में कोई हिल-डुल तो होनी ही थी न!"

"जहाँ वारदात हुई, वहाँ।"

"इर्द-गिर्द भी!"

"ख़ामख़ाह!"

"पुलिस प्रोसीज़रल के मुताबिक़..."

"पुलिस बोला न! तुम पुलिस थोड़े ही हो! तुम तो डिटेक्टिव हो! डिटेक्टिव! मैंने कभी नहीं सुना था कि थानों में डिटेक्टिव होते थे... बेवर्दी ऑपरेट करते थे... वो... अपना आई-कार्ड मुझे ज़रा फिर दिखाओ तो!"

"एक बार देख तो चुकीं!"

"तो क्या हुआ? मैं दोबारा देखना चाहती हूँ!"

"दोबारा देखकर जो जानेंगी, वो मैं अभी बोल देता हूँ!"

"बोलो!"

"मैं प्राइवेट डिटेक्टिव हूँ।" मेरा स्वर अर्थपूर्ण हुआ, "मक़तूल का एंगेज किया हुआ!"

"वॉट्स दैट!"

"मक़तूल! हत्प्राण! डिसीज़्ड! बाज़ू के फ़्लैट में जिसका कल रात मर्डर हुआ! नाम कपिल अवस्थी! जिससे आप बाख़ूबी वाक़िफ़ थीं!"

"मैं वाक़िफ़ थी?"

"हाँ।"

"सामने वाले फ़्लैट के ऑक्यूपेंट से?"

"हाँ।"

"नॉनसेंस! मैंने कभी शक्ल नहीं देखी उसकी..."

"शक्ल भी देखी। बाक़ी सब कुछ भी देखा। इतनी इंटीमेट थीं आप मक़तूल से! मरने वाले से! डियर डिपार्टेड सोल से!"

"ख़ामख़ाह! अपनी किसी ज़रूरत के तहत मैंने ये फ़्लैट सिर्फ़ एक हफ़्ते के लिए किराये पर लिया था और अपनी ज़रूरत पूरी करने के अलावा मेरा

यहाँ किसी से कोई वास्ता नहीं था।"

"मक़तूल से था। बड़ा गहरा वास्ता था।"

"क्या ?"

"आपका ब्वॉयफ्रेंड था।"

"नाउ यू आर टॉकिंग शियर नॉनसेंस! आई विल हैव नन ऑफ़ दिस। प्लीज़, गो अवे!"

"मैं 'गो अवे' हो गया तो आप अपना ही नुक़सान करेंगी!"

वो उठकर खड़ी हो गई।

"गेट दि हेल आउट ऑफ़ हेयर!" वो ग़ुस्से से बोली, "ग़लती की मैंने तुम्हें मुँह लगाकर..."

"अब जब मुँह लगा ही लिया है तो सिर्फ़ दो मिनट और मुझे झेल लीजिए। इतने में आपका मिज़ाज न बदला तो मैं ख़ुद ही चला जाऊँगा।"

उसने अपलक मुझे देखा।

"आई प्रॉमिस, मैम!" मैं अपने गले की घंटी छूता बोला।

वो वापस बैठ गई।

"टू मिनट्स!" फिर बोली।

"अभी परसों," बिना किसी भूमिका में वक़्त ज़ाया किए मैं बोला, "गुरुवार को आप मक़तूल से मिली थीं। दोपहरबाद! कनॉट प्लेस में! 'गोल्ड स्टार' नाम के बार-कम-रेस्टोरेंट में! याद आया ?"

उसने मुँह बाए मेरी तरफ़ देखा।

"जब 'ब्लैक लेबल' से हौसला पाकर आपने अपने स्टेडी ब्वॉयफ्रेंड से–मक़तूल केके साहब उर्फ़ कपिल अवस्थी से–गिला ज़ाहिर किया था कि 'गुलमोहर वाली से' उसके ताल्लुक़ात अभी भी बरक़रार थे। जब ग़ुस्से में उसने आपको 'बेवड़ी' कहा था और उतने ही ग़ुस्से में आपने उसे 'भड़वा' कहा था..."

वो बद्हवास दिखाई देने लगी।

"...जब और ग़ुस्से में आपने उसके लिए अल्टीमेटम जारी किया था कि जो बीस लाख रुपये वो आप से वक़्त-वक़्त पर झटक चुका था, वो अगले

रोज़ की शाम तक आपको वापस मिल जाएँ, वरना वो अपनी मौत आप के हाथों लिखी पाएगा। आपने बाक़ायदा घोषणा की थी कि तब आप कोशिश करेंगी–एक ख़ास फ्रेज़ बोला था आपने जो मुझे याद है–कि उसका 'अर्थी-मुर्दा-कलश' सब आपके हाथों हो'–जो भी मतलब इसका होता है!"

उसके चेहरे पर हवाईयाँ उड़ने लगीं।

"...जब" मैंने जैसे तपते लोहे पर चोट की, "रेस्टोरेंट में आपके सामने बैठे मक़तूल ने आप पर इलज़ाम लगाया था कि उसके वहाँ पहुँचने से पहले ही आप 'ब्लैक लेबल' के दो पेग पी चुकी थीं और अभी तीसरा वेटर आपको सर्व कर रहा था। उसने ये भी इलज़ाम लगाया था कि मुमकिन था आप घर से भी घूँट लगाकर आई हों और आपको ये सख़्त बात कही थी–'बेवड़ी हो गई है साली'..."

कुछ कहने के लिए उसके होंठ फड़फड़ाए, फिर अपने आप ही उसका सिर झुक गया।

"...जिस वजह से उसने पब्लिक में आपको झिड़का–'कितनी बार कहा, टुन्न होकर मेरे सामने न आया कर' और हाथ बढ़ाकर आपका जाम आप से छीना और एक ही साँस में उसे वो ख़ुद पी गया। साथ ही जोड़ा कि आइंदा कभी जाम के साथ आप उसके रूबरू हुईं तो आप की ख़ातिर, आपको होशमंद रहने को उकसाने की ख़ातिर, आइंदा भी वो जाम आपके हाथ से छीनेगा और ख़ुद पी जाएगा।" मैं एक क्षण ठिठका, फिर बोला, "जैसा कि उसने कल रात भी किया!"

उसने तमककर सिर उठाया।

"अब मैं," मैंने उठने का उपक्रम किया, "गेट आउट होने को तैयार हूँ। बाक़ी आप जानें और पुलिस जाने।"

"रुको!" वो व्यग्र भाव से बोली, "रुको!"

मेरी भवें उठीं।

"अभी बैठो!" फिर उसने जोड़ा, "प्लीज़!"

"आप कहती हैं तो..."

"मैं कहती हूँ।"

"ओके! ऐज़ यू विश!"

"क...क्या... क्या किया!" वो फँसे कंठ से बोली, "क्या किया कल रात भी उसने?"

"जो आप जानती थीं वो करेगा। जिसके लिए आपने उसे बाक़ायदा प्लान करके उकसाया था।"

"क...क्या कह रहे हो?"

"सब मेरे से ही कहलवाएँगी!"

"बोलो!"

"आप उसकी सताई हुई थीं–इस हद तक कि अल्कोहलिक हो गईं थीं। हो नहीं गई थीं तो होती जा रही थीं। बकौल ख़ुद, आपके साथ लव अफ़ेयर के दौरान वो आपको बीस लाख रुपयों की थूक लगा चुका था और..."

"वेट! पहले बोलो, इतनी बारीक, इतनी अंदरूनी बातें तुम्हें मालूम कैसे हुईं?"

"'गोल्ड स्टार' में मैं आपकी कपिल अवस्थी से मीटिंग का जामिन था। मैंने आप दोनों का मुकम्मल वार्तालाप सुना था।"

"बट दैट्स इम्पॉसिबल! हमारे इर्द-गिर्द कोई नहीं था!"

"फ़ासले से सुना।"

"दैट्स ऑल दि मोर इम्पॉसिबल!"

मैंने एक्सप्लेन किया कि कैसे इम्पॉसिबल पॉसिबल हुआ था।

"ओह!" उसके मुँह से निकला।

"आई एम ए डिटेक्टिव। ऐसी गजेटरी हैंडी रखना मेरा कारोबार है।"

"आगे बढ़ो!"

"आपको कपिल अवस्थी के मौजूदा लव अफ़ेयर–जिसको आपने 'गुलमोहर वाली' कहकर रेफ़र किया–की और उसके लव नेस्ट की ख़बर थी। आप को ये एहसास बड़ी शिद्दत से पहले से था कि कपिल आपसे मुलाक़ात में टालमटोल करता था, और साफ़ अलफ़ाज़ में कहा जाए तो आपसे पीछा छुड़ाने की कोशिश कर रहा था। बकौल ख़ुद आपके, फ़ोन पर बात करने तक से बचने लग गया था। जो वजह मेरे कयास में आती थी, वो

यही थी कि रुपये-पैसे के मामले में वो आपको काफ़ी मूँड चुका था और और गुँजाइश न जानकर 'गुलमोहर वाली' की फ़ेवर में आपको हमेशा के लिए ड्रॉप कर देने का मज़बूत इरादा रखता था। आप ऐसा होने देने को तैयार नहीं थीं, लेकिन परसों की मीटिंग में जब आपने पाया कि ऐसा हो के रहना था, आइंदा मधुर सम्बंध बने रहने की अब क़तई कोई गुंजाइश नहीं थी तो भागते चोर की लँगोटी के अंदाज़ में आपने उससे अपनी उस रक़म की माँग की, जो लौटा देने के आश्वासन के साथ वो आपसे मूँड चुका था, जबकि लौटा देने का उसका कोई इरादा ही नहीं था। ये परसों उसके इस ढिठाईभरे जवाब से ज़ाहिर था कि उसने रकम की बाबत आपको दो टूक कहा था कि क्या उसने आपको कोई आईओयू लिख के दिया हुआ था, मुकर जाता तो आप क्या कर लेतीं! उसके इस रवैये ने आपको और भड़काया, नतीजतन आपने उसे अल्टीमेटम दिया कि अगर उसने अगले रोज़ शाम तक, यानी गुज़रे कल की शाम तक, आपकी रकम न लौटाई तो उसका अंजाम बुरा होगा। इस सिलसिले में दो टूक आपने कुछ न कहा, लेकिन हिंट स्पष्ट था कि बीस लाख की अदायगी की ज़िम्मेदारी से मुकरने पर आपके हाथों उसकी जान जा सकती थी। जान कैसे जा सकती थी, उसका एक बड़ा ख़ुफ़िया हिंट भी आपने ड्रॉप किया था जो उस वक़्त मेरी पकड़ में नहीं आया था।"

उसकी भवें उठीं।

"जब आप के नए सर्व्ड ड्रिंक को लेकर आप दोनों में तक़रार हुई थी, जब कपिल 'तेरी ख़ातिर किया' बताकर आपसे छीन कर आपका ड्रिंक ख़ुद पी गया था, तो तब याद कीजिए 'तेरी ख़ातिर किया' के जवाब में आपने क्या कहा था!"

"क्या कहा था! तुम याद दिलाओ!"

"आपने कहा था–'मैं तुम्हारे सामने ज़हर खाने की कोशिश करती तो क्या करते, छीनकर ख़ुद खा जाते!'। याद आया?"

"ओह!"

"मेरे को तब ऐसा एहसास होने की कोई वजह नहीं थी कि ज़हर के इस्तेमाल का इरादा आप पहले से बनाए बैठी थीं, क्योंकि आपको यक़ीनी

तौर पर मालूम था कि चौबीस घंटे में पैसा लौटाए जाने की धमकी के तहत ऐसा कुछ नहीं होने वाला था इसलिए उसके धोखे की, उसकी बेवफ़ाई की, उसकी भारी बेईमानी की सज़ा का खाका आपके ज़ेहन में पहले से तैयार था। कहिए, ग़लत कहा मैंने!"

उसने इनकार में सिर हिलाया।

"ज़हर कहाँ से आया?"

"मेरी एक पुरानी फ़्रेंड है जो अब मैरिड है। उसका हसबैंड एक फ़ॉरेन फ़र्म में इंडस्ट्रियल केमिस्ट है। मैंने उसे बताया कि मूरथल में हमारे बंगले में चूहों का बड़ा उत्पात था। रैट प्वॉयज़न देते थे, चार मरते थे, दस और आ जाते थे। तब फ़्रेंड ने मेरे को ख़ुद बताया कि इस काम के लिए आरसेनिक ज़्यादा इफ़ेक्टिव था। मुझे आरसेनिक की बाबत ख़बर थी। मैं उसका ही ज़िक्र चलाने की बुनियाद बना रही थी कि फ़्रेंड पहले ही उसकी बाबत सलाह देने लगी, जो कि अच्छा ही हुआ। फिर उसी ने मुझे अपने हसबैंड से इस वॉर्निंग के साथ थोड़ा-सा आरसेनिक ला के दिया कि इस्तेमाल में सख़्त एहतियात बरती जाए, क्योंकि वो घातक ज़हर था।"

"आप मूरथल रहती हैं?"

"अब! चार महीने से! पहले हम ग्रीन पार्क रहते थे।"

"फ़ैमिली बिजनेस क्या है?"

"पापा की ओखला इंडस्ट्रियल एरिया में मोटर पार्ट्स की फ़ैक्ट्री थी, लेकिन अब वो भी मूरथल में ही ओखला से तीन गुना बड़े प्लॉट में शिफ़्ट हो गई है।"

"फिर तो बिग बिजनेस हुआ!"

"सारे इंडिया में सेल्स आउटलेट हैं। नेपाल, बांग्लादेश, श्रीलंका में एक्सपोर्ट है।"

"आई सी! तभी आप ब्वॉयफ्रेंड को बीस लाख रुपया देना अफ़ोर्ड कर सकीं!"

उसने जवाब न दिया।

"और 'गुलमोहर वाली' की क्या स्टोरी है?"

वो हिचकिचाई।

"अब टाल-मटोल का क्या फ़ायदा! क्या इतनी जल्दी भूल गईं कि आपने... आपने मुझे, जाते को, रोका था?"

"न–नहीं।"

"तो कहिए, जो कहना है!"

"कहती हूँ! सुनो! मुझे हाल ही में कपिल के यहाँ के इस नापाक सेट अप की ख़बर लगी थी कि मेरी तरह जो लड़की अब उसके सुनहरे जाल में फँसी हुई थी, वो सुंदर नगर में 'गुलमोहर' नाम के एक हाउसिंग कॉम्प्लेक्स की तीसरी मंज़िल के एक फ़्लैट में एक फ़्लैटमेट के साथ रहती थी और वहाँ, उसी बिल्डिंग में उन से एक मंज़िल ऊपर ही दाएँ विंग के एक फ़्लैट में उन दोनों का लव नेस्ट था..."

"मैं टोकने के लिए माफ़ी चाहता हूँ, सुंदर नगर जैसे समृद्ध इलाक़े में वैसा लव नेस्ट मेनटेन करना तो बहुत महँगी प्रोपोज़िशन थी! कोई स्थायी आवास तो उस लव नेस्ट ने बनना नहीं था! और कभी-कभार के सेशन का इंतज़ाम तो फ़्लैटमेट को डिसमिस किए भी हो सकता था! नहीं?"

"तुम्हारी बात ठीक है, लेकिन कोई वजह होगी फ़्लैटमेट को साथ रखने की! फ़्लैटमेट से उसकी कोई ज़रूरत पूरी होती होगी!"

"मसलन क्या ज़रूरत? कोई अंदाज़ा?"

"मेरा अंदाज़ा?"

"जी, हाँ। आपका और उसका सोशल स्टेटस एक है। आप दोनों ही समृद्ध इंडस्ट्रियल फ़ैमिली को बिलॉन्ग करती हैं, आप अपना कोई वाइल्ड गेस ही बताइए कि क्यों वो फ़्लैटमेट को साथ रखे थी!"

"क्योंकि क्वीन बी थी।"

"जी!"

"रानी मक्खी थी। रानी मक्खी काम नहीं करती, कराती है। समझे कुछ?"

"बस, कुछ ही समझा! आपका मतलब है, फ़्लैट में रहन-सहन का रोज़मर्रा का जो भी काम होता था, वो सब फ़्लैटमेट करती थी और युक्ता बिना कोई कैज़ुअल या रेगुलर मेंटेनेंस स्टाफ़ एंगेज किए मौज करती थी!"

"क्यों नहीं! क्या नहीं हो सकता?"

"हो सकता है। लेकिन फ़्लैटमेट को क्या फ़ायदा?"

"मेरे से पूछते हो तो फ़्लैटमेट को रेंट शेयर नहीं करना पड़ता होगा! डोमेस्टिक एक्सपेंडीचर्स नहीं शेयर करने पड़ते होंगे! करने पड़ते होंगे तो पूरे नहीं करने पड़ते होंगे!"

"ये हो सकता है।"

"फिर युक्ता की कोई पर्सनल वजह भी हो सकती थी, ओवरनाइट मेल गेस्ट को फ़्लैट में एंटरटेन करने के सिलसिले में।"

"ये बात तो रिवर्स में यहाँ, ऊपर कपिल पर भी लागू थी!"

"मर्द की बात और होती है।"

"आई सी!"

"तुम आश्वस्त नहीं हो। भई, ये मेरे अंदाज़े ही तो हैं! क्या पता लव नेस्ट मेनटेन करने के पीछे असल वजह कोई और ही हो जिसे सिर्फ़ और सिर्फ़ वो दोनों समझते हों!"

"सही फ़रमाया आपने। अब लव नेस्ट से आगे बढ़िए! तो वो उन दोनों की रेगुलर मुलाक़ातों का ख़ुफ़िया ठीया था?"

"हाँ! मुझे उन दोनों का ठीया आबाद करने का कोई शेड्यूल नहीं मालूम था, लेकिन कपिल के मिज़ाज को जैसा मैं समझती थी, उसके तहत इतना अंदाज़ा मुझे बराबर था कि पाँच-छः दिन में कम-से-कम एक बार तो वो लव नेस्ट ज़रूर आबाद होता होगा! पिछले हफ़्ते मेरे को मालूम पड़ा कि 'गुलमोहर' में चौथी मंज़िल का, उनके लव नेस्ट के सामने का फ़र्निश्ड फ़्लैट वीकली रेंट पर भी उपलब्ध होता था। मैंने वो–ये–फ़्लैट ले लिया और इस बात पर निगाह रखनी शुरू की कि कब लव नेस्ट आबाद होता था! कल वो नौबत आई।"

"मैं टोकने की फिर माफ़ी चाहता हूँ, घर में किसी ने न पूछा कि क्यों आपने एक हफ़्ता घर से बाहर रहना था–दिल्ली में रहना था?"

"मैं फ़ैशन मॉडल हूँ। फ़ैशन शोज़ में रैंप वॉक मेरा प्रोफ़ेशन है। इतवार उन्नीस तारीख़ से आज शनिवार पच्चीस तारीख़ तक ओबरॉय होटल में फ़ैशन

डिज़ाइन काउंसिल ऑफ़ इंडिया का ऑर्गेनाइज़्ड एक इंटरनेशनल फ़ैशन शो था जिसमें बतौर रैंप मॉडल मेरी भी शिरकत थी। सुबह नौ से शाम छः बजे तक फ़ैशन शो चलता था जिसमें फ़ैशन मॉडल्स की प्रेज़ेंस रोटेशन में थी।"

"ओह! रोटेशन में थी! इसी वजह से आप परसों दोपहरबाद 'ओबरॉय' में होने की जगह सीपी में 'गोल्ड स्टार' में थीं और शो के आज आख़िरी दिन भी लगता है, इसी वजह से जल्दी फ़ारिग हो गई हैं!"

"हाँ। यहाँ रहने की वजह घर में मैंने ये बयान की थी कि सर्दियों के इस मौसम में मूरथल से रोज़ सवेरे नौ बजे से पहले 'ओबरॉय' पहुँचना सज़ावार काम था इसलिए एक हफ़्ता मैं यहाँ सुंदर नगर में उपलब्ध इस फ़र्निश्ड फ़्लैट में रहना चाहती थी जो कि 'ओबरॉय' से दो किलोमीटर दूर था, जबकि मूरथल में हमारा बंगला 'ओबरॉय' से बासठ किलोमीटर पर था।"

"आई सी! तो कल आपने सामने का फ़्लैट–लव नेस्ट–आबाद देखा?"

"हाँ।"

"फिर पीछे-पीछे ही युक्ता निगम को आते देखा होगा?"

"हाँ।"

"उसे पहचानती थीं?"

"पहले नहीं पहचानती थी। यहाँ रहना शुरू करने के बाद पहचाना। पहले मैं कभी कपिल को ताना देने के लिए उसका ज़िक्र करती थी तो उसे 'गुलमोहर वाली' ही कहती थी।"

"फिर?"

"मैंने इंतज़ार किया। मैंने जो क़दम उठाना सोचा हुआ था, उसके लिए उन दोनों का भीतर सेटल हो चुका होना ज़रूरी था वर्ना मूव का वो नतीजा न निकलता जिसकी मुझे उम्मीद थी। कोई आधा घंटा मैंने इंतज़ार किया, फिर इससे पहले कि मैं बाहर निकलती और सामने दरवाज़े पर पहुँचती, कोई और पहुँच गया।"

"बीवी?"

"हाँ।"

"पहचानती थीं?"

"हाँ। कमीने ने हनीमून की तस्वीरें दिखाई थीं।"

"दैट वॉज़ क्रूअल!"

"बीवी को पहुँचा देखकर मुझे वहाँ एक बड़े तूफ़ान की आशंका दिखाई देने लगी। बीवी ख़ाविंद को माशूक़ के साथ देखती तो महाभारत तो छिड़ के रहता! ऐसा होता तो जो मैंने करना सोचा था, उसकी गुंजाइश ही ख़त्म हो जाती।"

"क्यों?"

"मेरा उसके और सिर्फ़ उसके रूबरू होना ज़रूरी था। वो कहते नहीं हैं–'टू इज़ कम्पनी, थ्री इज़ क्राउड!' बीवी के पहुँच जाने के बाद तीन जने तो वहाँ पहले ही होते, मैं चौथी भी पहुँच जाती तो कहानी कोई और ही बन जाती जो कि माफिक आने वाली हरगिज़ न होती!"

"ठीक! आगे बढ़िए!"

"बीवी ने आकर कॉलबैल बजाई। मेरे को मालूम था कॉलबैल बिगड़ी हुई थी, घंटी का जवाब नहीं मिलने वाला था। लेकिन साफ़ पता लग रहा था कि बीवी पक्की जानकारी से लैस वहाँ पहुँची थी, वो ऐसे नहीं टलने वाली थी। कई बार बजाने पर भी कॉलबैल का जवाब न मिलता तो उसे भी यही सूझना था कि कॉलबैल काम नहीं कर रही थी, इसलिए नेचुरली वो डोर नॉक करती। फिर भी जवाब न मिलता तो केयरटेकर को बुलाने जाती और उतने में पीछे से लव नेस्ट के परिंदों को उड़ जाने का मौक़ा मिल जाता। केयरटेकर की फ़िराक़ में बीवी ग्राउंड फ़्लोर पर जाती, वो दोनों निकलकर एक मंज़िल नीचे वाले फ़्लैट में पनाह पाते। बीवी को तो पता नहीं था कि माशूक़ एक मंज़िल नीचे ही पाई जाती थी, उसे तो सिर्फ़ कपिल के चौथी मंज़िल के फ़्लैट में होने की पक्की ख़बर मिली थी जिसके सामने खड़ी वो कॉलबैल बजा रही थी और जवाब मिलने का इंतज़ार कर रही थी। मुझे वो सिनेरियो न जँचा। बेवफ़ा ख़ाविंद के फँसने का सामान हो रहा था तो कुछ तो ये उसके लिए मुसीबत का बायस बनता! वहाँ जितना बड़ा बखेड़ा खड़ा होता, उतना ही ज़्यादा मुझे सूट करता। इसलिए मैंने ही घंटी बजाती बीवी को बताया कि घंटी ख़राब थी, वो दरवाज़े पर दस्तक दे। उसको मेरी राय पसंद

आई, लेकिन उसे दस्तक का भी जवाब न मिला।"

"भीतर दोनों ख़ामोश बैठे होंगे! सोचते होंगे कि जवाब नहीं मिलेगा तो डोर नॉक करने वाला नाउम्मीद होकर चला जाएगा!"

"हाँ। लेकिन आगे सामने आया कि बीवी का नाउम्मीद होकर वहाँ से चले जाने का कोई इरादा नहीं था। उसने तो आकर मेरी कॉलबैल बजा दी और पीछे के फ़्लैट की ऑक्यूपेंसी की बाबत मेरे से सवाल किया। मैंने यही, सच्चा, जवाब दिया कि आवाजाही तो थी फ़्लैट में, ख़ाली तो उस घड़ी नहीं हो सकता था! उस बात से एनकरेज होकर वो वापस परले फ़्लैट पर लौटी और ज़ोर-ज़ोर से दरवाज़ा खटखटाती ऊँची, तीखी आवाज़ में बोली–'अगर भीतर मरे पड़े हो तो मैं पुलिस को ख़बर करूँ?' तब दरवाज़ा खुला और चौखट पर कपिल प्रकट हुआ। फ़ौरन उसको एक बाज़ू धकेलकर बीवी भीतर दाख़िल हुई और उसके पीछे दरवाज़ा बंद हो गया। आगे बंद दरवाज़े के पीछे क्या हो रहा था, जानने का मेरे पास कोई ज़रिया नहीं था। फिर भी मैं अपने यहाँ के दरवाज़े के पीछे छुपी कान लगाए इंतज़ार करती रही। वहाँ भीतर कुछ तो विस्फोटक होना निश्चित था, लेकिन जो मुझे लगा कि हुआ, उसने मुझे बुरी तरह चौंकाया।"

"क्या हुआ?"

"एकाएक बिजली चली गई। साथ ही गोली चलने की और कोई भारी चीज़ धप्प से नीचे गिरने की आवाज़ आई।"

"अरे!" मैंने नक़ली हैरानी ज़ाहिर की।

"पहले फ़्लैट में से छोटी-मोटी आवाज़ें आ रही थीं जो मेरी समझ से बाहर थीं, लेकिन वो आवाज़ आने में बाद तो जैसे वहाँ एकाएक मरघट का-सा सन्नाटा छा गया।"

"ये न सोचा कि कहीं किसी वाहन ने बैकफ़ायर किया था?"

"ख़याल तक न किया। मेरे ज़ेहन में बैठा हुआ था के वहाँ भीतर कुछ बड़ा होने वाला था इसलिए मेरे को यही ख़याल आया कि मैंने गोली चली होने की आवाज़ सुनी थी। दूसरे, अगर आवाज़ नीचे सड़क पर किसी कार के बैकफ़ायर किए होने की वजह से हुई होती तो ऊपर फ़्लैट में एकाएक

सन्नाटा क्यों छा गया होता!"

"ये ज़्यादा मज़बूत दलील है। आगे बढ़िए!"

"मैं फिर कहती हूँ, तब मुझे एक ही बात सूझी थी कि गोली चली थी और उसी के नतीजे के तौर पर कोई भारी चीज़ धप्प से नीचे गिरी थी। बीवी के वहाँ एकाएक पहुँची होने के नतीजे के तौर पर मियाँ-बीवी के बीच भीषण तक़रार तो अपेक्षित ही थी, अगर गोली ही चली थी तो ज़ाहिर था दोनों में से एक को लगी थी। और जिसको लगी थी, वो ज़ोर की आवाज़ करता फ़र्श पर ढेर हुआ था। बिजली चली जाने की वजह से अँधेरा घुप्प था जिसमें आँखें फाड़-फाड़कर देखने पर भी मुझे सामने दिखाई तो कुछ न दिया, लेकिन एकाएक दरवाज़ा खुलने, बंद होने से बाहरी हवा डिस्टर्ब हुई इसलिए मुझे एहसास हुआ कि कोई फ़्लैट से निकलकर बगूले की तरह सीढ़ियों की तरफ़ लपका जिसके सीढ़ियों पर आवाज़ करते क़दमों की आहट मुझे कुछ क्षण सुनाई दी।"

"ज्यों-ज्यों क़दम नीचे, अगली सीढ़ियों पर पड़ते गए, आवाज़ दूर होती गई!"

"बिल्कुल!"

"फिर?"

"फिर मैं दरवाज़े पर से हट गई और जो ड्रामा मैंने आगे स्टेज करना था, जिसकी तैयारी मैं कर चुकी थी, मैंने फ़ैसला किया कि अब उसके लिए ऐन वही मुनासिब वक़्त था। मैंने लिकर कैबिनेट में से एक हैवी बॉटम व्हिस्की-ग्लास क़ाबू करके पहले ही एक स्टिफ़ ड्रिंक तैयार करके और उसमें ज़हर मिला के तैयार रखा हुआ था..."

"नीट?"

"नहीं, भई! विद वाटर एंड आइस। आइसक्यूब काफ़ी बड़े-बड़े थे–एक इंच क्यूब से भी ज़्यादा बड़े साइज़ के थे, उस जाम में वैसे दो ही काफ़ी थे। भीतर मैंने जाम को क़ाबू में किया ही था कि जैसे एकाएक बिजली गई थी, वैसे ही एकाएक वापस आ गई थी। जाम हाथ में थामे, नशीली आँखें बनाए, झूमती-झामती मैं परले दरवाज़े पर पहुँची। मैंने दरवाज़े पर दस्तक दी और

साथ ही उसे धक्का दिया तो पाया वो लॉक्ड नहीं था। मैंने उसे पूरा खोल दिया और भीतर क़दम रखने ही लगी थी कि वो लपकता हुआ दरवाज़े पर पहुँच गया और मेरा रास्ता रोककर खड़ा हो गया।"

"यूँ ये तो स्थापित हुआ कि गोली उसको नहीं लगी थी!"

"नहीं लगी थी। गोली चलाती बीवी को बेवक़ूफ़ बनाने के लिए धड़ाम से गिरने का अभिनय करके उसने ज़ाहिर किया था कि वो गोली का शिकार हो गया था। अँधेरे में बीवी के पास तसदीक़ का न ज़रिया था, न वक़्त था, न हौसला था; दहशत के हवाले वो फ़ौरन वहाँ से भाग खड़ी हुई थी।"

"कम्पैनियन! लव नेस्ट की जोड़ीदार!"

"उसकी मुझे ख़बर नहीं लगी थी कि वहाँ गोली चलने की दहशत में अँधेरे में वो भी खिसक गई थी या तब भी भीतर थी! लेकिन मेरा दिल गवाही देता था कि गोली चलने की आवाज़ से वो डरी हो या न डरी हो, बीवी की आमद ने ज़रूर उसका दम निकाल दिया था, लिहाज़ बीवी के जाने के बाद अँधेरे का फ़ायदा उठाकर वो भी वहाँ से खिसक गई थी।"

"आपके दिल ने ठीक गवाही दी, वो फ़्लैट में नहीं टिकी थी–ये जानने के लिए भी नहीं टिकी थी कि आशिक़ गोली का शिकार हुआ था या नहीं हुआ था! मरा पड़ा मिलता तो क्योंकर क़त्ल के केस में उसे अपनी इनवॉल्वमेंट क़ुबूल होती! वैसे चाहे हर साँस में से दावा निकले कि आशिक़ के आगे दुनिया ख़त्म थी, संकट की घड़ी पेश आई तो मैं कौन, तू कौन! बट दैट्स एनदर स्टोरी! तो वो आपको ऐन सही-सलामत दरवाज़े पर मिला?"

"हाँ। तब, जबकि मैं भीतर चलते रहे ड्रिंकिंग सेशन के सेट अप का नज़ारा कर चुकी थी। दो व्हिस्की-ग्लासेज़ पर मेरी ख़ास तौर से निगाह पड़ी थी जिनमें से एक के रिम पर लाल दाग़ भी मेरे से छुपा नहीं रहा था।"

"कपिल की बात कीजिए। वो कैसे पेश आया?"

"मुझे देखे ही भड़क उठा। दाँत पीसता बोल–'साली, बेवड़ी! बाज न आई! कितनी बार बोला था कि इस हाल में मेरे मत्थे न लगा कर! इधर कर ग्लास!'। जैसी मैं उम्मीद कर रही थी, उसने जबरन मेरे हाथ से जाम छीन लिया, एक क़दम पीछे हटा और उसे ख़ुद पीने लगा। उसने अभी दूसरा ही

गल्प गले से उतारा था कि एकाएक उसकी आँखें उलटने लगीं, घुटने मुड़ने लगे और वो मेरे सामने कार्पेट पर ढेर हो गया। व्हिस्की-ग्लास उसके हाथ से निकलकर उसकी उँगलियों से परे लुढ़क गया, आइसक्यूब बाहर छिटक गए और लिक्विड, जो ग्लास से बहा, वो कार्पेट में जज़्ब हो गया। मैंने ग़ौर से उसकी सूरत की तरफ़ देखा तो फ़ासले से ही मुझे उसकी जीवनज्योतिहीन आँखें साफ़ दिखाई दीं। मैंने बिजली का स्विच ऑफ़ किया, दरवाज़ा बंद किया और चुपचाप अपने फ़्लैट में आ गई।"

"दग़ाबाज़ आशिक़ की आशिक़ी का अफ़साना अंजाम तक पहुँचाकर!"

वो ख़ामोश रही।

"निधि जी, आपने सब कुछ बिना हुज्जत साफ़-साफ़ बोला–वो भी बोला जिसकी मुझे या किसी और को ख़बर नहीं लग सकती थी–ये हौसले की बात है जिसके लिए मैं आपके सामने नतमस्तक हूँ वर्ना ढिठाई कोई शॉर्ट सप्लाई में नहीं चल रही!"

वो फिर भी ख़ामोश रही।

"मुझे डोर नॉक करने की राय क्यों दी? चेताली तो दरवाज़े पर से टलने वाली नहीं थी, इसी वजह से फिर यहाँ आपके द्वारे पहुँच गई थी, मैं तो हो सकता था कि कॉलबैल का जवाब न मिलता पाकर ये सोचता लौट जाता कि भीतर कोई नहीं था!"

"मुझे मालूम था" वो दबे स्वर में बोली, "ऐसा हो सकता था, लेकिन मैं नहीं चाहती थी कि ऐसा होता। वहाँ भीतर लाश पड़ी थी, तुम फ़्लैट को ख़ाली जानकर लौट जाते तो लाश तो पता नहीं कब तक पड़ी ही रहती!"

"ओह! इसलिए मुझे डोर नॉक करने की राय दी ताकि यूँ मुझे पता लगता कि दरवाज़ा खुला था, मैं भीतर दाख़िल होता तो लाश बरामद होती!"

"हाँ।"

"उसकी मौत का कोई अफ़सोस?"

जवाब देने की जगह एकाएक वो उठ खड़ी हुई।

"गला सूख रहा है।" फिर बोली, "पानी पी के आती हूँ।"

मैंने सहमति में सिर हिलाया।

"तुम कुछ पियोगे? कोई कोल्ड ड्रिंक..."

"नो, थैंक्स!"

"आती हूँ।"

वो भीतर उस बेडरूम की ओर बढ़ी जिसमें मैंने उसे सूटकेस पैक करने की तैयारी में देखा था, दरवाज़ा ठेलकर भीतर दाख़िल हुई और पीछे दरवाज़ा बंद कर लिया।

मैं उठकर दबे पाँव दरवाज़े की ओर बढ़ा। दरवाज़े पर पहुँचकर मैंने उसमें बारीक-सी झिरी पैदा की और उसमें आँख लगाई।

उसके हाथ में पानी से आधा भरा ग्लास था जिसमें उसने एक डिबिया खोलकर पलटी, डिबिया को परे फेंका और एक उँगली पानी में डालकर घुमाने लगी।

मैंने भड़ाक से दरवाज़ा खोला और छलांग मारकर तब उसके क़रीब पहुँचा जब वो ग्लास को होंठों से लगा रही थी। मैंने एक ही झपट्टा उसके हाथ पर मारा तो ग्लास उसकी काम्पती उँगलियों से छिटककर परे जा गिरा।

"क्या करने जा रही थीं?" मैं कर्कश स्वर में बोला।

उसने जवाब न दिया। वो हौले-से बेड पर बैठ गई, उसने अपने हाथों में अपना मुँह छुपा लिया।

मैं ख़ामोश उसके सामने खड़ा रहा।

वो रो रही थी। ख़ामोशी से। सिर्फ़ पीठ हिलती दिखाई देती थी तो जान पड़ता था कि ख़ामोशी से हिचकियाँ ले रही थी।

या शायद घुमड़ती हिचकियाँ दबा रही थी।

मैंने परे जाकर नीचे गिरा पड़ा ग्लास उठाया। मेरे हाथ का झपट्टा ग्लास पर इतने वेग से पड़ा था कि ग्लास परे दीवार के साथ टकराया था, उसका सारा तरल पदार्थ छींटे बनकर दीवार पर बिखरा था। हैरानी थी कि ग्लास पहले दीवार से, फिर फ़र्श से टकराया था, फिर भी टूटा नहीं था। टॉयलेट में जाकर मैंने ग्लास को लिक्विड सोप से अच्छी तरह से धोया, फिर बेडरूम में आकर उसे वहाँ पड़े पानी के जग में से भरा।

आख़िर मैं उसके क़रीब बेड पर बैठा।

"मेरी तरफ़ देखो!" मैं मीठे स्वर में बोला।

उसने सिर न उठाया।

"प्लीज़!" मैंने मनुहार की, "प्लीज़!"

उसने सप्रयास सिर उठाया और मेरी तरफ़ देखा। अब उसकी आँखें सुर्ख थीं और चेहरे पर ऐसा दयनीय भाव था कि देखकर ख़ुद मेरे दिल को कुछ होने लगा।

"लो!" मैंने जबरन उसके हाथ में ग्लास थमाया, "पानी पियो!"

उसने कोशिश की, जितना पिया, उससे ज़्यादा अपने पर छलकाया। मैंने ग्लास उसके हाथ से ले लिया।

"ख़ुदकुशी," मैं हौले-से बोला, "अपराध ही नहीं होता, पाप भी होता है। ज़िंदगी से बड़ी कोई चीज़ नहीं, उसे ख़ुद अपने हाथों खोना अधर्म है।"

उसने जवाब न दिया।

"सोचा, जो काम आख़िर मुल्क का क़ायदा-क़ानून करेगा, वो तुम ख़ुद कर डालो! ग़लत सोचा। तुमने उसे न मारा, उसके ग़ुरूर ने, उसके अहंकार ने उसे मारा, उसकी ओवरक्लेवरनेस ने उसे मारा। तुमने उसे जाम ऑफ़र न किया, उसने तुम्हारे हाथ से जाम छीना और ख़ुद अपनी मौत का सामान किया।"

"निमित्त तो मैं बनी!" बिना सिर उठाए वो भर्राए कंठ से बोली।

"नहीं बनी! उसकी बेवफ़ाई से, उसकी दग़ाबाज़ी से सताई जज़्बात के हवाले तुम उसके सामने ख़ुदकुशी करना चाहती थीं ताकि वो शर्मिंदा होता, ताकि अपने किए पर उसको पश्चाताप होता। उसकी बेवफ़ाई से जो एक्स्ट्रीम इमोशनल शॉक तुम्हें पहुँचा था, उसने तुम्हारा दिमाग़ हिला दिया था, तुम्हें नीमपागल बना दिया था इसीलिए तुम्हारे मन में ये डेथ विश घर कर गई थी कि तुम उसके साथ जी न पाईं तो उसके सामने मर के दिखाओगी। बस, इतनी-सी बात है।"

"इ–इतनी-सी बात है?"

"हाँ। मैं फिर कहता हूँ, तुमने उसे नहीं मारा, ख़ुद को आसमान से उतरा समझने वाली उसकी नामुराद सोच ने उसे मारा। उसकी कभी न तृप्त होने

वाली हवस ने उसे मारा। तुम जानती हो, अपने कड़ुवे तजुर्बात के बाद अच्छी तरह जानती हो कि उसने तो बाज़ आना नहीं था; जो तुमने किया, वो तुम न करतीं तो तुम्हारे जैसी हालात की मारी कोई दूसरी किसी दूसरे तरीक़े से करती। वो घटिया आदमी था, उसके ख़यालात घटिया थे, उसकी ख़्वाहिशात घटिया थीं, उसका सारा वजूद घटिया था, फ़रेबी था, हकारत के क़ाबिल था। जो अच्छी ज़िंदगी न जी सका, उसे अच्छी मौत कहाँ से हासिल हो जाती!"

'ज़हर... मैंने दिया।"

"ख़याल भी न करो कि ज़हर तुमने दिया। ज़हर तुमने दिया होता तो उसका ख़ुद का जाम वहाँ टेबल पर मौजूद था, तुमने उसमें ज़हर मिलाने की कोई जुगत की होती!"

"म...मेरा क्या होगा?"

"थोड़ा अरसा जो होगा, बुरा होगा। लेकिन वो अरसा थोड़ा ही होगा। तुम पूरी ईमानदारी से अपना बयान दोगी कि कैसे ख़ुद उसने अपने हाथों अपनी मौत बुलाई थी। तुम रईस बाप की बेटी हो, देख लेना, तुम्हारे पिता तुम्हारे डिफ़ेंस में बड़े-से-बड़े वकीलों की टीम खड़ी कर देंगे, वो साबित करके दिखाएँगे कि एक्स्ट्रीम इमोशनल प्रेशर के तले पिसी जा रही तुम टेम्परेरी इनसैनिटी की गिरफ़्त में आ गई थीं और शहीदी अंदाज़ से, एक अनडिज़र्विंग कैंडीडेट की ख़ातिर उसके सामने ज़हर का जाम पीने जा रही थीं जबकि उस लालची शख़्स ने तुम्हारे हाथों से जाम छीन लिया था और उसे ख़ुद पीने लगा था। देख लेना, बड़े वकील तुम्हें बरी कराके दिखाएँगे। ओके?"

उसके चेहरे पर अनिश्चय के भाव आए।

"ज़हर ज़्यादा था, इसलिए बच गया था या जान-बूझ के बचाया था?"

"ज़्यादा था।"

"अब कहीं और भी तो नहीं है!"

उसने इनकार में सिर हिलाया।

"दोबारा ख़ुदकुशी का ख़याल करोगी?"

उसने फिर इनकार में सिर हिलाया।

"जिस भगवान को मानती हो, उसकी क़सम खाकर कहो!"

उसके गले में सोने की ज़ंजीर थी जिसका निचला सिरा उसके गिरहबान में छुपा हुआ था। उसने हाथ बढ़ाकर ज़ंजीर बाहर खींची तो मैंने देखा पैंडेंट माता वैष्णो देवी की शेरसवारी का था।

"मैं माता भगवती भवानी की क़सम खाती हूँ" वो इतने धीमे स्वर में बोली कि मैं बड़ी मुश्किल से सुन पाया, "कि मुझे अपनी आत्महत्या की कोशिश का गंभीर पश्चाताप है, ऐसा पाप करने की कोशिश दोबारा मैं हरगिज़ नहीं करूँगी। अब मैं भाग्य के हवाले हूँ। जो माता वैष्णो देवी को मेरे लिए मंज़ूर होगा, वो निःसंकोच मुझे मेरे लिए मंज़ूर होगा।"

उसने पैंडेंट को दोनों आँखों से लगाया।

अब वो पूर्णतया शांत थी और उसके चेहरे पर अपूर्व श्रद्धा भाव था।

"तो मैं," मैं धीरे से बोला, "पुलिस को फ़ोन करूँ?"

उसने बेहिचक सहमति में सिर हिलाया।

"बतौर पीडी अपने मुकम्मल कारोबार में पहली बार मुझे ऐसा क्लाइंट मिला जो बेगुनाह नहीं था," मैं बोला, "जबकि हमेशा मेरा अक़ीदा अपने इस स्लोगन पर रहा कि 'जो सुधीर कोहली का क्लाइंट था, वो बेगुनाह था'।"

उस घड़ी रात के नौ बजे थे और मैं एस्टेट के उस ऑफ़िसनुमा कमरे में चेताली के रूबरू था, परसों जिसमें मेरी चेताली से पहली बार वन-ऑन-वन मुलाक़ात हुई थी। मैं उसे 'गुलमोहर' की चौथी मंज़िल के फ़्लैट में आबाद निधि सुनेजा नामक युवती के बारे में, उसके कपिल की मौत में रोल के बारे में, तदुपरांत पुलिस द्वारा उसकी गिरफ़्तारी के बारे में बता चुका था। पुलिस के आगमन से पहले मैं निधि सुनेजा से दरख़्वास्त कर चुका था–जो कि उसे क़ुबूल हुई थी–कि पिछली रात सामने के फ़्लैट में गोली चलने की आवाज़ सुनी होने के बारे में वो ख़ामोश रहे, पुलिस से वो उसका कोई ज़िक्र न करे। अलबत्ता ये अभी भी राज़ था कि मौक़ा-ए-वारदात पर चेताली की वजह से चली इकलौती गोली कहाँ जाकर पैबस्त हुई थी। पुलिस को, क्योंकि वहाँ गोली चली होने की कोई ख़बर नहीं थी–और निधि सुनेजा के उस बाबत

सहयोग की रू में–अब ख़बर लगने वाली भी नहीं थी, उस नुक़्तानिगाह से मौक़ा-ए-वारदात की बारीक जाँच की पुलिस के पास कोई वजह ही नहीं थी और, ज़ाहिर था कि, वहाँ गोली ऐसी जगह पैबस्त हुई थी जो थोड़े किए किसी की जानकारी में नहीं आने वाली थी। मौक़ा-ए-वारदात अभी पुलिस के क़ब्ज़े में था, इसलिए वो जगह कौन-सी थी, क़ब्ज़ा हटने से पहले मैं नहीं जान सकता था।

ये बात अब छुपी नहीं रहने वाली थी कि फ़्लैट, जो प्रत्यक्षत: मक़तूल के पोजेशन में था, असल में उसकी किरायेदार उसकी ख़ुफ़िया माशूक़ युक्ता गौतम थी जो कि फ़्लैट का माहाना किराया भरती थी। पुलिस की फ़्लैट में दिलचस्पी ख़त्म हो जाती, वो आउट-ऑफ़-बाउंड जगह न रहती, युक्ता को उसका पोजेशन वापस मिल जाता तो इस बाबत अपनी उत्सुकता शांत करने की ख़ातिर मैं वहाँ जाकर बुलेट तलाश करने की कोशिश कर सकता था, लेकिन उसमें अभी टाइम था।

"अब तुम्हें यक़ीन है," चेताली बोली, "कि एस्टेट में दो हफ़्तों के अंतराल में जो तीन हादसे सामने आए थे, उनका निशाना मैं थी?"

"जी हाँ, पूरा यक़ीन है।" मैं बोला, "लेकिन तीसरे हादसे के बाद तक भी उनका ज़िक्र किसी से न करना आप की नादानी थी। और नहीं तो मक़तूल से, अपने हसबैंड से तो करतीं!"

"कैसे करती? मुझे शक जो था कि जो हो रहा था, कपिल के ही किए हो रहा था!"

"आपका ऐसा ख़याल था तो फिर तो आपका अपने हसबैंड से बात करना और भी ज़रूरी था!"

"करती तो क्या होता? वो कहता मैं झूठ बोल रही थी; हक़ीक़तन जो हुआ था, उसके साथ हुआ था। मैं भाइयों से बात करती तो कैसे स्थापित होता कि वो झूठ बोल रहा था! मेरे साथ गुज़रे हादसों का कोई गवाह तो था नहीं! इट वुड हैव बिन माई वर्ड अगेंस्ट हिज़ वर्ड। मैं जानती थी वो झूठा था, क्योंकि मैं हादसों की शिकार हुई थी, लेकिन उसको झूठा साबित करने का कोई ज़रिया तो मेरे पास नहीं था! दूसरे, वो तीसरे–सीढ़ी वाले हादसे

के गवाह के तौर पर बावक़्त-ए-ज़रूरत हर्षदीप को पेश कर सकता था जो कहती कि उसने अपनी आँखों से कपिल को टंकियों वाली छत के किनारे के साथ लटका, मदद के लिए चिल्लाता, पाँव पटकता देखा था तो ख़ुद उसने नीचे गिरी पड़ी सीढ़ी उठाकर दीवार के साथ लगाई थी तो उसकी जान बची थी।"

"वो झूठी गवाही थी, हर्षदीप ने कुछ नहीं देखा था। इस बात को अब वो अपनी ज़ुबानी क़ुबूल कर चुकी है।"

"अच्छा!"

"जी, हाँ! और दूसरे–मैगी वाले–हादसे में भी वो अपना योगदान बयान कर चुकी है।"

"उसमें उसने क्या किया था?"

"कहती है बाज़रिया एजेंट धर्मेश ग्रोवर, फ़र्ज़ी मैगी सेल्समैन का इंतज़ाम उसने किया था। ग्रोवर के लिए वो इंतज़ाम मामूली काम था। उसके पास एक्टर बनने के अभिलाषी नौजवान आते ही रहते थे, किसी एक का दो मिनट के लिए मैगी सेल्समैन का फ़र्ज़ी रोल अदा करने को राज़ी हो जाना क्या बड़ी बात थी!"

उसका सिर स्वयमेव सहमति में हिला।

"मैगी का सारा प्रसंग फ़र्ज़ी था, वो इस बात से भी साबित होता है कि जेनुइन सेल्समैन घर के किसी ख़ास बाशिंदे तक अप्रोच नहीं बना सकता था। वो तो ये ही नहीं जान सकता था कि एस्टेट में कितने लोगों की रिहाइश थी और शाम चार बजे के उस वक़्त कौन वहाँ उपलब्ध थे! मैगी प्रोमोट करते जेनुइन सेल्समैन को जो कोई भी घर का दरवाज़ा खोलता, वो उससे मुख़ातिब होता, कैम्पेन का अपना काम पूरा करता और चलता बनता। यूँ मुमकिन था कि कपिल को तो ख़बर ही न लगती कि एस्टेट में कोई मैगी सेल्समैन आया था। उसका मक़सद तो प्लांटेड सेल्समैन से ही हल होता था जो वहाँ पहुँचकर हाउसवाइफ़ से मुलाक़ात की माँग करता और साइन कराके मैगी का पैकेट हाउसवाइफ़ को–आपको–सौंपता। सेल्समैन प्लांटेड न होता तो कपिल को तो भनक भी न लगती कि यूँ डिलीवर हुई मैगी का

क्या हुआ था!"

"हूँ! तो सेल्समैन के मामले में ग्रोवर ने हर्षदीप को ओब्लाइज़ किया!"

"और हर्षदीप ने आगे कपिल को ओब्लाइज़ किया।"

"क्यों?"

"क्या पता क्यों! उनके आपसी ताल्लुक़ात में मेरे इतना डीप जाने का हाल नहीं था, लेकिन ये हक़ीक़त अपनी जगह क़ायम है कि कपिल अवस्थी नाम का रंगीला राजा अपनी फ़िल्म स्टार्स जैसी जादुई कशिश से नौजवान लड़कियों पर जादू कर देता था–आप पर भी तो किया ही था!–क्या पता उसकी ज़िंदगी में हर्षदीप किस हद तक उसके हवाले थी!"

"वो भी!"

"क्या पता! जब 'गुलमोहर' में आपकी शादी के वक़्त की उसकी 'कैरीड-ओवर' माशूक़ थी, जब निधि सुनेजा नाम की जो लड़की उसके क़त्ल के लिए गिरफ़्तार थी, वो भी उसकी माशूक़ थी तो एक और माशूक़ का एस्टेट में वाक़या होना क्या बड़ी बात थी?"

"इतना कैरेक्टरलेस था!"

"ज़्यादा! आप के कयास से ज़्यादा! आपके साथ मनेसर वाली पुड़िया उसने चलाई ही हुई थी न, पूरी कामयाबी से! छोटे भैया उसके पीछे लगने में कामयाब न हुए, क्योंकि मनेसर से कपिल का कोई लेना-देना नहीं था। न वहाँ उसका कोई फ़िल्म एंथुज़ियास्ट फ्रेंड था और न किसी फ्रेंड की ऑटोमोबाइल एजेंसी थी। वो सारी कहानी फ़र्ज़ी थी जो रात एस्टेट से ग़ायब रहने के लिए उसने गढ़ी थी।"

"हूँ!"

"और जहाँ तक उसके कैरेक्टर का सवाल है, तो वो तो अब उजागर है कि रईस, संपन्न घर की किसी नौजवान लड़की को अपने पर आशिक़ करवाना और फिर किसी-न-किसी बहाने से उससे मोटी रक़में ऐंठना उसका कारोबार था। आपको भी तो उसने यही ट्रीटमेंट दिया था!"

"क्या! क्या ट्रीटमेंट?"

"आप भी रईस बाप की इकलौती बेटी थीं, इसलिए उसके राडार पर

थीं।"

"इस वजह से मेरे से शादी की!" वो मंत्रमुग्ध स्वर में बोली, "प्यार का उसमें कोई दख़ल नहीं था!"

"होगा! प्यार का दख़ल भी होगा, लेकिन उसका मेजर मिशन पैसा ऐंठना था।"

"कामयाब तो न हो पाया!"

"क्योंकि एक तो अपनी जाती हैसियत में आप पहले ही तहैया किए थीं कि हज़ारों में आप उसे मना नहीं करेंगी, लाखों में हरगिज़ नहीं देंगी। दूसरे, पैसा ऐंठने में कामयाब इसलिए न हो पाया, क्योंकि ऐंठने के लिए पैसे का कोई जहूरा था ही नहीं!"

"क्या मतलब?"

"मैंने हर्षदीप को अपने अंदाज़े से कहा था कि एस्टेट गिरवी थी। आप तसदीक़ कीजिए!"

वो ख़ामोश रही।

"या इनकार कीजिए कि ऐसा नहीं था!"

"कैसे जाना?"

"जाना नहीं! महज अंदाज़ा लगाया!"

"वो भी कैसे लगाया?"

"ऊपर मास्टर बेडरूम में लगी तीन ऑयल पेंटिंग्स से लगाया। तीनों फ़ेक हैं।"

"क्या!"

"तैयब मेहता, एस.एच. रज़ा, एम.एफ़. हुसैन के बेशक़ीमती कैनवस नहीं, उनके सस्ते डुप्लीकेट हैं।"

"नामुमकिन!"

मैं ख़ामोश रहा।

"कपिल ने," वो संदिग्ध भाव से बोली, "कोई करतब किया?"

"करना चाहता था पर कर न सका। पहले ही मक्खी पड़ गई।"

"क्या हुआ?"

"ये जानने से पहले ये समझने की कोशिश कीजिए कि असल में, शुरू से वो किस फ़िराक़ में था!"

"शुरु से?"

"बिलाशक! जब शादी ही आप से पिता की दौलत पर मैली निगाह रखकर की थी तो और कब से!"

"ओह!"

"लेकिन आपको वो जितना मर्ज़ी शीशे में उतारकर रखता, वो जानता था कि जब तक आपके पिता बड़े मोरवाल साहब ज़िंदा थे, उसकी पेश नहीं चलने वाली थी।"

"क्या मतलब हुआ! उसे क्या पता पापा कब तक ज़िंदा थे!"

"उसे ही पता था। क्योंकि ये भी उसका मंसूबा था कि मोरवाल साहब तब तक ज़िंदा रहते, जब तक वो चाहता।"

"नॉनसेंस!"

"सब को मालूम था वो हैवीली डायबिटिक थे और शूगर कंट्रोल करने के लिए दिन में दो बार इंसुलिन लेते थे। इंसुलिन से भरा पंप जैसा इंसुलिन पैन केमिस्ट्स के पास आम मिलता है, लेकिन मरीज़ के लिए इंसुलिन की डोज़ डॉक्टर निर्धारित करता है जो कि पैन पर मार्क करके रखनी पड़ती है। यानी अगर मरीज़ के लिए बीस यूनिट इंसुलिन प्रेस्क्राइब्ड है तो पैन का पिस्टन दबाने पर बॉडी में बीस यूनिट इंसुलिन इंजेक्ट होगी। मोरवाल साहब के ऑटोमैटिक इंसुलिन डिस्पोज़ल पैन के हवाले से आप इस बात की तसदीक़ करती हैं?"

उसने सहमति में सिर हिलाया।

"अब बीस यूनिट डिस्पोज़ करने के लिए एडजस्टेड पैन के साथ कोई छेड़खानी करे और उस पर एक टाइम की डिस्पोज़ल बीस की जगह सौ यूनिट बना दे तो एक बार पंप किए जाने पर इंसुलिन हैवीली डायबिटिक पर्सन की बॉडी में पहुँचकर क्या उत्पात मचाएगी, उसकी कल्पना आप कर सकती हैं!"

"क्या कहना चाहते हो? वो तीखे स्वर में बोली, "किसी ने पापा के

इंसुलिन डिस्पोज़ल पंप से छेड़खानी की?"

"और उस वजह से उनकी शूगर निल हो गई, वो हार्ट सीज़र के शिकार हुए, नतीजतन जन्नतनशीन हुए।"

"पिस्टन दबाते वक़्त कुछ पता न लगा?"

"इंसुलिन जिस्म में कहाँ इंजेक्ट करते थे?"

"कूल्हे में!"

"हमेशा?"

"हाँ। कहते थे वहाँ माँस की परत भारी होने की वजह से कुछ पता नहीं लगता था कि कब सुई भीतर गई और कब इंसुलिन इंजेक्ट हुई!"

"इसीलिए कुछ पता न लगा। पेट में या जाँघ में इंजेक्ट करते होते तो तवज्जो जा सकती थी कि लिक्विड ज़्यादा क्यों इंजेक्ट हो रहा था।"

"ओह! किसने... किसने की इंसुलिन पैन से छेड़छाड़?"

"ये भी कोई पूछने की बात है! उसने की, जो अपने नापाक मिशन के तहत चाहता था कि उसकी बीवी मानकलाल मोरवाल की क़ानूनी वारिस बनती और यूँ पिता के विरसे की मालकिन बनती।"

"तुम्हारा इशारा कपिल की तरफ़ है?"

"आप के पापा की मौत से लाभान्वित होता और कौन दिखाई देता है आपको?"

"गेसवर्क है!"

"क़ुबूल! लेकिन इंटेलीजेंट गेसवर्क है।"

"उसको लाभ क्या पापा की मौत से?"

"यूँ वो अपनी मंज़िल के और क़रीब पहुँच गया। उसकी मनुहार से आपने उसके हक़ में अपनी वसीयत कर दी। अब अगर कभी आप भी यूँ पापा की राह पर चल देतीं कि आपकी मौत एक हादसा जान पड़ती तो एस्टेट का वारिस कौन होता?"

उसने जवाब न दिया, लेकिन जवाब उसकी शक्ल पर लिखा था।

"उसने," मैं बोला, "आपको अपने हक़ में विल के लिए तैयार किया!"

"तैयार किया क्या मतलब! वो तो एक म्यूचुअल स्टेप था! पति-पत्नी

क्रॉस, रेसीप्रोकल विल्ज़ करते ही हैं!"

"लेकिन उसने इस काम के लिए आपको बाक़ायदा कल्टीवेट किया। कल्टीवेट क्या किया, ब्रेनवाश किया उसके हक़ में विल करने के लिए।"

"क्या कहना चाहते हो?"

"बात को सिंपल तरीक़े से समझिए, क्रॉस विल्ज़ के पीछे उस काइयाँ शख़्स का जो नापाक मक़सद था, उसके तहत समझिए। ऐसा आदान-प्रदान, ऐसा क्रॉस एक्शन इक्वल्स में शोभा देता है, वो तो आपका इक्वल नहीं था!"

"मैं अभी भी नहीं समझी!"

"ख़ुदा-न-ख़ास्ता ख़ाविंद के इंतक़ाल फ़रमा जाने पर उसकी वसीयत के तहत बतौर उसकी विल के बेनेफ़िशियरी आपको कुछ हासिल नहीं था लेकिन, ख़ुदा ख़ैर करे, आपके इंतक़ाल फ़रमा जाने की सूरत में आपकी विल के तहत बेनेफ़िशियरी को–आपके हसबैंड को–हासिल ही हासिल था। आपकी मेजर असेट एस्टेट थी, आपके हसबैंड की असेट्स झुनझुना थीं।"

"ओह! ओह!"

"इसलिए भी उसका आपको रास्ते से हटाना–इसी ख़ातिर तीन कोशिशें करना–समझ में आता है, आप भला क्यों उसको मार डालने के लिए हादसा स्टेज करतीं?"

"कोई वजह नहीं!" स्वयमेव उसके मुँह से निकला।

"सो देयर!"

उसका सिर ऊपर-नीचे हिला।

"अब एक सवाल और! बड़े मोरवाल साहब स्टॉक एक्सचेंज पर एक्टिव थे?"

"एक्टिव क्या मतलब?"

"जैसे लोग सट्टा खेलते हैं, मटके के नम्बर पर दाँव लगाते हैं, वैसे क्या स्टॉक एक्सचेंज का खेल खेलते थे जो क़िस्मत साथ दे तो कंगाल को धनवान कर देता है, क़िस्मत न साथ दे तो धनवान को कंगाल कर देता है। अब समझीं?"

"हाँ।"

"आप के पिता स्टॉक एक्सचेंज पर ये ख़रीदा, वो बेचा करते थे?"

हिचकिचाते हुए उसने हामी भरी।

"तो फिर मेरा दूसरा–इंटेलीजेंट–गेस ये कहता है कि स्टॉक एक्सचेंज का खेल उन्हें कभी माफिक न आया, लेकिन वो वो खेल खेलते रहने से कभी बाज़ भी न आए, क्योंकि हर ऐसे खिलाड़ी को उम्मीद होती है कि उसका वक़्त आएगा, उसका भाग्य बदलेगा और जो कुछ उसका खेल में गया था, वो दुगना, तिगुना, चौगुना होकर लौट आएगा। इसी उम्मीद में अपनी सारी असेट्स खो चुकने के बाद उन्होंने अपने बेडरूम में लगी तीन क़ीमती ऑयल पेंटिंग्स की डुप्लीकेट तैयार कराईं, ओरिजिनल्स की जगह वो पेंटिंग्स लगाईं और ओरिजिनल्स को चुपचाप, ख़ुफ़िया तरीक़े से बेचकर हासिल बड़ी रक़म भी खेल में लगा दी और फिर खता खाई। तक़दीर फिर उनसे रूठी ही रही। शेयर्स वग़ैरह जैसी अपनी सारी असेट्स वो पहले ही भुनाकर सट्टे में ग़र्क़ कर चुके थे। चेताली जी, जब आप इस हक़ीक़त से नावाक़िफ़ थीं तो सोचिए, कपिल कैसे वाक़िफ़ होता!"

वो ख़ामोश रही।

"जमा, अपनी करतूतों को हवा तो वो अपनी लाइफ़ में ही देता रहा था!"

"कैसे?"

"उसने एंटीक फ़र्नीचर बेच देने का आइडिया आप को सरकाया जिसका डील उसी ने ऑर्गेनाइज़ करना था और आपको अँधेरे में रखकर डील के बाद हासिल पैसे में उसने एक मोटी रक़म ख़ुद डकार जानी थी। लेकिन आपने डील से पहले एक्सपर्ट से फ़र्नीचर को अप्रेज़ कराने की दानिशमंदी दिखाई तो डील में भाँजी मारने के सिलसिले में उसकी पेश न चली। फिर उसने मास्टर बेडरूम में टँगी तीन बेशक़ीमती ऑयल पेंटिंग्स पर घात लगाने का फ़ैसला किया और आपको स्टोरी फ़ीड की कि एक पेंटिंग–हुसैन का आर्ट वर्क–किसी तरह से डैमेज़ हो गई थी और उसको रेस्टोरेशन की ज़रूरत थी। आपसे तो रेस्टोरेशन की कहानी की, लेकिन पेंटर इम्तियाज़ अली वारसी को पेंटिंग ये कहकर सौंपी कि उसकी डुप्लीकेट तैयार करनी थी। उस हरकत में मक़सद उसका साफ़ था। एक महीने बाद एस्टेट में जो पेंटिंग लौटती,

वो डुप्लीकेट होती और ओरिजिनल को–सम्भावित क़ीमत अस्सी लाख रुपये–वो चुपचाप बेच खाता। फिर थोड़े-थोड़े वक़्फ़े बाद यही खेल वो दूसरी पेंटिंग के साथ, फिर तीसरी पेंटिंग के साथ खेलता और कोई सवा दो करोड़ रुपया ख़ामोशी से हज़्म कर जाता। लेकिन फ़र्नीचर के डील की तरह क़िस्मत ने इस बार भी उसकी खिल्ली उड़ाई। जो पेंटिंग उसने रेस्टोरेशन के बहाने डुप्लीकेशन के लिए भेजी, वो पहले ही डुप्लीकेट निकली। पेंटर हाजी साहब ने मेरे अनुरोध पर ख़ुद एस्टेट में आकर बाक़ी दो पेंटिंग्स का मुआयना किया तो उन्हें भी फ़ेक पाया। क्या मतलब हुआ इसका ?"

"तुम बोलो !"

"ये कि पिता की तरह बेटी को भी रास्ते से हटाकर आख़िर जब वो बेटी का–आपका–वारिस बनता तो उसे मालूम पड़ता कि उसके हाथ में झुनझुना भी नहीं लगा था। इसे कहते हैं गुनाह बेलज़्ज़त! लेकिन वो इस बात से बेख़बर ही मर गया। सब को ठगने का तमन्नाई अपनी तक़दीर से ठगा गया।"

"ओह !"

"अब एस्टेट की बाबत बताइए ! क्या वाक़ई गिरवी है ?"

"हाँ।" उसने गहरी, सर्द साँस ली, "दस फ़रवरी तक का फ़ाइनल नोटिस है कि या तो एस्टेट की एवज़ में क़र्ज़ ली गई रकम लौटाई जाए, या एस्टेट को सुपुर्दगी के लिए ख़ाली किया जाए। क़र्ज़ की रक़म लौटा पाने का तो सवाल ही नहीं पैदा होता। कहाँ से आएगा इतना पैसा !"

"नीलामी का भी प्रावधान होता है !"

"क़र्ज़ा इतना बड़ा बताया जा रहा है कि नीलामी से भरपाई नहीं होने वाली।"

"आई सी ! जो क़र्ज़ा उठाया, सब स्टॉक एक्सचेंज में ही डुबोया ?"

"हाँ।"

"फिर भी बाक़ी क्या बचा ?"

"कुछ एंटीक फ़र्नीचर, कुछ क्यूरियो आइटम्स ! हाउसहोल्ड गुड्स ! बर्तन-भाँडे जिनकी कोई क़ीमत नहीं !"

"आगे क्या करेंगी?"

"पता नहीं! भाइयों से मशवरा करूँगी।"

"बाक़ी लोग?"

"एस्टेट मैनेजर, कुक और उसकी बेटी को जाना होगा। घुँघरू को पास रखूँगी।"

"बर्ख़ास्तगी की उन लोगों को ख़बर है?"

"अभी नहीं! लेकिन करनी तो पड़ेगी! दस तारीख़ में अब दिन ही कितने बाक़ी हैं!"

"ठीक!"

"एक बात मेरी ख़ातिर मुझे बताओ! कपिल की बेसिक स्ट्रेटेजी क्या थी? क्यों वो तुम्हारे पास–एक पीडी के पास–पहुँचा और तुम्हारी मोटी फ़ीस भरी?"

"सुनिए! समझिए! आपकी जान लेने की उसकी तीन कोशिशें नाकाम हो चुकी थीं और वो जानता था कि देर-सबेर भी शक के लायक़ आपको कोई दूसरा शख़्स नहीं दिखाई देने वाला था इसलिए आख़िर में आमने-सामने का दो टूक टकराव होके रहना था।"

"तब भी कपिल ज़िद करता–वो भी मेरे रूबरू–कि तीनों हादसे उसके साथ हुए थे?"

"वो शातिर खिलाड़ी था, उसकी आइंदा स्ट्रेटेजी में ये भी शामिल था कि टकराव की नौबत न आती।"

"क्या किया?"

"मेरे पास पहुँचा। एस्टेट में हुई तीन वारदातों की कहानी उसने मुझे आपबीती कहकर सुनाई और मुझे एस्टेट में आकर रहने के लिए तैयार किया ताकि मैं जान पाता कि उन तीन वारदातों के पीछे किसका हाथ था और चौथी–संभवत: घातक–वारदात को रोक पाता। इस काम की एवज़ में उसने मेरी ढाई लाख रुपये फ़ीस भरी और पाँच दिन एस्टेट का मेहमान बनकर रहने की शर्त रखी। यूँ मेरा माइंड उसने पहले ही कंडीशंड कर दिया कि ख़ुद वो तो कल्प्रिट हो नहीं सकता था, वो तो ख़ुद हादसों की तह तक पहुँचने के

लिए तहक़ीक़ात का तालिब था!"

"वैरी क्लैवर ऑफ़ हिम!"

"बाद में मेरी वहाँ मौजूदगी में जब आपने भी वही कहानी सुनाई जो मैं पहले अपने ऑफ़िस में कपिल से सुन चुका था तो बताइए, मैं किस पर ऐतबार लाता! आप पर या अपने क्लाइंट पर जो कि पेइंग कस्टमर था और जिस पर ऐतबार लाना मेरा फ़र्ज़ था? जो जानने का इच्छुक था कि कौन उसकी जान के पीछे था और इस काम के लिए जिसने बतौर मेरी फ़ीस ढाई लाख रुपये इन्वेस्ट किए?"

"हैरानी है कि यूँ इन्वेस्ट करने के लिए उसके पास ढाई लाख रुपये थे!"

"'गुलमोहर' वाली माशूक़ से–युक्ता गौतम से–झटके!"

"लिहाज़ा उसके उस ड्रामे ने तुम्हें मुतमइन किया! नतीजतन वो सच्चा, मैं झूठी!"

"कोई एक जना तो झूठ बोल ही रहा था! आपसे मुलाक़ात के बाद इस बात को लेकर बहुत पसोपेश रही मेरे ज़ेहन में। मेरा दिल ख़ुद मुझे अपने ख़ुद के स्लोगन पर ऐतबार लाने पर मजबूर करता था कि जो सुधीर कोहली का क्लाइंट था, वो बेगुनाह था।"

"यानी मैं झूठी!"

"थोड़ा अरसा मैंने अपने आप को इस बात को मानने के लिए तैयार किया, लेकिन आज दिन में जब मेरी हर्षदीप से बात हुई और उसने क़ुबूल किया कि असल में तीसरे हादसे की वो गवाह नहीं थी तो मुझे कोई शक न रहा कि मेरा क्लाइंट झूठा था और गुनहगार था, वो उन हादसों का आर्किटेक्ट था, शिकार आप थीं।"

"शुकर!"

"फिर एक और बात भी थी जिसने मुझे आश्वस्त किया कि सच आप बोल रही थीं।"

"क्या?"

"अगर आपका हसबैंड बेवफ़ा निकलता तो आपका मंसूबा–घोषित मंसूबा–उसे रँगे हाथों पकड़ने और ठौर मार देने का था। यानी ये काम आप

अभी करतीं! तो फिर पहली तीन कोशिशों में आपका हाथ कैसे हो सकता था?"

"ओह! असल में वो क्या चाहता था? क्या उम्मीद करता था, क्या होगा?"

"समझ तो मैं भी रहा था कि वो क्या चाहता था, लेकिन इस बात का बेहतर जवाब मुझे उसकी 'गुलमोहर' वाली माशूक़ युक्ता गौतम से मिला। पहले तो उसी ने कन्फ़र्म किया कि आपकी जान लेने की जो तीन नाकाम कोशिशें एस्टेट में हुई थीं, उनके लिए कपिल ज़िम्मेदार था। आगे उसने खुलासा किया कि आइंदा वक़्त आने पर कपिल ने एस्टेट में मौजूद मेरे को मोहरा बनाकर यूँ स्टेज सेट करनी थी कि लगता कि कोशिश तो कपिल की जान लेने की हुई थी, लेकिन किसी कन्फ़्यूज़न में शिकार आप हो गई थीं।"

"कैसे करता?"

"क्या मालूम कैसे करता! ज़िंदा होता तो सामने आता कैसे करता!"

"ओह!"

"उसके ज़ेहन में और भी बहुत कुछ था जो वो ज़िंदा होता तो उजागर होता। अपनी मूल योजना की तो उसने मुझे–अपने ड्यूली पेड पीडी को–हवा न लगने दी जो कि व्यावहारिक बात नहीं थी, अपने पीडी के हाथ बाँधने वाली बात थी। मसलन मेरे को एस्टेट में मुम्बई से आया अपना पुराना दोस्त बताया ताकि बतौर पीडी मेरी असलियत छुपी रहती और बिना एक्सपोज़र मुझे अपना काम करने का मौक़ा मिलता। लेकिन ख़ुद उसने मेरे डिटेक्टिव होने का एस्टेट में हिंट छोड़ा। मेरी कार के साथ हुए हादसे के बाद जब सब लोग कार के पास इकट्ठे हो गए तो तब एक बार उसके मुँह से मेरे बारे में निकला–'यार, तुम डिटेक्टिव हो' और फिर बात सँवारने में जुट गया, जबकि जो उसने बोला था, वो मुँह से निकल नहीं गया था, उसने जान-बूझ के निकाला था। यूँ जैसे उसने तब ज़ुबान बेक़ाबू हुई बताई, वैसे मेरी ग़ैरहाज़िरी में, किसी और की मौजूदगी में भी बेक़ाबू हुई हो सकती थी।"

"यानी तुम्हें हिदायत थी कि किसी को पता न लगे कि तुम पीडी थे और तुम्हारी पीठ पीछे ख़ुद ही इस बात को हवा दे दी!"

"एग्जैक्टली!"

"क्यों भला?"

"ताकि स्थापित होता कि वो तो ख़ुद उसकी–रिपीट–उसकी जान लेने को हुई तीन कोशिशों से आंदोलित था और उनको अंजाम देने वाले का राज फ़ाश करने की ख़ातिर भारी फ़ीस भरकर उसने एक पीडी एंगेज किया था। वो कोशिशें करने वाला कोई और था जो एस्टेट में पीडी की हाज़िरी नहीं चाहता था और उसी ने पीडी को डिस्करेज करने के लिए, और एस्टेट से भगाने के लिए, उसकी कार में विस्फोट का इंतज़ाम किया था–जबकि कुक जगत सिंह की एसोसिएशन में वो इंतज़ाम उसने ख़ुद किया था। इसी वजह से विस्फोट के बाद, कार के डैमेज़ हो जाने के बाद, वो पुलिस को बुलाए जाने के हक़ में नहीं था।"

"मिस्टर कोहली, ये तमाम बातें औरों को भरमाने के लिए थीं, मुझे कैसे भरमातीं जो कि जानती थी कि हादसों की मद में कपिल के साथ कुछ नहीं हुआ था; जो हुआ था, मेरे साथ हुआ था!"

"औरों को तो भरमातीं! तब कोई तो कपिल पर ऐतबार लाता! आप को बोलने के लिए तो उसका जवाब पहले भी तैयार था, बाद में भी तैयार था!"

"क्या जवाब?"

"जो आपकी ख़िदमत में पहले पेश हो चुका है। इट्स हिज़ वर्ड अगेंस्ट योर वर्ड!"

"ये रवैया अख़्तियार करके वो एस्टेट में रह लेता?"

"चेताली जी, उसके खुराफ़ाती दिमाग़ के मुताबिक़ तो उस कंफ्रंटेशन की नौबत आने से पहले ही आपका मुक़ाम दूसरी दुनिया में होता।"

"ओह!"

"मेरी आज ही शाम मक़तूल की 'गुलमोहर' वाली माशूक़ युक्ता गौतम से बात हुई थी। उसने साफ़ मेरे सामने ये बात क़ुबूल की थी कि एस्टेट में हुई उन तीनों नाकाम कोशिशों में सिर्फ़ और सिर्फ़ कपिल का हाथ था।"

"ये बात उस लड़की ने कही जो मेरी पीठ पीछे कपिल की चहेती बनी हुई थी?"

"गर्व से कही! गर्व से कही कि कपिल उससे कुछ नहीं छुपाता था, अपना हर सीक्रेट उसके साथ शेयर करता था।"

"कपिल के इतना क़रीब थी?"

"अब क्या बोलूँ!"

"फिर भी तुम्हारे सामने उसका राज फ़ाश कर दिया!"

"कपिल ज़िंदा होता तो हरगिज़ न करती। जग जीने वालों का मेला है, चेताली जी, मरने वालों को कौन पूछता है!"

"दिस इज़ ए हार्श स्टेटमेंट!"

"बट ए ट्रू स्टेटमेंट। आधुनिक समाज के आधुनिक बाशिंदे बड़े प्रेक्टिकल हो गए हैं। वो जानते हैं कि चंद लोगों के चले जाने से उनकी ज़िंदगी की कहानी ख़त्म नहीं हो जाती। सिर्फ़ ज़िंदगी की कहानी का वो हिस्सा ख़त्म हो जाता है जिसमें वो किरदार थे। कोई जाने वाले को नहीं रोता, उस सुख को रोता है जो जाने वाले से उसे हासिल था।"

"फ़िलॉसोफ़िकल बात है!"

"प्रेक्टिकल बात है। अभी आप सोगवार हैं, जब सोग से उबरेंगी तो ज़्यादा शिद्दत से महसूस करेंगी कि मैंने जो कहा, सच कहा। बाद में कभी मौक़ा लगे तो 'गुलमोहर' का चक्कर लगाइएगा और युक्ता गौतम से मिलकर उससे कपिल अवस्थी की बाबत पूछिएगा। न जवाब मिले, 'कौन कपिल अवस्थी' तो कहिएगा!"

सहमति में सिर हिलाते उसने गहरी साँस ली।

कुछ क्षण ख़ामोशी रही।

"आपने खाना खाया?" फिर वो बोली।

"जी, नहीं! मौक़ा-ए-वारदात से निकला तो सीधा आपके पास आया।"

"ओह!" मैं जगत सिंह को बोलती हूँ वो..."

"ज़रूरत नहीं! मैं रुख़सत पाना चाहूँगा। मेरी पाँच दिन की असाइनमेंट थी, आज पाँचवाँ दिन ख़त्म होने को है इसलिए..."

"ओके!" वो उठती हुई बोली, "लेकिन पाँच मिनट रुको! यहीं! आती हूँ।"

जवाब की प्रतीक्षा किए बिना वो लम्बे डग भरती वहाँ से बाहर निकल गई।

कोनियाक को याद करते पीछे मैंने सिग्रेट सुलगा लिया।

ऐन पाँच मिनट में वो लौटी।

तत्काल मैंने सिग्रेट क़रीब पड़ी ऐश ट्रे में झोंक दिया।

वो वापस अपनी कुर्सी पर बैठी, उसके हाथ में एक लम्बा लिफ़ाफ़ा था जो उसने मेरी ओर बढ़ाया।

"क्या है?" मैं उत्सुक भाव से बोला।

"देखो!"

लिफ़ाफ़ा सील्ड नहीं था। मैंने फ़्लैप हटाकर लिफ़ाफ़े का मुँह खोला और भीतर झाँका।

चेक!

पेयेबल टु सुधीर कोहली!

अमाउंट दो लाख पचास हज़ार!

मैंने हैरानी से मेज़बान की तरफ़ देखा।

"ऐज़ ए टोकन ऑफ़ माई ग्रेटीच्यूड!" वो बोली।

"बट, मैम..."

"यू अर्न्ड इट। यू डिज़र्व इट।"

"लेकिन जैसे आपने अपने माली हालात अभी उजागर किए..."

"अभी इतने बुरे नहीं हैं।" वो मुस्कुराई, तत्काल संजीदा हुई, "होंगे भी तो होते-होते होंगे।"

"लेकिन..."

"फिर तुमने ही तो कहा था कि घोड़ा घास से यारी करेगा तो खाएगा क्या!"

"वो तो ठीक है लेकिन..."

"फिर बोला था मैंने, मैं तुम्हारी फ़ीस भरने को तैयार थी!"

"मैंने भी बोला था, मैम, कि फ़ीस अदा करने की ज़िम्मेदारी ऑप्शनल होगी, मेनडेट्री नहीं!"

"मैंने ऑप्शन पिक की न! फ़ीस अदा करने की ऑप्शन पिक की।"

"मैम, मैं फिर कहता हूँ..."

"मत कहो! तुमने मेरी बहुत मदद की। तुमने मुझे एक ऐसे संकट से उबारा जिससे तुम न होते तो मैं कभी न उबर पाती। मैं क़ातिल होती या न होती, गोली चलाई होने की वजह से ही पुलिस के हाथों मेरी ऐसी फ़जीहत होती जो मुझे नर्क का नज़ारा कराती और वो पता नहीं कब तक जारी रहता। मुझे मालूम पड़ा है कि शहरी इलाक़ों में गोली चलाना अपने आप में अपराध होता है। फिर जिस गन से मैंने गोली चलाई, उस पर मेरा कोई दावा नहीं था, नौबत आने पर पुलिस प्रेशर में मुझे क़ुबूल करना पड़ता कि गन एस्टेट में ठहरे एक मेहमान की थी और वो मैंने उसके लगेज में से चुराई थी। तौबा!" उसके शरीर ने झुरझुरी ली, "कैसे मत्त मारी गई थी मेरी! गन लेकर कपिल के लव नेस्ट पर चढ़ दौड़ी! मिस्टर कोहली, मैं तहेदिल से तुम्हारी एहसानमंद हूँ। एक एहसान और करो। चेक क़ुबूल करो।"

"आप कहती हैं..."

"मैं कहती हूँ।"

"...तो थैंक्यू!"

उसके चेहरे पर चैन के भाव आए।

सुधीर कोहली–ख़ामोशी से ख़ुद मैंने अपनी पीठ थपथपाई–दि लक्की बास्टर्ड!

मैंने उससे, एस्टेट से, विदा पाई।

उपसंहार

गोली मौक़ा-ए-वारदात पर मौजूद स्प्लिट एसी के भीतरी यूनिट में पैबस्त मिली। पुलिस का 'गुलमोहर' के टॉप फ़्लोर वाले फ़्लैट से, जो कि मौक़ा-ए-वारदात था, क़ब्ज़ा हट जाने के बाद और वो युक्ता गौतम के हवाले हो जाने के बाद मुझे वहाँ का बारीक मुआयना करने का मौक़ा मिला था और आख़िर मैं जान ही गया था कि वहाँ चली इकलौती गोली जब किसी को लगी नहीं थी तो कहाँ ग़ायब हो गई थी!

स्प्लिट एसी का भीतरी यूनिट बंद होने की सूरत में उसके फ्रंट के ब्लेड बंद होने चाहिए थे, लेकिन उनको संचालित करने वाली मिनी मोटर प्रत्यक्षत: ख़राब थी इसलिए एसी ऑफ़ हो या ऑन, ब्लेड खुले रहते थे और जनवरी का महीना होने की वजह से उस नुक्स को फ़ौरन दूर कराया जाना ज़रूरी नहीं समझा गया था। गोली ब्लेडों वाले खुले फ्रंट में से भीतर दाख़िल हुई थी और बाहर से उड़ती निगाह डालने पर नहीं जाना जा सकता था कि ऐसा हुआ था। मुझे खुले ब्लेडों के भीतर झाँकना आख़िर इसलिए सूझा था कि कोई और जगह बाक़ी नहीं थी जहाँ कि गोली पैबस्त हुई हो सकती थी। एक कुर्सी पर चढ़कर और मोबाइल की टॉर्च जलाकर मैंने अपनी सावधान, खोजी निगाह खुले ब्लेडों के आगे भीतर डाली थी तो मुझे ग्रिल का एक ब्लेड डैमेज़्ड मिला था जो कि मुझे

गोली के भीतर दाख़िले के रूट को अंडरलाइन करता जान पड़ा था। अलबत्ता वो मामूली डैमेज़ ऐसा था जो तब तक किसी की तवज्जो में आने वाला नहीं था जब तक कि किसी को ख़ास तौर से वहाँ चली गोली की तलाश न होती।

जैसे कि मुझे थी!

आख़िर मुझे भीतर गोली का छेद भी दिखाई दिया और वहाँ पैबस्त गोली भी दिखाई दी।

गोली बरामद करने के लिए उस यूनिट को दीवार पर से उतारा जाना ज़रूरी था, जो मैं नहीं कर सकता था। लगे हुए यूनिट में गोली तक पहुँच बनाने का भी कोई ज़रिया मेरे पास नहीं था, लेकिन अब क्या फ़र्क़ पड़ता था जबकि पुलिस की उस फ़्लैट में कोई दिलचस्पी बाक़ी नहीं रही थी।

बड़े भैया सुमीत मोरवाल की बीवी अमृता मायके गई कभी वापस न लौटी। वजह तब सामने आई जब सुमीत मोरवाल को तलाक़ का नोटिस सर्व हुआ। तलाक़ की वजह का ज़िक्र आया तो ये बात उजागर हुई कि अमृता के मायके का रुख़ करने से पहले ही उसे अपने पति के तुहिना से नाजायज़ ताल्लुक़ात की ख़बर लग गई थी। बकौल बीवी, उसने ख़ुद अपनी आँखों से तुहिना को अपने पति की बाँहों में देखा था। तब भी उसने ज़ब्त किया था और ये कहकर बात को तूल न देने की कोशिश की थी कि कुक और उसकी बेटी को फ़ौरन एस्टेट से डिसमिस किया जाता।

ऐसा नहीं हो सका था।

पति वजह बताता था कि उसकी उस मामले में कपिल के आगे पेश नहीं चलती थी, जिसकी शह पर कि कुक की वहाँ मुलाज़मत थी, लेकिन बीवी को उस बात पर क़तई कोई ऐतबारे नहीं था। उसका पति पर इलज़ाम था कि वही कुक की एस्टेट में मौजूदगी चाहता था ताकि तुहिना से उसके नाजायज़ ताल्लुक़ात बने रहते। कपिल का उस बाबत हठ तो महज़ बहाना था। नतीजतन बीवी ने मायके का रुख़ किया और कभी लौटने को तैयार न हुई।

आख़िर तलाक़ की नौबत आई, मौजूदा हालात में जो कि आनी ही थी। तब ये बात भी छुपाई न जा सकी कि अमृता बच्चा जनने के लिए मायके नहीं गई थी और न ही सुमीत को, जैसा कि घुँघरू कहती थी, इस बाबत

कोई असंतोष था कि शादी में दान-दहेज उसकी अपेक्षानुसार नहीं मिला था।

यानी कान की कच्ची घुँघरू की हर बात चौकस नहीं निकली थी।

चेताली ने कजंस के साथ ही रहने का फ़ैसला किया जिससे उनको कोई ऐतराज़ न हुआ–होना भी नहीं था, आख़िर चेताली उनकी चहेती थी–ख़ास तौर से तब जबकि अब तीनों ही, इरादतन या इत्तफ़ाक़न, सिंगल थे और इस लिहाज़ से एक-दूसरे का आसरा थे। विनीत सुरभि दत्ता से शादी कर लेता तो शायद कोई फ़र्क़ आता, लेकिन ऐसा अभी पता नहीं कब होता!

एस्टेट की बेशक़ीमती, एंटीक आइटम्स शॉर्ट नोटिस पर मुनासिब दामों पर बेचना विकट काम था। जल्दबाज़ी में सेल औने-पौने दामों पर ही होती जो कि मौजूदा हालात में चेताली को मंज़ूर नहीं था, पुनर्वास के लिए आख़िर उसे एक बड़ी रक़म की ज़रूरत थी। लिहाज़ा जिसके पास एस्टेट गिरवी थी, उससे दरख़्वास्त की गई कि एस्टेट के हैंडओवर की जो फ़रवरी की दस तारीख़ मुकर्रर हुई थी, उसको बढ़ाकर इकत्तीस मार्च किया जाता।

दरख़्वास्त मंज़ूर हुई।

निधि सुनेजा क़त्ल के इलज़ाम में गिरफ़्तार ही थी, लेकिन उसके धनवान पिता द्वारा खड़ी की गई बड़े वकीलों की टीम का जहूरा था कि जल्दी ही उसकी ज़मानत हो गई थी।

केस अभी भी जारी था इसलिए कहना मुहाल था कि आख़िर कोर्ट का फ़ैसला क्या होता! अलबत्ता वकीलों की टीम को पूरा यक़ीन था कि आख़िरी फ़ैसला उनके क्लाइंट के हक़ में ही होना था। यानी उसके ख़िलाफ़ क़त्ल का इलज़ाम कोर्ट में नहीं ठहरने वाला था।

वकीलों का दावा था कि बड़ी हद उसे कोई छोटी-मोटी सज़ा होती तो वो ख़ुदकुशी की कोशिश के इलज़ाम में होती जिसमें कि वो नाकाम रही थी और जिसका इक़बाल अपने बयान में उसने ख़ुद किया था।

योर्स ट्रूली ने पाँच दिन में पाँच लाख रुपये कमाए, लिहाज़ा अगर आगे सूखा फिर पड़ता तो अब मैं उसे क़दरन आसानी से झेल सकता था।

रजनी को तोप की सलामी देना मुमकिन नहीं था इसलिए मैंने उसकी तनख़्वाह में पाँच हज़ार रुपये का इज़ाफ़ा करने की घोषणा की, क्योंकि और

कोई सलामी उसे क़ुबूल न होती।

इस बात का गिला मुझे लम्बे अरसे तक रहा कि केस सलेक्ट करने के सिलसिले में मैं अपने जजमेंट से चूक गया, मैंने एक गुनहगार क्लाइंट को रिप्रेज़ेंट किया।

एक अरसा तुहिना मेरे ज़ेहन पर दस्तक देती रही जिसकी फ़ितरत बयान करने के लिए मेरे पास एक ही लफ़्ज़ था:

निम्फ़ोमैनियाक!

मेरी दिवंगत पत्नी की तरह!